中華文化思想叢書·當代中華文化思想叢刊

昨日之我與今日之我——
當代史學的反思與闡釋

楊念群　著

昨日之我與今日之我——關於學術歷程的對話與反思（代序）

問：你在二〇〇〇年出版的自選集和一些文章中都提到過，自己屬於出生於六〇年代的這一批被稱為「新生代」的學人，在你看來，這樣一種時代背景對個人的經歷和生命感受是否產生了特定的影響？

答：影響肯定不是沒有的。六〇年代出生的這批學人開始獨立思考和表達的時候，正趕上八〇年代的所謂「新啟蒙」時期，我們這批人雖不是思想舞台的主角，但幾乎都被當時激情蕩漾的啟蒙風潮震撼過，可以說八〇年代的思想遺產改變了我們設問歷史問題的慣用方式，歷史研究中各種靈動的、富有衝擊力的思想「話題」開始吸引我們的眼光，相比之下以前那種體力比拚式的考證風格就顯得黯然失色了。也就是在這個時候，在經歷了嚴謹而苛嚴的史學訓練之後，我們已經開始關注歷史對研究者、對個人生命感受本身的意義。

所以對於我們這代人，八〇年代具有特殊的意義，也讓人經常產生各式各樣的懷想。但和五〇年代出生的人相比，我們這代人恐怕連最末一批戴上袖章的紅衛兵也算不上，也不具備那種在基層社會中經過磨煉的複雜閱歷，我們的回憶只可能是片斷的、個體化的，沒有那種因共同的上山下鄉經歷而形成的集體記憶，以及由此形成的凝聚力和認同感。和以後出生的「新新人類」相比，我們又沒有他們徹底入世的品性，所以六〇年代人的心靈史顏色看上去有點蒼涼，也帶一點消極迷惘的氣質。我有一個感覺，六〇年代人研究歷史改採取的基本態度和方法總與他們回憶過去的方式相關，這種對現實的關注投影到歷史研究中必然影響到我們認知歷史的態度。在我自己二十年的學術

生涯中就經常感到有一種猶疑、緊張和自我否定的色彩，難以保持思想的聯貫性，回頭看來頗有「昨日之我與今日之我戰」的味道。其實自己學術觀念的變遷，不僅是個人際遇的真實反映，也是時代變革主題直接孕育的結果。

問：那麼，在你自己的學術經歷中是否能找到當時學院整體氛圍的印記？

答：那時的校園氛圍比現在要寧靜許多，也單純許多。一九八一年，我進入中國人民大學歷史系學習，之後的學術生涯幾乎完全是在學院的圍牆中度過的。當時歷史系的斷代史課程都是由德高望重的老先生主講，這種訓練容易使人打下比較紮實的文獻史料功底，又得以完整掌握中國歷史發展的基本線索，這些對於以後的研究工作都是必須的。但我一直認為，這種訓練只是給你提供了一種治學的平台，甚至可能僅僅是個入門的機會，卻不能證明你就真的適合做史學研究，因為經過嚴格的史料解讀訓練之後，最重要的是要看你是否有能力運用主觀的想像力去建立起這些史料之間的聯繫，而要摸索到這些聯繫，就要學會兼容各種對立的立場、以獨立思考的精神開展對話和學術批評。

可以說對歷史解釋能力的大小，往往主要取決於研究者自身的反思能力而不僅僅是爬梳史料的能力，因而研究者是否具有和在何種程度上具有「問題意識」是至關重要的，這恰恰是中國傳統史學訓練比較欠缺的地方。

問：你對「中層理論」的倡導和建構是否主要針對這種欠缺呢？

答：有這方面的考慮。我一直認為，沒有出色的理論背景做觀照，僅靠量化的史料收集和堆砌是無法指導我們認識複雜的歷史真相的。我們以往的歷史研究中有一個致命的問題，就是在各種外在的尺度下預先規定了歷史時間的本質含義。留給歷史學家的工作好像就是

給已經貼好標籤的事件加上某種解釋，從此形成了既定框架內單一的敘事風格。目前國內史學研究大體上仍然是採取「革命史觀」和「現代化史觀」兩種視野，二者基本上都是對歷史進行線性的認知詮釋。

中國在二十世紀初年所形成的具有現代意義的社會史研究傳統，由於不斷在論證或批判現代民族——國家建構的合理性和不合理性，或者為革命動員提供歷史性依據，所以社會史研究大多採用集體敘事的手法，揭示中國社會與外部世界的關係，書寫形式基本上也是以大通史或斷代史的宏觀敘述為主。進入八〇年代，一些崇尚傳統述史風格的社會史家，為了迴避集體敘事的意識形態制約，從儒道佛的經典資源中提煉出連續性的要素，用以和西方爭奪對現代社會演變解釋的發明權；或者回歸乾嘉傳統治史方法，專注於史料的整理鉤沉。這些細節描繪足以彌補大敘事粗線條述史之不足，然而其認知方式仍然是菁英式的，始終沒能建構起詮釋民間基層歷史的有效框架。多少年來，中國社會史界一直在尋找把宏大敘事與乾嘉式的史料鉤沉風格進行有效銜接的突破性方法，為了避免簡單化的政治圖解或碎屑的樸學遺風這兩個極端。在這個背景下，可以說「中層理論」的建構主要旨在發現協調兩個極端取向的可行性方案。

問：「中層理論」所說的「中層」，是一種什麼意義上的「中層」？

答：「中層理論」是由美國社會學家默頓提出的社會學方法，主要是想對那些解釋社會構造時所採取的無所不包的功能主義大框架進行修正。具體到研究中，「中層」的意義可以在許多層面上體現出來。實際上從中國傳統的官史書寫到八〇年代以後流行的現代化敘事，其中都有一個明顯的傾向，就是以國家為整個歷史行為的承擔者，「社會」的這個層面是被略去了的，這種傾向在被意識形態化了的馬克思主義理論中得到了強化，一直滲透在歷史學基本研究方法中。因此，如何擺脫僅僅關注國家上層歷史的單向思路，賦予社會史資源以應有的地

位和價值，也就形成了一個最基本的走進「中層」的問題。已經有一些學者前輩在這方面做出了開拓性的研究，比如費孝通認為中國傳統社會分上下兩個層次，下層對上層並不是完全的從屬，而是自有一套自治規則，並且以應對和妥協的對話方式對上層統治加以滲透。這種提法在當時引起很大爭議，但這種思路還是延續下來，在二十世紀五〇年代被一些留美學者如張仲禮、蕭公權等人吸取過去，在現在的美國中國學領域都有所反映。

我在史學界提出「中層理論」，也旨在呼籲運用一些屬於「中層」的概念，對中國本土的歷史經驗加以解釋。實際上我並不主張在「國家」、「社會」之間必須作出一個清晰明確的邊界劃分，因為國家與社會的對峙本來是一個非常西方化的提法，西方社會學領域通用的「公共領域」、「市民社會」等概念移植到中國之後，在解釋中國社會轉型時遇到了困難，正是因為這些概念在西方已經被清晰地界定為一個具體的場域，也就是通過咖啡館、出版物、社團等形成的所謂「中產階級」，而這個場域在中國是不存在的，即使能發現某些表象，也是移植而不是自發形成的，完全不同於中國本土的自治方式。所以我們應該注重一些經過嚴格界定和驗證的「中層」概念，比如黃宗智提出的「過密化」概念，從經濟史的角度描述江南勞動力和生產量的關係，它雖然是一個地區性的概念，但在提供一種趨勢性的解釋方面具有非常有益的導向作用。

問：你在《中層理論》中大量引證了美國中國學領域的研究成果，你認為這對於中國史學界有哪方面的借鑑作用？

答：引述域外中國學研究成果的主旨仍然是想和國內史學界習用的理論前提加以對照和參證，尋求建立「中層理論」的可能性。因為美國中國學研究在運用「中層理論」解釋中國歷史方面表現得最為自覺，積累了相當豐富的經驗。總的看來，美國中國學呈現出理論模式

快速轉換的色彩，各種核心概念從提出到過時，總給人以眼花繚亂的感覺，但我們應該注意到，在這過程中已經形成了新的切入問題的起點，也為下一步的理論轉型提供了討論的前提，從中正可以看出中層理論的活力，它可以將許多原創性的思想成果迅速轉化為解釋相關問題的工具；同時它具有很強的反思能力，在史料甄別方面也具有革命性的意義，促成了對主流史料和邊緣史料的重新審視。

　　問：為什麼在美國中國學研究領域中，你格外看重後現代思潮影響下形成的研究方法和闡釋風格？

　　答：這是九〇年代以後中國學研究領域出現的重要景觀，總的來說是法國哲學家和歷史學家福柯對西方啟蒙理性的質疑和對現代化線性發展邏輯的批判波及到美國的結果。就歷史研究而言，後現代理論所提示的其實是一個常識性的認知問題，那就是歷史學家研究歷史時往往是在已經知道結果的情況下進行的追溯和確認，許多因果關係都是在這種事後追認的狀態下得出的，這和歷史現場中的人們體驗歷史的方式就有了根本不同。而後現代主義採取了將歷史碎片化的立場，打破了以往事後追認的認知模式，重新賦予歷史事件以個性化的意義。其實七〇年代美國中國學研究者柯文就已經提出了這個問題，認為歷史研究的意義在於按照事物豐富多彩的個性重建過去，而不是尋找「本質」或規律的東西。

　　問：當前「地方史」研究的興起是否受到了「後現代」思潮的直接影響？

　　答：二者之間確實有比較密切的關係。目前中國的「地方史」研究基本上受兩個思路支配：一是國家──社會互動關係模式，一是對「文化」作為傳統象徵資源如何支配基層社會生活的探察。前一個思路接近現代主義思維方式，後一個思路比較清晰地體現了「後現代」思潮在史學界的影響。「後現代」敘事模式的引入有助於克服中國史界長

期難以從政治意識形態的控制中擺脫出來的困境，但目前呈現出來的弊端是容易忽略對現代化過程作為支配性因素所造成的影響的分析，而刻意強調對現代化後果的抵抗意義。所以一些「後現代」史學作品，容易給人一個印象，就是對國家上層政治運作的描述往往是相當模糊的，處理得也相對草率。

問：你在研究中所強調的「地方感」和空間概念是否主要受到以福柯為代表的後現代理論的影響？

答：福柯對空間與權利關係的判斷主要基於西方社會的歷史經驗，由他的知識論體系推導出來的制度變遷理論大多可以在西方社會中得到驗證，比如知識論可以推導出空間控制技術，任何現代空間的確立都與技術控制有關。這樣一種「知識即權力」的認知前提在中國研究者手裡往往被簡單化了，以我目前所從事的醫療社會史研究為例，我發現，西方醫療體系在中國的確立是個漫長而複雜的過程，因為西方醫療空間在中國並非是一種原生態的事物，當它首次被引入中國時也就不一定具有不證自明的合法性。這時就必須把民間社會的民眾對它的認識狀況考慮進去，因為對於普通中國人來說，這首先是個本土經驗是否認可的問題，另外這樣一種認識還會受到非地域性因素的影響，比如都市化的空間制約和國家權力的干預。因此要重建民間基層社會這種真實的感覺結構，就應該首先考慮地方傳統在哪些細節上與西方醫療空間達成了微妙的認同關係，其次才可能考慮「地方感」在外界權力強制干預下造成的破損及其影響。我認為在這個層面上的考察和建樹，也正是我們可能對西方理論資源加以運用和回應的地方。

問：你認為口述史研究對國內史學界在研究方法上有什麼特殊意義？

答：其實「口述史」研究倒是比較明顯地表現出了後現代思潮對中國社會學界的影響。在考察「政治記憶」對民間意識的塑造中，「口述史」研究比較集中地使用了福柯關於「權力技術」對社會影響的分

析方法，從中往往可以清晰地觀察到普通民眾對一些歷史記憶的刪除與國家記憶對民眾思維的塑造這兩個不同層面的互動場景。實際上「後現代」敘事的一個重要特點，就是力圖用歷史考古的眼光去解構由現代化邏輯創造出來的群體經驗，特別是那些從個人經驗出發拼接而成的「群體經驗」。從這個角度看，這種解構方式就具有了很重要的建構性意義，我們可以據此對許多現代性問題重新發問。其實，僅在中國走向現代化的這短短百餘年間，就存在許多未經反思和發掘的集體記憶場，比如對「文革」的反思為什麼總是不能超越個人痛苦的感受層面？正是因為中國學者長期滿足於對個人經驗的價值評判，而沒有在多元的歷史考古的層面定義這種評判的合理性標準。如果從「後現代」理論和方法的提示著眼，研究者恰恰需要與個人痛苦保持一定的「間距感」，才能在眾多歷史人物的體驗中逼近歷史現場。

問：從你的研究經驗出發，能否評價一下現在國內社會史、文化史研究的總體狀況？

答：自從八〇年代末傳出「史學危機」的呼聲以來，產生了很多「社會史」、「文化史」等邊緣研究，似乎打破了以往一元化的闡釋方式。然而時隔不久就可看出，這種拓展其實只是一個看似熱鬧的表象，各種新出現的「社會史」、「文化史」只有形式上的更新，卻很少範式操作意義上的突破。實際上我們所看到的一些社會史、文化史研究仍然是在原來的政治史思路中進行的，不過是把原來的政治史敘事範圍加以擴大，將其中的一些問題做了某種外延式的拓展而已，並沒有看到目前社會史、文化史研究的最大挑戰實際上在於如何擺脫僵化政治史敘事的制約，形成自己獨特的解釋模式的問題。其實「中國社會史」研究崛起的背景相當複雜，時間大約是在二十世紀九〇年代初。八〇年代是中國史學界擺脫傳統政治史和經濟史研究框架的時期，擺脫方式分別走了兩條替代路線，即以「文化史」擺脫「政治史」，以「社

會史」擺脫「經濟史」。「文化史」研究基本上是受到「文化熱」的影響，實際上只不過是思想史研究的另一種說法，基本沒有形成自身獨特的問題意識和詮釋框架，也沒有就什麼是「文化史」達成共識，許多研究常常是以「學術史」取代了「文化史」。如果硬要概括的話，所謂「文化史」研究基本上沒有脫離「觀念史」和現代化模式支配下的「社會習俗變遷史」的範圍。

問：從你的著述成果來看，你以前似乎比較注重思想文化研究，目前在新社會史方向的倡導和開掘是否意味著個人興趣取向方面的某種轉變？

答：我認為新社會史的一個最主要的任務就是呈現出下層社會在一種什麼樣的層次和環節上建立同上層的對話和互動關係，這樣一種關係在現實中又呈現出怎樣的形態，在研究過程中我自己的想法確實經歷了一些很明顯的變化。但現代史學的創建從根本意義而言就是多學科方法逐漸滲入而史學方法逐漸淡出的結果，實際上現代史學運用最多的社會發展理論本身就是以社會學線性發展觀為框架的，並不是傳統的史學求證方法。因此現在的社會史研究面臨的一個重要問題就是整合其他學科的方法論資源，使中國社會史的研究提升到自覺的理論探索的新高度。具體到地方感覺的塑造，就不應該僅從「帝國的隱喻」或與上層意識溝通的程度這一單面角度加以理解，或僅僅把宗教信仰理解為民間權力的政治表達方式，而是基層民間民眾日常生活的具體而細膩的感覺。

問：最近你又針對中國社會史研究的現狀提出了重新倡導中國政治史研究的問題，你是如何考慮的呢？

答：中國社會史研究近幾年在充分借鑑社會理論方法的基礎上有了長足的發展，但也隨之出現了一些問題，比如過度注重研究某個區域或村莊群落的歷史，而無法在更大的範圍內觀照更為重大的歷史問

題。「區域社會史」研究興起的背景與柯文對「中國中心觀」的提倡有密切關係。柯文在提倡中國中心觀時表面上針對的是當時美國中國學研究的現狀，即過於強調外力對中國社會和政治衝擊作用的「衝擊——回應」理論和「帝國主義作用」的理論，好像與中國史學在本土的發展並沒有直接的關聯，所以有人批評國內引進柯文的理論是一種盲從的表現，其實實際情況並非如此簡單。國內史學界長期受馬克思主義社會發展理論的影響，力圖在世界史的進程中找到中國史自身的位置，這樣就必然會強調外力因素的影響，包括「帝國主義」與「資本主義」對中國近代歷史演變的拉力作用，與美國中國學的區別僅僅在於各自擁有自身的「意識形態」立場罷了。所以，美國中國學界面臨的問題同時也是中國史學界面臨的問題。因此，僅僅從這個角度否認柯文的意義是遠遠沒有說服力的。

　　柯文受人類學的影響，強調在空間上對中國加以區分，橫向上主張按區域局部地切入，縱向上從上層向下層延伸。他想以此為方法使自己的視角轉移到中國歷史的內部，尋找中國自身具有的「地方性」，嘗試通過這個途徑使研究者部分達到所謂「移情」的效果，這是「區域社會史」興起的外來背景。受柯文及其他人類學家的影響，目前中國社會史研究者基本上都傾向於從「地方社會」的角度理解中國近代的變化軌跡，其實柯文提倡的方法早在二十世紀三〇年代就被一些中國人類學家具體嘗試過，如費孝通倡導的民族志研究和對中國社會運行狀態所做出的「雙軌制」的表述。只不過這種視角經過五〇年代的「理論旅行」轉移到美國之後，經柯文的點撥又重新轉回到了國內，這真驗證了那句古話：「外來的和尚好唸經。」

　　柯文理論的最大問題是，他沒有意識到，所謂中國的「地方性」恰恰是一種近代發生的現象，這種「地方性」的存在恰恰是被外來的力量所制約和規範的，這種制約越到近代表現得越加明顯。如果沒有

外來力量的塑造,身處地方社會的人們是不會感受到有所謂「地方性」的,因為他們所處的位置只能使他們擁有一種普遍性的感覺。這就是「普天之下,莫非王土」的心理意義。甚至在某種程度上說,「地方性」是由近代條件下的「普遍性」所決定的。反過來也是一樣,現代意義上的「普遍性」也是通過不斷界定分散在各地的「地方性」才確立自己的霸權地位的,這是薩義德反覆論述過的主題。

這裡所說的外力當然不是抽象的所謂「西方勢力」,而是經過其影響後的一種複雜的社會運行機制,包括現代政治原則支配下的政治體制。我認為,經過西方塑造後的國家社會動員能力和意識形態顯得尤其重要,它們的干預直接使所謂「地方性」以日益明顯的狀態凸現出來。同時,這種「地方性」的凸現也是伴隨著中國被日益納入世界體系的過程中得以實現的,這是一種複雜的相互纏繞過程。目前,中國「區域社會史」研究中對發掘「地方性」的強調,確實使我們對中國社會的局部認知水平有了很大改觀,但其從區域社會和地方脈絡中理解上層政治運作的方法尚不足以說明「地方性」何以在近代才凸現的問題。只有充分理解近代塑造「地方性」的外在複雜政治機制,才能理解「地方性」的近代含義。

當然,另外一個極端也應盡量避免,即僅僅把「地方性」看作是近代政治經濟單一力量塑造的結果。比如最近有學者提出「現代性悖論」理念,用此描述中國社會轉型期所表現出的「欲拒還迎」的態度。但在描述這種理念的時候,卻又容易走入政治經濟學分析的老路,認為中國社會的變化幅度全部取決於西方對之構造的程度,而沒有看出「傳統」也有其自發性的塑造社會的力量,甚至這種力量有時足以強大到具備抵抗外力干預的能力。

這樣一來,中國社會史研究很容易出現兩個極端對立的觀點:一種觀點認為,為避免大而空疏的毛病,要理解中國這樣廣大領土上的

社會與政治變革，就必須自下而上地從基層地方生活的角度對之加以認識，甚至過於迷信傳統有自我再造的能力，上層菁英的制度運作也必須從地方社會的具體表現中加以把握；另一派則堅持自上而下地理解中國的社會轉變，認為近代中國的變化幅度取決於外部環境引發的政治經濟變遷。

而在我看來，中國社會變化並不是「自上而下」或「自下而上」兩種單向流動的態勢所能單獨決定的，而是上層政治經濟與基層「地方性」反覆博弈互動的結果。在西方影響下的上層制度無疑對地方社會有決定性的改造作用，但這種作用的發生並不意味著地方社會完全採取被動的姿態，以無法抵抗的無奈形式加以盲從和接受。上層政治制度的形成有時也會在吸收地方傳統的意義上調整自己的策略，使之具有較大的靈活性。歷史證明，中國近代許多歷史態勢的形成，都是上層與下層反覆拉鋸式博弈的結果。可我們的歷史研究往往只是從單向上理解中國社會的變化，而沒有把這種動態的複雜性納入自己的視野，甚至把對傳統「政治史」研究的不滿直接轉換成對下層的研究態度，而忽略了一個重要問題：如果沒有搞明白上層社會的政治運作，也同樣很難理解下層社會得以具有所謂「地方性」的緣由。這就是我想重提政治史研究的原因。

目 錄
CONTENTS

昨日之我與今日之我

——關於學術歷程的對話與反思（代序）……………………i

上篇 「理論旅行」的反省與批評

美國中國學研究的範式轉變與中國史研究的現實處境……3

一 美國中國學思潮中的「世界觀念」與國內史學的關係……3

二 美國中國學研究中的「概念化」傾向……………………10

三 身處後現代思潮中的「我們」——歷史如何重新書寫……20

「理論旅行」狀態下的中國史研究……………………29

一 導言——理想主義還是現實主義……………………29

二 由輸入到輸出——「理論旅行」的若干實例……………35

三 「理論回流」之後

　　——對若干二元對立概念在中國的規範性運用引發的評述與思考…50

四 結語——幾點延伸的思考…………………………68

「後現代」思潮在中國……………………………………73
一 中國「後現代」思潮的現代性表述形態………………73
二 中國何以不能出現真正的「保守主義」………………85
三 多學科聚焦視點下的「後現代」修辭…………………100

儒學作為傳統中國「意識形態」合法性的歷史及其終結……115
一 「意識形態」理論對中國歷史研究的規範作用………115
二 「意識形態」的構造過程
　　——從上層「象徵建構」到底層「文化實踐」………126
三 「制度成本」與儒家「意識形態」的形成過程
　　——一個新的視角………………………………………146
四 儒家意識形態的「象徵建構」與「文化實踐」之間的脫節及
　　其後果……………………………………………………163

中層理論與新社會史觀的興起……………………………181
敘事的變遷——政治與社會…………………………………181
理論的橫移——社會學與歷史學……………………………186
歷史呈現與劃分對象…………………………………………189
理論的轉換——懸置或者批判………………………………195
規範論證與範式遷升…………………………………………200
中層理論與一代悲劇的終結…………………………………204
空間重設與普遍主權…………………………………………207

中層理論與自由的演進···211

「應然態民主觀」的現代範本·······································217
一　歷史邏輯的變相延續···217
二　現實邏輯的歷史投影···228

「常識性批判」與中國學術的困境·································233
一　「識字」的常識性威力···233
二　「後現代」批評真那麼不合時宜嗎·······························236

防疫行為與空間政治···241
一　慈善傳統與醫療觀念···242
二　防疫行為與現代政治···248

「市民社會」研究的一個中國案例·································253
一　衝出「韋伯式圈套」？···253
二　衝突與控制——漢口的近代模式·································256
三　「公共領域」的適用限度···261

下篇　跨學科入史的探索

梁啟超《過渡時代論》與當代「過渡期歷史觀」的結構……269
- 一　《過渡時代論》表述框架中包含的內在緊張……269
- 二　克服「文化認同」與「政治合法性」的焦慮
  ——從「保教」到「保國」……272
- 三　徘徊於「復古」與「蔑古」之間
  ——重建傳統道德與現代制度建設的關聯性……277
- 四　對西方「進步史觀」的修正及其後果……280
- 五　我們需要什麼樣的「過渡期歷史觀」……287

「辜鴻銘現象」的起源與闡釋——虛擬的想像抑或歷史的真實……297
- 一　文化哈哈鏡下的辜鴻銘——學術宗師還是復古幽靈……297
- 二　「自我東方化」——辜鴻銘與西方浪漫派的感應關係……305
- 三　「國家主義」與「文化主義」的內在緊張——道德整體論的困局……308
- 四　由西徂東——「理論旅行」的現代性意義……316

「蘭安生模式」與民國初年北京生死控制空間的轉換……323
- 一　從警察空間到醫療空間——生死控制過程如何深化……323
- 二　從生到死——傳統社區內的儀式表演……327
- 三　「蘭安生模式」與城市衛生示範區的建立……331

四	「社區疊合」與生命的「檔案化」	335
五	北京的「街道政治」——抗拒與變遷	342
六	結論	352

民國初年北京地區「四大門」信仰與「地方感覺」的構造 353

一	民間信仰、宇宙觀和「地方感覺」	353
二	「四大門」宗教秩序的非身分化特徵	357
三	廟神的定期崇拜與「四大門」的喧賓奪主現象	374
四	頂香看病的個體化特徵與社會秩序的維繫	379
五	「四大門」與草澤鈴醫——傳統鄉村醫生角色的模糊性	389
六	「巫」與「醫」的現代之爭——一個鄉村醫生的生活史	398
七	社會控制機制的轉變與「地方感覺」的城鄉差異	413
八	結論	427

華北青苗會的組織結構與功能演變 431

一	「青苗會」組織功能的雙面性	432
二	「青苗會」與鄉村權力網絡	437
三	結論	441

纏足由「美」變「醜」歷史進程的身體政治學分析 443

一	導論——反纏足運動的三種詮釋方法及其修正	443

二　從審美到衛生——反纏足話語的階段性建構⋯⋯⋯⋯⋯⋯⋯⋯⋯448
三　「纏足之美」與「纏足之痛」——傳統與現代理解的錯位⋯⋯⋯⋯⋯464
四　介於現代國家控制與社會風化間的反纏足運動⋯⋯⋯⋯⋯⋯⋯⋯⋯480
五　餘論⋯⋯⋯⋯⋯⋯⋯⋯⋯⋯⋯⋯⋯⋯⋯⋯⋯⋯⋯⋯⋯⋯⋯⋯⋯⋯⋯504

上篇
「理論旅行」的反省與批評

美國中國學研究的範式轉變與中國史研究的現實處境

一 美國中國學思潮中的「世界觀念」與國內史學的關係

如果從源流上考察，美國現代中國學可以說是在反傳統「漢學」的境況下誕生的。[1]概而言之，所謂傳統「漢學」對中國的認識主要源於來華傳教士的各種報告、著述、書簡中拼貼出的一幅中華帝國的歷史圖景，如門多薩的《中華大帝國史》、利瑪竇的《中國札記》等等就屬於這類著作。[2]這種對中國歷史進行的「想像式建構」[3]，甚至影響到了西歐啟蒙運動的輿論導向，如伏爾泰在《風俗論》中就聲稱哲學家的中國「發現了一個新的道德和物質的世界」，從而借此對抗西方的宗教勢力[4]按薩義德的說法，中國作為想像的異邦被「東方主義」化了。[5]只不過這種想像帶有迷幻的讚美色彩。

---

1 周勤：《本土經驗的全球意義——為〈世界漢學〉創刊訪杜維明教授》，《世界漢學》一九九八年創刊號，第9頁。
2 侯且岸：《當代美國的「顯學」——美國現代中國學研究》，人民出版社一九九五年版，第19～30頁。
3 Benedict Anderson, *Imagined Communities: Reflections on the Origin and Spresd of Nationalism,*（NewYork, 1983）, pp. 1~9.
4 關於歐洲思想界對中國文明態度的轉變，可參閱許明龍：《十八世紀歐洲「中國熱」退潮原因初深》，《中國社會科學季刊》一九九四《春季卷》，第159～168頁。
5 〔美〕愛德華·W.薩義德：《東方學·導論》，王宇根譯，三聯書店一九九九年版，第1～37頁。

十九世紀以後，隨著西方資本主義全球勢力的拓展，西方現代化的普世邏輯逐漸支配了西方漢學界，特別是黑格爾關於非西方社會「沒有自己的歷史」的論斷[1]，促使漢學界藉助西方的近代發展趨勢重新把中國想像成了一個停滯不前的國家。所以史景遷認為，對中國的「他性」的塑造，與西方的現實境遇有關。[2]而誕生於第二次世界大戰之後的美國「中國研究」（chinese studies）卻與古典漢學研究（the classical sinology）的分析路徑大相逕庭。總體而論，中國研究變成了美國全球化總體戰略支配下的「地區研究」（the regional studies）的一個組成部分，帶有相當強烈的對策性和政治意識形態色彩。這一特點可以從費正清的研究框架中體味出來。費正清的名著《中國沿海的貿易與外交》，基本上闡述的是中國古代朝貢制度與儒家思想的淵源關係，通過探討鴉片戰爭後十二年內通商口岸條約制度在演變過程和上海外國稅務司的形成，暗示中國朝貢制度在現代國際網絡中的衰落命運。在另一本著作《美國與中國》中，費正清亦直接使用對立的兩個概念：「集權傳統」與「社會革命」，通過分析兩者的關係喻示西方力量對中國停滯的傳統具有決定性的改造作用。集權傳統藉助儒家思想滲透進政府、法律和京教，甚至人道主義傳統等方面，成為中國步入現代化

---

[1] 黑格爾說得非常明確：「中國很早就已經進展到了它今日的情狀，但是因為它客觀的存在和主觀運動之間仍然缺少一種對峙，所以無從發生任何變化，一種終古如此的固定的東西代替了一種真正的歷史的東西。中國和印度可以說還在世界歷史的局外，而只是預期著，等待著若干因素的結合，然後才能夠得到活潑生動的進步。」參閱〔德〕黑格爾：《歷史哲學》，王造時譯，上海書店出版社一九九九年版，第23頁。

[2] 史景遷（Jonathan Spence）曾經指出：「我們面臨這樣一個文化矛盾：四百年來，歐洲人關於中國的真實知識中總摻雜著想像，二者總是混淆在一起，以至我們確實無法輕易地將它們區分開。」因此，在西方思想世界裡，對中國的認識「想像往往比知識更重要」、「想像的力量足以創造或超越現實。」參閱〔美〕史景遷：《文化類同與文化利用》，北京大學出版社一九九〇年版，第16～17頁。

的障礙，從而在無法適應現代化節奏時引發了社會革命，而社會革命均是西方思想影響下形成的。換言之，任何「革命」都是西方社會發展進程的一個連續組成部分。太平天國、戊戌變法、辛亥革命、新文化運動都是對傳統結構的衝擊。[1]如後人所論，費正清的「沖擊——回應」體繫帶有較為明顯的「官方史」（official history）的色彩，由於其刻意強調中國傳統的停滯和被動性，突出西方力量充滿活力和發展的特徵，中國社會只不過變成了現代化力量波及的對象之一，從中看不出中國歷史有自生自發的轉化和創新能力。雖然在二十世紀五〇年代初，費正清被麥卡錫主義者指責負有丟失中國的責任，但費氏的觀點仍是美國透視中國歷史、制定對華策略的主要依據。

　　二十世紀六〇年代初，美國中國學界開始出現了試圖擺脫這種對策性思維定式的跡象，後來崛起的批評者如柯文對費氏的批評主要集中於兩個方面：一是「費正清模式」過度關注於沿海貿易的地區，而沒有把中國的其他地區如內陸的情況納入觀察視野；二是把一些中國內部的變化全部歸結於「西方衝擊」，從而忽視了從中國人自身立場出發理解歷史真相的可能性。這一批評引發了以中國為中心的新型「地方史」研究的浪潮，其與傳統「地區研究」的差異表現在逐漸淡化中國研究強烈的對策性色彩，而形成相對獨立的對中國歷史與傳統發展的認識脈絡，柯文把這種轉向概括為「內部取向」和「移情理論」。從方法論的角度而言，這次轉向明顯受到了人類學「民族志」方法的影響，即強調歷史研究也應重新界定研究對象的範圍，通過細緻入微地對基層社會生活複雜圖景的復原，深化對下層歷史的瞭解。因為美國

---

[1] 在《美國與中國》中，〔美〕費正清把全書內容分為三個部分，劃分為受西方影響前後的兩個時期，在第一篇中又特意以小標題提示「早期中國是個『東方式的』社會」。參閱費正清：《美國與中國》，張理京譯，世界知識出版社一九九九年版，第28～31頁。

中國學的早期著作所存在的主要問題，就是側重探討中國近世史中西方自身所關切的問題，如鴉片戰爭、太平軍、中外貿易、傳教事業、日本侵略等等。而晚清以來發生的許多關於改革的言論採取的是處理內部事物的方法，與西方的刺激無關，比如「清議」就被看作是儒學內部的一場爭論。這些現象的發生有可能僅僅是中國歷史內部自身發展邏輯的一種近代表現。柯文強調說，選擇歷史事實的意義時取決於我們提出問題的方式，這又取決於我們關注時代演變的主觀角度，其言外之意是反對歷史發展的單向聚集的觀點，強調對歷史個別化特徵的解釋，否認探求歷史發展的規律與共性，認為這是「西方中心論」的產物。[1]值得注意的是，這一導向明顯受到二十世紀五〇至六〇年代殖民地獨立時期疏離西方政治控制的背景影響，認為文化的多元共存是闡釋非西方文化歷史之真正意義的前提條件。

中國「地方史」研究的興起逐漸揚棄了費正清刻意觀照中西碰撞下的宏大事件的敘事傳統，六〇年代以後，除個別學者如施堅雅提出了「經濟區系理論」這樣准宏觀的解釋框架外，美國中國學逐步轉向了「區域研究」的中層分析。與美國中國學界的闡釋取向相比較，中國歷史學界對中國歷史發展圖景的解釋，從二十世紀三〇年代社會史論戰以來，也逐步轉向了強調外力因素作用的軌道。二十世紀初，梁啟超在《新史學》中首次提出「國民史」的概念，認為對中國歷史的解釋應是激發國民意識的工具。梁氏觀點的重要貢獻就是把中國歷史首次置入世界歷史發展的格局之中加以重新定位。他首次承認，中國歷史只不過是世界歷史發展流程的組成部分，而不是獨立自足的文化實體；同時也承認對歷史的解釋不是一種文化秩序意義上的朝代循環

---

[1] 〔美〕柯文：《在中國發現歷史——中國中心觀在美國的興起》，林同奇譯，中華書局一九八九年版，第1頁。

和復古式的人類退化過程的分析,而是與世界其他文明特別是西方文明發展相關的一種具體表現。然而,梁啟超心目中的中國歷史一旦從一種「地方時間」被納入「世界時間」的流程,也面臨一個巨大的心理轉變,就是需要重新認定中國歷史發展是否具有獨特性,如果有,那麼又如何與世界歷史的總體趨勢相協調和銜接。[1]

到了三〇年代,對中國史的解釋繼續被納入「世界時間」的進程之中,而且更加明確地帶有線性進化觀的取向,即歷史的發展過程應有一個終極目標,對歷史過程和現象的闡釋由於與這個目標的設定密切相關,因此歷史階段的劃分也必須以此目標為最終指向。同樣,中國史作為一種「地區性歷史」,也不應該具有自身的例外性,不應該做出獨立的解釋,而應是世界階段性時間進程的印證,和與西方歷史進行關聯性比較的結果,著名的中國歷史發展五階段論的提出,就突出表現了中國歷史學家對線性進化史觀的執著信仰。

從五〇年代到八〇年代,中國歷史學界集中討論的近代問題,特別是「三大高潮、八大運動」革命史框架的提出,都特別強調西方帝國主義的衝擊對中國歷史進程的改變作用。當然,另一重要的歷史緯度即國內階級矛盾的醞釀和激化所引起的社會變遷,也是與之並行不悖的另一條主線,但這條線索同樣是在第一條線索不斷刺激下發生的,也就是說仍比較強調外力的作用。所以我個人以為,八〇年代以前的中國近代史的解釋框架與費正清的「衝擊——回應」模式有一體兩面的效果,即都比較強調西方力量對對中國本土社會衝擊的決定性質,只不過兩種理論的基本出發點有所不同。費正清基於美國的戰

---

[1] 例如梁啟超在《新史學》中把國家思想的缺乏,歸咎於數千年之史家「知有朝廷不知有國家」。參閱梁啟超:《梁啟超史學論著四種》,嶽麓書社一九八五年版,第242頁。

略思維，強調西方觸媒對中國內部社會變革的主導作用，而基本忽視中國內部變化的傳統依據何在；而中國學者則同時強調外力衝擊造成的傳統社會結構的瓦解，和國內經濟利益分配不平等造成階級衝突這樣兩條雙重線索，似乎比費氏的解釋多了一些複雜性，也顯得具有更多的合理性。但革命史的框架仍是圍繞與西方相關的重大事件設計問題，而且這些事件的起因與背景大多與西方有關，討論也以此為核心加以展開，所以其基本模式與「衝擊——回應」說有相似的地方，只不過費氏強調西方衝擊對中國社會現代化有利的一面，而革命史框架強調帝國主義對中國傳統結構破壞性的一面，但兩者都沒有真正把中國傳統自身的特性納入考察視野，而是基本上把它視為負面的因素加以抨擊。

八〇年代以來，隨著中國改革開放程度的日益深入，圍繞革命史框架的純粹政治史緯度的解釋逐漸為中國現代化進程的歷史描述和定位所取代，一些原來被負面評價的歷史現象，逐漸擁有了正面性的解釋，原來屬於外力侵略的一些歷史內容，由於現代化國策的調整，其部分措施逐步獲得了較為正面的肯定，比如對「洋務運動」的評價，就從鎮壓人民的性質轉變為基本正面的現代化先驅式運動，又如義和團運動的評價也隨著對現代化運動評價標準的改變，對其基本的評價也有從反帝運動轉向封建愚昧運動的跡象。在這一階段中，我們看到，對現代化運動進步功能的強調，逐漸削弱了原有革命史對歷史發展的政治史解釋，對歷史階段論的認定也開始變得模糊起來，中國國內的歷史研究開始更多地關注歷史與中國現代化之間邏輯合理性關係的論證，這表現在對社會史、文化史研究取向的變化上。八〇年代中期，受到「文化熱」流行趨勢的影響，文化史、社會史研究出現了勃興的景象。從表面上觀察，這一轉向主要是針對以往事件史、政治史所奉行的「宏大敘事」原則忽視日常生活歷史細節而發生的糾偏運動，

其中也表現出向地區史靠攏的若干傾向。但細究其意，與美國中國學研究中的「中國中心說」及其相關的地區史走向頗有不同，美國中國學研究中的「地區史」傾向是反思外力衝擊的一個結果，強調的是中國傳統和社會因素在西方世界控制之外的獨特意義和活力性質，特別強調在傳統影響下中國社會發展的自身邏輯。而國內的文化史、社會史研究，特別是近代社會、文化史研究，主要還是政治史、事件史解釋的一種延續和深化。

如前所論，八〇年代對文化的反思基本上是改革開放國策的一個直接結果，而文化史的基本思路仍濃縮了近百年對中國內部變革與西方之關係的基本思路，這個思路早在二十世紀初就由梁啟超提出來了，即認為自外力滲透呈不可遏制的趨向以後，中國社會就呈現出「器物——制度——文化」遞次變化的過程，從此以後，知識界對現代化過程往往容易采取簡單籠統的認同態度。[1]於是在對這個過程的評價中，常常僅以現代化程度為參照，逐步形成了對傳統的負面評價標準，而沒有對現代化的各種理論框架提出反思性的批判，這導致我們的文化史、社會史研究在縱深層次上基本上還是為西方現代化的普遍進程提供一個地區性註腳，遠未形成具有本土解釋和反思能力的有效性框架。其主要癥結在於，國內史學界尚缺乏對現代性問題複雜程度進行深刻認識的理論準備，而僅僅把複雜的現代化進程簡單理解為對傳統社會結構進行掃蕩的必然步驟，從而看不到傳統在不斷被建構的過程中如何發揮自身的活力。其實早有學者指出：「現代化」和「現代

---

[1] 二十世紀六〇年代初，一些中國學者仍沿襲著當年梁啟超所提出的中國現代化必須實施三個步驟的觀點，如金耀基在《從傳統到現代》一書中仍指出現代化仍需經過：（一）器物技能層次的現代化；（二）制度層次的現代化；（三）思想行為層次的現代化。參閱金耀基：《從傳統到現代》，中國人民大學出版社一九九九年版，第131～34頁。

性」是兩個不同的概念,現代化主要是指一種以西方為中心的線性發展模式和擴散的實踐過程,主要是指功能制度意義上的建構,而「現代性」主要是指一種對於時間進化的態度。[1] 因此,對現代化作為一種基本國策的論證和對現代性概念的反省和批判,應是兩個不同層面的問題,不能混為一談,也不能相互取代。而我們過去的歷史研究,僅僅在政治史的意義上,即主要從反抗帝國主義侵略的純粹政治角度來理解現代化的負面含義,或者像現在那樣僅僅對現代化的過程簡單加以認同,這都不利於對「現代性」問題在中國本土的處境進行合理的解釋。當代社會學家吉登斯就認為:「現代性」就像一把雙刃劍,因此必須嘗試創立一種對現代生活雙刃性的制度分析法。[2] 我想是否我們歷史學界也應該想辦法尋找到一種對歷史現象進行合理解釋的雙刃分析法。

二　美國中國學研究中的「概念化」傾向

如果從歷史源流的總體特徵上考察,美國中國學思潮給人的感覺是代際轉換頻繁迅速,核心命題新意疊出,理論闡釋的前沿特徵明顯,這種潮起潮落的變異性似乎給人以趨新時髦的印象。分析起來大致有兩點原因:其一是當代美國中國學的誕生與發展始終建立在美國

---

[1] 關於「現代性」問題的典型闡述,可以參閱〔法〕福柯:《什麼是啟蒙》,載汪暉、陳燕谷主編:《文化與公共性》,三聯書店一九九八年版,第422～442頁。相關的評論可以參見汪暉:《現代性答問》,載《死火重溫》,人民出版社二〇〇〇年版,第3～40頁。

[2] 〔美〕羅蘭・羅伯森:《全球化:社會理論和全球文化》,梁光嚴譯,上海人民出版社二〇〇〇年版,第200頁。又參閱〔英〕安東尼・吉登斯:《社會的構成──結構化理論大綱》,三聯書店一九九八年版,第31～59頁。

與其他文明不斷變化的複雜現實關係基礎之上，即明顯具有「地緣政治」的狀態，歷史研究往往變成了現實關懷的投影，這與古典漢學有所不同；其二是美國中國學誕生之初就與各種社會科學的思潮發生著非常緊密的關聯，幾乎每一次命題的轉換都與社會理論前沿錯綜複雜的變化有關，這些研究中國史的學者發覺僅僅使用傳統歷史的分析方法無法有效地使歷史變成觀照現實的工具，也無力使之具備現實的反省能力，而必須與其他社會科學的方法頻繁進行追蹤式交叉才能不斷延伸歷史解釋的敏感度。費正清早年創辦哈佛東亞研究中心時就請當時的社會學家如帕森斯等人參與研討班的授課[1]，由此奠定了這種開放多元的風格和基調。

　　從表面上看，美國中國學的演進呈現出過於強烈的「社會科學化」的色彩，大量的相關社科詞彙的借用幾乎成了代際轉換的明顯標誌，比如「衝擊——回應」、「傳統——現代」、「中國中心論」、「過密化理論」（內卷化）、「市民社會理論」（公共領域）、「權力的文化網路」，等等，似乎總給人以流行時尚的感覺。其實我覺得這種「概念化」的傾向至少表現出了兩種值得注意的特徵：首先，每一個核心概念的提出都標誌著一次方法論轉換的完成，進而形成新的研究和切入問題的起點，同時又為下一步的轉換積累了討論的前提，儘管這種轉換和積累的幅度有大有小。比如柯文提出的「中國中心論」對「衝擊——回應」模式的反思和修正，從整體意義上開始把中國史的研究方法從政治經濟學的角度向人類學的區域研究方向實施轉換，也就是說從空間意義上扭轉了設問中國歷史的方式，所以具有庫恩所說的範式變革的作用。以後許多命題的提出，如黃宗智對江南經濟區域「過密化」現

---

[1] 〔美〕錢金保：《中國史大師費正清》，《世界漢學》一九九八年創刊號；陶文釗：《費正清與美國的中國學》，《歷史研究》一九九九年第一期。

象的概括其實就是「地區史」研究方法的具體展開和深化，只是這種地區史研究顯然已不同於費正清時代的所謂「地區研究」的冷戰思維和近代化的直線演進的樂觀態度，而是充滿了反思和批判的精神。「中國中心論」不僅表現為一種姿態和口號，而且是藉助各種中層概念的建構不斷通過具體的研究加以深化和推進，比如「過密化」理論是黃宗智藉助美國人類學家格爾茨對印尼稻作農業的考察所得出的結論，並嘗試移用於對長江三角洲的考察。這一社會經濟史的思路雖然長期以來備受爭議[1]，但卻一直是討論中國小農經濟與社會變遷之關係的理論前提，其學術規範性能力之強是顯而易見的。

九〇年代初，杜贊奇對格爾茨的「過密化」理論重新進行修正，並把它運用到對華北農村基層組織的轉型分析中，認為中國農村基層政權在現代民族國家的威權支配下和現代化的社會改造設計中，由於沒有協調好傳統社會結構與現代化組織構造的相互關係，造成了農村基層政權的低效率狀態，杜贊奇稱之為「內卷化狀態」。同時這套理論又受到福柯知識——權力之關聯理論的啟發，形成了「權力的文化網絡」這個基層社會分析框架，以此試圖超越傳統的「鄉紳社會」的概念模式。他假設，「文化類型」如象徵符號、思想意識和價值觀念本質上都是政治性的，或者是統治機器的組成部分，或者是反叛者的工具，或者二者兼具，對文化符號的爭奪和利用成為能否有效控制社會基層的關鍵。而中國近代化的進程恰恰是沒有注意利用權力的文化網路使之轉化為有效資源，而是通過強行嵌入現代制度，同時又強力摧毀舊秩序的方式建立新式的越層組織，結果造成基層政權的內卷和效率低下的狀態。杜贊奇對「內卷化」概念的移植和闡釋，與黃宗智有

1　參閱黃宗智：《中國農村的過密化與現代化：規範認識的危機及出路》，上海社會科學院出版社一九九二年版。

明顯不同的理論前提,即帶有後現代主義的批評取向,其對華北農村的研究也一直處於爭議的焦點。[1]但這部著作一出版馬上被反覆引用,而且其對農村基層政權的概括分析已經滲透到人類學等其他學科或領域,形成了進一步討論相關問題的出發點。其二,是每一個核心中層概念的提出都開拓了新的史料來源。

我們知道,早期費正清的名著《中國沿海的貿易與外交》由於受到馬士等傳統殖民官吏思維和處理史料眼界的影響,主要注重的是英國外交檔案和英文文獻[2],同時其搜尋史料的範圍也是與其「沖擊——回應」的基本框架相吻合的,所以給人的印象總是關注於和西方社會相關領域的問題。而「中國中心論」範式的提出所引發的地方史研究的浪潮,卻根本改變了史料選擇的範圍和特徵,即開始從中國人自身的感覺和立場出發選擇史料的種類,地方史的一些早期著作如魏斐德的《大門口的陌生人》和孔飛力的早期著作《中華帝國晚期的叛亂及其敵人》在史料的選擇上已經初現這方面的端倪。

仍以「過密化」理論的應用為例,對格爾茨(Clifford Geertz)這個分析概念的有效引入不僅促成了中國社會經濟史研究方法的劇烈變革,而且深化了對華北長江經濟史資料類別的再發掘和再解釋,即從注重生產關係資料的開掘轉向對生產力資料的蒐集,從而在新的意義上把經濟增長率與人際組織關係的相關討論導向了深入。另一種情況是,核心概念的轉換有可能使同一類或同一種史料被忽略的側面凸顯

1　〔美〕杜贊奇:《文化、權力與國家——1900—1942年的華北農村》,江蘇人民出版社一九九六年版。相關的評論可參閱李猛:《從「士紳」到「地方菁英」》,載《中國書評》一九九五年五月號;羅志田:《社會與國家的文化詮釋》,載《東風與西風》,三聯書店一九九八年版。

2　〔美〕錢金保:《中國史大師費正清》,《世界漢學》一九九八年創刊號;陶文釗:《費正清與美國的中國學》,《歷史研究》一九九九年第一期。

出來，進而獲得重新定位自身價值的機會，比如杜贊奇在使用「內卷化」一詞時，與黃宗智使用的均是滿洲鐵路調查報告，甚至都是華北六個村子如寺北柴村的材料，但兩者的偏重有所不同，杜贊奇對華北農村基層政權史料的發掘，恰恰是在 involution 的規範本義上進行的，也就是說，「內卷化」一詞的規範作用進一步拓展了對史料價值的認定。由此我想到，國內史學界一直在爭論「論從史出」還是「以論帶史」這兩種取向到底孰優孰劣的問題，初看起來，這兩種取向似乎都各有道理，可這兩種取向又都似乎把理論與史料的發現對立起來，或者認為史料的搜尋與理論洞識能力之間沒有關係，所以一看到新框架的引進就容易先天性地抱有鄙夷反感的態度，或簡單地以賣弄新名詞斥之；或者認為只憑某種對簡化了的宏觀理論的認識和把握，就可替代對史料的艱苦開掘的工作，結果造成歷史研究或流於瑣碎，或流於空洞的狀況。其實這兩者並不矛盾，問題是枯坐十年，窮搜史料的笨夫式方法只能作為研究歷史的必要條件，而不能作為充分條件，而我們恰恰習慣把兩者相混淆，現在已無人能夠否認，歷史研究需要天賦和直覺，只不過不可濫用，需要自設邊界而已。關鍵在於我們現在還形不成一套規範式的方法，既摒棄笨夫式的毫無靈氣的僵化思維，又能防止天馬行空式的對直覺的濫用，在這方面美國中國學研究給我們提供了一個非常有益的啟示，即通過中層理論的概念化積累，來規範對史料的解讀。一方面它用中層理論的概念轉換不斷引導著史料搜尋出現新的驚喜發現，另一方面每個中層概念在知識積累方面形成相互銜接的遞增特性，使問題的討論和史料的蒐集必須被限定在概念規定的範圍之內，這樣就防止了對主觀直覺的隨意濫用。

我們可以以「市民社會」理論在中國歷史研究中的運用為例做些分析。按照西方社會理論的解釋，「市民社會」具有相對於國家的自主性空間，市民社會觀念大致包含三個要素：一是由一套經濟的、宗教

的、知識的、政治的自主性機構組成的，有別於家庭、家族、地域或國家的一部分社會；二是這一部分社會在它自身與國家之間存在一系列特定關係以及一套獨特的機構或制度，得以保障國家與市民社會的分離並維持二者之間的有效聯繫；三是一整套廣泛傳播的文明抑或市民的風範。[1]從亞當‧斯密、黑格爾‧洛克到馬克思都對市民社會的起源和性質有著不同的解釋，特別是有關國家與市民社會之間的關係存在著兩派代表性觀點，即「市民社會外於國家」或「國家高於市民社會」這樣不同的解釋架構。[2]然而兩者實際都強調在建構國家與家庭之間的公共空間時，市民階級形成的「私人性質」。在研究市民社會起源的各種理論流派中，德國社會學家哈貝馬斯更加明確地把「公共領域」的產生與資產階級的發生和發展聯繫起來加以考察，認為資產階級取代封建階級與他們利用城市公共空間如咖啡館、報紙、自治社團擴大自己的輿論影響有關，同時，一部分資產階級從封建貴族中脫胎出來，也主要是依賴公共領域的支持才得以完成自身的轉化。[3]

　　哈貝馬斯的著作翻譯成英文後，其關於「市民社會」和「公共領域」的觀點迅速為美國中國學界所吸收，並轉化為認識中國社會轉型的工具，比如羅威廉在他著名的有關漢口的研究中，就移植了「公共領域」的解釋框架。羅威廉發現，漢口是在十九世紀崛起的新興城市，很晚才確立自身的城市邊界，所以並不具備韋伯所說的行政城市的特性；

---

[1] 〔美〕愛德華‧希爾斯：《市民社會的美德》，轉引自鄧正來、〔英〕J.C.亞歷山大編：《國家與市民社會——一個社會理論的研究路徑》，中央編譯出版社一九九九年版，第33頁。

[2] 鄧正來：《市民社會與國家——學理上的分野與兩種架構》，載鄧正來等主編：《國家與市民社會》，中央編譯出版社一九九九年版。

[3] 〔德〕哈貝馬斯：《公共領域的結構轉型》，曹衛東等譯，學林出版社一九九九年版，第15～25頁。

同時，在漢口的城市人口中移民比例甚高這一性質也為公共空間的產生提供了很好的條件，他認為漢口商人市民組織的各種機構如商會、救火隊等都具有類似西方公共領域的特徵，比如行會組織就具有大憲章式的管理職能，很少受到政府的干預。羅威廉也曾用「菁英能動主義」一詞來描述漢口近代市民精神的形成，以印證希爾斯所說的「市民的風範」在中國亦有類似的表現。[1]

羅威廉的觀點曾在美國中國學界掀起了軒然大波，也遭到了魏斐德、黃宗智等人的批評，比如魏斐德就認為羅威廉所驚喜發現的一些標誌中國「公共領域」產生的社會組織，可能不過是舊有社會組織運作的翻版，同時他所著意最多的自治商人不過是國家壟斷機構的代言人。[2]當然，也有些學者如蘭金等也曾對羅氏的觀點表示支持。[3]平心而論，市民社會理論無疑產生於西方，其對西方社會現代轉型特徵的解釋，經過哈貝馬斯著作流傳到美國，而逐步滲透進對中國歷史現象的解釋中。值得我們深思的是，在這一滲透過程中，美國中國學家並不是全盤照搬移植，而是對原有解釋概念的適用性做出了修正。如羅威廉在分析漢口城市結構時就採用了「公共空間」（public space）這個概念而不是直接挪用哈貝馬斯描寫西方社會進程的「公共領域」（public spere）[4]，雖然其改動僅是一詞之差，卻為中國現代城市的功能研究開闢了一條新路。羅威廉的研究儘管受到廣泛的爭議，但其利用市民社

1　Willian T. Rowe, *Hankow: Conflit and Community in a Chinese City*, 1796—1895，Standford University Press, 1989.

2　〔美〕魏斐德：《市民社會和公共領域問題的論爭——西方人對當代中國政治文化的思考》，載《國家與社會》，第371～400頁。

3　Mary Bavkus Rankin "Some Obseruations on a Chinese Public Sphere" *Modern China*, April 1993.

4　William T. Rowe, *Hankow: Conflict and Community in a Chinese City*, 1796—1895，Standford University Press, 1989.

會理論對中國城市公共空間所做出的細密考察，無疑大大拓展了對晚清城市社會組織的認識，而恰恰是有些歷史現象的功能作用，如果不借用類似「公共領域」的分析方法，就無法審知其與現代國家控制之間的微妙互動關係。

與此相比較，國內的城市史研究基本上處於條塊分割式的功能分析階段，習慣把城市發展僅僅切割成經濟、政治、宗教等互不相干的幾個部分，卻看不出城市在現代社會發展中各種因素之間的復雜糾葛關係。對西方社會理論進行中國化移植的嘗試也表現在思想史研究的探索上，例如艾爾曼在研究清初乾隆時期常州學派的產生原因時，著力分析了學派與地方宗族網絡的互動關係，這一研究路徑結合了「思想史」與「社會史」的研究方法，艾爾曼的研究試圖借鑑法國社會學家布迪厄有關「社會資本」（social capital）的概念解釋，布迪厄認為，教育體系內部存在著明顯的等級劃分，而其原有進入教育體系之前擁有的「社會資本」，往往決定了其在體制中的位置。艾爾曼用「社會資源」（social source）替代「社會資本」作為分析工具，相對淡化了其西方解釋的色彩，同時又把西方社會理論中重視社會現象與思想發生過程的合理內核轉化成了自身的分析資源。[1]

美國中國學界二十世紀八〇年代以來深受文化人類學派別的影響，對中國社會的地方史研究也逐步從民族志式的社區研究方法逐步向文化分析的路向轉進，所謂社會史研究的文化取向就是試圖從對符

---

[1] 本傑明・艾爾曼曾經說過：「布迪厄透過文化資本的累積而再生產社會層級的基本假說，越未經檢驗且不加辨別地運用在不同國家的脈絡裡，越無法適當地說明這種過程在特定文化裡的特殊形式。我們能夠說清代的中國社會有『文化資本』嗎？那時還沒有『智慧財產』這個法律概念，甚至沒有『經濟資本』的概念。」參閱〔美〕本傑明・艾爾曼：《中國文化史的新方向：一些有待討論的意見》，載《經學、政治和宗族——中華帝國晚期常州今文學派研究》，江蘇人民出版社一九九八年版。

號和象徵意義的分析上把握社會的變遷軌跡，而不是從傳統功能分析的意義上梳理社會結構的轉型，這是對受傳統社會學影響的「社會史」研究方向的一種修正乃至反動。這一取向在中國人類學家之中也有突出的表現。[1]

地區史研究的如此轉向同樣引起不少爭議，如周錫瑞曾經對「文化研究」的方法越來越強烈地滲透進社會史研究提出了批評，他認為近年來中國社會史研究的失寵，反映了把中國革命從歷史舞臺中心移開的傾向，因為革命已經被搬離中心舞臺，歷史研究的關注點就基本從農村轉向了城市，即使在城市研究中，一些早期作品如韓起瀾（Emily Honig）的《姊妹與陌生人》和賀蕭（Gail Hongig）的《天津工人》聚焦於工人階級，並對階級意識和工人階級與中國革命的關係問題保持關注。而九〇年代以後的作品如杜贊奇的《從民族國家中拯救歷史》和賀蕭的最近作品《危險的愉悅》，恰恰從各種「話語」的聚集中尋求現代性的表現，尋求文本解讀中構設的內在邏輯，而忽略形成這種邏輯的政治經濟基礎。

周錫瑞同時聲明自己並不是一個保守主義者，而是同樣看到了傳統社會史研究的弊端，他指出：「社會史在其更接近社會科學形態上的一個特點是關注塑造和限制人類行為的社會制度，無論是馬克思主義者還是韋伯學說的信奉者，按照這種模式取得的最好成果，都提出了有力的比較模型，其中社會經濟和政治結構都被用來解釋社會實踐和集體行為，但這些模型傾向於否認行動者的力量，而我相信新的文化史的引人之處在於它給予了歷史行動者以聲音和主體性（儘管主要是那些能夠留下文字記錄的人），因此幫助他們成為歷史過程的動因，不光是歷史過程的人質。」但是，「文化研究」所導致的主要問題是從

---

1 參閱王銘銘：《社會人類學與中國研究》，三聯書店一九九七年版。

強調現實是由社會構成的觀點，到強調現實是由文化與符號構成的觀點，由於受福柯等後現代主義「話語分析」模式的影響，突出導致了把變革的動因歸結為對權威話語自身的爭奪、控制與實施，或者想像出國家和資本主義中的菁英分子操縱了話語權力的運作，至於這一過程怎樣發生和為什麼發生，以及為什麼某些文化實踐興盛，而其他卻趨於衰亡，卻沒有人樂意去尋求答案。所以，單純建立在話語——權力架構分析之上的文化史研究，無法解釋為什麼現代中國會走一條獨特歷史道路的重要問題。[1]

文化研究的興起當然與革命作為中國歷史研究的中心話語的衰落趨向有關。美國中國學研究在二十世紀六〇年代以前的革命研究，如韓丁的《翻身》等，基本上是在表達與美國政府官方的對策性研究相對抗的左派立場，同時也與中國國內強調為革命實踐的現實主義主題服務的歷史研究取向有關，兩者存在著潛在的呼應關係。特別是八〇年代以來，現代化已成為中國的基本國策後，對革命起源的探索退居幕後，各種地方史、文化史的興起恰恰呼應了「中國中心觀」倡導的基本題旨。針對這種狀況，一些懷念五〇年代革命史研究方法的具有新左派傾向的學者如德里克等開始紛紛呼籲向革命史的傳統解釋路徑復歸。[2]

儘管如此，大家似乎仍達成了一種共識，文化史研究已經形成的基本方法和命題是無可迴避的，完全向傳統社會史復歸也已不可能，社會史研究即使有趨於復興的跡象，也必須建立在整合文化史即有成果的基礎之上，而不是簡單地復舊。美國中國學界形成的地區研究傳

---

[1] 周錫瑞：《把社會、經濟、政治放回二十世紀中國史》，載《中國學術》第一輯，商務印書館二〇〇〇年版。

[2] 〔美〕阿里夫・德里克：《革命之後的史學：中國近代史研究中的當代危機》，《中國社會科學季刊》一九九五年春季號，第141頁。

統,其對某一階層和地域歷史形態的細緻分析,為更為廣泛意義上的空間研究提供了相當雄厚的闡釋資源,特別是使原來屬於宏大敘事的革命史研究具有了堅實的微觀基礎。最近譯成中文的研究早期農民運動領袖沈定一經歷的著作《血路》一書,就反映出社會史研究中對革命過程解釋的復興跡象,但這種復甦顯然不是簡單地否定以往地區史研究的人類學導向,而是試圖把「區域研究」與在革命年代實施廣泛社會動員的背景下超越地域界定的革命者身分角色的變化結合起來加以考察。蕭邦奇分別考察了沈定一在上海、杭州和衙前三個不同場域中的活動情況,用近乎白描的方式敘述了沈定一的革命身分與不同場域人群活動之間的複雜糾葛關係,力圖把對革命時期社會動員的跨區域解釋與個人遭際聯繫起來加以考察,把地區史研究與傳統的政治經濟學分析框架巧妙地加以結合,既體現了「區域研究」對基層社會微觀場景的關注,同時又通過作為沈定一活動背景的三個場景的交錯呈現,試圖跨越人類學民族志方法對社會變革運動解釋的限制。[1]因此,在這個意義上,「地區史」研究成為「新革命史」闡釋導向的一個十分必要的中間環節,而不是革命研究的對立物或捨棄的對象。

三 身處後現代思潮中的「我們」——歷史如何重新書寫

二十世紀九〇年代美國中國學出現的一個重要景觀還表現在後現代主義思潮對其方法論闡釋的影響方面。後現代思潮的一個出發點就是對以往現代化理論中強調歷史發展規律和終極目標的解釋傳統提出

---

[1] 〔美〕蕭邦奇:《血路——革命中國中的沈定一(玄廬)傳奇》,江蘇人民出版社一九九九年版。

反思性批判，認為歷史的演進序列並沒有終點可尋，追溯其起源也沒有任何意義，所以應把歷史過程碎片化，並重新加以拼貼，以便擊破強加於歷史現象之上的各種「本質性」規定。[1]福柯對西方啟蒙理性的質疑，和對現代化線性發展邏輯的批判，在九〇年代初也開始波及美國中國學界。其實早在提出「中國中心觀」的時候，柯文就已經開始對西方現代化發展道路的普適性發生了懷疑。他在七〇年代就已經強調：「個人直接經驗歷史的重要性，因為史家所謂的『歷史事實』並不是外在的、客觀的、界限分明的存在，它首先是當事人記錄下來的自己心中的種種經驗體會，然後又經過史家過濾，轉化成了史家心中的經驗體會，因此，史學的任務就是按照個別歷史事件豐富多彩的特性重建過去，不是探求歷史發展的規律與共性。」[2]在其近著《歷史三調——作為事件、經歷和神話的義和團》中，柯文把「義和團事件」作為歷史研究對象所包含的意義分離出三個層面分別加以討論，柯文認為，「義和團運動」作為一個純粹的歷史事件和作為一種相當個人化的經歷（包括旱災與洋人來華、集體降神附體、謠傳以及引起的恐慌和死亡），以及作為神話敘述的義和團（包括新文化運動時期〔五四前〕、一九二〇年代反帝國主義時期、「文化大革命」時期），所面臨的解讀境況是不一樣的，所以必須以不同的方式加以理解。在柯文的眼裡，「義和團運動」不僅是一個真實的歷史事件，而且是一種群體記憶進行文化述構的結果，還有可能是權力運作過程中不同的派別對之進

---

[1] 關於後現代主義思潮的概要評述，可參閱王岳川：《後現代主義文化研究》，北京大學出版社一九九二年版，第4～17頁。

[2] 〔美〕柯文：《在中國發現歷史——中國中心觀在美國的興起》，林同奇譯，中華書局一九八九年版。

行話語構造的結果。[1]這與國內學者一貫強調義和團運動的性質、社會構成與源流追蹤,並帶有強烈的價值判斷色彩的研究途徑大為不同,體現出了相當明顯的「後現代」取向。

在文化史研究中,艾爾曼也曾經做出把清代歷史「碎片化」的嘗試,他在研究常州今文經學派興起的原因時,明確否認其與十九世紀末康有為進行變法維新時使用今文經學方法之間存在著任何淵源關係。他指出,那種把常州今文經學視為晚清變法之先驅和源流的看法,恰恰是墮入了現代化論者設計好的圈套,因為現代化的設計者總是把原來毫不相干的歷史事實有意串接起來,構成為社會發展的普世目標做註解的若干階段和環節,從而形成了人為的歷史神話。[2]後現代思潮的反現代化邏輯在美國中國學界儘管尚處於邊緣狀態,然而近年以後現代方法研究歷史的著作卻頻頻獲獎(如杜贊奇的《文化、權力與國家》、何偉亞的《懷柔遠人》、賀蕭的《危險的愉悅》、劉禾的《跨語際實踐》等分別獲得了各種不同的獎項),說明後現代思潮的影響力在不斷擴大,如果視其為繼「市民社會」研究方法大討論之後出現的又一個爭議高峰似不為過。如美國中國學研究的核心刊物《現代中國》(*Modern China*)就發表了有關何偉亞著作《懷柔遠人》的爭論及後現代史學方法討論的專號,專號中所收文章的觀點往往針鋒相對,極端者甚至認為,既然無法判斷和衡顯歷史事實的客觀程度和價值,那麼,「史學」和「文學」的界限都有可能趨於模糊。[3]

---

1 〔美〕柯文:《以人類學觀點看義和團》,《二十一世紀》一九九八年二月號。又參見其文,*History in Three Keys: The Barers as Euent, Erperienve, and Myth*, Columbia University Press, 1997。

2 〔美〕艾爾曼:《中國文化史的新方向:一些有待討論的意見》,載《經濟、政治和宗教——中華帝國晚期常州今文學派研究》,江蘇人民出版社一九九八年版。

3 Frederic Wakeman JR,Telling Chinese History.Modern China, April 1998.

另一派則認為，後現代思潮置基本史實於不顧的純粹主觀態度，是對學界嚴謹風氣的一大損害。[1]儘管爭議的風煙至今尚未消散，我們仍應該承認，無論對後現代思潮的批判使應用其方法的中國史研究著作處於怎樣的偏師地位，但其切入歷史的極富個性的姿態仍值得我們高度重視，而且對國內的史學研究也應極具啓示意義，但要合理地吸收和評價這種取向和方法，至少需要澄清兩個誤解，其一是認為後現代方法是一種純任主觀、完全不顧歷史事實的任意性寫作。事實上，後現代方法呈現出的取向雖然拒斥對規律性問題的探究，卻並非不重視史料的開掘與使用，而是可能恰恰相反，更加注重史料的類別化和多元化的選擇，只不過他們使用的材料在主流史學界恰恰被忽略了，或者是僅僅被認為具有邊緣化的特徵而已。這當然與後現代史學對歷史演進的獨特判斷有關，如福柯在做監獄史、性史和瘋癲史的研究中發現，本來處於邊緣狀態的史料，可能恰恰是洞悉探索資本主義權力機制運作的最核心的資源[2]。故而使用後現代方法研究中國歷史的著作，雖在史料文本的閱讀上時或引起爭議，但在史料類別的多元拓展方面，其貢獻是毋庸置疑的，如賀蕭在研究上海色情業的著作《危險的愉悅》中，已把史料的搜索範圍延伸到了一直不為以往史家所注意的導遊手冊、街頭小報和偵訊記錄等傳統史料學無法歸類的文本上，至於解讀史料的方法倒是素來就有所爭議，完全是見仁見智的事情，似不應成為否認其重視史料多樣性的理由。

其二，後現代思潮的反現代化性質不應成為我們摒棄其基本反思方法和創新意義的藉口。西方後現代思潮的產生似乎有西方社會自身

1　Joseph W. Esherick，Cherishing Sources from Afar，*Modern China*, April 1998.
2　關於福柯理論的簡要評述，可以參看〔美〕阿蘭・謝里登：《求真意志——密歇爾・福柯的心路歷程》，上海人民出版社一九九七年版；莫偉民：《主體的命運——福柯哲學思想研究》，上海三聯書店一九九六年版。

發展的脈絡和背景,是現代化已經實現之後的一種反省途徑,中國正處在現代化的進行過程之中,而且這種過程的合理性認證是歷史上經過長期奮鬥和陣痛才得以確認的一種結果,在這種認識的籠罩下,似乎一旦吸取了後現代的論點,就是對這種奮鬥結果的一種否定。事實上,在歷史研究中,我們似應注意把現代化過程的追求和對「現代性」的反思與認識這兩個層面區分開來,也就是說,對現代性多種複雜面相進行反思,並不意味著他是一個反現代化論者,而更有可能是現代化弊端的憂慮者。就國內史學工作者而言,如果僅僅滿足於為中國現代化的歷史進程提供相應的描述和論證,以為資治之鑒,而忽略了對現代化歷史進程中呈現出的各種複雜性進行反思,顯然是不夠的;也不宜把後現代取向僅僅看作西方社會內部才有必要做出的反思姿態,而應視為與中國歷史發展過程切身相關的一種方法論選擇。

我們過去似乎有一種誤解,就是認為我們國家正處在現代化運行的過程之中,似不應考慮所謂後現代問題,似乎所有有關「後」現代的問題都是西方國家的專利,與我們當下的處境無關。表面上看,這種認識具有相當本土化的處境意識,實際上仍是不自覺地以西方歷史發展階段來亦步亦趨地作為我們判斷事物的標尺,因為現代化道路是西方社會經過內髮型發展演變而成的,它以西方標準昭示出的表面化的「必然邏輯」,實際上並不必然應成為普遍化的標準,而是需要不斷反思的命題。當西方人已經積極反省現代性的後果時,我們自身卻還在籠統地以樂觀認同現代化的基本態度,取代對現代性複雜歷史面相和擴張過程的反思,而很少考慮到現代化作為一種體制和觀念進入中國後內化為一種帶有必然性支配色彩的主觀選擇時,是伴隨著傳統衰竭與消失的陣痛而取得其霸權地位的,現代化意識是一種通過權力加以訓練的結果,對這種霸權機制在中國形成的複雜結構視而不見,而僅僅以一種先入為主的簡單姿態去讚美性地表達對其發展的認同,恐

怕不是歷史學反思的唯一使命。八〇年代末以來，美國中國學的基本方法開始較為廣泛地進入中國歷史學家的視野，其各種轉型方法的爭議也成為部分學者討論的話題，但總的來說，中美學者的研究仍處於相互隔閡的狀態，國內史學界也並沒有通過對話和討論使美國中國學的一些有益方法轉化為我們自身創新的內在資源。在我的印象裡，只有黃宗智的「過密化」理論在中國經濟史學界引起了較大反響，成為進一步研究的積累性前提。美國中國學是在西方內部對中國進行觀察的產物，儘管地方史研究興起後，美國學者極力傚做和逼近中國人的經驗感受，同時又力求用現代社會理論的方法來描述這種感受，這本身就體現出了相當矛盾的狀態，其對西方社會理論概念的移用引起頗多爭論，也是這種困境的某種體現。然而我個人的觀點是，國內史學界儘管在借鑑其基本思路時需要持審慎的態度，但其在學科交叉基礎上嘗試把社會理論「中國化」的實驗仍是值得稱道的。國內八〇年代以來在社會史、文化史研究方面均有可喜的進展，特別是在各個具體領域中，課題設計和史料疏理都呈現出多元繁榮的局面，可是給人的總體感覺是，在中層理論的建構方面仍形不成具有規範意義的認識框架，採取的基本方法仍局囿在政治史、事件史的影響範圍，比如一些文化史、社會史的研究項目仍圍繞著重大歷史事件展開分析；並沒有真正深入到基層社會的底部，只不過比原來政治史的敘述多了一些文化和社會的觀照面相而已，比如原來研究戊戌變法只關注康有為的政治觀，那麼文化史開始流行以後，往往大家又都去注意康有為的「文化觀」，彷彿多了一個緯度，文化史研究就獲得了突破性進展。可是，如果我們的文化社會史研究僅僅滿足於對政治史、事件史框架的拓寬式敘述，卻形成不了類似美國學研究中中層理論的概括能力和認識立場，那麼我們自身知識積累意義上的規範能力，以及與國際中國學界的對話能力就會受到很大限制。

近年來，一些學者如余英時始終堅持「內部研究」的立場，認為要瞭解中國傳統思想的沿襲脈絡，就需要從思想的內部轉變中尋求資源。[1] 九〇年代初形成的「學術史」研究熱潮，也基本上呼應了這一取向，「內部研究」雖然並不否認「外緣因素」如政治經濟等條件的影響，但由於過分強調傳統文化的本質性特徵，而沒有凸顯學術與思想在不同時代被不同權力因素所塑造和建構的複雜態勢，因而畢竟難以回應現代性問題所造成的挑戰。中國當代學術史的治學方法繼承了傳統「國學」的一些基本原則，注重學術思想傳承脈絡的疏理，這對中國古文獻的整理與民族精神的詮釋當然有極大的貢獻，但「國學」方法的闕失也是十分明顯的，即缺乏當中國社會結構演變趨勢的合理性解釋框架，特別缺乏當中國進入世界體系的輻射圈之後，其在現代性境遇中所表現出的演變態勢的分析工具，其原因就在於我們沒有把社會理論的合理內核有效轉化為我們從事社會歷史研究的本土資源。近年來一些國內學者試圖嘗試借用一些社會理論概念觀察中國社會變遷，如利用「公共領域」的概念詮釋商會和清代習慣法的作用。[2] 也有學者開始用「話語分析」方法描述儒學傳統在區域空間中的擴散過程，及其對近代知識群體運動的影響。[3] 這些嘗試一方面是一出現就形成廣泛的爭議，另一方面由於嘗試的人數量稀少，討論的問題無法形成廣泛的「知識共同體」和交叉互動的態勢，從而使這些概念的移植遠遠缺乏規範能力。

應該承認，國內傳統的政治經濟學分析方法，注重社會政治經濟

1　參見余英時：《論戴震和章學誠——清代中期學術思想史研究·自序》，三聯書店二〇〇〇年版，第1～10頁。
2　梁治平：《清代習慣法：社會與國家》，中國政法大學出版社一九九八年版。
3　楊念群：《儒學地域化的近代形態——三大知識群體互動的比較研究》，三聯書店一九九七年版。

結構對人類主體行為的制約和影響等仍是極有生命力的一種方法，西方中國學中受人類學影響的地方史研究路向最近受到沃勒斯坦「世界體系」理論的影響，更加注意區域傳統在近代所受外在環境的制約，就體現出了政治經濟學方法的復歸趨向，其復歸也可和學術史脈絡中的「內部研究」途徑相互構成優勢互補，但傳統的政治經濟學分析與偏於國學思路的學術史研究似更應向廣義的「文化研究」方法開放，特別是向文化研究方法中的「社會建構論」（socialconstruction）開放。[1]「社會建構論」認為，每一種社會行動者的身分認同或自我意識，都是論述與話語互動造成的效果，其中都有一個複雜的論述建構過程，而個別行動者的話語不是一種內在本質的簡單外現，而是一種人際網絡關係的言說與表述。社會建構論強調主體與權力支配的關係，如果與政治經濟學的外緣因素的考察和「內部研究」的思想史梳理相結合，同時又避免兩者過度強調「外力」和「內生」的極端傾向，當會為社會史研究拓展新的氣象。美國中國學研究給我們的另一個啟示是，歷史學的資治功能不僅應該體現在對現代化運動提供歷史的借鑑和說明，同時也應對現代化過程中出現的各種複雜的現代性現象進行深刻地反省和批判，從而增強自身的反思能力，歷史研究的這種「雙刃劍」功能也是對傳統歷史學資治功能的一種發展。美國中國學研究早已超越了當年費正清時代服務於冷戰實踐的對策性研究階段，而具有了相當多元的反思解釋能力，其中層理論從「衝擊——回應」說到後現代模式的遞進式演變，表面上是在論述中國走向現代化的普遍過程，實際上已經對這種現代化過程中出現的種種歷史問題具有相當深度的批判性解釋，以致於每一個核心概念的闡釋都標誌著中國研究方法的深

---

[1] 簡家欣：《九〇年代臺灣女同志的認同建構與運動集結：在刊物網絡上形成的女同志新社群》，《臺灣社會研究》（季刊）一九九八年六月號，第 68 頁。

化。我總是在想,如果國內史學界能更多地在規範性概念上形成富有特色的解釋傳統的話,那麼肯定將會有效地增強我們和國際中國學界的對話能力,最終形成取長補短的優化格局。

「理論旅行」狀態下的中國史研究

一 導言——理想主義還是現實主義

經過多年的探索，中國學術界已經意識到，自二十世紀以來，中國的任何一種歷史現象都只能在別人的概念框架中獲得解釋，好像離開了別人的命名系統，我們就無法理解自己在幹什麼，我們生活的意義來自別人的定義。[1]由此出發，一些學者提出中國學術應該有這個抱負，不但別人的問題是我們的問題，而且我們的問題也是所有人的問題。這一提議當然是既明智又使人激動，可是我們必須提出一個更加具體的問題：我們憑什麼資源來定義別人的生活意義？我們如何在可操作的技術層面上實現這個目標？沒有具體的實踐規劃，僅有宏大的志向肯定是不夠的。我們時斷時續叫喊著擺脫西方控制至少已有二十年的歷史，可我們的學術表達樣式無疑卻越來越西方化，越來越受其各種思潮的支配。面對這種局面，我個人的態度毋寧是更加現實一些。

現實一些的具體做法是，應該從對方具體的文本成果入手分析其各階段研究路向甚至是代際學術轉變的內在動因，然後才能進一步考慮如何擺脫其控制的問題。有不少學者似乎看不起海外中國學，甚至似乎不屑於和海外漢學或中國研究展開對話，認為其不過是西方學術旨趣的派生物而已，他們總想急於進入當代世界的核心問題，力圖

---

[1] 張旭東：「全球化時代的中國文化反思——我們現在怎樣做中國人」，《中華讀書報》二〇〇二年七月十七日。

通過梳理現代世界歷史的內在脈絡，來領會中國現代性歷史經驗的內在正當性。這主意固然不錯，但具體落實到中國歷史學界就顯得極不現實，美國中國學經過「衝擊——回應說」、「地區史研究」再到全球化視野支配下的後現代研究，固然有其西方理論支配下的運作背景，甚至某些流派具有相當功利的為政治意識形態服務的對策研究取向，比如費正清的模式就是以所謂「地區研究」的框架直接為美國的全球戰略提供東亞史依據。[1]但經過多代學者的反思，他們提供的「中國歷史圖景」不能說完全真實卻越來越具有其自洽性。如果說柯文提出「中國中心說」是因為有越戰反思的背景而多少帶有矯枉過正的「政治正確」嫌疑的話，那麼經過後來學者的「移情」努力則越來越從各種角度貼近了中國歷史的現場。至少說明其研究趨向已經越來越擺脫傳統政治話語和國家利益原則的支配而步入了多元的軌道，特別是一些亞裔學者如德里克、杜贊奇的介入更加分化了傳統中國學的「策略導向」，使之具有較為敏銳的現實批判能力，特別是擁有了對中國底層歷史頗為細膩的感知能力。[2]

---

[1] 費正清曾說過：「西方人與中國人之間的和諧關係需要以相互的理解作為基礎。而理解又必須建立在對對方民族的不同習慣、態度、理想和自我表達方式瞭解並欣賞的基礎之上。」參閱〔美〕費正清、賴肖爾著：《中國：傳統與變革》，江蘇人民出版社一九九六年版，第1頁。從表面上看，費正清的動機是從瞭解的角度切入對中國的認識，但字裡行間仍流露出其為美國政策導向參謀的意向。

[2] 孫歌在分析日本戰後史觀時曾經指出，理論框架的分析不能替代對「日常經驗」的認知，國內學者則恰好漠視對「日常生活經驗」的認知，如其所述：「在『日常經驗』的層面，文化認同的問題遠比理論分析來得複雜，理論層面的正確性並不能保證日常經驗尤其是感情經驗的同等『正確』，因為日常經驗總是被排除在意識形態乃至理論視野之外的。」美國中國學則不斷在努力尋求或靠近這種認知，而我們卻離它越來越遠，這就是我們與之差距所在。參見孫歌：《尋找近代——來自日本的思考軌跡》，載賀照田主編：《學術思想評論》，第八輯，吉林人民出版社二〇〇二年版，第182頁。

相反，中國史界特別是近代史學界從「革命史敘事」過渡到「現代化敘事」之後，或者成為西方研究旨趣的簡單模仿者，或者成為呼應政治意識形態的對策研究者。其與海外中國學（包括日本）的差異在於，海外學者儘管時時受到各種社會理論的制約，但總是不斷在批判性質疑的基礎上加以運用，日本學界在戰後與中國學界一樣盛行庸俗馬克思主義的經濟決定論，而在二十世紀六〇年代就經過反思提出研究中國底層社會的「共同體」模式，這與美國發起「地區史」研究的時間幾乎同步，且沒有多少跡象表明是受其影響。[1]而中國學者對某一理論的使用往往缺乏批判性的梳理而直接橫向挪用，比如對「現代化理論」的使用，中國學者幾乎不加反思地直接把它運用到「地區史」的研究中，其結果是在不加論證的情況下，現代化過程完全等同於一種正面的認知前提作為觀察中國變遷的工具，「地區史」研究不但未能推進對中國內部歷史的認識，反而成為全球化進程合理性的地區性註解。[2]而海外學者早已把現代化看作了一個複雜的悖論過程謹慎地加以使用。說得不客氣一點，中國史學界無論是在當代或近現代史研究框架，還是在其主題選擇和史料梳理方面要遠遠落後於海外中國學界。

---

1 比如戰後日本中國史學界盛行歷史唯物史觀的發展階段論，熱衷於探求所謂「世界史的基本規律」，不久一些學者就意識到，馬克思主義學派中強調亞細亞生產方式的一支刻意描繪出的中國「停滯論」模式，恰恰把日本侵略中國的行為正當化了。於是有意從兩個方面予以修正：一是從秦漢帝國構造的獨特性出發克服由世界史發展的基本法則所推導出來的「亞細亞停滯論」。參閱〔日〕東晉次：《秦漢帝國論》，劉俊文主編：《日本學者研究中國史論著選譯》第二卷，中華書局一九九三年版，第330頁。二是從探討基層社會的日常形態入手揭示中國歷史發展的另一面相。參見〔日〕重田德：《鄉紳支配的成立與結構》，同上書，第201頁。

2 目前國內的所謂「地方史」研究往往是打著研究「社會變遷」的旗號，卻幾乎毫無例外地認同「現代化理論」所設置的人類應按西方道路發展的普遍性和終極性前提，因而多數研究不具備基本的批判反思能力，而只能視為現代化理論普遍模式的一種地方性註解。

在這種情況下,不經過與他們的充分對話,我們怎麼可能超越這一初級階段而進入更高一層的歷史經驗的內在正當性的反思高度呢?說得嚴重一點,我們現在的學術反思屢屢跳不出西方如來佛的手心,並不在於我們已僅僅在視野上侷限於與海外中國學者過於頻繁的對話上,而恰恰在於我們尚沒有充分足夠的能力在這個階段和層面上與之進行有效的對話,我們近幾年拿不出多少與之相抗衡的過硬史學作品即是證明。

這裡特別需要強調的是,對話並非單向模仿的同義語,對話的前提是不僅要梳理海外中國學在西方建構自身理論的動機與背景,而且必須注意到另一個為人所忽略的歷史現象,即海外中國學的發生與發展始終不是某個國家單向出現的歷史現象,它是在與中國內部史學的互動與糾葛過程中才得以不斷演化而形成自身風格的。其具體表現是,當代海外中國學所提出的許多框架和問題意識,都能在中國二十世紀早期(如三四十年代)學術問題設計中找到各自的源頭,這有點像薩義德所說的「理論旅行」現象。我們過去總是有一個誤解,似乎海外中國學的問題都是從西方語境出發製造出來的,只與其現實社會的當下需求導向和內部旨趣的形成有關,而與中國的本土歷史問題無關,也與中國學人的研究意識和方法無關,實際上經過幾代人的理論互動,海外中國學的提問方式已經具有本土提問方式無法具有的普遍穿透力。所以我們在面對海外中國學時,就不應該僅僅刻意關注其在自身處境的提問脈絡中建構理論的過程,同時也更要注意到各類框架的形成在多大程度上是與中國早期現代學術發生有效互動的結果。描述和梳理這個互動的過程不僅僅是個相當專門化的學術史探索,更是我們進一步提升問題意識和歷史反思能力的必要步驟。同時我們也注意到,中國學術界二十世紀在三四十年代為五〇至八〇年代海外中國學界所提供的靈感,並非都是我們常常掛在嘴邊的所謂純粹本土化的

資源，而是同樣受到西方思潮影響後的另外一種本土性的表達態勢而已。由此，我們應該選擇一種更加複雜和細緻的認知方式梳理這個對話過程，把它視為一個連續不斷的糾纏與相互滲透的碰撞，因為這個過程目前仍在繼續。

薩義德在描述「理論旅行」現象的發生時，似乎抱有一種謹慎的樂觀態度，他認為各種觀念和理論從這個人向那個人，從一情境向另一情境，從此時向彼時旅行，有助於不同文化與智識生活彼此通過流通獲取養分。但他也意識到，這種流通也必然會牽涉到與始發點情況不同的再現和制度化的過程，這就使關於理論和觀念的移植、轉移、流通以及交換的所有說明變得複雜化了，因為我們需要知道，一種理論或一個觀念作為特定歷史環境而出現了，當它在不同的環境和新的理由之下被重新使用時，以致在更為不同的環境中被再次使用時會發生什麼情況。[1]

我曾經在一篇文章中說過，自從梁啟超《新史學》發表以後，中國史學的發展過程同時就是如何選擇融入世界體系方式的過程，也是無可避免地使傳統學術自主性逐步削弱乃至趨於喪失的過程。[2]《新史學》發表以後，中國史學領域通過理論旅行的途徑與多種學科建立起

1　〔美〕愛德華·W.賽義德（即薩義德）：《理論旅行》，出自《賽義德自選集》，中國社會科學出版社一九九九年版。劉禾曾運用理論旅行的理論觀察西方詞語進入中國所造成的種種變化以及對中國人思維方式所造成的影響，但劉禾也批評了賽義德由於賦予理論以主體性，也就過分肯定了理論的首要性並且未能成功地解釋何為翻譯的工具。因此旅行成為一種抽象的思想，以致於理論在哪個方向旅行，出於什麼目的旅行，或者使用哪一種語言，為了哪些受眾旅行等問題都變得無足輕重了。參見劉禾：《跨語際實踐——文學，民族文化與被譯介的現代性（中國，1900—1937）》中的「旅行理論與後殖民批判」一節，三聯書店二〇〇二年版。本文在使用這一術語時將盡量避免同類情況的發生。

2　楊念群：《東西方思想交匯下的中國史研究——一個「問題史」的追溯》，《楊念群自選集》，廣西師範大學出版社二〇〇〇年版，第28～96頁。

了親密的交叉滲透關係，比如敦煌學與甲骨文字學的發展使史學率先與考古學聯手，破譯古代文化與藝術的奧秘；三四十年代社會人類學也與史學建立起了初步的聯盟關係，借此契機，史學甚至做好了全面解讀基層社會運行機制的前期理論准備。[1]但好景不長，史學逐漸與大型社會改造運動相適應的宏大理論相協配，意識形態化的學術工程一旦與宏大的社會運動相銜接，就自然宣告了其自主性的終結。

　　本文即以發生於二十世紀三四十年代中國史學理論與相關社會科學理論方法發生交融互動的情況為背景，探索經過五〇至八〇年代「理論旅行」的複雜過程後，中國史學方法變革在中國境內與海外所獲得的不同命運，力圖梳理出一條「問題史」的脈絡。本文所關注的是，在五〇年代以後，受日益向宏觀模式趨同的風氣制約以前，中國史學界本來有可能發展出多種考察問題的獨特品質，然而這種萌芽狀態的思考品質和能力在壓抑的過程中卻通過西向流出的渠道成為海外中國學的共享資源，而沒有成為中國歷史學家拓寬研究視野的起點，這是十分值得深思的學術史現象。本文共分三個部分：第一部分通過若干實例闡釋這種「理論旅行」對海外中國史研究的意義；第二部分重點考察一些曾經從本土流向海外的理論如何又通過「理論回流」的途徑重新構建了中國史學新的話語場，以說明一些經過幾次相互交換的理論文本對當代中國史學的微妙意義；最後初步嘗試探索若干解決方

---

[1] 周予同在《五十年來中國之新史學》一文中曾將中國現代史學分為「泥古」、「疑古」、「考古」與「釋古」四派，基本上以脫離經學化的程度為標準對現代史學流派加以評價。而錢穆在《國史大綱》的引論中，將中國近世史學分為三派：一曰「傳統派」，亦稱「記誦派」；二曰「革新派」；三曰「科學派」，亦稱「考訂派」。而「革新派」的史學，隨時遞變，又可分為三期：其初為「政治革命」，繼為「文化革命」，又繼為「經濟革命」。參見朱維錚編：《周予同經學史論著選集》，上海人民出版社一九八三年版，第520頁。顧頡剛在《當代中國史學》（遼寧教育出版社一九九八）一書中則對甲骨文字、考古發掘與內閣大庫檔案的發現進行了評析。

案。本文的研究注重各種文獻資料的交叉性解讀，所選擇的文本可能在一些歷史學家看來並非傳統意義上的歷史文本，但我的目的恰恰在於審視這些不同文本如何對歷史研究方法的轉型形成多元化的影響。

二　由輸入到輸出——「理論旅行」的若干實例

（一）個案之一：市鎮集市理論

在中國二十世紀初期的史學界，面對各種社會理論的滲入與挑戰，曾經出現過兩種歷史研究方法的爭論與較量：一種理論認為必須把中國歷史的演變趨勢按照進化論的因果圖式重新編排起來，以替代過去以探索朝代循環為特徵的舊史觀；另一種理論遵循功能學派的原則，這種原則主張所有的文化或是服務於社會中個人的需要，或是維護一個社會的社會結構，這對進化論在中國科學舞臺上的支配地位是一個挑戰。[1]功能學派與進化論分道揚鑣的關鍵在於對「歷史」存在的態度差異上，直至九〇年代初費孝通在談到馬林諾夫斯基對《江村經濟》的評價時，還堅持對「歷史」的功能化理解，以功能作用的大小來劃分「活的歷史」與「死的歷史」。他說「歷史學者和人類學者在這個今中有昔的問題上出現了分歧的態度，歷史學者咬定歷史是一線三維的行列」，而人類學家認為：「一個器物一種行為方式之所以成為今日文化中的傳統是在它還發生『功能』，即能滿足當前的人們的需要。凡是昔日曾滿足過昔日人們的需要的器物和行為方式，而不能滿足當前人們的需要時，也就會被人們所拋棄，成為死歷史了。」費孝通詮釋

1　顧定國：《中國人類學逸史——從馬林諾斯基到莫斯科到毛澤東》，社會科學文獻出版社二〇〇〇年版，第30～31頁。

的是馬氏的這句話:「可把現狀作為活的歷史來追溯過去。」[1]我對以上這段話感興趣不在於其對功能學派對待歷史方法的重新解讀，而在於他明確點明了功能學派與進化論在觀察歷史現象上的差異性，這個差異性如果放大為一種研究背景，就可以投射出中國歷史模式演變的許多淵源關係。

比如在進化論框架支配下，中國歷史的演變基本上被看作是國家行政行為運作的結果，社會的變遷屬於總體性的國家行為導致的結構性轉換，而功能學派則把歷史聚焦向了一個村落的變遷，歷史的長程發展突然被濃縮進特定的時空場域而變得具體且細膩起來，不是乾巴巴的幾條趨勢或規律。進化論與功能派的分野其實重新圈定了歷史研究的對象與範圍，不過在「國家」與「村莊」之外，仍有一個中間領域受到了一些學者的注意，那就是遍佈中國鄉村社會中的市鎮集市體系。

我們知道，美國中國學家施堅雅曾經提出一個「經濟區系理論」以挑戰以行政區域宏觀運行邏輯或者村莊微觀運行邏輯為兩極的研究傳統，而建立起了一個相當縝密新穎的中層新學統。這個學統認為，傳統中國的所有核心地點都可以依據經濟功能界定的分立級序來安排，市場級序的理想狀態是，高層的地點在一個較大的體系內容納一系列低層的地點，並為後者提供當地無法提供的物品和服務。[2]施堅雅選擇集鎮而不是城市與村莊作為研究對像是採用了德國經濟地理學家克里斯塔勒（Christaller）和勒施（Losch）的核心地點理論。他借用後的最大貢獻是把中國全境視為具有獨特功能和變遷週期的不同區域城鄉體系集合體，這個集合體不是按照行政區劃或自然村設立範圍和邊

---

[1] 費孝通:《重讀〈江村經濟·序言〉》，馬戎等主編:《田野工作與文化自覺》，群言出版社一九九八年版，第29頁。

[2] 王銘銘:《社會人類學與中國研究》，三聯書店一九九七年版，第117頁。

界,而是由地貌和市場級序界定的九個宏觀區域。

更加令人驚異的是,施堅雅是想用這套經濟區系理念取代以國家全能型政體為歷史主導動力的傳統史學解釋結構,認為真正社會運轉的動力發生於政府之外的經濟空間,而且國家行政中心往往與這種核心地點的位置疊合併受其制約,甚至一些非行政組織也依賴於經濟空間的運作,因為:「各種各樣的自發組成的團體和其他正式組織——復合宗族、祕密會社分會、廟會的董事會、宗教祈禱會社——都把基層市場社區作為組織單位,職業團體也可能在基層市場社區內組成。」[1]

講了這麼多施堅雅的理論,我的目的不是對其再加註釋和推介,也無意對其理論得失進行批評,我這裡只是想證明,除了以進化論為基礎的「國家全能論」和以功能學派為基礎的「村落功能論」之外,在二十世紀三四十年代一些中國學者的論著中即已出現「集鎮區系論」的若干萌芽,他們大可看作是施堅雅理論的先驅。比如楊慶堃早在一九三四年就對華北地區特別是鄒平市鎮的結構進行了開拓性的研究,楊慶堃運用當時的區位學理論,開始在國家和村落之外尋求解釋中國基層社會運轉的新空間。他認為在農村社會中,每個大群和小群都有其地理基礎的根據,依了地理上的形勢、生產和距離,各群體間形成了經濟和社會生活上的互相依賴的形勢。這種自然群體間的功能的互倚形勢,就是生態秩序(ecological order)又說:「市集系統是物產交換的中心,物產的地域根據既深,則市集是建立在各地域功能單位的互倚形勢上,這是很明顯的,是以在市集的研究上,區位學的方法,

---

[1] 〔美〕施堅雅:《中國農村的市場和社會結構》,中國社會科學出版社一九九八年版,第49頁。

便成了最重要的工具。」¹這種論說很顯然既超越以國家上層行政行為為研究目標的傳統路徑,同時與同時代的社會學家對村莊的過度重視亦有所不同。

楊慶堃研究市集網絡所運用的社會理論雖與施堅雅有所不同,但他運用區位學方法得出的研究結論卻深深影響了施堅雅對「市鎮經濟區系論」的建構過程。比如楊慶堃在研究鄒平市集時提出了市集活動有一定範圍和形狀,並做出了平原與山地的類型區別。如他指出,平原地帶一個市集的活動範圍是平均地向四面發展而成為圓形或方形,對於趕集的各莊子的時間經濟上這種形狀是最方便的。²而市集地點的位置,總是在村莊最密,而距離活動範圍邊沿各莊子最近的地點。³

在考察了十四個市集的活動半徑後,楊慶堃已發現活動半徑的距離是一個抽象的指數,各個村莊與市集相距的活動範圍的形狀是多邊形,而不是圓形的。只是為了方便比較,才把它當作一個中心點所發射出去的圓形半徑,市集自身就代表這中心點。⁴大約過了三十年以後,施堅雅在研究平原地帶的集鎮分佈網絡時設計了一個簡單的模型,其討論的背景是一個同緯度的平原,各種資源在這個平原上均勻分佈,根據以上假設,以此為背景的集鎮分佈就應該符合一個等距離的坐標,好像位於把空間填滿的等邊三角形的頂點。在理論上,每個

---

1 楊慶堃:《鄒平市集之研究》,燕京大學研究院社會學系碩士畢業論文,一九三四年版,北京大學圖書館藏第 7 頁。楊慶堃的思路受到派克影響的另一證據是他曾在一九三四年九月十三日的《社會研究》上發表了《介紹地位學方法》一文。費孝通在《補課札記——重溫派克社會學》一文中詳細追溯了派克的區位學方法以及對中國社會學的影響。參見費孝通:《師承・補課・治學》,三聯書店二〇〇二年版。此節的若干觀點及材料承蒙夏明方予以提示並惠與討論,特此致謝。
2 楊慶堃:《鄒平市集之研究》,燕京大學研究院社會學系碩士畢業論文,第 55 頁。
3 同上書,第 57 頁。
4 同上書,第 44 頁。

市場的服務區域也應該接近於一個正六邊形。在施堅雅考察過的六個區域中,大量的集鎮都正好有六個相鄰的集鎮,因而有一個六邊形的市場區域,儘管這個市場區域受到地形地貌的扭曲。[1]雖然在自己的著作中,施堅雅批評了楊慶堃認為中國農村市場區域形狀接近於圓形或正方形的觀點[2],但施堅雅自己也承認,這個著名的「六邊形理論」受到了楊慶堃市集理論的很大啟發,因為前述楊氏已非常明確說過市集活動範圍是多邊而非圓形。這至少也可說明,早在三〇年代,楊慶堃已提出了較為系統的市鎮網絡觀點,只是沒有更廣泛地加以使用。[3]

有關交通運輸體系影響集鎮系統現代化程度的情況,施堅雅曾在市鎮從傳統向變革的過渡分析中著墨甚多,但卻同樣大量引用了楊慶堃、楊懋春、喬啟明等中國學者的研究,他甚至這樣評論說:「楊慶堃的研究就這樣提供了一個經典範例,說明了一個市場體系如何由於中心市場與較大城市間長期存在的現代交通聯繫而商業化,卻又由於內部道路體系長期不變的傳統性而實質上沒有現代化。」[4]

我們以上引用施堅雅與楊慶堃有關集鎮網絡前後相續的研究成果,並非抱著「古已有之」的陳腐心態去爭奪某某理論的中國發明權,也並非頭腦簡單地想證明施堅雅的理論完全沿襲楊氏的思路,然後以此為資本自大地炫耀中國學者的學術預見性。我的目的恰恰相反,我是想證明,儘管楊慶堃的理論解釋也是受西方社會理論影響的一個結果,是諸多東西學術交匯互動鏈條中的一個環節,然而中國學者當年

---

[1] 〔美〕施堅雅:《中國農村的市場和社會結構》,中國社會科學出版社一九九八年版,第21頁。

[2] 楊慶堃:《鄒平市集之研究》,燕京大學研究院社會學系碩士畢業論文,第61頁。

[3] 施堅雅就曾說過楊慶堃在1932—1933年所做的實地研究至今仍是第一流的作品,參見〔美〕施堅雅:《中國農村的市場和社會結構》,第56頁。

[4] 〔美〕施堅雅:《中國農村的市場和社會結構》,第99頁。

所積累起來的多學科交叉的學術素養有可能成為滋養中國史學步向輝煌的有效資源，可結果非但沒有如此，這些初步累積起來的成果反而在數十年後為海外學者所充分利用，從而成為構築解釋中國歷史新型模型的基石。這種「理論旅行」所導致的諷刺性效果，不斷發生在當代史學變革的路途中。

（二）個案之二：士紳理論

「士紳」作為一種階層分析範疇引起重視始於三四十年代社會學家們的關注，費孝通、潘光旦等人都有相關的論述，他們從社會分層的角度認為士紳們是官僚系統的組成部分，是官僚身分的某種表徵，只是有在位與不在位的區別。比如費孝通在《論紳士》一文中就有一個標題叫「官僚和紳士」，可見在他的心目中，官僚和紳士是有區別的，基本有在朝在野的區分。[1]但這種一體兩面的說法有一點值得注意，就是他們仍重視在野士紳在基層社會中相對的自主作用，以及這種自主作用與行政官僚體系運轉的差異性。只是可惜的是，對紳士在基層社會中自主作用的研究這條線索在四〇年代以後被迫中斷了，這裡面當然有政治意識形態干預的原因，不過一開始仍屬於學術意義上的分歧。比如三〇年代一些馬克思主義史學家就視官僚於紳士是異名同體的政治動物，但更主要是從馬克思主義歷史觀出發把官僚與紳士看作是一體化的統治階級利益和經濟利益的代言人和實踐者。如吳晗重視「士庶之別」，往往以豁免田賦和占有土地的多寡來估測紳士的身分，吳晗是這樣分析的：「士大夫也就是地主，因為他們可以憑藉地位來取得大量土地，把官僚資本變成土地資本，士大夫和地主其實是同義

---

[1] 吳晗等著：《皇權與紳權》，天津人民出版社一九八八年版，第 80 頁。

語。反之,光是地主而非士大夫是站不住的。」[1]

　　五〇年代以後,由於紳士與地主階級是同義語,所以「紳士」不僅被地主階級這個名詞所取代,而且逐漸萎縮直至消失。因為在經濟決定論等庸俗唯物主義解釋框架支配下,既然紳士的存在是以其占有土地的多寡為唯一評價標準,其與「地主階級」的身分相疊合,使紳士在更廣義的地方自治功能上所起的作用幾乎不可能也似乎無必要進入學者的研究視野。

　　相反,起步於四〇年代國內的紳士在基層社會功能的研究取向,在五〇年代轉移至美國中國學界,一度成為顯學。人們熟知的蕭公權、張仲禮的著作即是如此。張仲禮雖然仍認為:「紳士的地位是通過取得功名、學品、學銜和官職而獲得的,凡屬上述身分者即自然成為紳士集團成員。功名、學品和學銜都用以表明持該身分者的受教育背景。」[2]但張仲禮還是對紳士的身分做了區分,把他們分成了上下兩層,而且闢出專節探討下層紳士的社會職責,認為他們視自己家鄉的福利增進和利益保護為己任。在政府官員面前,他們代表了本地的利益,他們承擔了諸如公益活動、排解糾紛、興修公共工程,有時還有組織團練和徵稅等事務。他們在文化上的領袖作用包括弘揚儒學社會所有的價值觀念以及這些觀念的物質表現,諸如維護寺院、學校和貢院等。[3]

　　這裡尤需注意的是,他並沒有把紳士與皇權視為鐵板一塊的利益共享者,甚至認為紳士的這些職責與其私人土地的占有以及所在地點無關,而僅僅與行政區劃更有關。這樣就避免了僅從土地占有的角

---

[1] 同上書,第69頁。
[2] 張仲禮:《中國紳士——關於其在十九世紀中國社會中作用的研究》,上海社會科學院出版社一九九一年版,第1頁。
[3] 同上書,第48頁。

度評價紳士作用的狹隘觀點，而與四〇年代中國社會學家強調紳士地方自治功能的觀點頗為接近。弗蘭茲·邁克爾在為張氏所寫序言中曾經特意摘出書中所述紳士對中國社會的管理，包括經濟方面的管理，並不依賴於其對土地占有的論點加以評述。弗蘭茲·邁克爾認為，許多紳士擁有私人土地，其中大部分人將土地租給佃戶耕種。不過這一事實不應導致人們混淆紳士和地主。這兩個集團部分交叉，但並不是一回事：一個紳士未必是地主，一個地主也未必是紳士；一個紳士即使沒有土地也可擁有很大權力，而沒有紳士身份的地主卻無這樣的權力。[1] 這種觀點明顯與同時代的中國史學家如吳晗等人的結論有異。邁克爾還特意提到，民國時期的「紳士」曾是費孝通在若干領域研究的對象，而與《中國紳士》的寫作完成幾乎同時，費孝通的多篇論文以文集的形式重新用英文發表，名為《中國的紳士》，這就從間接的角度證明，二十世紀四〇年代社會學家的「紳士論」遠遠比歷史學家的「紳士論」在美國中國學界更居支配地位。

二十世紀五〇年代，美國的紳士研究似乎仍然承認紳士的功用與行政區劃有關，而八〇年代周錫瑞等人已對此提出質疑。周錫瑞就認為不應改以行政區劃而應該以「場域」（arena）作為研究士紳階層的基本歷史研究的單位，特別要避免在行政區劃和等級制的支配下視士紳階層為整齊劃一的群體。不能因為所有縣級菁英在相同的行政區域中運作，就預設他們基本上是相似的，也不能因為所有生員具有相同的官方等級，就預設他們會以相同的方式行事。相反，只有仔細考察菁英活動的「場域結構」才能有效地評價和理解士紳階層的多樣性。這裡所說的「場域」，是比行政區劃更加複雜的一種多樣化的環境和社會

---

[1] 張仲禮：《中國紳士——關於其在十九世紀中國社會中作用的研究》，上海社會科學院出版社一九九一年版，第6頁。

空間，它可能是地理上的（村莊、縣、國家），也可能是功能上的（軍事的、教育的、政治的），甚至包括構成此一場域成員的價值觀念、文化象徵和資源的集合。地方士紳在這種「場域」內不是靠行政系統決定的身分發揮作用，而是一個通過靈活地控制各種地方資源來確定自己的價值與地位，這是一個動態地實踐和創生各種策略的過程。[1]

「士紳理論」從以土地占有的多寡和官僚級序的高低確定其身份，到強調其在鄉間基層的自治功能，最後到擺脫行政區劃對其功能分析的限制，設定動態分析的策略，是一個前後相續的理論躍進的過程。這個過程本應完整地在國內發生和完成，但以上勾勒出的結果卻是一條海外中國學的轉型脈絡。

（三）個案之三：現代國家控制能力的早期研究

如何估計現代國家對地方資源的動員和控制能力近年一直是各個學科緊密關注的現實課題，把這個課題的現實情境稍向前延伸至晚清，就立刻轉化成了一個頗帶有爭議性的歷史性問題，其具體表述是：在晚清內憂外患的大格局下，中國國家控制基層社會的能力到底是削弱了還是增強了？針對這個問題海外中國學經過多年研究逐漸劃分成了兩派：一些較為傳統的中國學研究著作傾向於認為，經過多次對外戰爭尤其是太平天國運動的消耗，清廷已無法有效地在全國範圍內動員各種地方資源，只有依賴在戰爭動員中逐漸獲得利益與實權的新型地方士紳才能維繫國家機器的運轉。比如孔飛力就認為，十九世紀中葉紳權的擴張所導致的地方軍事化，破壞了傳統意義上的中央與地方的平衡狀態，全面重組了國家與地方社會的關係，並最終導致了

1　Joseph W. Esherick and Mary Backus Rankin edited, *Chinese Local Elites and Patterns of Dominance,* University of California Press, 1990, pp. 3~24.

傳統王朝的崩潰。[1]

　　而其弟子杜贊奇則從相反的方向證明，晚清以來的現代國家建制的不斷強化過程是有其連續性的，這種延續性由晚清一直向民國延伸，王權舊體制的崩潰並不代表現代國家的控制能力被削弱了，正相反，現代國家建設的動員能力和向地方社會滲透的強度恰恰得到了加強。在這種強力壓迫下，恰恰是傳統的地方自治網絡紛紛趨向崩潰。[2]如果考慮到目前對國家能力研究的狀況，杜贊奇的觀點顯然把原有的研究水平向前推進了一步。而我在這節想要論證的是，早在二十世紀三四十年代，中國的一些社會學家已經朦朧地提出了類似的觀點，至少為以後近代中國國家能力研究的若干走向提供了方法論拓進的可能性。

　　費孝通的提問方式雖仍是從「提高政治效率」這個國家行為的動機出發，但結論卻是悲觀的，因為他把民國與古代做比較之後，發現古代的行政「雙軌制」變成了現代的「單軌制」，由此引發出許多弊端。他說：「一個健全的，能持久的政治必須是上通下達，來往自如的雙軌形式」[3]。費孝通提醒我們關注「從縣衙門到每家大門之間的一段情形」。[4]要瞭解這一段情形就需知道，中國傳統政治結構有著中央集權和地方自治兩個層面，而中央集權所做的事是極有限的，地方上的公益不受中央的干涉，由自治團體管理。表面上我們只看見自上而下的自治軌道執行政府命令，但是事實上一到政府和人民接觸時，在差

1　〔美〕孔飛力：《中華帝國晚期的叛亂及其敵人——1796—1864年的軍事化與社會結構》，中國社會科學出版社二〇〇一年版，第217～232頁。

2　〔美〕杜贊奇：《文化、權力與國家——1900—1942年的華北農村》，江蘇人民出版社一九九六年版，第1～12頁。

3　費孝通：《鄉土重建‧基層社會的僵化》，參見《費孝通文集》第四卷，群言出版社一九九九年版，第336頁。

4　費孝通：《鄉土重建‧基層社會的僵化》，參見《費孝通文集》第四卷，群言出版社一九九九年版，第338頁。

人和鄉約的特殊機構中，轉入了自下而上的政治軌道，這軌道不在政府之內，但是其效力卻是很大。[1]以上觀點似乎是當今社會史研究者對基層社會作用耳熟能詳的判斷，但我覺得費氏對社會結構進行歷史性評估的真實價值並不限此，而是以下對社會結構變化效果與眾不同的論說。

　　費孝通感嘆鄉土性的地方自足時代過去了，這又導致傳統上防止權力被濫用的無為主義防線的潰決，因為現代制度中保甲制度的推行把自上而下的政治軌道築到了每家的門前，而四〇年代警管制更把這軌道延長到了門內。原來保甲制設置的本義是有意使之成為基層的自治單位，從這起點築起一條公開的自下而上的軌道，實現現代的民主政體。這種以「政治單位」強行替代「生活單位」的做法破壞了鄉村社會的自治系統，因為生活上相互依賴的單位的性質和範圍卻受著很多自然的、歷史的和社會的條件所決定，保甲卻是以數目字管理的方式力求控制過程的一律化，導致了政治雙軌制的拆除。這使我想起了黃仁宇在其「大歷史觀」中對數目字化管理的核心意義的痴迷，其深層想法仍是以西方現代化標準作為衡量中國社會變化的尺度。[2]另一方面，保甲是執行上級機關命令的行政機構，同時卻是合法的地方公務的執行者。這兩種任務在傳統結構中由三種人物分擔：衙門裡的差人，地方上的鄉約和自治團體的領袖管事。而把這三種人合而為一是假定了中央的命令必然是合於人民意願和地方能力的。這樣一來，保甲制度不但在區位上破壞了原有的社區單位，使許多民生所關的事無法進行，而且在政治結構上破壞了傳統的「專制安全瓣」，把基層的

1　同上書，第340頁。
2　參見楊念群：「青山遮不住——評黃仁宇的歷史觀」，《中國社會科學文摘》二〇〇二年第二期。

社會逼入了政治死角。而事實上新的機構並不能有效地去接收原有的自治機構來推行地方公務，舊的機構卻失去了合法地位，無從正式活動。[1] 費孝通的結論是：基層行政的僵化是因為我們一方面加強了中央的職能；另一方面又堵住了自下而上的政治軌道，把傳統集權和分權、中央和地方的調協關鍵破壞了，而並沒有創製新的辦法出來代替舊的。我們似乎有意無意地想試驗政治單軌制。[2]

　　費氏對單軌制的憂思明顯是對當時已經甚囂塵上的現代化論大唱反調，發表後立刻遭到多方面的批評，批評的主旨是針對其對現代化過程中國家作用的負面估計。因為在二十世紀的思想界，對現代化和國家作用之間的聯繫近乎迷信地完全一邊倒建立在樂觀崇信的基礎上，甚至轉變為一種意識形態的霸權。誰要是從反思的角度對這種崇信提出質疑，不僅要遭到思想界的普遍攻擊，也可能會遭到國家意識形態的干預，是需要具備相當勇氣的。費孝通雖然在後來為自己做了有力的辯解，但其聲音很快就湮沒無聞。五〇年代中國史學界為「革命史敘事」所籠罩，一直到八〇年代，中國史學界仍然受到對單軌制持肯定態度的現代化國家主導論的支配。令人深思的是，費孝通當年對農村基層政權瓦解過程的分析，至今並沒有為中國史學界所注意，就更別提借鑑為中央與地方社會關係的規範性框架。與之相比，經過理論旅行，這套分析路徑卻成為美國中國學研究第三代學者分析中國社會轉型的利器。九〇年代的一些後現代論者如杜贊奇倒是與費孝通當年的判斷若合符節，他提出「國家政權建設」這個概念是現代化過程最重要的表徵，特別指出國家在二十世紀初竭盡全力，企圖加深並加強其對鄉村社會控制，但同時也強調其伴隨現代政體而來的壓制、

1　〔美〕費孝通：《鄉土重建・基層社會的僵化》，《費孝通文集》第四卷，第 342 頁。
2　同上書，第 343 頁。

僵化和破壞性的一面。[1]在研究華北農村時，杜贊奇得出的另一結論居然與費氏的表述具有驚人的相似性。杜贊奇的觀點是，在民國時期的華北農村存在著兩種類型銜接國家和地方社會的中介人，即按照與地方和國家的傾向程度分為保護型經紀人和贏利型經紀人，隨著現代化過程的演進，保護型經紀人逐漸為贏利型經紀人所替代，從而破壞了原來通過保護型經紀人所實現的國家與民眾的文化聯繫。最終結果是，「國家政權建設」過程破壞了國家自身在基層的權力基礎。他還試圖證明直至十九世紀末，不僅地方政權，而且中央政府都嚴重依賴地方文化網絡，從而在華北鄉村中建立自己的權威。二十世紀國家政權拋開甚至毀壞文化網絡以深入鄉村社會的企圖注定是要遭到失敗的。[2]這個觀點已迅速蔓延到中國史學界，深刻影響了中國社會史研究問題意識的形成。

其實杜贊奇的觀點在費孝通的著作中早有預言，只不過中國當時的變革正方興未艾地進行著合併「自然村」為「行政村」的大規模運動，以至演變為人民公社化運動，費氏的奇談怪論顯然是不合時宜的，自然會被邊緣化直到銷聲匿跡。然而隨著改革開放的深入，人民公社體制瓦解，基層行政區劃面臨重組，國家雖部分允許自然村狀態下地方自治權威的恢復，宗族等傳統勢力大有捲土重來之勢，然而國家行政勢力根本不可能完全撤出鄉村社會，地方自治系統無法恢復原態，地方官僚機構卻反而呈日益膨脹的態勢，變本加厲地盤剝農民，這樣的狀態多少驗證了費孝通當年的預言。更具諷刺意義的是，當年的預言卻由一位美國籍的印度學者重新揭示出來，並予以概念化、規範化。

1　〔美〕杜贊奇：《文化、權力與國家——1900—1942年的華北農村》，第1頁。
2　同上書，第5頁。

當然，我們不能武斷地認為，杜贊奇的判斷完全直接來源於費孝通，其引證的理論依據是歐洲學者查爾斯·蒂利（Charls Tilly）對「國家政權建設」（state-making）觀點的引述。我這裡想要說的是，中國史學界本來可以有機會藉助社會學、人類學的方法在四〇年代就建立起自己對現代化進程進行有力反思的解釋框架，直接有效地用於指導中國基層社會變革的具體實踐。可直等到九〇年代，繞了一個大圈子，我們才從美國中國學的論題中重新發現反思國家能力與地方社會關係這一問題意識的重要性，可見我們史學界反思意識的敏感度是多麼地滯後了。同時我要說明的是，杜贊奇對「國家」與「民間社會」互動關係的解釋，是西方中國學研究中從「整體史」向「地方史」研究轉換策略中間的一個重要環節，並不是憑空產生的。杜贊奇的觀點直接針對六〇年代「地方史」研究傳統發出挑戰，因為杜的老師孔飛力和魏斐德等人在六〇年代末通過對湖南、華南在清末戰亂中地方組織應對能力的研究，提出了地方勢力興起逐步侵消了國家權力的基本認知框架，此框架曾經顛覆了費正清傳統的「衝擊——回應」理論，有力擴展了對中國基層社會組織構成的理解，但卻有意無意地把這一趨向凝固化、普遍化了，容易讓人產生誤解，似乎中國國家政權在晚清一直處於衰落狀態。[1]而杜氏等人卻在晚清與民國的國家政權建設上建立起了連續性的合理解釋。他認為國家權力企圖進一步深入鄉村社會的努力始於清末新政，二十世紀國家政權控制地方的能力隨之大幅度提高，這種狀態的出現不應籠統地以正面作用一以概之，而應與地方組織在歷史中作用的估計結合起來加以考察，而我們的歷史研究目前還

1　參見〔美〕魏斐德：《大門口的陌生人——1839—1861年間華南的社會動亂》，中國社會科學出版社二〇〇二年版。此書以華南為地區史研究單位，揭示的是中國在應對西方入侵時表現的非整體性特徵，暗示國家能力已無法全面支配地方勢力。

剛剛處於從「革命史敘事」向「現代化敘事」轉型的過程中，大多數學者還在興致勃勃地為現代化邏輯在中國的歷史合理性做反覆論證，而沒有把現代化的過程充分問題化，以納入反思的軌道。

　　無法否認的是，當前有一些學者已經意識到，「國家政權建設」在論述中國社會變革時，好像並不具備類似在西方語境中那樣合理的解釋力度。因為中國其實並沒有真正發生過像西歐那樣的規範意義上的「國家政權建設」行為，如中國並沒有發生或尚未完成類似西歐那樣的國家——公共（政府）組織角色的變化、與此相關的各種制度——法律、稅收、授權和治理方式的變化，以及公共權威與公民關係的變化等等。[1]可問題的關鍵在於，我們關注基層鄉村社會並不應過多注意其與西歐相似的制度建設的形式主義規範的吻合程度，而應注意政治模仿的力量如何重組和改變了基層社會的組織狀況。對中國過渡期歷史複雜面相的闡釋和各種歷史行動後果的分析，與中國是否規範地實現了和西歐同樣的歷史性後果應完全是兩個層面的問題。因為在這一問題框架內，我們的研究反而不應把過多精力用來揭示在中國本土上這種形式主義的國家政權建設的歐洲內容到底落實了多少，移植得怎樣，我們反而要問這種國家滲透的方式如何在中國鄉土社會發生變形，其變形的原因是什麼，其理由何在，更不要匆忙對這種變形予以是非曲直的評判。因為我們過去匆匆下的結論，往往不是從這種變化與中國社會歷史傳統對現實制約的關係出發，而恰恰是以形式主義的歐洲歷史標準來評價中國社會轉型的程度。我們已習慣於用「農民沒有法律觀念」、「農民是小農意識」等等標準來批評鄉村社會對國家行為的理解，而沒有充分分析這種抵抗的社會歷史根源。

---

[1]　張靜：「國家政權建設與鄉村自治單位——問題與回顧」，《開放時代》二〇〇一年九月號，第10頁。

三 「理論回流」之後——對若干二元對立概念在中國的規範性運用引發的評述與思考

　　受各種社會理論不間斷的衝擊和影響，八〇年代中國史學變革中出現了一些被廣泛運用的二元對應概念，這些概念的出現使單調的中國史學界開始擺脫傳統的敘事模式，一度變得活躍和富有靈性，且大多成為規範性討論的前提。有些對應概念無疑是基於對傳統——現代、東方——西方的二元觀的崇信而設計的，體現了某種歐洲中心論的原則[1]；而另一些概念的提出則是以尊重地方本土文化的反現代化姿態為標誌進入我們的視野，它們曾經刷新了我們的認知領域，同時也不自覺地把我們帶入了新的言說困境。本文選取其中最具規範性的若干對應概念進行分析和梳理，以呈示其在中國史學界使用時所具有的複雜多面的意義。

（一）國家——社會二元對立的詮釋框架

1 從「空間」分析進入鄉土社會。

　　國家——社會的詮釋框架來源於海外中國學對西方社會理論的借用，它是整個西方社會理論波及中國研究比較顯明的例子。不少學者已經意識到，西方的中國研究乃是西方學術文化大共同體的從屬而非主導，其問題意識、興起方向以及理論方法大多都不是自生的而是外來的，亦即是西方學術文化大共同體基本旨趣的派生。因此，必須檢

---

[1] 黃宗智特別提示說，目前流行的「中國中心論」表面上是民族主義的某種表現，其實不過是「西方中心論」的翻版。參見黃宗智：「學術理論與中國近現代史研究——四個陷阱和一個問題」，載賀照田主編：《學術思想評論》第五輯，遼寧大學出版社一九九九年版，第 264～265 頁。

討其研究中國的基本旨趣。[1]

那麼，當國家——社會框架被移植到中國時，其背後隱藏的基本旨趣是什麼呢？概括言之，它是一個後冷戰時代的政治議題。從學術淵源上講，國家——社會框架脫胎於哈貝馬斯關於「市民社會」與「公共領域」的研究[2]，哈貝馬斯的原義是探討西方資本主義興起的方式，可是研究東歐和東方民主運動的學者卻從中得到了靈感，認為這些概念表述了一個擺脫國家監護而自上而下地創建獨立的社會生活形式的綱領。甚至由聯想到公民權力對抗國家權力的內涵，再進而在空間上界定出「社會」反抗「國家」的意義。[3]一些歷史學家就是以此為起點進一步想像出中國歷史上是否存在著相同的相互對抗形式。

其實在我看來，對於中國史學界而言，國家——社會框架的引進並不在於其用比附的方法描述出中國出現了多少類似西方的政治運動，或者在西方政治學內涵下營造出了多少類似西方的反抗空間和表達方式，而在於它給我們創造出了一個機會，使中國史學界得以暫時拋開僅僅關注於上層制度運作，同時又不自覺地以上層替代下層研究的傳統取向，開始獨立審視基層社會運轉的真實圖景。基層社會的研究從此多少擁有了自己的自主性。至少這個自主性的獲取具有中國自身所需要的那種旨趣，而與西方的研究旨趣無關。

在這對概念被引進之前，中國歷史研究中並沒有使用過「國家」

---

[1] 甘陽：《十年來的中國知識場域——為〈二十一世紀〉創刊十週年作》，《將錯就錯》，三聯書店二〇〇二年版，第227頁。

[2] 從社會理論的角度加以分析，「市民社會」與「公共領域」兩個概念有很大區別，可在具體運用於中國歷史現象的分析時兩者往往被混淆使用。有關兩者的區別，可參見〔英〕簡·柯恩、安德魯·阿雷托：《社會理論與市民社會》，載鄧正來等編：《國家與市民社會：一種社會理論的研究途徑》，中央編譯出版社一九九九年版。

[3] Frederic Wakeman, Jr, *The Civil Society and Public Sphere Debate: Westem Reflections in Chinese Political, imodern China*, Vol. 19, No.2（April 1993）.

與「社會」相區分的類似概念,而更多地使用「中央」與「地方」的關係這對概念。「中央」與「地方」關係基本上還是被視為從一種自上而下的行政關係的角度處理和審視歷史的方法,並沒有顧及到地方社會有可能擁有自己的自主自治的可能形態。而「國家」與「社會」之間對峙概念的產生淵源於對空間劃分的重新理解,原有的中國歷史研究框架並沒有把「中央」與「地方」看作是截然對立的關係,而是主要從自上而下的角度理解國家行政對地方社會幹預和影響的程度和機制。與此相較,「國家」與「社會」的二分法則預設了二者各自分立的形式,特別強調「社會」獨立於「國家」存在的自治狀態,這很顯然是直接從西方詮釋中橫向移植的結果。因為哈貝馬斯所強調的「市民社會」的誕生恰恰依賴於一種獨立於國家形態的「公共領域」的擴展,而且哈貝馬斯花費了很大精力來論證這種「公域」作為獨立空間的存在形式,並特別描繪出了與國家上層的清晰邊界。但是,這種方法向中國歷史研究橫向移植的結果,似乎並不能令人信服地證明中國同樣存在著類似邊界分明的「公共領域」[1]。只是毋庸置疑的是,這種轉換使中國歷史研究者的注意重心轉向了思考民間社會是否存在著區別於上層自我運轉機制的問題,大大提高了其問題意識的創新和辨析能力。

更具體地說,「國家」與「社會」的互動框架的提出首次把現代化國家勢力對地方社會的改造融入了負面的評價,而以往的社會史研究基本上把國家行為完全毫無保留地視為正面的行為。這樣就為地方史的自主研究提供了可能。當然,所謂「地方史」研究獲得自主性經歷了一個複雜的模式轉換過程,大致可以分成三個階段:第一階段明顯

---

1 中國國內直接移用「市民社會」理論進行歷史研究的著作似乎只有朱英所撰《轉型時期的社會與國家——以近代中國商會為主體的歷史透視》(華中師範大學出版社一九九七年版)一書。其中專列「商會與市民社會研究」一節討論「市民社會」理論是否可以解釋清末商業社團的崛起。

比較強調社會在空間上與國家的對抗性即基本上把地方「公域」的存在視為民間對政府制度的反抗行為，這一取向更帶有政治社會學的判斷色彩，往往成為現代民主運動在東方表現的一種歷史佐證。岸本美緒曾評論說：「既有人從對抗國家權威性統治的公共批評論壇這一角度來把握由自律的市民所組成的市民社會，強調國家——社會的理論框架，也可能以人會從團體意識的成長或市民意識的自覺這一延長線上去展望國民之國家意識的發生以及國家本身作為統一體的整合形成。」[1]

在如此心態的制約下，對「地方空間」的描述和解釋往往比較狹隘地侷限在政治支配與對抗的單一解說中，地方空間與政府進行政治性談判的能力成為衡量其存在合理性的主要標準。即使對「公共領域」概念在中國的使用持批判態度的學者也往往採取一體兩面的思維態度，認為中國的民間自治完全不具有政治性的批評功能，只不過是在某種程度上代替缺乏效率的政府履行一定的公益事務而已。討論的切入點還是在政治作用圈子中打轉。

具體而言，這個階段的研究大多起步於對鄉村民主選舉的關注，一些研究成果往往是從具體的調查報告和樣本分析中提煉而來。它們和歷史研究的重疊點表現在分析現實的鄉村權力運作關係的過程中，自然地向歷史的緯度延伸，構成連續分析的框架。[2]這些研究對認識近代歷史上鄉村權力更迭的複雜過程無疑頗具啟發，其問題是由於研究

---

[1] 〔日〕岸本美緒：《市民社會論與中國》，載〔日〕滋賀秀三等著：《明清時期的民事審判與民間契約》，法律出版社一九九八年版，第364頁。

[2] 關於較早期鄉村權力系統變動的研究，如胡宗澤：《華北地方權力的變遷——1937—1948年十里店資料的再分析》，載王銘銘、王斯福主編：《鄉土社會的秩序、公正與權威》，中國政法大學出版社一九九七年版。近期著作，參閱吳毅：《村治變遷中的權威與秩序——二十世紀川東雙村的表達》，中國社會科學出版社二〇〇二年版。

的出發點所限，他們僅僅關注鄉村政治的運作過程，而忽略了其與鄉村社會其他因素之間的動態關係和作為一種復雜共同體的諸多面相。

　　第二階段的研究則開始注意避免過度強調地方社會與政府制度之間的張力關係，而是關注民間共同體的自主特性在維持基層秩序方面的獨到作用。比如社會史家對華北農村的研究就創造出了「權力的文化網絡」的概念，藉以把各種鄉村資源如宗族、鄉約、水會、宗教祭祀系統等整合進一種統攝性的框架內，以說明傳統鄉村社會自我運轉的態勢及其合理性。「權力的文化網絡」是一組反映在價值觀念、宗教信仰、地方組織上的行為規範，而不是以村為單位的空間範圍。由於各種組織在這種空間之下的相互作用，這種規範組織格局便為地方政治的參與者們提供了實施權力的空間，同時也界定了行動範圍。[1]這類解釋後來不斷遭到批評和修正，如李懷印就批評「權力的文化網絡」這個概念含混不清，無所不包，算不上一個空間概念，認為要探究鄉村權力的日常運作的真相，必須回到村社這一具體而真實的空間，研究各種各樣的慣例和村規組織而成的「村莊話語」才是最重要的工作。[2]雖然受到了批評，這類解釋強調界定地方秩序的基本單位應是一個文化現象而非單純意義上的政治現象的嘗試，仍開闢了一個處理鄉村社會自主性問題的新視角。

2 擺脫「空間」框架進入「地方感」的世界。

　　國家與社會互動關係框架的拓展的確在「空間」意義上區分了兩種生活方式，特別是凸現了地方性的文化與社會價值，但其中仍存在

---

[1] 羅志田：《社會與國家的文化詮釋》，載《東風與西風》，三聯書店一九九八年版，第239～251頁。

[2] 李懷印：《二十世紀早期華北鄉村的話語與權力》，載《二十一世紀》一九九九年十月號。

相當明顯的自上而下的審視取向。其具體表現是，儘管已開始承認民間文化觀象如一些信仰形式具有和上層文化如儒道佛宗教迥然相異的特性和體系，但仍不自覺地認為，這些基層文化表現一定受到上層觀念和意識形態的制約；而如果以菁英認可的所謂文化標準加以衡量，民間文化形式顯然屬於次屬一級的研究對象，這種觀念很可能是受到近代西方啟蒙運動思潮的影響，同時也牽涉到對非西方的地方社會在全球文化系統中如何定位的問題。在西方現代性的思維框架中，「地方」（place）與「空間」（space）有根本性的區別，「地方」往往是與特殊的文化、傳統、習俗等因素聯繫在一起的，是地方性知識的載體，而「空間」則被賦予了現代普遍主義的特徵並暗喻其具有人類普遍特質的表述意義，這種啟蒙式的表述總是置「空間」於「地方」之上，「空間」成為各種類型的宇宙觀傳播的工具和容器，具有了某種話語霸權的作用。它不斷提示我們，當今在我們僅僅擁有關於「地方」知識的時候，似乎必須首先考慮它和普遍性知識有何聯繫之後才能確定其表述的價值和意義，對「普遍性知識」認識的重要性要遠在對「地方性知識」的認識之上。康德就曾經認為，普遍性知識必須超越於地方性知識，因為沒有普遍性知識，全部被獲取的知識只能是些碎片般的經歷而不是科學。[1]其中暗示普遍性知識的擁有者只能是西方人。在這種觀念支配下，一些學者往往喜歡把「宇宙觀」等上層階級形成的認知世界的圖式作為瞭解和評價民眾信仰的參照，而沒有把民眾自身在地方社會中形成的對生活的認識和感覺當作相對獨立的結構來加以看待，這樣就大大削弱了我們對民眾真實生活的認識程度。所以目前

1　*How to get from space to place in a fairly short stretch of time*, Phenonmenolog- ical Prolegomena〔美〕Steven Feld、Keith H. Basso edited, *Senses of Place, School of American Research press 1996*, p.19.

不僅是歷史界而且也波及其他社會科學門類，都在重新思考如何不在上層菁英的干擾範圍內找到民間社會運作的真正邏輯和民眾思考的真實感覺。換言之就是找到區別於「空間」的「地方」上的「地方感」。這標誌著對地方社會的研究進入了第三階段。

關於「地方感」如何描述目前已有了一些經典的定義，如威廉斯和布迪厄的說法[1]，以後學者不斷補充其解釋內涵，如有學者說「地方感」是一個「文化行為的構成」（a form of cultural actvity），或者說是一種「想像的經歷」（a kind of imaginative expericnce）[2]。現今達成的基本共識是：「地方」是被感覺到的，感覺是被地方化的，因為「地方」塑造感覺，感覺也同樣塑造「地方」。[3]如果「地方」在「感覺」裡被確定為是一種「地方性」的，它就不可在傳統西方的概念系統裡被普遍化。「地方」往往與社會想像和實踐、記憶和慾望等因素相聯結，同時也被不同的歷史學家、不平等的經濟和政治權力、不同的地區性和國家事件所塑造和分割。因此，我們需要認識身體、地方與情感之間的相互作用，如主體在「地方」中的說話表達，在「地方」中的行動以及在「地方」與「地方」之間的移動。[4]

「地方感」在國內基本上還沒有被納入史學研究的視野，我最近在研究「巫醫」治病與京郊民間信仰崇拜「四大門」的關係時，曾經注意到了應該把民間的宗教信仰與官方或菁英宗教相區別的問題。以往

---

1 參見〔法〕布迪厄：《社會空間與象徵權力》，載夏鑄九、王志弘編：《空間的文化形式與社會理論讀本》，增訂再版，明文書局一九九四年版。

2 Keith H. Basso,Wisdom Sits in Places: Notes on a Westem Apache Landscape, *Senses of Place*. P.83.

3 How to get from space to place in a fairly short stretch of time：,in.Steven Feld and Keith H. Basso edited, *Senses of Place*, School of American Research press 1996, p.19.1996.

4 同上書，第23頁。

的研究者常常把民間信仰當作低級宗教階段加以看待,以區別上層系統化的宗教儀式,而且他們也習慣於運用上層宗教的內涵作為判斷基層信仰價值高低的依據。第三階段研究的任務就是回到民眾的地方感覺中去尋找更為貼近地方社會的真實圖景。比如「四大門」作為民間信仰的一種形式,在華北地區擁有許多信眾,但我們如果深入到其組織和信仰中就會發現,其表現內涵與程式化的宗教形式如道教和佛教有相當大的區別,它沒有形成菁英和系統知識意義上的「宇宙觀」。普通鄉民基本上是靠生活需求所培養和指示出的一種直覺感覺來選擇崇拜對象,其對崇拜對象的分類也屬於一種相當感覺化的分類,比如「四大門」在菁英對崇拜類別的劃分中屬於未成仙的低級神祇,而在華北鄉民的家中卻被擺在核心位置上加以供奉,遠遠高於對佛龕的重視程度。以往的史學研究還對鄉土社會設定了一些常識性的場景,如鄉土倫理秩序一定是儒家上層秩序的再現等等,或者上層信仰所傳達的儒教訊息一定塑造著鄉民的倫理信念,比如人們喜歡舉關公如何從一個地方神祇演變為一個帝國偶像,反過來再用其忠孝節義的理念灌注到民間社會的例子。[1]而對「四大門」的研究則證明,正是「四大門」的神力灌注進了「關帝」的偶像之中,才誘發了其顯靈的功能,「四大門」一走,關帝反而無法顯示靈異的威力,相反「關帝」後來被賦予的儒家特性由於對鄉民來講並不實用,反而成為其顯靈的障礙,甚至顯得有些迂腐。[2]

---

[1] 關於上下層在互動的過程中塑造「關公」形象的出色研究,可以參見 Prasenjit Duara:*Superscribing Symbols: The Myth of Guandi, Chinese God of War*,*The journal of Asian Studies 47*, no.4（November1988）: pp. 778~795

[2] 楊念群:《民國初年北京地區的「四大門」信仰與「地方感覺」——兼論京郊「巫」與「醫」的近代角色之爭》,載孫江主編:《事件・記憶・敘述》,浙江人民出版社二〇〇四年版。

一些受到人類學影響的歷史研究者開始採用田野工作的方法以擺脫文本述說的控制，去體驗基層民眾真實的歷史現實情感和思維表達方式，儘管這種「感覺」非常難以準確地加以描述。如陳春聲在研究嶺南樟林村的祭祀崇拜過程中，發現對某一廟宇的信仰認同是建立於一種他稱之為「有份」與「無份」的微妙感覺基礎上的。這種「有份」與「無份」的微妙感覺所產生的差異顯然比「祭祀圈」和「信仰圈」的分析性概念難以把握和定位[1]，但卻有可能更接近地方民眾的感覺生活狀態，故而成為理解鄉村社會民眾真實感受的一個嶄新的途徑。對「地方感」研究的開展可以進一步證實對歷史中「生活經驗」的感知有時候比理論概況更加擁有說服力。

（二）知識論問題——「地方性知識」還是「普遍性知識」

1 完全的「地方性知識」有可能嗎？

中國史學變革從政治史向社會史研究的一個重要轉向就是試圖從內涵和邊界上重新確定「地方社會」的意義，以擺脫由西方「普遍性知識」所支配的對大敘事的迷戀。由於人類學者的大力提倡，尊重「地方性知識」現已漸漸滲透進歷史學的敘事中而漸成為共識，雖然這種共識的形成至今仍受到現代化敘事的不斷干擾。與此同時，尊重「地方性知識」這個命題的提出也面臨著一個難以解決的問題，即在現代各種文化之間相互頻繁交叉和滲透，純粹的文化形式甚難保留其原態的情況下，我們如何辨析和衡量「地方性知識」在基層的真實作用？

---

1 關於「祭祀圈」的討論，可參見鄭振滿：《神廟祭典與社區空間秩序——莆田江口平原的例證》，載《鄉土社會的秩序、公正與權威》，第 171～204 頁。關於所謂「有份」、「無份」狀態的研究，參見陳春聲：《正統性、地方化與文化的創制——潮州民間信仰的象徵與歷史意義》，《史學月刊》二〇〇一年第一期。

從「地方性知識」的角度理解中國歷史與現實社會，就意味著必須遵守以下知識論原則，闡釋知識的範圍必須遵從地方社會通過象徵表現表達出的原始含義，並原汁原味地呈現其各種形態，以避免現有的普世性知識原則從外部賦予其支配性意義。之所以強調所謂「象徵表現」，是因為一些闡釋人類學家認為在闡釋中不可能重現別人的精神世界或經歷別人的經歷，而只能通過別人在構築其世界和闡釋現實時所用的概念和符號對之加以理解。[1]在談到人類學家應該怎樣使用原材料來創設一種與其文化持有者文化狀況相吻合的確切的詮釋時，格爾茲曾說過：「它既不應完全沉湎於文化持有者的心境和理解，把他的文化描寫志中的巫術部分寫得像是一個真正的巫師寫得那樣；又不能像請一個對於音色沒有任何真切概念的聾子去鑑別音色似的，把一部文化描寫志中的巫術部分寫得像是一個幾何學家寫的那樣。」[2]因為在很大程度上一個文化人類學研究者並不能感知一個當地文化持有者所擁有的相同感知。他所感知的是一種游離的，一種「近似的」或「以……為前提的」、「以……而言的」，抑或諸如此類通過這種修飾語言所涵示的那種情境。[3]儘管如此，人類學者始終相信，發生在現實生活中的許多「傳統的再造」現象，就是一種探究「象徵」的原始含義的努力，他們假設這些符號始終是地方性的、分殊性的，無論在前現代與現代社會中均能起到對意義結構進行溝通、設定、共享和修正的作用。[4]人

---

[1] 〔美〕克利福德·格爾茲：《地方性知識——闡釋人類學論文集》，中央編譯出版社二〇〇〇年版，第6頁。

[2] 同上書，第74頁。

[3] 同上書，第75頁。

[4] 〔美〕克利福德·格爾茲：《文化的解釋》，納日碧力戈等譯，上海人民出版社一九九九年版，第60頁、103頁。

類學的分析就是力圖按照事物的本原所呈來操作。[1]這一套認知地方知識的原則近幾年也正在改變中國歷史學家看待問題的視角，開始刺激他們眼光向下地尋求新的研究對象和領域。

不過，「地方性知識」作為可操作的概念進入歷史學家的視野後仍有待澄清一個問題，那就是在現代性的條件下，「地方性知識」果真能有效地維繫自己的自足性嗎？在當今弘揚地方文化價值以抗衡歐洲中心主義的潮流中，以「文化主義」對抗「經濟主義」是第三世界知識分子的通例，他們在尋求對抗資本主義制度的工具時，不約而同從發現本民族文化的重要性入手，通過設定當代西方文化的沒落作為判斷前提，來重新確認自身「文化」在當代世界的優越性，至少都在刻意論證其與西方文化各有短長這個多元主義的命題。這種路徑把文化作了本質化的處理後，抽去了其歷史發展的內涵，和其在歷史與當代不同語境下賴以生長的權力結構的差異性。比如「新儒學」對「道統」的抽象分析，就已屢次遭到批評。[2]「地方性知識」作為一種文化表現形式也面臨同樣的問題，無論是「地方性知識」還是菁英操縱的「普遍性知識」，都不僅是某種精神價值的抽象準則，還是一種制度性的建構活動。西方社會對非西方社會的滲透和改造恰恰不是從純粹的文化與知識形態入手，而是通過複雜的制度安排來間接達致的。德里克曾經分析到，歐洲中心主義能得以全球化，並不是由於歐美價值觀本身有什麼內在的力量，而是因為那些價值觀被銘印在不同種類的活動上，這些活動巧妙迂迴地潛入現存的運作中（例如貿易），漸漸證明能

1　張靜：《「雷格瑞事件」引起的知識論問題》，參見《清華社會學評論》第二期，鷺江出版社二〇〇〇年版。

2　比較典型的批評，參見〔美〕阿里夫・德里克：《邊界上的孔子：全球資本主義與儒學的重新發明》，載《後革命氛圍》，中國社會科學出版社一九九九年版，第227～272頁。

被一些非歐美社會的集團欣然接受。[1]

從中國歷史變遷的角度來考察，我們同樣會發現無論對「文化」還是對「地方性知識」而言，其實都不是一個抽象意義上的變化結果，而是依附在各種複雜的社會制度和生活狀態的變遷中得以實現的，比如中國農村經歷了一個以行政村取代自然村的變革過程，在這個過程中原先作為傳統社會基層細胞的宗族被壓縮直至取締之後，「地方性知識」的載體自然也就不存在了，如果再談文化的建構就基本沒有什麼意義。二十世紀八〇年代，宗族復興表面上似有燎原之勢，實際上其復興的範圍和程度均受制於行政村運作規則的制約，既然傳播和持守「地方性知識」的制度空間和載體都受如此限制，「地方性知識」當然不可能恢復到自然村體制下的自足狀態，「文化」再造的程度自然大打折扣。[2]在這種情況下，如果過度強調發掘「地方性知識」的意義，就有可能恰恰遮蔽了對生產各種非地方性知識的權力機制進行剖析的重要性的認識。

當然，我認為，對具體的「地方性知識」和文化形態的分析與研

---

[1] 參見〔美〕阿里夫·德里克：《全球主義、後殖民主義和對歷史的否認》，載《後革命氛圍》，第166頁。所以我不同意歐洲中心主義僅僅是一個觀念傳播的過程。國內近年來流行一些論著如弗蘭克的《白銀資本》以及近期翻譯成中文出版的布勞特的《殖民者的世界模式——地理傳播主義和歐洲中心主義史觀》等著作都強調歐洲中心主義作為一種神話話語的製造過程，並致力於破除這種神話，但他們都沒有能回答既然是神話為什麼還會長久地居於支配地位這個問題。所以，不深入分析西方模式的非文化性的傳播機制，而僅僅把東西方歸結為一種文化的較量是遠遠不夠的。

[2] 比如一些研究者往往不自覺地站在行政命令的角度看待和評估宗族復興的得失，比較典型的例子是錢杭的宗族研究。錢杭在對江西農村宗族復興進行調查時，幾乎直接以國家政策代言人和詮釋者的姿態介入研究過程，成為「對策研究」的一員，致使其無法理解宗族復興複雜的社會和文化含義，研究者和政策實施者角色的合一與混同已經嚴重妨害了對地方歷史進程的真實理解。參見錢杭：《中國當代宗族的重建與重建環境》，《中國社會科學季刊》一九九四年二月號。

究是絕對必要的,關鍵在於怎樣把現代普遍性知識的生產與再生產的機制與地方知識在傳統意義上發揮作用的條件既予以區別又綜合起來加以分析,而不可有所偏廢,似是一種比較明智的態度。有些持新政治經濟學觀點的學者通過對哈耶克關於社會歷史擁有「自生自發秩序」的質疑,提出中國近代的歷史均是國家創構的結果,而與地方性知識的作用無關。[1]這種取向從政治經濟學的立場上否定了從「文化主義」的角度抽象定位「地方性知識」的方法,但卻以極端的形式否認了「地方性知識」在中國有限卻有效的作用。我覺得對「地方性知識」的定位而言,我們既不應該把它完全放在「文化主義」的框架下予以抽象化,同時也不應該強調其制度附屬品的性質,而湮沒了其在地方社會中的自主意義。德里克也主張不要僅從文化的角度而是從權力結構的角度出發評判東西方關係,建立物質世界與文化現象之間新的解釋框架是一件急需從事的工作。因為把文化和話語隔離開來,放入與物質世界不相干的領域內,本身就是一個很現代的事情。「出於同樣的原因,支持把文化及話語和日常生活的物質性重新連接起來,並不是主張重新恢復當年政治經濟所有的特權地位,而是想要打開新思路,以新思想看待當今情形下這兩者的聯結。這也隱含了要重新思考在現代性的時代裡被摒棄的那些聯結。」[2]我想這也適用於我們目前在歷史研究中如何處理「地方性知識」與「普遍性知識」的關係問題。

---

[1] 汪暉:《「科學主義」與社會理論的幾個問題》,載《死火重溫》,人民文學出版社二〇〇〇年版。

[2] 〔美〕阿里夫·德里克:《全球主義、後殖民主義和對歷史的否認》,載《後革命氛圍》,第163頁。

2 位置感：復原、重構抑或呈現。

由於格爾茲等人類學家強調在歷史和現實的情境中發掘「地方性知識」的作用，盡量運用多元分殊的當地人的內部邏輯理解其行為的意義，從而改變了傳統史學對研究對象的認知立場，其意義非同小可。不過，在具體的歷史研究中仍然面臨著如何操作的困境。我這裡僅提出一個位置感的問題來加以討論，即你採取什麼樣的位置和心態去觀察歷史，目前觀察歷史的方法大致可以分為三種：第一是所謂「求真」。這是最常見的對歷史的態度，他們始終相信可以通過某種手段達到對歷史真實的復原。當今國學與學術史研究的部分學者仍持守這個信條，尤其是傳統學術路徑被加上了「實證主義」的標籤之後，變得與科學更有親緣關係，使「求真」擁有了合法的話語霸權意義。但現代史學已表明，「求真」等同於「神話」。第二是「建構」。「建構」是個時髦的詞，大家都在用，既然找不到那個「真」，歷史就是純粹由人的所作所為加以解釋，我們的精力只要花在對人為的話語構成的分析上，或者是去透析其撰寫歷史人物背後的權力關係就可以了。新政治經濟學派對之稍有修正，認為不僅要分析話語構成的方式，還要找出權力糾葛形成的社會條件。但兩者都是想從權力關係的網絡中尋找即時性的歷史形態，而不承認歷史連續演進的陳說還有什麼意義。[1]第三是「呈現」。這頗受惠於人類學家的底層視角。其效果是研究者不可能有和歷史人物相同的感知，但卻通過一些闡釋途徑有可能擁有接近其歷史情境的感受能力。他想解決的是一個研究者應該怎樣使用原材料

---

[1] 比較極端的例子是運用 Benedict Anderson 的現代民族國家形成的理論，認為中國近代國家的誕生也是一個複雜的建構過程。這方面的代表作是沈松僑的文章：《振大漢之天聲——民族英雄系譜與晚清的國族想像》，載賀照田主編：《在歷史的坡纏中解讀知識與思想》，吉林人民出版社二〇〇三年版。

來創設一種與其歷史現場狀況相吻合的確切解釋，既區別於盲目的求真，也區別於過分自信的建構。但問題依然存在，因為「地方性知識」並不是一種穩定的存在形態，而是處於不斷被重新表達和闡述的實踐狀態。這不禁會使人難以辨別，運用和研究地方性知識的人在多大程度上會受到現代普遍性知識的制約和塑造，在這種制約和塑造下，歷史將會「呈現」出什麼往往會出人意料而難以把握。

當人類學家說到「文化持有者的內部視界」（the native's point of view）時，傳統意義上是指落後原始民族的文化視角和自身立場。現在的問題是這個純粹的文化持有者還可能存在嗎？當年馬林諾夫斯基為費孝通《江村經濟》作序時，曾指出其貢獻是把研究對象從原始部落轉向文明社會，其前提判斷是生活其中的人仍有至少接近原始部落的「文化持有者的內部視界」的可能。[1] 可是人們仍然會問：二十世紀四〇年代的中國仍是一種凝固純粹的「文化體」嗎？事實上，生活在這個文化體內的人本身已被西方文化「污染」過，無法保持學術期待中的那種純粹狀態了，他們何以會從完全非西方的立場建立自己的認知眼界呢？在這種狀態下，也許真有可能是外來的和尚好唸經。可笑的是，中國史學界總是說外國人看中國歷史隔靴搔癢，卻沒有自覺反省自己正用更為西方化的方式解讀自己的歷史。沒有古典的文化氛圍，沒有書香門第式的傳統訓練，現在的歷史學家根本無法在一種相對純粹的場域，甚至連自己作為一個中國人應該如何思考這個問題上都難以獲得定見。因此，重建歷史研究中的「自我認同感」才是歷史學家面臨的最大課題。如果連自己的思考成分中到底哪些屬於「中國式」哪些屬於「西方式」的都無法辨析和確認清楚，我們恐怕很難底

---

[1] 費孝通：《江村農民生活及其變遷》（即《江村經濟》），〔英〕馬林諾夫斯基序言，敦煌文藝出版社一九九七年版。

氣十足地去指摘他人對中國歷史理解的準確程度。

說到「位置感」的變化，當代中國史學家一直面臨著摸索和定位中國歷史「古代」和「近代」的分期和界限，以確定其社會性質的差異，這就形成了對「古代」與「近代」詮釋評判系統的斷裂。其表現是，對「古代」的詮釋依賴於古代遺留文本的解讀，蓋因古代社會即使有變化也很難確受一種普遍性文化的影響；而對「近代」的評價則大受全球普遍邏輯的制約，因為中國的變化也是普遍性變化的組成部分。中國五〇年代的歷史學家想通過劃分「五階段論」的方式把中國「古代」與「近代」的歷史統統納入一種連續體的演進序列中，這為斷裂找到了一個很好的彌補藉口，另有學者則以中國社會是「超穩定結構」的說法，刻意突出古代與近代的差異感。但無論如何我們都不能否認，對「古代」與「近代」的史料文本的解讀，不僅僅在於已經完全為截然不同的知識系統所支配，而更加嚴重的是，由於西方知識的進入已經完全控制了史料的蒐集與構成的方式，由此造成對「近代」史料的蒐集再也無法保持與搜集「古代」史料相似的狀態。這當然也包括對「地方性知識」的認知。[1]我們被迫將影響「地方性知識」的外來因素更多地納入到觀察歷史的視野，那是因為連「地方性知識」的持有者都無法保證其真正的純度。因此，如果以近代為分期（儘管這個分期的具體時間很難確定），「古史的呈現」會更多地依賴古代文本構造出的「過去的經驗」，「近代的呈現」則更多依賴現代知識的過濾詮釋，這中間存在一條縫隙，從縫隙看過去就是「過渡期的歷史」。我曾經以解析「纏足」現象為例嘗試解讀過這種「過渡期」的歷史，「纏足」基於古史的呈現是美的，可基於近代史的呈現卻是醜的，古史與近世

---

[1] 梁啟超似乎不承認中國歷史記載中有「地方性知識」的存在，而只有帝王家譜，但是我們仍然能夠假設古代如果有對地方性知識的蒐集也應該與近代有很大的區別。

中的纏足形像是基於兩個完全不同的知識系統獲得評價的，因此其間存在著很大的中間地帶，這並不意味著這個地帶毫無內容和意義。我們不應該僅僅以善惡美醜的簡單二分法予以定位，然後武斷得出纏足由美變醜就是由不合理向合理轉換的簡單結論，然後從中作出非此即彼的選擇，而是應該研究這個中間地帶到底發生了什麼，是什麼因素造成我們必須作出非此即彼的選擇，從而最終發現纏足由美轉醜的真實背景和意義。[1]

一系列的證據告訴我們，對「地方性知識」的復原不應抱有太多的幻想，或預先把它設定為一種毫無污染的純淨狀態，然後以復原這種狀態為天職，最終把它作為反對現代西方話語霸權唯一正確的選擇，而是應當把各種「地方性知識」在應對現代性問題時所做出的變通選擇與改變納入研究視野。當然，這個視角與完全站在現代化的外部立場觀察歷史仍有根本性區別。比如我在醫療社會史的研究中就發現，經過現代科學訓練的中國歷史學家往往最不理解民間鄉土社會對治療方式的選擇，常常簡單斥之為「迷信」。民間社會在遭遇疾病侵擾而被迫選擇治療方式時，往往依據的是自身形成的一套分類系統，比如中國北方地區的民眾都有將疾病分成「實病」和「虛病」的說法。[2] 所謂實病在病理上容易明確診斷，通過正規的求醫問藥的治療程序（包括中醫和西醫）能治好的器質和生理上的疾病。

而與「實病」相對應的「虛病」，在鄉間則稱之為「中邪」，「中邪」的原因無法通過一般的病理分析獲知，也無法通過普通的治療程序予以緩解和治癒，而表徵為瘋癲、憂鬱等氣質性心理病症。所以鄉間民

1　參見楊念群：《從科學話語到國家控制——女子纏足從「美」到「醜」歷史進程的多元分析》，《北京檔案史料》二〇〇一年第六期。

2　參見周星：《四大門：北方民眾生活裡的幾種靈異動物》，北京大學社會學人類學研究所二〇〇〇年工作論文。

眾往往通過「巫醫」的頂香看病及法師作法念咒等方式治療病症，而且時生奇效。這方面經過田野調查已收集到了大量證據，這些個案並非神鬼奇談式的不經傳說，而是日常生活中時時發生的真實場景，絕不可以科學的普遍性知識的名義衡之而一筆抹煞。同時我們發現，「虛病」頻繁發生與治癒的程度往往與民間文化氛圍的保存程度成正比關係，比如我在陝南楊地鎮調查時，發現「狐仙」附體的故事一般發生在八〇年代以前，以後則趨於消失。[1]也即是說，「虛病」是地方文化製造的結果，而「實病」則是一種普遍性的技術對文化進行滲透和取代的結果，兩者在民間同時交替發生作用，它們不應是替代的關係，而是並行的關係。這倒不足說這種技術背後沒有文化背景做支撐，而是說這種文化背景已經足以通過技術的形式強行推廣開來，使另外一些文化成了與之相對應的「地方性」產物而不可能擁有真正的「地方性」面目。對於中國民眾而言，由於不可能在純粹的地方文化氛圍中生活，於是在面對疾病時創造出了「實」與「虛」病劃分的抵抗策略，可謂是「文化」對「技術」的對抗，同時也是地方性知識對普遍性知識的容納與篩選。作為歷史學者的我們其基本態度是首先應尊重地方知識系統中對疾病分類的合理性，而不是首先冠以「迷信」殘留的帽子；同時也要瞭解這種地方性知識被變通改造後，民眾採取分類的抵抗策略的動機和過程，我們在這個過程中自身確實面臨著一種立場轉換的問題。因為現代知識分子基本上是從直接面對和思考民族國家富強問題的群體中演變而來的，他們最主導的觀念和思考方式很大程度上來自西方的塑造。在大多數中國知識分子（也包括歷史學者）眼裡，民眾主要被作為如何將其有效編織到知識擁有者為現代國家設計的出路和所欲達致的目標時，費思慮的設計安排對象，民眾的主體感覺、

---

[1] 參見陝南楊地鎮口述調查筆記（未刊）。

精神欲求很少被認真面對。[1]

而從另外一個角度說，一些受人類學影響的歷史學家希圖在近現代社會中尋找到真正的「地方性知識」，這裡且不說是否有可能遂人所願，即使從認識論的角度分析，這種做法也不是一種多元主義的認知態度，而是一種非此即彼式的「一元論」的認知態度。因為它排斥了各種不同知識體系相互影響乃至相互改造的可能性，特別是越到近代社會，這種知識體系的互滲就越加強烈，保持純度「地方性知識」的可能性就越小。所以對不同知識體系溝通狀態的理解就顯得更加重要。當然，這種理解要防止建立在單向性的滲透基礎上，如果要想突破那種按照城市——鄉村，傳統——現代的二分闡釋方法，我們就不應該僅僅從「地方」的意義上來界定民間知識，以示其與外來知識的區別。這裡仍可以醫療史為例加以強調的是，要理解底層民眾對治病的真實態度，就不應該以「替代型」的分析法為切入點，「替代型」分析法往往以科學的西醫必然取代民間醫學作為唯一的認知前提，以理解西方醫學是如何替代中國民間醫學而成為主流的過程，這恰恰遮蔽了普通民眾對西醫的真實態度和應對策略。我們應當從民眾的眼光出發，理解其在什麼樣的場景下他們會做出不同於傳統也不同於現代主流的變通選擇。

四　結語——幾點延伸的思考

中國史學界尤其是社會史學界總是熱衷於討論所謂「社會史」的概念問題，爭辯社會史是與政治史、經濟史、思想史、軍事史、法制

1　賀照田：《制約中國學術思想界的幾個問題》，《開放時代》二〇〇二年第一期，第10頁。

史相併列的一門歷史學的分支學科呢，還是一門綜合史、通史和總體史。[1]人們似乎沒有注意，「社會史」研究方法的出現恰恰是「專門史」分割歷史的解毒劑，「社會史」正是通過對陳舊的專門史領地進行蠶食和侵犯才確立自己的邊界的。確立邊界的最初形式是擴大歷史關注的範圍，如以往忽視的所謂「基層社會生活」，再深入則開始動手拆除傳統歷史門類之間的藩籬。

可能受福柯重新安置知識——權力關係的影響，致使原有的學科內涵被置換到了一些更為複雜的場景中重新進行定義。比如原來政治史與文化史之間的關係有點老死不相往來的意思，因為「政治」與「文化」之間分屬兩個截然不同的領域，很難直接套上關係。按過去理性的分類，「政治史」自然描述的是具有事件意義的權力更迭現象，「文化」則是精神一系的投影，與權力政爭無關，是一片淨土。可一旦把它們放入「社會史」的框架，人們會發現「文化」可能是某種較純粹的上層或地方精神願望的表達，也可能僅僅是權力運作的象徵，或是一種政治的表述形式。從這個意義上來說，「社會史」頗會讓那些富於幻想的人失望。可社會史的魅力及犀利之處也恰在於此。更重要的是，「社會史」為歷史學接受其他學科的滋養提供了最適宜的技術操作形式。本文研究「理論轉移」的現象即基本上以「社會史」研究如何在接受不同學科的影響後不斷調整自己的研究邊界為考察對象，考察的結果已充分證明：「社會史」目前擁有的不定型的怪異面貌，恰恰是其不斷吸收不同學科方法滋養的結果。因此，「社會史」研究似乎很有必要繼續如此「怪異」下去。還有一種說法是把「社會史」理解為一

---

[1] 常建華：《中國社會史研究十年》，《歷史研究》一九九七年第一期。

種新的研究範式。[1]但我以為這種理解對於「社會史」研究來說是遠遠不夠的，我們應該把注意力放在如何使這種範式在具體的歷史研究中變得能夠操作；同時，這種操作向具體化目標的過渡又是以我們是否清晰地考察了以往方法論轉換的得失為前提的。也就是說，我們必須首先建立起我們反思研究歷史方法的「問題史」視野，不要總犯盲人摸象的錯誤。以本文為例，從「問題史」的角度分析，「社會史」研究經歷了從注重「空間」——「關係」——「地方感」分析架構的轉變，注重「空間」的階段是極力建立和確認民間與上層社會的邊界，以便突出下層社會也擁有自身的自主性空間；注重「關係」的階段是發現上層與下層社會的理念很難用「空間」來簡單加以區分，這是與西方社會的最大區別，因此需要在動態的變化中對民間社會複雜的關係狀態加以分析；「地方感」分析路徑的出現則說明社會史研究開始注意擺脫僅僅從上下層關係的糾葛程度為參照探討民間社會的老路，而準備尋求較純粹的底層文化的學術關懷和欲求。當然這種階段性劃分肯定是相對的，這三種取向至今仍同時並存於社會史界，而且還分別發揮著各自的作用。

最後我想要說的是，「社會史」雖作為新興領域頗引人注目，而且其研究方法不斷以更迭迅速的各種社會理論為依託，但它並非包羅萬象，也非包治百病的藥方，以致於可以包容各種歷史問題的解釋。比如在處理上下層關係的問題時，當前的「社會史」框架可能就有過於

---

[1] 趙世瑜：《社會史：歷史學與社會科學的對話》，載《狂歡與日常——明清以來的廟會與民間社會》，三聯書店二〇〇二年版，第414頁。

注重下層歷史解釋而相對忽略對上層社會進行重新研究的趨向。[1]也許有感於歷史學有關上層社會的研究充滿了陳舊的偏見，目前「社會史」研究往往把下層社會孤立於上層社會之外以便做出不受干擾的獨立解釋，這固然有其合理的意義，不過任何社會與歷史現象的演變都不可能是完全孤立的行為，不想辦法更新對上層社會歷史的解釋，顯然在一定程度上也會影響在孤立狀態下詮釋基層社會的意義，我們對上層歷史的一些被公認為研究前提的一些假設如儒家社會倫理總是毫無阻礙地支配著基層社會，再如中華帝國對外關係始終存在著一個華夷秩序等等是否也該到做出修正的時候了？我認為，只有在推進「社會史」研究不斷更新的同時，也不斷提高歷史學對上層社會的解釋能力，才能真正提升整個中國歷史學對問題意識的把握能力。

---

[1] 例如，以研究城市史和底層社會見長的美國中國學家羅威廉最近出版的著作 *Saving the World: Chen Hongmou and Elite Consciousness in Eingteenth- Century China*（Stanford University Press 2001）是研究清代名吏陳宏謀的。這一研究主題的轉變初看頗令人費解，可如果聯繫以上的分析，我們就會明白這一轉型的意義。

「後現代」思潮在中國

　　首先應該聲明，本文撰寫的初衷雖然是想處理二十世紀九〇年代延續至今的中國思想界存在的所謂「後現代」問題，但我一直以為，中國從來沒有出現過標準意義上的「後現代」思潮，包括其表述方法、思維邏輯、師承關係以及對文化傳統的態度等等，都表現得猶疑不定，難以定位，以致於在我的目力所及範圍內，大多數自我標示或被劃歸「後現代」之列的論者其實最終均無法把真正「後現代」的原則貫徹到底，由此亦無法證明自己是個標準的「後現代主義者」。以致於我始終懷疑中國是否真存在一個嚴格意義上的所謂「後現代」思想派別。

　　中國式「後現代」思潮的出現還有一個重要的特點是，它的思想表述總是與某種特定的理論形態糾纏在一起，其攀附其上的程度，往往使得我們無法孤立地把它從各種不同的思想形態之中剝離出來單獨進行評價和審視，恰恰相反，它迫使我們在大多數情況下，只能於分析知識界各種複雜理論表述的過程中去間接辨認出其並不清晰可尋的蹤跡，或者在相對模糊的狀態下確認其思想方位。由於有了上述特點，所以我們對中國「後現代」思潮的研究，就不可能是一種邊界清晰、內涵明確，具有規範意義的獨立思想形態的研究，而必須把它放在二十世紀九〇年代形形色色的多元思想脈絡中加以把握。

一　中國「後現代」思潮的現代性表述形態

（一）西方「後現代」邊緣話語何以在中國贏得了正當性

　　要想真正把握「後現代」思潮之所以在中國流行的脈搏，我們就

必須瞭解，中國式「後現代」思潮的出現與西方意義上的「後現代」思潮所具有的功能作用完全不同，它的出現首先與中國知識分子對自身在社會生活中角色定位的迷茫，與試圖尋求重新自我認同的道路這一歷史背景息息相關。中國知識界的相當一部分人在二十世紀八〇年代是以啟蒙民眾的姿態扮演著「文化英雄」的角色。一九八九年後知識群體急遽分流，一部分轉入商界和政界，導致所謂「黃道」（商道）和「紅道」（官道）上人滿為患，固守純粹學術立場的知識人頓時感到孤立無援，深陷深度焦慮之中。焦慮的核心則共同指向了如何重新確認自身的位置這個問題。

當然，各種知識群體表達焦慮的方式各有不同，一部分人可能尚未從八〇年代英雄光環的籠罩中走出，所以一邊痛恨世風日下的道德滑坡；另一方面則在感嘆「人文精神」失落的同時津津樂道於重拾古老的道德遺緒，還有一層不宜言說的隱晦原因，那就是期盼討論「文學主體性」時的那種一呼百應的風光場面再次出現。[1]另一部分人似乎甘於放棄高高在上的「思想家」頭銜，尋求關注人間情懷下的學術復興，通過學術史式的梳理與所謂「新國學」的思考，希圖使思想爭論落在一種可以按規範操作的學術平臺上。作為八〇年代思想界的另一分流趨向，「後現代思潮」是藉助西方學界內部對東方進行「他者」式想像的批判而崛起的，他們想借此途經來表述與前兩個群體共同擁有的某種相似的焦慮感。這三種趨向雖說著眼點不同，但主旨似乎是一致的，即都是想重新找回已經失落的八〇年代思想啟導者的位置。然而，正是在尋找這個「位置」的過程中我們會發現，中國的「後現代」

---

[1] 這在學術界似乎是普遍的現象，如史學界一些人似乎總習慣討論一些「核心問題」，如總想掀起類似「封建社會分期問題」，「資本主義萌芽問題」的討論熱潮，而不太善於從一些中層現象入手重構問題意識，在近代史界亦是如此。參見吳劍傑：〈關於近代史研究「新範式」的若干思考〉，《近代史研究》二〇〇一年第二期。

主義者完全疏離了「後現代」的批判使命，與西方「後現代主義者」所承擔的角色發生了緊張和錯位，甚至成為西方現代主義擴張合理性的代言人。

「後現代」在西方知識界成為流行術語也是近十年的事情，卡林內斯庫是這樣描述的：「惡魔現代性已壽終正寢，它的葬禮乃狂野歡慶的時刻。幾乎在一夜之間，小小的前綴『後』成瞭解放行語中備享榮寵的修飾語。僅僅是『後於……而來』就是一種激動人心的特權，它一視同仁地順應任何對它提出要求的人，一切都值得以『後』開頭——後現代，後歷史，後人等等。」一個尤需關注的事實是，西方「後現代思潮」的產生是與所謂現代問題相伴隨的結果，更形像一點說，「現代」與「後現代」猶如「雙面獸」似的現代性的兩面，有某種共生的特徵。在西方內部一直存在著兩種彼此衝突卻又相互依存的「現代性」：一種從社會上講是進步的、理性的、競爭的、技術的，另一種從文化上講是批判的與自我批判的。比如文學現代主義就既是現代的又是反現代的，在它對革新的崇奉中，在它對傳統之權威的拒斥中，在它的實驗主義中，它是現代的；在它對進步教條的擯棄中，在它對理性的批判中，在它的現代文明導致珍貴之物喪失，導致一個宏大的綜合範式坍塌消融，導致一度強有力的整體分崩離析的感覺中，它是反現代的。¹換句話說，「現代主義」的早期話語中往往已經包含了「後現代」的一些命題，這些命題在西方現代性的早期經典闡釋中已表現出來，如韋伯等人因焦慮於資本主義經濟與官僚系統對生活世界加以制度化控馭所造成的異化現象，從而引發對現代理性的推崇與批判相互交錯的論述。早期現代性論述中所構成的內在張力，正好說明「後現代」的諸

1　〔美〕馬泰·卡林內斯庫：《現代性的五副面孔——現代主義、先鋒派、頹廢、媚俗藝術、後現代主義》，商務印書館二〇〇二年版，第284、289頁。

多命題其實早已隱含在「現代主義」的內在結構中，只不過在等待著爆發和顛覆其統治權的時機而已。

既然「現代主義」已經具備了某種自我調整的能力，那麼「後現代」思潮在某種意義上其實也只是放大了「現代主義」自身具有的批判意識的某一方面，特別是正確揭示了西方的交往模式和話語在全球範圍內占據主導地位所導致的殖民化效果。因為西方文明當中很大一部分的物質文化和符號文化，是通過全球市場網絡和全球傳媒網絡而傳播開來的。不過，一些對現代性仍持同情態度的學者如哈貝馬斯亦批評後現代理論裝備太差，根本無法區分殖民性的話語和有說服力的話語，兩者的區別在於，前者是依靠制度的強制性而在全球獲得推廣的，後者則是因為有自明性而被全球接受的。[1]哈貝馬斯的話當然不是專門針對中國知識界而說的，但卻恰恰戳中了中國「後現代」移植者的痛處。因為西方後現代思潮的崛起是一種內發性要求達致的反思結果，亦即通過對西方資本主義控制社會機制的批判性反應，勾連起對整體西方啟蒙理性的反思意識，所以其源起完全是一種內部自省的形態，這種形態的綿延伸展才是對西方資本主義對外擴張如何形成世界性霸權的批判，有關「知識」與「權力」之關係的後現代述說也必須在這個層面上加以理解，例如「東方主義」有關「他者」想像結構的解讀就只能被看作是西方「後現代」內部批判潮流延伸出的一種邊緣姿態，而不是主流敘事的表現。而中國的「後現代」思潮的始作俑者恰恰是選擇了這個邊緣地帶開始進入的，其道理並不在於「東方主義」的鼻祖薩義德恰恰是個美籍亞裔人，由此攪亂了美國「後現代」陣營中的「內髮型」走勢，因為那畢竟是美國學術圈內部的口舌之爭，而

---

[1] 〔德〕哈貝馬斯：《現代性的概念——兩個傳統的回顧》，載《後民族結構》，曹衛東譯，上海人民出版社二〇〇二年版，第196頁。

是其亞裔身分和發言姿態恰恰觸動了中國民族主義歷史記憶這根敏感神經。

然而，我認為更重要的是，「東方主義」所引領的「後殖民」敘事之所以在中國「後學」領域中迅速確立了自己的位置，乃是因為它可以使中國學術界有意避開一個悖論處境：那就是他們既要在九〇年代的知識界重新確立自己批判現實的前沿身分，同時又要小心翼翼地表示要延續和吸取八〇年代現代化敘事的批判能量，因此不敢從內部正面反省中國現代化的後果，因為他們總是受制於以下命題：即中國社會尚未完成現代化的任務，因此理論界的工作不是批評現代化過程中所產生的弊端，而是應從正面闡揚現代化的基本理念和價值。因此，所謂「後現代」批評亦有意無意地以此作為自設的界限，不敢越雷池一步。

而在一般的意義上，「後現代」理論正應該是從內部反省資本主義發展之問題的典型思潮。「東方主義」正是在這一點上搭起了一個使中國學者進入「後現代」語境的有效平臺，因為「東方主義」恰恰強調的是在跨民族——國家狀態下的互動，這種理論路向當然有其重大意義，但當它被移植到中國後，除了給中國學者獲得了得以昂首進入「後現代」理論殿堂的通行證，因而終於找到了一個重新充當批判型知識人的自我角色認同的機會之外，還給中國的「後現代」提倡者提供了一個冠冕堂皇的理由，即當他們津津樂道於批判西方如何歪曲中國的形象時，其實他們恰恰忽略了如何從中國內部的角度反思和批判西方現代資本主義給中國內部變化所帶來的一系列後果，從思想根基、經濟互動、社會變遷與政治劇變的多層次梳理中國近代以來如何從傳統社會形態向資本主義形式過渡的歷史遺產。

相反，從「後現代」的規範意義上講，這一思考取向不但疏離了「後現代」理論對現代化後果進行批判的原創能力，而且恰恰與現代性

觀念共享了一些理論前提。比如一旦「後現代」論者與現代「民族主義」達成了某種合謀關係後,實際上許多貌似「後現代」的論述恰恰是在認同即有現代化理論的情況下展開的,其結果是正好成為論證中國現代化合理性的另一種表述方式。對於現在已位居正統的中國現代化理論而言,「後現代」思潮並未構成足以與之抗衡的對稱力量,而是顯得有些「妾身未明」。也就是在這層意義上,當中國的「後現代」論者在中國輿論界試圖獲取其與現代化敘事相區別的思想正當性時,總給人以頗為勉強的感覺。

(二)「歷史記憶」如何成為後現代「民族主義」的表述工具

「後現代」思潮登陸中國與美國理論家詹明信二十世紀八〇年代來華講學的背景直接相關。但詹明信的講學與當時中國知識界所熱衷的現代化啟蒙主題明顯發生了錯位,當中國知識人正整日為中國有可能被開除「球籍」而憂心忡忡時,詹明信在北大課堂上卻大講福柯、德魯茲與文化研究的敘事分析,難免會使聽者感到一頭霧水,不知所云,顯得很不合時宜[1]。進入九〇年代,由於中國現代化進程的加速所導致的諸多文化現象的日趨複雜化,使得現代化啟蒙理論的原有批判

---

1 詹明信的中國閱讀史表明,他始終是個無法被中國知識界完全接受的悖論式存在。一方面,自從他的第一本演講錄《後現代主義與文化理論》(陝西師範大學出版社一九八七年版)在中國出版後,幾乎他所有的主要著作都有了中譯本,新的翻譯幾乎和他的寫作同步;另一方面,他的理論活動本身,哪怕對於一些常常把它的名字掛在嘴上的人來說,卻變成了一本尚沒有打開就已經合上的書。參見張旭東:《詹明信再解讀》,《讀書》二〇〇二年第十二期。二十世紀九〇年代初,一些中國文學界的學者已開始譯介西方的「後現代」思潮,如王岳川的《後現代主義文化研究》(北京大學出版社一九九二年版)的介紹範圍幾乎涉及了「後現代」理論的各個方面。但這些研究基本上是在西方後現代理論流派自身發展的脈絡中展開分析,還沒有觸及西方「後現代」思潮到底與對中國歷史和現實的批判性反思如何建立起有效的聯繫這一更為關鍵的問題。

銳力已不足以為說明中國社會現狀提供足夠的理論資源，詹明信無意中帶來的「語境錯位」才有逐步被抹平的趨向。其表現是，流行於西方論壇中的「後殖民批評」在經過模仿式轉換後，開始逐漸成為中國輿論界頗受矚目的思想景觀。儘管這種模仿式轉換始終未與中國的歷史與現實情境發生真實的關聯。在此情況下，詹明信的觀點似又重獲青睞，特別是他關於「第三世界批評」的主張。

在那篇影響頗大的文章《處於跨國資本主義時代中的第三世界文學》一文中，詹明信提出了一個重要觀點，那就是不應該把第三世界的文化看作人類學意義上的獨立或自主的文化，「相反，這些文化在許多顯著的地方處於同第一世界文化帝國主義進行的生死搏鬥之中——這種文化搏鬥的本身反映了這些地區的經濟受到資本的不同階段或有時被委婉地稱為現代化的滲透」。[1] 詹明信進而認為，第三世界文化生產的文本均帶有寓言性和特殊性，這些文本應被當作「民族寓言」來加以閱讀。這裡的關鍵問題在於，詹明信並沒有把所謂「民族寓言」當作第三世界自身文化傳承的一個有機組成部分來加以看待，或者根本沒有興趣去關注其實際存在的本源形態，而是把「民族寓言」視為投射全球區域政治的一種形式，民族文本中所描述的個人命運的故事包含著第三世界的大眾文化和社會受到衝擊的寓言。這樣一來，「民族寓言」的說法實際上就相當隱晦地透露出以下的特性：第三世界文學的表述方式和內容似乎只能受制於外力壓迫（經濟，政治，文化）的程度而被迫做出自己的反應，文學的內容不過是這種對外部反應的表現形態之一。

---

1 〔美〕弗雷德里克・詹姆森（詹明信）《處於跨國資本主義時代中的第三世界文學》，載張京媛主編：《新歷史主義與文學批評》，北京大學出版社一九九三年版，第 234～235 頁。

中國「後現代」論者所發起的所謂「第三世界批評」實際上受到這種「民族寓言」假說相當直接的影響和制約，這種假說有一個前提是，所有第三世界文化生產都具有相同的「民族寓言」機制在起作用。這種同質化的判斷也許相對適用於研究被西方完全殖民過的一些國家的歷史與文化，所謂「後殖民」批評的出現即與這種判斷有密切的關聯性。可是當這種判斷被中國學者不加區別地直接挪用於中國社會的研究時，問題就出現了。與起源於純粹殖民地區域的一些國家如印度的「後殖民批評」有顯著不同，中國「後現代」思潮的批判鋒芒應直接指向被現代線性敘事所遮蔽的社會文化性分析，而非「後殖民話語」所刻意強調的如何回應西方的「壓迫性」問題。因為就近代社會歷史條件的嬗變而論，在殖民地的世界格局中，中國始終是個所謂的「半殖民地國家」，其受西方體制與價值理念等因素影響的程度與純粹殖民地式的國家自然有很大差別。就我的理解而言，許多貌似外部「殖民」問題的一些因素，恰恰需要轉化為「區域內部」的政治社會文化問題並對其進行分析時，才有可能予以恰當的解釋。

　　「後殖民主義」的論述語式忽略了殖民或半殖民地發生的內部條件，尤其是通過「殖民」的表述把「西方」對第三世界的某個局部的影響誇大成了一種普遍的模式。[1]所以，當我們選擇「東方主義」或「後殖民話語」作為中國研究的參考範式時，其成敗關鍵乃是在於我們是否能明晰，那些表面上需要運用東——西方對立的壓迫與反壓迫模式處理的問題，是否能夠成功轉化為可以在區域語境下處理的「內部」問題。而中國「後現代」思潮的表述恰恰相反，他們過多模仿「後殖民」論述中高度關注與批判第一與第三世界不平等的壓迫關係，以及第一

1　關於「後殖民」論述與全球資本主義的合謀關係的論述，可參見〔美〕阿里夫・德里克：《後殖民氛圍：全球資本主義時代的第三世界批評》，載《後革命氛圍》，中國社會科學出版社一九九九年版，第 111～152 頁。

世界對第三世界形象的壓迫性塑造。通過一種貌似與世界接軌的「國際化」姿態,輕易化解了對國內政治經濟條件的批評性審視。中國文學界的「後現代」論者有一種說法,就是要喚醒被西方壓抑的「潛歷史」記憶,並使之釋放出來。有學者認為,所謂「潛歷史」的表述過於模糊,應可定義為後殖民理論常說的「被壓抑的歷史」。這種「被壓抑的歷史」在三種情況下受制於西方:一是西方對中國人過去的或現今的經驗生活世界的某種看法和知識;二是西方對中國過去或現今的文化、社會、政治等諸方面所作的某些敘述、概括和評價;三是西方對中國社會的演進和變化規律所作的某種概括和總結,從中辨認出某種輪廓軌跡、發展方向、本質特徵等等。三種敘述中的第一種是基於偏見,第二種是跨文化理解的問題,第三種是權力與知識共謀支配下達成的普遍主義支配原理,而中國的「後現代」批評主要是在文學批評領域中進行,沒有涉入到歷史學、社會學和文化人類學這些層次,對正統馬克思主義歷史和社會發展觀的反思也刻意進行了迴避。[1]

這裡面實際涉及兩個問題:一是所謂中國人的「歷史記憶」在多大程度上可以僅僅在玄渺虛空的文學情景中被想像式地加以描述,並以此作為對抗西方的抽象批判資源。因為這樣的「後現代」批評容易造成一種幻象,彷彿中國式的「歷史記憶」由於時時籠罩在西方的霸權語境中而被壓抑著,而且這種霸權體系已成為某種無所不在的支配力量。這種假設往往使得「後現代」論者沒有興趣也無暇深入挖掘中國本土民眾「歷史記憶」的實際存在狀態和呈現其中的內容,真正的民眾記憶反而作為一種背景虛化在了與西方對抗的歷史與現實的文學化想像之中。

---

[1] 徐賁:「第三世界批評在當今中國的處境」,載《二十一世紀》一九九五年二月號,第20頁。

所以對民眾記憶真正潛在歷史的釋放，並不在於僅僅把它置於東——西（或第一——第三）這樣的二元對立狀態下加以解讀，而是應更好地理解西方理論作為背景資源如何通過轉化成國內的政治意識形態與現代制度宰制方式，從而成功抑制了民眾記憶的表達渠道的。民間底層記憶的恢復或保存在很大程度上並不取決於其與西方對抗的程度和形式，而更多取決於其如何在日常生活中呈現界定其與政治意識形態表述和塑造的差異感。如果不在文化人類學和歷史人類學的層面上來把握這層關係，那麼中國「後學」就會把自身論述的格局始終限制在東西二元對立的典型現代性表述的窠臼之內。我以為，中國「後現代」表述面臨的最嚴峻問題是如何把複雜多樣的「歷史記憶」與「民族主義」的表述方式區別開來。因為二十世紀九〇年代的「後學」敘事幾乎無一例外地是藉助現代民族主義的情緒化言說來製造出流行效果的。在他們的印象裡，既然中國的底層記憶是直接在西方霸權的格局下被壓抑著，那麼，也只有在民族對抗的層面上來理解這種底層記憶如何作為潛歷史被釋放出來似乎才有意義。換句話說，國內的任何底層記憶只有在民族主義思想和意識的表達框架下才會具有其合法與合理性。「民族意識」與「底層意識」就這樣悄悄被置換成了同義詞，並被不加區別地交替使用著。而在實際上，「民族意識」不但不與「底層意識」相一致，而且有可能恰恰處於截然相反的對立狀態。首先，儘管現代意義上的「民族主義」會呈現出多種多樣的態勢，但在非西方國家卻幾乎毫無例外地與民族——國家的興起有著密不可分的關係。而民族——國家的興起及其強化又恰是現代性涉及的核心命題。而「底層記憶」則是傳統自然延綿塑造的結果，在這個意義上，民眾的「底層記憶」不但不應和「民族意識」混為一談，而且可能恰恰是「民族意識」壓抑和清剿的對象，因為它的內核常常呈瀰散狀態，並不為統一的國家意識形態所收編。我們不能在共時的含義上以故意抹平

這兩者的差別為代價,以謀求自欺式的理解。因此,局囿於「民族主義」氛圍制約下的所謂「後現代」闡釋要想真正具有有效的批判能力,就必須釐清自身與現代民族——國家的關係,至少要搞清自己是單純基於現代國家形態制約下的民族主義情緒的一種簡單宣洩,還是首先對民族國家意識形態進行認真反思的結果。

其次,「民族主義」與國家政治意識形態具有密不可分的共生與共謀的關係。「民族主義」作為一種思想形態屬於上層菁英「文化」有意製造的結果。因此,「文化」與「國家」的融合極易使「文化討論」成為國家意識形態的表述,而這種表述恰恰是近代西方現代性的一個後果。蓋爾納就說過,只有當「文化」的邊界與「國家」相重合,即變成現代國家支配的一種形態時,「民族主義」就由此產生了,因為在此之前,「文化」呈現出的多元豐富和差異萬端的狀態完全可與政治的疆界不相重合,而一旦共享文化的人企圖與政治相結合,政治組織決定把自己的疆界擴展到自身文化單位的邊界,用權力的庇護方式來界定和推行自身的文化時,「民族主義」就會滲透其中,文化就會越過民間宗族、宗教和組織的形式變成了規範意識形態的表達。[1]

正是在這個意義上,中國的「後現代」論者往往無法區別「民族意識」與「底層記憶」的根本差別。「民族意識」本身往往直接或間接地就是某種政治意識與理論闡述的體現與傳達,這與民間「底層記憶」與政治表述之間的差異顯然不可同日而語,「底層記憶」如果要上升為「民族意識」,必須經過政治意識形態的訓導與收編,以符合一定的規範和尺度。而且這種收編與特定的歷史時期特別是外來勢力入侵加劇的歷史時代有關,如帝國主義與殖民主義壓迫,外在國際形勢的嚴峻

---

[1] 〔英〕厄內斯特・蓋爾納:《民族與民族主義》,中央編譯出版社二〇〇二年版,第73～74頁。

（如面臨經濟封鎖制裁，以及各種各樣政治與文化滲透程度的加劇等等狀況），從而導致國人民族認同心理的增強。在一般情況下，民族認同只能以隱態的方式而存在。在此情況下，大量散佈於底層的民間記憶是拒絕被收編和訓導的，於是也就無法形成統一的民族主義意識。照理說，中國「後現代」論者應該通過自己的文化想像展現中國文化的多樣性，特別是不應以菁英上層的理念和邏輯去涵蓋基層文化的內蘊。然而他們選擇的辦法是，在力圖破解西方「妖魔化中國」傳統的同時，又以虛構的所謂「中華性」作為對抗「西方中心論」的武器，而所謂「中華性」恰恰是在「文化」日益被「政治」所統攝的狀態下立論的，是為民族主義合法性存在辯護的一種姿態。[1]這種「中華性」的設定和以「中國中心論」對抗「西方中心論」的邏輯是以和國家意識形態相契合的程度為其立論前提的，對抗西方就是捍衛「中華民族」這個政治實體，而「中華性」的提出，恰恰強化了民族政治的表述語義，甚至成為政治符號化在文化方面的另一種表現。

　　釋放被壓抑的歷史能量的目的，恰恰是應更多地關注區別於正統民族主義表述的大量形態各異的底層意識及其生存狀態，而不是以「民族主義」作為替代性方案，以想像的姿態為底層意識代言，或者把已被收編成官方意識形態的偽底層記憶作為民間表態的真實證據，而區別「民族意識」與「底層意識」乃至尋求與呈現真正的「民間意識」的任務，顯然不是單純的文學批評或作為其簡單延伸的所謂「文化批評」所能完成的，而必須由多學科交叉的思考取向共同參與完成。與之相併行，我們應意識到，「底層意識」及其所面臨的壓抑機制並不總

---

[1] 張法、張頤武、王一川：《從「現代性」到「中華性」——新知識型的探尋》，載羅崗、倪文尖編：《九〇年代思想文選》第一卷，廣西人民出版社二〇〇〇年版，第243、249～255頁。

是以「民族」主義的表達形式，通過與西方的對抗姿態釋放出來，而是正相反，目前迫切需要揭示和反思的是，來自民族——國家內部集團和階級利益衝突和對立的關係如何影響到了民間基層社會的成長，而當權的利益集團又如何利用民族主義來掩飾新形式的壓迫關係。[1]如果中國「後學」的闡釋者不自覺實現這種角色轉換，那麼其表述的理論關懷再誘人動聽，也只可能被視為是永遠打著「後現代」旗幟的某種「現代性」思想症候而已。

二　中國何以不能出現真正的「保守主義」

（一）中國「後學」的深層焦慮——對「保守」思潮的欲拒還迎

若論源起背景，中國「後現代」思潮的出現，與二十世紀八〇年代激進「文化熱」的退潮直接相關。在整個「文化熱」的氛圍中，雖然反傳統的輿論基調一直居於主導位置，並且與中國現代化論辯的總體思路相配合，但對傳統價值的依戀與闡揚一直作為一股暗潮在悄悄湧動。如林毓生所竭力推行的哈耶克式「保守主義」思潮與杜維明倡揚的「儒家第三期發展說」都曾在八〇年代大陸知識圈造成了一定範圍的影響。進入九〇年代，當西方式的現代性規劃方案已成為中國政府運作的主導策略時，知識界突然瀰漫著某種英雄遲暮的蒼涼與鳥盡弓藏的悲傷，因為他們在八〇年代以預言先知身分所表達的各種主張，在九〇年代被迅速整合進了國家的主流敘事中，而失去了其持有

---

[1] 徐賁：「第三世界批評在當今中國的處境」，載《二十一世紀》一九九五年二月號，第20頁。

民間批判之道義立場的價值。[1]這種「闡釋中國的焦慮」[2]，表現在大多數知識人不知如何提供一種與政府主流敘事相區別的話語系統，以證明自己作為輿論先導的合理性。在這種情況下，如何與在九〇年代已成國家主導言說體系的八〇年代啟蒙表述策略相區別，往往成為知識分子標識自己批判性良知身分與重尋文化英雄之夢的重要動力。而通過對傳統文化價值的重估這條途徑以區別於八〇年代的全盤清算，恰恰可以在反向上樹立自己的輿論先知形象。[3]

　　但是，九〇年代的中國知識群體儘管在重估傳統的「保守」趨向上達成了共識，卻在如何重新進入反思文化與傳統的場域前出現了分化。一些學人以「新國學」和學術史研究者的身分部分實現了與「保守主義」思路的有效對接，之所以說部分實現了對接，是因為這些研究者仍侷限於在個別研究取向和方法上表現出「保守」的姿態，而尚未真正在理論建構的層面上形成「保守主義」的思想輪廓與基礎。尤其是「新國學」一派在構築傳統與現實之關係時與「保守」思想的銜接方式，與海外「新儒家」頗為接近和呼應，即均以「東亞」為區域單位來驗證儒家思想對東亞資本主義的騰飛具有某種決定性的作用。他們認為，儘管各個國家的文化性格仍有差別，而在器物、制度、精

---

[1] 汪暉曾對此轉化過程有十分精彩的分析，參見汪暉：《當代中國的思想狀況與現代性問題》，載羅崗、倪文尖編：《九〇年代思想文選》第一卷，第271～273頁。

[2] 這個說法來源於張頤武的文章，參見張頤武：《闡釋「中國」的焦慮》，載香港《二十一世紀》一九九五年4月號。

[3] 杜維明在九〇年代重新提出化解「啟蒙心態」（Enlightenment mentality）的主張，無疑呼應與強化了這種狀態。參見杜維明：《文化中國：精神資源的開發與重建》，載《東方》一九九六年第一期，第22頁。面對杜氏在繼「儒學第三期發展說」之後提出「文化中國」的樂觀信念，王力雄已發出預警式批評，儘管這種聲音已顯得十分微弱。參見王力雄：《我們可能不得不從頭開始──文化結構解體帶來的危機》，載《東方》一九九六年第一期。

神文化等方面確實形成了一些共同的文化質素，以致仍然有理由把東亞看成一文化的共同體（文化圈）[1]。

中國的「後現代」思潮從一開始出現，就與中國九〇年代保守思潮的興起形成了複雜的糾葛關係。如前所論，中國「後現代」幾乎是直接搬來了「後殖民理論」與「第三世界批評」等西方流派的觀點，為自身的民族主義傾向提供理論保護色。然後通過提倡「中華性」等抽象概念實現向本土「保守」思想的過渡。這樣就出現了一個奇怪的現象，即中國的「保守」思潮的理論根據來自西方最激進的「後現代」學說。而更為奇怪的是，中國的「後現代」論者並不是真正想通過發掘傳統的形態或重估其價值的途徑與「保守」思想建立起有機的聯繫，他們從來就沒有認真分析中國傳統在當代世界中如何煥發新的意義，也沒有興趣去認真研究中國文化的歷史形態，而是僅僅想通過所謂「市場化」的途徑抗衡西方對中國的「妖魔化」塑造，這看起來頗似一種相當便捷的以毒攻毒的手法。

也許是直接秉承西方「後現代」理論通過解讀文學文本與關注都市文化的方式顛覆現代化邏輯的傳統策略，中國的「後學」似乎對文化的「市場化」表示不滿，因為「市場化」直接導致了九〇年代知識菁英批判能力的喪失。另一方面，頗為弔詭的是，中國「後學」又秉承了經濟騰飛必然導致文化復興這樣的單線決定論邏輯，他們羞澀地承認，只要「市場化」就會導致「他者」焦慮的弱化和民族文化自我定位的新可能。市場化的結果，必然使舊的「偉大敘事」產生的失衡

---

1 陳來：《儒家思想與現代東亞世界》，載《東方》一九九四年第四期。不過陳來仍認為所謂「國學熱」是一種幻想，而且在政治上面臨雙重懷疑，一方面被懷疑可能遭意識形態化和國粹主義化；另一方面，被懷疑有國粹主義傾向而侵占了馬克思主義的主導地位，成了豬八戒照鏡子。參見陳來：《九〇年代步履維艱的「國學」研究》，載《東方》一九九五年第三期。

狀態被超越，而這種失衡所造成的社會震撼和文化失落也有了被整合的可能。「市場化」似乎不但能超越西方或蘇聯式的現代模式，而且可以提供民族自我認證和自我發現的新道路。甚至溫情脈脈的「小康」景象也成了文化復興的前提，成了不僅是經濟發展的指標，也是一種文化發展的目標，「小康」象徵著一種溫馨、和諧、安寧、適度的新生活方式和新價值觀念的形成，它是一種超越焦灼的新的策略。[1]其結果是，中國「後學」闡釋焦慮的方法恰恰驗證出了以下的狀態：當他們一旦自己成為這「小康」生活中的一員後，立即就失去了敏銳的嗅覺而成為大眾文化的同謀。這既是一種個人選擇，也是一種現代化邏輯的選擇，我們可以想象，如果詹明信得知此中所藏悖論之曲折婉轉的底細，肯定會驚訝於他的中國弟子們居然如此念歪了他的經。

頗引人注目的是，把經濟進步當作導致文化發展的直接動源的觀點不僅作為一個特例而存在，而且瀰漫於中國現代化的整體論述結構中，比如很多論者不僅在急於論證經濟發展與文化復興的關係，而且也把其作為民主選擇的必要條件，並以之作為宏觀歷史比較社會學的理論前提。[2]如此一來，中國「後學」在借反思現代性問題為出發點之後，又頗具諷刺意味地悄悄潛回了現代化的陣營，因為在預設「小康」

---

[1] 張法、張頤武、王一川：《從「現代性」到「中華性」——新知識型的探尋》，載羅崗、倪文尖編：《九〇年代思想文選》，第 243、249～253 頁。

[2] 如甘陽曾指出，這種宏觀歷史比較社會學路向的基本特點是：突出地強調了社會經濟歷史條件對於走向民主政治的制約性。至今仍然在非政治學界非常流行的很多說法，諸如「因為某國還沒有中產階級，所以不可能有民主」，或「該國農村人口和農業生產仍占主導，所以不可能有民主」等等，大體都與宏觀歷史比較社會學路向的觀點有關。許多人甚至由此而想當然地認定：只要經濟發達了（由此中產階級就多了，農民就少了等等），政治民主自然也就隨之而來了。參見甘陽為鄒讜《二十世紀中國政治——從宏觀歷史與微觀行動的角度看》所寫的序言，牛津大學出版社二〇〇〇年版。

與「文化」復興之間的因果關係時，其實「後學」們也把自己預設進了先富起來的情境中，而模仿了大眾文化生產的邏輯。中國「後學」們通過重建「經濟」——「文化」之間的對立因果關係，重新設置出了西方現代化的普遍合理性。儘管他們提出了許多似乎與保守主義能夠銜接的大而無當的描述如什麼「經濟重質主義」、「異品同構審美」、「超構思維方式」、「外分內合倫理」[1]，這些似是而非的語辭創構出了所謂「中華性」的要件。但其內核理念則完全與「保守主義」無關。

（二）中國「後現代」思潮應有的使命——區分「傳統主義」與「保守主義」

上節的論述已經表明，二十世紀九〇年代以後的中國學術界已經出現了較為強勁的「保守」動向，表現在如「新國學」、「新儒學」、「後學」等這樣的時尚思潮都同時表達了重估傳統價值的意向。所以有人已開始在「後現代」與「保守主義」之間畫上了等號[2]，甚至有人乾脆直接把「後學」稱為中國的「新保守主義」[3]。如果我們仔細分析這些思潮的理論內涵，儘管他們所表達出的「保守」趨向的風格有所不同，但有一點可以肯定，即它們都不是嚴格意義上的「保守主義」，充其量只能算是對傳統的一種普遍主義的態度和思維，或可稱之為「傳統主義」。

關於「傳統主義」與「保守主義」之間存在何種區別，卡爾·曼海姆曾經做出了一個很有啟發的區分。曼海姆認為，「傳統主義」是一種普遍主義式的態度和思維，是幾乎每一個人都存在的心理屬性，而

---

[1] 張法、張頤武、王一川：《從「現代性」到「中華性」——新知識型的探尋》，載羅崗、倪文尖編：《九〇年代思想文選》，第243、249～253頁。

[2] 參見何明虹：《二十世紀：進步主義與保守主義之間》，載《東方》一九九五年第六期。

[3] 參見趙毅衡：《「後學」與中國新保守主義》，載《二十一世紀》一九九五年二月號。

且可以從一般的形式規定性中加以預測,是無時間性的;而「保守主義」則是在一定時段內形成的一種思想和態度,是與一定的結構環境相適應的行為。在曼海姆的解釋框架裡,「傳統主義」是一種瀰散於個體的心理狀態和對現代理性的普遍質疑,但這種狀態和質疑沒有被系統化,或與某一政治結構相適應,而「保守主義」則表現為一種非常具體的實用行為和一種自律的行為。「保守主義」雖與「傳統主義」有血緣關係,但它成為一種(反對革命經驗和思想的)生活和思想態度的明確表現,並一貫保持下去時,「傳統主義」才能過渡到「保守主義」[1]。

而且西方的「保守主義」另有一層政治含義,即通過捍衛個體性權利來質疑權威制度,並尋求具體的自由。在一般人的印象中,英國思想家柏克則是通過縝密的思考,使西方「傳統主義」成功過渡到「保守主義」的最重要人物。為什麼這樣說呢?因為柏克儘管賞識社會體系的複雜性及其習俗的宏偉力量,尊崇既定制度的智慧,尤其是尊崇宗教和財產,對制度的歷史變革具有強烈的連續感,並且相信個人的意志和理性要使制度脫離其軌道是相對無能無力的。但柏克並不只把這種判斷和感覺僅僅限於普遍主義的心理狀態,而是力求不但把它上升為對抗現代性的一種哲學,更主要是上升為一種系統的政治主張。因此有人評價說,柏克被人們看作是自覺的政治保守主義的創始人,幾乎政治保守主義的一切原則都可以從他的言論和時事論著中找到。[2]

反觀中國思想界,似乎從未可能出現過類似柏克這樣的思想家。近代以來,凡是具有保守思想的人,大多具有在傳統哲學理念上進行

---

1 〔美〕卡爾·曼海姆:《保守主義》,譯林出版社二〇〇二年版,第 77、101 頁。
2 〔美〕喬治·霍蘭·薩拜因:《政治學說史》(下冊),商務印書館,一九八六年版,第 691 頁。

發掘和闡釋的感性衝動，卻缺乏理性地通過對現代化進程的批判性反思建構政治法則的開創性人物。中國的「保守」思潮更多地延續了運用「傳統」的若干理念以對現代社會進行直覺反應的本能，這點似乎與曼海姆對「傳統主義」的定義頗為相似，但中國式的「保守」思想卻往往不是從行為踐履的角度出發形成一套系統治理社會的邏輯和策略，比如與之相配合的經濟與政治措施，而更多地反映出的仍是一種回歸「文化」源頭的基本態度，特別是對「傳統」流失後如何拾掇其殘存思想碎片的態度。中國近代知識分子群體很難明確地在「政治」上形成「保守主義」的派別，但是在文化態度上卻總能表現出某種一致性，他們屢屢通過對現代化事物的抗拒反應而回歸「傳統」。

　　如果從是否存在「保守主義」的角度去觀察九〇年代的思想界，我們就會發現，有些爭論如中國近代時期到底是「保守主義」還是「激進主義」占上風這樣的討論幾乎沒有什麼意義。[1]因為既然近代中國自始至終都沒有形成系統的「保守主義」思潮和推行其理念的實踐家，那麼何談所謂「保守主義」與「激進主義」的真正對立呢？這種情況的出現當然是受制於中國迫於外患壓力而實施激進變革要求的大環境所使然；另一方面，具有保守傾向的中國近代思想家中缺乏如柏克那樣相應能把握過渡期變革的政治智慧和實踐能力的人物亦是不容忽視的原因。這不僅反映在康梁在戊戌變法等早期政治實踐中，而且也反映在民國初年有關民主制度建構的一系列設想缺乏堅實的「保守主義」根基這個歷史現象中。其突出表徵是，持有「保守」立場的中國知識界沒有能力把自身對傳統變革中應發揮積極作用的理解，通過制度化

1　參見余英時：《中國近代史中的激進與保守》，載許紀霖編：《二十世紀中國思想史論》上卷，東方出版中心二〇〇〇年版；《再論中國現代思想中的激進與保守》，《二十一世紀》一九九二年四月號；姜義華：《激進與保守：與余英時先生商榷》，《二十一世紀》一九九二年四月號。

的形式表現出來。

　　林毓生曾經正確地指出，中國傳統與制度的一體化建構方式，特別是皇權作為政治與文化整合的象徵符號經辛亥革命被破壞以後，由於傳統思想失去制度性附麗依託而變成「遊魂」，從而引發了中國意識的危機。[1]這似乎是為中國保守知識界難以形成「主義」提供了某種辯解。然而事實卻是，在民國初建之時，當革命的激情釋放過程開始轉向構設民主政治的理性思考之後，中國保守型知識分子實際上在仍有機會完善自己的政治哲學和行為實踐體系的情況下錯失良機，迷失於憲政爭辯的空談中。這固然可以用民初軍閥混戰權力更迭頻繁，使憲政實踐無法有序進行加以解釋，但保守知識分子缺少政治制度化的建構能力亦難辭其咎。由於缺少相應的制度化實施的條件和理論準備，中國保守知識人常常被迫避開政治理性的建設途徑，轉而對傳統文化進行深度開掘和思考，中國的保守理念由此被逐漸縮窄至「文化」的層面，以致於在二十世紀三四十年代出現了文化討論的復興景象。所以如果說，中國保守派中仍有可能出現非嚴格意義上的「主義」的話，那麼他們持有的理念似乎更加接近「文化保守主義」，即強調對傳統的尊奉，特別是希圖在中國傳統中尋找某種道德秩序的恆定性這一點上或許有些「保守主義」的味道。

　　從表面上看，中國的保守知識群同樣推崇常識和經驗，貶抑抽象的理論，強調累積構成的傳統在當代社會中的價值，並認為社會行動的依據應來源於具體的實踐經驗，但這種思路沒有有效地與政治上的保守措施相結合，而演化為一種政府的依據和行為。最典型的例子是中國保守知識分子中難得的踐履家梁漱溟也試圖通過鄒平鄉村實驗在

---

[1] 林毓生：《中國意識的危機——「五四」時期激烈的反傳統主義》，貴州人民出版社一九八八年版。

傳統和習俗的實踐理性框架內尋求保守的出路，但這種實驗基本上是一種文化理念的延續，而沒有相應的上層政治制度的實踐相配合。

在我看來，中國的保守知識群無法像西方的正宗保守主義那樣可以自信地宣稱，體現超法律原理和自然主義的自然法，不是由喜歡抽象概念的理論家們去書寫，而是寫在歷史、文化、傳統與習俗之中，寫在活生生的社會生活之中。[1]因為中國的文化傳統因與西方有別，顯然不可能自然開出憲政民主的途徑，因此，中國的保守派無法建立起現代民主政治與文化傳承之間的合理性聯繫，也就自然無法把文化保守的思路合理轉化成政治保守主義的資源，而只好被迫讓位於唯理主義的企望。中國現代的激進唯理主義者似乎很善於利用保守知識群的這種近於宿命的心態，他們總是宣稱，既然在中國傳統中找不到與憲政民主相關聯的歷史資源，那麼在建立現代民族國家過程中，有意割斷與傳統的聯繫而重新構造現代政治體制就有了正當性與合法性。新中國成立以後對地方基層制度連根拔起式的破壞行為就是建立在如此的預想之上的。

（三）中國思想界為什麼只能出現非嚴格意義上的「文化保守主義」

「保守」的思想動態作為一種文化景觀無疑占據了二十世紀九〇年代輿論界的主要畫面。甚至有人認為，保守主義不但已成為今日知識界的主流，而且可能成為中國進入二十一世紀時的主導意識形態。不但如此，保守主義還被指彷彿已滲透到歷史、文化、政治、經濟諸領域中處於支配地位。[2]但如果仔細檢視九〇年代被標舉為「保守主義」

1　參見劉軍寧：《保守主義》，中國社會科學出版社一九九八年版，第109頁。
2　甘陽：《反民主的自由主義還是民主的自由主義》，載《二十一世紀》一九九七年二月號。

的若干思潮的內容,我們就會發現,除了「新權威主義」等個別思想流派尚能勉強具有理論分析的價值外,大多數形形色色的思潮僅僅是表明了某種「保守」的立場和態度,甚至只是表達了某種情緒,而決達不到「保守主義」要求的理論標準。儘管這些思潮都有一個共同的「態度」就是反對激進和革命,擁護漸進和改良。[1]這其中只有一個例外,那就是九〇年代對中國文化傳統態度的轉變導致了若干理論模式的出現,比如「新儒家」對儒學在東亞發展前景的重估,學術史復興對傳統價值理念的梳理等等。中國「後學」的出場也似乎只能接續著這個文化保守的思路來闡揚自己的主張。在此,我們尚可勉強把它們歸入並非嚴格意義上的「文化保守主義」的陣容之內。

儘管如此,我們仍不無遺憾地認為,中國的保守思潮仍尚未達到「主義」所規定的境界,因為真正的「保守主義」不但是在某一個領域具有堅定的信念和出色的見解,而且最為重要的是它能夠在各個領域都能形成首尾相接,相互呼應配合的完整方法論框架和信念體系,並有效地用之於解決問題。我想這亦是曼海姆區別「傳統主義」與「保守主義」的另一基本尺度。曼海姆是這樣表達其意思的:「在這個建立在傳統基礎之上的直接經驗開始消失的階段,才通過反思揭示出歷史的性質,同時主要精力則被用於提出一種能夠以某種方式挽救老的對待世界和環境的基本態度的思想方法。通過對這種基本經驗態度方法上的把握,保守主義創造了一種能通過新的途徑解釋事物的進程的全新的思想方式。」[2]曼海姆的意思是說,只有「傳統主義」不固守原來的自然懷舊的狀態,而呈現出一種自我反思的特徵時,才有向一種不

---

[1] 甘陽也認為,九〇年代中國保守主義的方方面面,並非彼此完全協調,更非什麼嚴密構成的理論,而毋寧更多是一種心照不宣的情緒,但也正因為如此,它們反而更能形成某種四面呼應,八方籠罩的文化氛圍。參見《二十世紀中國政治・序》。

[2] 〔德〕卡爾・曼海姆:《保守主義》,第77頁。

受地域限制，擁有自己的固有準則和方法論見解的思潮轉變的可能。

而中國的保守思潮雖然籠統地採取了對現代現象的批判態度，卻顯然仍僅僅是以復原中國傳統的自然狀態的懷舊情緒來面對諸多問題。九〇年代初，「學術史研究」與「國學熱」的興起背景針對的是八〇年代新啟蒙運動的浮躁和對現代化方案不加反思的盲目認同，力圖在傳統中尋找資源。可是問題在於，無論是「國學」的復興還是「新儒學」價值的重估，都基本上是在尋求自然本源的狀態下進行的，而且大多走的均是相對單一的「心學」闡釋一路，而真正使儒學在基層實現了庶民化，從而在「制度」與「文化」兩方面達到了相互和諧配合的境界的「朱子學」卻被冷漠地擱置在一邊。而「朱子學」所實現的上下層制度與文化能夠溝通對流的模式恰恰是有可能轉化為新時期「制度建設」之基礎的最佳資源。人類學家在九〇年代末強調一些基層組織如宗族等在協調社會運轉方面仍能起到有效的作用，可惜他們的聲音缺乏系統「保守主義」思想的配合。而「新儒學」在制度改革方面的立論基點又是以東亞「四小龍」的崛起為背景，可闡釋的主題卻落在了東亞如何能產生出不同於西方的「資本主義」，這個立足點使得「新儒學」旗號下的保守話語的面目不但模糊，而且其是否真正「保守」亦顯得越發可疑。

另外一些有「保守」之名，實則不過是「傳統主義」之變相表達的觀點，如試用中國哲學的第五種思維補充西方哲學的四種思維偏向的嘗試[1]；或是把「儒學」與「儒家」分開，提倡建立所謂「學統」的意義的探索，如臺灣的「鵝湖派」的主張均時有出現。可豈不知這樣做的結果恰是正好消解了儒學在制度建設中屢屢發揮作用的「知行合

1　成中英：《二十一世紀：中西文化的融合與中國文化的世界化》，載《現代與傳統》第八輯，嶺南美術出版社一九九五年版，第40頁。

一」的傳統。[1]又如對中國現代的重要思想流派「學衡派」的評價，按貼標籤的做法，「學衡派」應歸屬於文化保守主義（或稱文化守成主義）之列，但如有論者所云，學衡派因吸取了白璧德的新人文主義傳統，這派與中國新文化運動早期的守舊派所奉持的以保存國粹對抗啟蒙新潮的儒家「傳統主義」趨向相近，而且均採取「文化整體主義」的表述方式以擺脫時人譏其「復古制」的指責，以探求傳統文化中具有普遍、永恆性的人文價值，整合與孔孟之人本主義相合的柏拉圖、亞里士多德之學說和羅馬精神。[2]這一派的選擇取向似乎有點與當代臺灣「鵝湖派」倡導恢復儒學「學統」的主張相近，但似乎沒有人意識到，正是其對政治踐履過程的冷漠和疏離，使之無法真正反省傳統與制度建設的關係，從而與西方的「保守主義」相去甚遠，也日益偏離了明清後期儒學倡導的經世致用精神。

中國的「傳統主義」一方面想走「生命哲學」的路子而拒絕表明自己明確的政治態度；另一方面又強調「學統」的意義而規避對現實社會的批判性解讀，缺乏與現今政治意識形態的正面交鋒，而選擇了被動地與我們周圍的理性化世界相對立的姿態，尤其是放棄了傳統儒學對制度建設的參與式熱情。怪不得一些史家批評熊十力、牟宗三的「新儒學」超越準宗教的一系思維理路架空了中國文化的制度根基，因在中國文化中抽取幾個超越觀念，而在現實層面，從制度到習俗，他們毋寧是反傳統的，而且其激烈程度不在「五四」主流派之下。[3]由此

1　參見鄭家棟：《新儒家：一個走向消解的群體》，載《東方》一九九六年第二期，第45～49頁。

2　孫尚揚：《在啟蒙與學術之間——重估〈學衡〉》，《國故新知論——學衡派文化論著輯要・代序》，中國廣播電視出版社一九九五年版。

3　余英時敏銳地指出，新儒家往往被定性為文化保守派或傳統派，這種定性未必與實際相符。事實上，他們把中國文化（以儒家為中心）的理想和現實一分為二。參見余英時：《錢穆與中國文化》，上海遠東出版社一九九四年版，第73～74頁。

我認為，僅從「學術史」或「學統」上接通儒學的資源是不夠的，必須使中國式的「傳統主義」擺脫「文化決定論」設置的泥潭，真正建立起與當代「制度創新」之間的有機聯繫，激活儒學在踐履層面的活力。而中國的「後現代」思潮應以此為基點，為中國真正的「保守主義」的出現做出貢獻。

中國「後現代」思潮所能貢獻的工作是，賦以「傳統主義」以非常明確的政治意義和定位，建立自己的政治參與系統和方式。中國的「傳統主義」在皇權崩塌後失去了政治制度的支持變成了「遊魂」，在早期現代曾以「生命哲學」的形式苟延，近期又以建立「學統」為職，不過此兩種狀態均不符儒學政教合一的古訓。為了迴避僅從心學入手復古，而忽略採掘儒學傳統政治制度資源的弊端，曾有學者力圖從開掘今文經學的制度變革潛能入手，以為當今之用。如有人云：儒學有兩大傳統，一為心性儒學傳統（即生命儒學傳統），一為政治儒學傳統（即制度儒學傳統在儒學發展之中，此兩大傳統相輔相成，各盡其用，共同安立著中國人的生命存在，維繫著中國社會的穩定和諧。但是宋明以降，心性儒學偏盛，政治儒學式微，其結果內聖有餘外王不足，外王開不出而內聖終走向枯寂。其結果是國人在對現代新儒學的瞭解中只知儒家有心性儒學傳統，而不知儒家有政治儒學傳統。以致有人判定儒學只是為己之學，不應越過生命心性範圍去考慮社會政治事務[1]。要克服這種偏見，就要大力提倡所謂「政治理性」，政治理性具有道德理性所不具備的現實性，這種現實性表現在解決社會政治問題時，必須在價值的觀照下尊重經驗事實，把社會政治看作一複雜多樣而又生動自為的具體存在，從社會政治的實際要求出發來參照理念

---

1 蔣慶：《再論政治儒學》，載王焱等編：《經濟民主與經濟自由》，三聯書店一九九七年版，第306～308、309頁。

謹慎圓融地解決現實問題，而不是從純粹思辨的、形上的、超越的、理想的、浪漫的政治觀念和思想體系出發來無彈性地解決社會政治問題。[1] 這種政治理性的實用性和拒絕在理想浪漫的狀態下解決問題的現實精神，頗與「保守主義」的氣質相吻合，但此法僅以公羊學的制度批判取代心性學的道德批判，並以此作為重建中國政治文化根基的資源，則顯得太拘於經學的守道立場，在實際層面無法與當代政治哲學相接通。特別是此項主張基本上把政治儒學的建構過程看作是經學文本設計的一種延續，頗拘於對上層「道統」的辨析，所以做出了政治儒學在宋明即趨於式微的褊狹判斷，而忽略了儒學在宋明轉型過程中恰好實現了向基層社會的滲透，從而實現了打通上下層社會的制度化過程。

其實，按照西方「保守主義」所闡發的原意，儘管對自生自發的秩序中所孕育出來的傳統權威的遵守和褒揚是「保守主義」的取要信條，但這種權威不是自上而下的政府政治的權威，而是家庭、社群、行會、教會等民間社會通過自身自治形成的權威。因此，如果只從經學角度吸取儒學在上層制度建構中遺留的資源，顯然還不足以全面說明傳統政治理性在制度建設方面已起和將要起到的作用。如是一來，宋明以後，「朱子學」在建構儒學在基層社會的具體實踐體系，及在日用倫常方面對基層民眾行為的塑造，亦應是政治儒學所提倡的政治理性的組成部分，理應成為中國制度建設所應吸取的傳統資源。「朱子學」以鄉約、族規訓導鄉里，特別是通過「儒學地域化」的過程介入民間社會的思路被塵封已久，而與之相關的眾多民間鄉土的制度建設資源更是為中國的「傳統主義」闡說方式棄絕於門外。而結合現代社會理

---

[1] 蔣慶：《再論政治儒學》，載王焱等編：《經濟民主與經濟自由》，第 306～308、309 頁。

論資源復活這支傳統，特別是接續上層政治與地方社會的聯繫，加強其政治系統的可操作性，應是一條不應被忽視的變革途徑。

　　中國的「後現代」論者由於一開始把注意力過度集中在如何辨析西方對中國形象的塑造上，力求由此說明中國現代社會的產生是現代資本主義全球框架塑造的結果，這很容易把自身的思考路徑侷限於一種外在的民族主義形式的對抗性姿態的表述上，而忽視了對真正中國傳統在制度具體運作形式中所起作用的探查。比如近期思想界頗重視語言的翻譯政治，通過對近代以來的跨語際實踐過程的分析，來揭示近代中國人的思維和形象如何被西方所刻意建構的歷史內蘊。但這種取向由於過度拘泥於從「跨文化」的對流角度審視問題，強調西方語言暴力對中國思想界的壓迫關係和模塑功能，難免會忽視中國內部傳統在社會文化變遷中所擁有的自主性意義，儘管這種自主性也許早已遭到了嚴重削弱。[1]我總以為，對「跨文化」過程的把握不能總是聚焦於對「跨」的邊際程度的分析上，這倒並不是說這種分析不顯重要，而是說這類審視必須進一步成功轉化為一種對中國內存經驗的把握時，才能更有說服力。如有論者所云，中國文化批判的主體性的建立，並不一定單以西方為它者，更有必要以本國的體制文化如官方文化、俗文化、國粹文化為它者，這樣才可避免以主體單一面對文化多元的窘境，也可避開西方中心主義的陷阱。[2]

　　總之，中國的「後現代」思潮可區別乃至修正於各種「傳統主義」的地方端在於，其立足於中國傳統社會的批判性反思立場的持守。「新

1　最為典型的例子是劉禾在大陸思想界的流行。參見其著作《跨語際實戰——文學，民族文化與被譯介的現代性（中國，1900—1937）》（三聯書店二〇〇二年版），及另外一本相關主題的著作《語際書寫——現代思想史寫作批判綱要》（上海三聯書店一九九九年版）。

2　參見趙毅衡：《「後學」與中國新保守主義》，載《二十一世紀》一九九五年二月號。

儒學」從表面上看似乎具有批判資本主義的功能，頗可和「後現代」的若干理念為伍，但其所以區別於真正的「保守主義」，不僅在於其批判資本主義的方式恰恰是以對資本主義生產方式的認同為前提的，更在於其依賴「學統」重建的思維理路逃避了對中國政治與制度重建的反省，無法把傳統資源有效融合到中國政治的運行體制中成為內化於其中的動力。「後現代」思潮不僅可以在批判現代資本主義全球化體制對中國社會的滲透方面有所作為，更應該在重建「傳統」與現代政治制度的有效運行關係方面有所作為，以改變自己只「破」不「立」的舊形象。

三　多學科聚焦視點下的「後現代」修辭

（一）從文學的「後現代」爭辯到史學的「後現代」敘事

從上面的分析可知，中國文學界是藉助「東方主義」敘事獲得「後現代」話語表述的優先權的。其論說焦點始終定位在如何區分西方對東方民族的「他者化」想像，以及中國思想界如何設計出可以替換此種想像的各式「民族主義想像」。所以文學界發生的各種所謂「後現代」論說，大都關注的是中國與西方在互動過程中的跨文化臨界狀態，基本上無法回答中國內部如何應對現代化的制度挑戰這類問題。

中國史學界所涉及的「後現代」問題正好與此相反，其關注點並不聚焦於跨文化意義上的解讀，而是把主要精力用來探討中國歷史所應呈現出的某種「前現代」狀態。他們的基本判斷可以表述為：現有的歷史解釋基本都受到現代因果關係敘事與線性進化史觀的污染，使我們無法知曉歷史在某一特定時間內的本真狀態。「後現代」史觀的任務就是要割斷進化史觀人為搭建的前後銜接的連續性解讀策略，而是

截取某一段歷史場景,盡量設身處地般地在那特定的歷史脈絡中評估其可能造成的影響,如此一來,各種歷史現象的出現變得只具有某種「階段性」的意義,而並非扮演著銜接前後相續之歷史鏈條的粘合角色。因此,歷史界借用的更多的是某種特定的「後現代方法」,或者其「後現代」表徵更多地體現在具體研究的敘述過程中,而不是像文學界那樣體現在自我標榜出的所謂「後現代」是什麼「主義」之類的爭辯姿態中。

要凸現歷史在某一特定時段的獨立狀況,就仍然無法迴避對傳統的重新理解這個問題。無論從什麼角度進行考察,中國「後現代」思潮的形成均以對「傳統」在當下生活中的位置的理解有關,同時也與如下問題是否能得到合理解答有關:即「傳統」在中國社會生活形態發生劇烈變化的現實處境中到底應顯示何種作用。二十世紀八〇年代的歷史觀是現代化論支配下的獨斷論式解釋,這個解釋建立在以下的論斷之上:中國實現現代化的程度必然與對傳統清算的程度成正比關係。中國傳統猶如過街老鼠,輿論界則猶如嗅覺靈敏的老貓,必欲除之而後快,這種如此簡化處理傳統與現代化之關係的「貓鼠遊戲」在九〇年代初即遭遇尷尬,因為「傳統」被現實變化所檢驗以後發現並非可輕易歸於「鼠」類,於是「貓」的捕鼠動機自然立刻遭到了質疑。九〇年代改革實踐有悖於上述獨斷論邏輯的現象表現在:中國現代化程度越高,某些「傳統」復興的速度就越快。比如某些鄉村地區的宗族、祭祀制度的大面積復甦,就與現代化程度構成了正比關係。當然這種所謂「復興」不是簡單地向過去形態回歸,而是與現實的政治控制策略和市場經濟的發展存在著十分複雜微妙的糾葛關係。對這種糾葛關係的分析顯然不是八〇年代粗糙簡單的現代化命定論式的研究所能勝任的。於是,人類學方法的介入開始改變視傳統(特別是鄉村傳統)為社會發展之障礙的舊有觀念格局。

人類學介入歷史研究最初有些自身發展與變革需求的考慮，其目的是改變以往只注意闡釋共時現象而忽視時間流程對社會變化的影響的偏向，力求使立足於現實生活的田野調查增加歷史感，但這種學科內部的自我調整至少在兩個方面深刻影響了歷史研究在九〇年代的轉向：一是不囿回於思想或觀念史的範圍內奢談「傳統」的功能，而是把傳統置於基層社會組織與日常生活的實際運作中加以考察，從而與「新儒學」和「第三世界批評」的文化分析理路區分了開來；二是在詮釋何為「底層記憶」並與「民族記憶」做出區分的同時，更細緻地梳理出了民眾觀念與政治意識形態之間複雜的張力關係，包括政治意識形態對底層觀念的消抹、改造與箝制等多樣復雜的狀態，從而與文學界簡單地藉助民族主義話語取代歷史與現實分析的姿態區別了開來。這兩個方面都與廣義上的「後現代」思潮有一定的關係。

話雖如此，如果從「閱讀史」的角度分析，中國歷史學界並沒有順利地輕易接受人類學的思路，比如對柯文當年流行一時的那本《在中國發現歷史——中國中心觀在美國的興起》一書的解讀就是實例。這本書的流行程度早已證明其確實影響了相當一批中國史家的研究狀態，不過顯然大多數人並沒有讀懂美國中國學內部範式轉變的意義，也並不明晰這種轉變到底應該與中國史界內部的方法論變革建立起怎樣的關聯性。柯文明顯受到了人類學思維的影響，對美國中國學六〇年代即已興起的「地方史」研究思路頗有感悟和洞察，這點恰恰可與中國學者形成共鳴。但中國學者卻在無意中忽略了其中所流露出的反現代化論傾向。

柯文在此書的開頭部分即已交代了其具有「後現代」特徵的學術轉向動機。他說：「雖然有一些通行的求證規則使我們忠於史實，但是在所有的歷史研究中都不可避免地引進大量主觀成分。選擇什麼事實賦予這些事實以什麼意義，在很大程度上取決於我們提出的是什麼問

題和我們進行研究的前提假設是什麼,而這些問題與假設則又反映了在某一特定時期我們心中最關切的事物是什麼。隨著時代的演變人們關切的事物不同,反映這些關切的問題和前提假設也隨之發生變化。」[1] 如果聯想到柯文在九〇年代出版的關於義和團的著作中所表露出的相當純粹的「後現代」立場,我們就不會驚訝其對歷史客觀性所做出的懷疑判斷了。[2] 然而中國史家顯然沒有在這層上參透柯文的用意,如譯者林同奇把柯文反對探求歷史發展的規律與共性,按照個別歷史事件豐富多彩的特性重建過去,反覆駁斥歷史發展的單向集聚觀點的做法僅僅概括為淵源於實用主義,則顯然是把問題簡單化了。

更深入一層說,中國史家對柯文的誤讀尤其表現在以下的錯位理解中:柯文清算的是以費正清為代表的衝擊——回應模式所表達出的現代化論的霸權性質及帝國主義論的政治話語對中國歷史真相的遮蔽。而中國學者的「閱讀接受史」則恰恰是把「在中國發現歷史」這樣一個命題,借述為擺脫「革命史敘事」的束縛而轉向論述現代化在中國歷史中應如何取得其合理性的當然契機。其落腳點雖貌似是一種中國內部史學視角的自然轉換,可這種所謂轉換與美國中國學日益注重擺脫現代化觀察模式,轉而關注民眾日常生活的學術關懷頗有不同,「向中國內部尋求歷史真相」由此變成了中國學者從「革命史敘事」向「現代化敘事」轉換過程中所需要的某種托詞而已。

因為美國史界中有關中國歷史敘事中的「帝國主義論」與「沖擊——回應說」曾經共享著某些理論前提,即都承認西方外力的作用是決定性的,區別的界線只是劃在了政治立場的分野上,所以按道理

---

[1] 〔美〕柯文:《在中國發現歷史——中國中心觀在美國的興起》,中華書局一九八九年版,第一頁。

[2] 〔美〕參見柯文:《歷史三調:作為事件、經歷和神話的義和團》,江蘇人民出版社二〇〇〇年版。

應該一起被清算，在柯文的視野裡，這兩種思路確實同樣成為了批評的對象。而中國學者的心態則要複雜得多，在這本書的中譯本出版的一九八九年，中國正處於崇奉現代化理論最為狂熱的時期，所以在中國學者的眼裡，恰恰不能把「帝國主義論」與「衝擊——回應說」統統一勺燴在「中國中心觀」這口大鍋裡，而是應該區別對待，區別的結果是，中國學者不但不反對「衝擊——回應說」的立論，而恰恰是藉助柯文所提倡的「地方史」研究而強化了「衝擊——回應說」在中國的合理位置。如此一來，悖論就出現了，八〇年代末九〇年代初持有現代化論的相當一部分中國史學家恰恰是受以反現代化論為核心論題的「中國中心觀」思路的啟發。

　　二十世紀九〇年代國內曾經引進了一些可被明確定位為使用「後現代」方法研究中國歷史的著作，如艾爾曼對清初常州今文經學派的研究，就明顯區別於國內史界治學傳統中所強調的所謂觀念史「內在理路」的研究。艾爾曼強調中國歷史的階段性主題與線性歷史觀所規定的目的論式主題之間存在著緊張關係，所以在評價常州今文經學的作用時，就要把它放在一種當時政治社會的複雜脈絡中去理解，而不應把它與具有現代變革意義的康有為今文經學硬扯上關係，刻意形成前後銜接，相互呼應的關聯性解釋。[1]如此明確闡發的「後現代」思路對中國史學方法的轉變到底有多大影響尚難估計，不過其倡導的把「思想史」與「社會史」的研究相結合的取向無疑得到了越來越多學者的響應。

　　另一本在西方備受爭議的作品《懷柔遠人：馬戛爾尼使華的中英禮儀衝突》也是對現代化敘事的直接挑戰。因為在進化史觀的邏輯推演

---

[1]〔美〕艾爾曼：《經學、政治和宗族：中華帝國晚期常州今文學派研究》，江蘇人民出版社一九九八年版。

下，清代的乾隆皇帝對作為大英使者的馬戛爾尼的不敬，恰恰可以和中國現代化機遇的喪失畫上等號，乾隆對「蠻夷」態度的居高臨下，在中國近代史「政治正確」原則的觀照下，變成了拒斥文明的野蠻姿態。作者則把乾隆與馬戛爾尼各自表述的禮儀體系和觀念視為並列的兩大系統，這兩個系統不是按當今「政治正確」的標準區分其高低，而是被置於「前現代」的歷史場景下加以對待。在這種情況下，乾隆在禮儀方面表現出的矜持似乎反而被賦予了拒斥「帝國主義」的「正義」色彩。

這類具有「後現代」意味的歷史解讀具有以下特徵：一是都力圖把歷史按時間框架安排的敘事置換為「空間」狀態加以解釋，以破除線性史觀強調連續性的制約；二是「後現代」思潮的中心詞「後」在對歷史的重構過程中被置換成「前現代」的「前」，這樣一來，所謂「後現代」的方法在對歷史的重新表述中，其實就被界定為力圖復原「前現代」歷史的「真實」，儘管這種「真實」仍有可能是想像的。國內亦有個別著作屬於貫徹這兩個「置換」的嘗試性作品。如楊念群關於「儒學地域化」概念的提出，就是想把中國思想史發展的線性解釋置換成一種空間分佈的狀態重新加以解讀[1]；同時，亦想通過挖掘區域性的歷史傳承資源，力圖說明近代思想變化中的許多因素是建立在「傳統」格局制約之內的表現，而不一定是西方塑造的結果。但「儒學地域化」概念貫徹「後現代」中的斷裂原則顯然不夠徹底，即在歷時解釋框架下的思想資源被置換於空間狀態之中加以解讀後，著者仍認為每個區

---

[1] 羅志田曾敏銳地指出：「楊著首要的新意在於將後現代主義提倡最力的空間概念引入我們中國通常為時間概念所『控制』的史學領域。」參見羅志田：《乾嘉考據與九〇年代中國史學的主流》，載《二十世紀的中國思想與學術掠影》，廣東教育出版社二〇〇一年版，第227頁。也有相反的意見如劉建軍曾認為：「楊念群對近代知識體系之橫斷面的研究，補充了梁啟超『三階段論』的不足，但這一橫向的分解研究割裂了近現代知識圖式轉換的整體面貌。」參見劉建軍：《中國現代政治的成長——一項對政治知識基礎的研究》，天津人民出版社二〇〇三年版，第83頁。

域空間內部的思想傳統（包括其源起與建制）仍有其連續性的脈絡可以辨析。這種敘述上的猶疑顯然與艾爾曼、何偉亞堅定的「後現代」立場有些差異。因為「儒學地域化」概念的構思靈感雖來源於二十世紀八〇年代末對「傳統」應成為現代化之動力的認知轉向，卻幾乎是無法逃遁地受到了中國思想界現代化敘事風格的強力制約。

中國史界對「後現代」方法的「閱讀史」雖略有滯後，不過經過近些年的努力，也已接近同步，比如杜贊奇二十世紀九〇年代的新著《從民族國家拯救歷史》（*Rescuing History from The Nation: Questioning Narra-tives of Modern China*）[1]即已譯介到國內。杜贊奇在此書中試圖證明，中國歷史的闡釋一直為線性進步的分析所籠罩，其敘述的普遍性不僅內化成了我們體驗時間的主要方式，也是我們存在的主要方式。而中國史研究的中心敘述結構仍與歐洲模式或啟蒙模式聯繫在一起，而揭示這個歷史模式之壓抑作用的更廣泛，批評性更強的歷史則仍付闕如。因此，對這種「被壓抑性」敘事的發掘便成了此著的主要任務。

具體而言，杜贊奇對「民族國家」建構過程中所被賦予的正當性與意識形態色彩提出了挑戰。在他看來，對「人民」的規訓是民族國家建構的主題，在建立現代國家的過程中，對抽象的「國家」認同變成主流政治刻意營造的話語霸權，其基本的背景是啟蒙進步觀念所賦予的規定性，變成了一種自明的邏輯，這種邏輯的表述是「人民」必須放棄對傳統社區的文化理念與價值的認同，放棄一種延綿已久的生活方式，而在觀念上從屬於一種對現代國家認同的心理，在生存上習慣於在一種國家規範的秩序中生活。杜贊奇試圖說明，在現代國家意

---

[1] 〔美〕杜贊奇：《從民族國家拯救歷史——民族主義話語與中國現代史研究》，社會科學文獻出版社二〇〇三年版。

識塑造的過程中，有許多不自明的民族意識和經驗構成的柔性的邊界，成為剛性規定下的潛在的替代性的敘述結構。因此，他用所謂「複線的歷史」補充「線性的歷史」，其目的是特別重視這些替代性的敘述結構，重視這些常常為主流話語所消滅或利用的敘述結構。

杜贊奇的「複線」敘述所表現出的姿態可以說填補了「線性敘事」的若干空隙，但卻沿襲了這種敘事的脈絡和神髓，然而我以為僅僅表露出破解這種敘事的反省姿態肯定是遠遠不夠的，其背後難以解決的悖論處境在於，當杜氏想以「複線」來描述中國歷史中的許多分叉現象的意義時，他無法說清楚這種分叉的標準是什麼，如分成多少，如何分，誰來分等問題。或云這「複」如何「複」，複線繁複有幾何？這「線」的含義是與「線性史觀」中「線」的含義相當，還是另有它線，如果此線非彼線，那麼此線如何運作，如此線即是彼線，即使是不重要的多重線，豈不又跌回了「線性史觀」規定的圈套？糾纏於「線」的「單」與「複」，使得杜氏在其第一本有關華北農村研究的著作中建立起來的「空間」感覺大大萎縮，好像總是在費力奔波地填補線性史觀遺留下的空白點。

（二）「地方史」研究中的若干「後現代」面相

本文在前面已略有提示，「後現代」思潮在史學界的影響與「地方史」研究的興起有較為密切的關係。目前中國的「地方史」研究基本上受兩個思路所支配，一個是國家——社會互動關係的模式；二是對「文化」作為傳統象徵資源如何支配基層社會生活的探察。前一個思路比較接近「現代主義」的思考模式，後一個思路屬於「後現代」思潮影響下的反映。國家——社會二元結構分析的導入源於對「市民社會」與「公共領域」等社會學理論的移植。這個理論被移用於中國歷史研究的思考前提是：認定十九世紀以後中國某些城市已出現不同於傳統

的「社會組織」萌芽，成為發展現代化的有效場域空間，這些空間與政府官僚制度制約下的社會運行機制頗為不同。其著眼點仍在於力求發現和證明中國早已出現自有的類似「現代化」的因子，這類因子的出現並不依賴於西方的賜予。國家——社會的二元分立框架拓寬了政治史研究的內涵，尤其是促成中國史界擺脫了長期以來僅僅以上層官僚機制運作的研究取代對下層社會組織的觀察這一傳統的取向。不過對此框架的使用總是難以避免過度機械移用西方社會理論的質詢，儘管很多移用此框架的研究一開始總是預先聲明自己要進行「本土化」的嘗試，但仍難免使用官方——民間、主體——附屬這樣簡略的劃分來勾勒中國現代社會的面貌，所以其論述框架基本是在現代化論的變通範圍之內，這與人類學家對歷史的關注點顯然大有差異。[1]

　　中國一些人類學家恰恰是通過對基層傳統運作機制的再發現，以挑戰西方命題所規定的現代化道路的唯一性論述，其闡述理路並非要爭奪現代化要素在中國歷史中是否早已存在的歷史優先權，而是要論證「傳統」作為某種符號和象徵的存在完全可以在現代化線索的命定式控馭之外對社會生活起著至關重要的支配作用。因此，「象徵人類學」一度在中國研究中扮演著相當重要的導引角色。而中國大多數歷史學家卻恰恰把對「傳統」的關注僅僅與中國社會實現現代化程度的關切聯繫起來，其區別僅僅在於當代中國史家雖然承認「傳統」不應僅僅作為政治現象解釋的附庸，但仍並沒有把「傳統」的作用與反思政治對它的支配過程區別開來加以獨立對待，這正是中國史家較容易接受

---

[1] 例如中國學者直接移用國家——社會框架的著作最近幾年屢見出版，如用之於研究中國近代商會的著作，朱英：《轉型時期的社會與國家——以近代中國商會為主體的歷史透視》，華中師範大學出版社一九九七年版；用之於研究憲政與地方自治的著作，馬小泉：《國家與社會：清末地方自治與憲政改革》，河南大學出版社二〇〇一年版；用之於研究社會救濟方面的著作，蔡勤禹：《國家、社會與弱勢群體——民國時期的社會救濟（1927—1949）》，天津人民出版社二〇〇三年版；等。

國家——社會模式的潛在思考背景。「象徵人類學」的思考進路與傳統「地方史」研究的區別在於，傳統的「地方史」研究往往脫胎於「現代化敘事」，其研究指向是反對僅僅在宏觀層面上解釋現代化的進程，而並非要質疑現代化敘事的合理性。「地方史」的認知前提是認為中國幅員遼闊，歷史情境複雜多樣，僅僅在大敘事中解讀其變化多端的整體狀態是不夠的，應該把它置於相對狹小的地方單元中加以把握。然而「地方史」的總體邏輯仍遵循現代化敘事下對民族國家即有權力支配關係的認同。而秉持「象徵人類學」理念的一派解釋，則希望從根本上質疑民族國家所採取的現代化策略，或者通過強調地方文化在歷史與現實中的正面作用而顛覆現代化彷彿不育自明的正當性邏輯。所以其研究取向即使並非嚴格意義上的「後現代」範疇，至少也受到了「後現代」思潮的強烈影響。一些被認為屬於「後現代」性質的作品也相當廣泛地採用了類似的詮釋方法，如杜贊奇在提出「文化的權力網絡」（culture nexus of power）時，雖然在界定網絡的含義時強調其內容是不斷相互交錯影響作用的等級組織和非正式相互關聯網，諸如市場、宗族、宗教和水利控制的等級組織以及諸如庇護人與被庇護人與被庇護者、親戚朋友間的相互關聯，構成了施展權力和權威的基礎。而在定義「文化網絡」中的「文化」一詞時則明顯突出了其「象徵」的含義，「文化」被指為紮根於這些組織中，為組織成員所認同的象徵和規範。這些規範包括宗教信仰、內心愛憎、親親仇仇等，它們由文化網絡中的制度與網結交織維繫在一起。這些組織攀緣依附於各種象徵價值（symbolic values），從而賦予文化網絡以一定的權威，使它能夠成為地方社會中領導權具有合法性的表現場所。[1]

---

[1] 〔美〕杜贊奇：《文化、權力與國家——1900—1942年的華北農村》，江蘇人民出版社一九九六年版，第4～5頁。

令人感到有趣的是，一些有意運用「象徵人類學」方法的史學著作被引入中國學界時，卻往往會被誤讀為與國家——社會二元框架相仿的政治史研究路徑，如對杜贊奇有關華北研究的「閱讀史」即是如此。杜氏所關心的是中國地方社會中的「文化」因素如何塑造出了政治與社會組織的品格。但在杜氏的觀點被國內社會史研究所大量引用時，除個別學者外，杜氏作品中的這一層含義卻往往隱而不彰，其研究常被理解為一般社會學意義上的社會組織分析，從而變成了國家——社會二元框架的一種補充解釋。[1]值得注意的是，「後現代」敘事對民族國家權力的批判性質疑被引入中國史學界之後，雖然離位居主流尚需時日，不過畢竟與久居主流的「現代化敘事」形成了截然二分的對立關係，有助於克服中國史界與政治意識形態長期無法區分的弊端，增強自身的反省與批判能力。但「後現代」敘事也往往容易忽略對基層「文化」傳統進行過有力塑造的現代化過程作為支配性因素所造成的影響的分析（包括政治與社會的諸多複雜因素的作用），因為刻意強調對現代化後果的抵抗意義，所以較容易過度強調了「文化」作為維繫社會運行的穩定性作用；與此同時，卻有可能僅僅把外部強加的現代化過程統統作為負面的因素輕率地予以處理。一個總的印象是，在一些「後現代」的史學作品中，對國家上層政治運作的描述往往是相當模糊的，處理得也相對草率。

　　與之相比，中國社會學界接受「後現代」思潮的影響卻是在「口述史」研究中表現得最為明顯。一些社會學家曾制訂了龐大的研究計劃，準備對中國五〇年代開始的土改運動進行廣泛深入的口述採訪，藉以分析其與主流敘事不同的更深層的「異類」表現形態。在訪談過

---

[1] 有個別受人類學影響的中國歷史學家如陳春生、劉志偉、鄭振滿、趙世瑜等比較注重對廟宇與宗教祭祀儀式等問題的研究，但與主流意義上的社會組織研究相比，它們在中國社會史研究領域仍相對處於較為邊緣的位置。

程中，他們十分注意區別普通民眾對一些「歷史記憶」的刪除，與「國家記憶」對民眾思維的塑造這兩個不同的方面，重構了國家意識形態權力與民間社會的互動場景。「口述史」研究者注意到，在土改過程中「訴苦」與「權力實踐」之間所達致的一種政治意識形態的規訓關係是如何改造基層民眾的日常生活態度與感覺，以為新社會秩序樹立其合法性的。這似乎比「革命史敘事」僅僅從政治翻身為民眾帶來物質利益的角度所進行的教科書式書寫更有說服力。[1]

另一方面，「口述史」著重處理的另一個主題是這種「權力」如何在民間「歷史記憶」的細流中被慢慢消解，如此理解無疑受到了「後現代」思潮的影響，即強調傳統中相對不可改變的部分如何持續抵抗著現代化的普遍有效性。從表面上看，這個研究進路頗類似於「象徵人類學」對「傳統」的闡發態度，然而兩者的差別在於：口述史更注意對「記憶政治」的觀照，更多地滲入了對政治與民間日常生活互動關係的分析，「政治」成為相當獨特的對記憶進行篩選與遺忘的干預因素。或者可換個角度比較，「記憶政治」更強調權力技術對民間文化的塑造，而「象徵人類學」則比較傾向於恢復基層「文化的原生形態」，以作為對抗現代性的一種策略。

在對民間記憶的考察中也存在不同的研究路向，一類研究更傾向於「政治事件」對民間記憶的塑造過程及其支配性影響。[2]另一類研究則更強調政治控制與歷史記憶相互糾纏運作的複雜意義和關係。比如方慧容曾用很大篇幅來論證所謂「調查研究權力」在極力營造主流敘事的正當性的同時，處於「無事件境」狀態的鄉村記憶如何有效地抵

---

[1] 參見劉新：《為了忘卻的紀念：一個關鍵研究個案的批判性評論》，載《清華社會學評論》二〇〇二年卷，社會科學文獻出版社二〇〇三年版，第308～342頁。

[2] 參見 Jing, Jun, *The Temple of the Memories: History, Power, and Morality in a Chinese Village*, Stanford University Press, 1996.

抗和消解了這種敘事的灌輸和影響。[1]儘管有認知形式上的差異，這兩種研究路徑在反思批判現代國家政治權力對中國社會的滲透過程方面，均有異曲同工之妙。

　　在考察「政治記憶」對民間意識的塑造過程中，「口述史」研究比較集中地使用了福柯關於「權力技術」對社會影響的分析方法，特別是把這種方法集中貫穿在了對土改過程中如何建立「訴苦」與「憶苦思甜」動員模式的解析上。「訴苦」被當成是中國革命中重塑普通民眾國家觀念的一種重要機制，這種機制的作用在於通過「訴苦」創造出種種技術以將農民日常生活中的苦難提取出來，並通過階級這個中介分類範疇與更宏大的「國家」話語建立起聯繫。這是個民眾身分再造的過程，農村民眾通過訴苦者在確認自己的階級身分的同時，也找到了自己在國家中的位置。因此，從其個體角度來說，形成的則不是現代意義上的「公民」，而是作為「階級的一份子」和相對於國家的「人民」或「群眾」[2]。在與上述口述史研究計劃相類似的作品中，福柯有關權力技術的分析方法屢次得到了應用，如應星對水庫移民的研究，不但強調了國家治理技術對民眾行為的支配作用，而且通過大量的訪談記錄，呈示出了民眾的反抗力學與上層治理技術之間的交織張力關係，從而把日益被機械地加以使用的國家——社會二元互動框架放在了更為複雜的分析平臺上予以審慎地評估。[3]這些研究並不否認在這些權力實踐的支配下，農民內心世界開始轉變與得到重塑，但此前民眾對其社會世

1　參見方慧容：《「無事件境」與生活世界中的「真實」——西村農民土地改革時期社會生活的記憶》，載楊念群主編：《空間‧記憶‧社會轉型——「新社會史」研究論文精選集》，上海人民出版社二〇〇一年版，第467～586頁。

2　郭于華、孫立平：《訴苦：一種農民國家觀念形成的中介機制》，載楊念群等主編：《新史學：多學科對話的圖景》，中國人民大學出版社二〇〇四年版。

3　應星：《大河移民上訪的故事：從「討個說法」到「擺平理順」》，三聯書店二〇〇一年版。

界的感知、分類與評價亦都融入了這一建構過程，只不過其取向更加強調國家權力在構建政治意識形態中的主導作用。我以為，社會學家所從事的「口述史」研究與人類學家強調傳統在基層的象徵控馭意義的取向正好可以相互印證補充。兩者的關注點和對民眾與國家關係的理解雖有歧義，卻都共同指向了「現代性敘事」的邏輯並對之實施了頗為有效的顛覆，在廣義上均可以劃歸「後現代」的反思範疇。

　　從以上的分析中我們可以得知，就中國目前的思想狀況而言，我們很難在與現代性問題相對立的哲學層次上定位「後現代」思潮。在中國思想界，「後現代」主張首先意味著是一種重新確認自身位置的知識態度，這種態度由於獲取了某種「民族主義」的時代包裝，和標示出了要為民眾代言的底層立場，在表面上似乎與二十世紀八〇年代有關現代性的普遍主義表述有所區別。但這種姿態由於沒有真正區分民眾在傳統中所扮演的角色和與現代民族國家所賦予的「民族身分」之間的差異性，又由於其對市場機制的滲透採取了欲拒還迎的曖昧態度，所以其所謂反思的有效性是十分令人生疑的，而且也使我們無法真正從「保守主義」的意義上建立起反省傳統與批判現實社會之間的可靠聯繫。

　　與之相較，瀰散於社會學、人類學和史學之間的對傳統社會中民眾記憶與日常生活進行復原式尋究的動向，卻多少折射出了一些「後現代」理論的批判能量。尤其是這些研究所細膩揭示出的政治意識形態對民眾認知體系的塑造過程，開啟了既超越「革命史敘事」又超越「現代化敘事」的歷史解釋新框架的可能，儘管「後現代」思潮所具有的某些批判意識目前仍相當零散地分佈於各種有關中國的具體研究模式之內，而無法以輪廓清晰的形態呈現出來。但我以為，正是應通過具體研究中批判意識的點滴積累，才有可能最終蔚為強大反思能量的理論大觀。

儒學作為傳統中國「意識形態」合法性的歷史及其終結

一 「意識形態」理論對中國歷史研究的規範作用

（一）「意識形態」理論種種

在選定了「意識形態」研究這個話題以後，我就已經知道，在這裡奢談何為「意識形態」簡直無異於在從事一項冒險行動，就如二十世紀中國思想界似乎人人喜談那時髦的「文化」概念一般。「文化」討論猶如一件漂亮俏麗的時裝，人人見之都想穿戴包裝一番，以致於很快就不可遏止地風靡起來，直到最後有一天時尚的「文化」終於被談得面目可憎、令人厭倦時，人們又紛紛棄之於地而另趨新的理論時髦。十九世紀中葉，當「文化」成為學界的流行術語之後，就開始了其駁雜紛呈的解釋歷程，陸續出現的上百個定義似乎使其面孔更加顯得混沌不清，讓人無所適從。[1] 與「文化」解釋的時髦和凌亂相比，「意識形態」的情況似乎好那麼一點，至少在表面印象上它更像一個規範專業的哲學術語，不過深究下去，其字面裡同樣充斥著各種語義相反的種種解說，讓你目不暇接地難以選擇。「意識形態」的含義是如此地曖昧難辨，經常瀰散糾葛於文學、宗教、政治等複雜的概念網絡之中，卻又很難明確自己的歸屬，就這樣如此誘人般地逼迫著歷代理論冒險家們疲憊不堪地拚命追逐。

---

[1] 〔美〕維克多・埃爾：《文化概念》，康新文等譯，上海人民出版社一九八八年版。

例如一位名叫特里・伊格爾頓（Terry Eagleton）的學者就曾專門編了本名為《意識形態》的著作，書中蒐羅了十幾種各不相同的意識形態定義，它們之間似乎都有關聯，但又不乏否定和對立。從馬克斯、恩格斯最早將意識形態視為「虛假的意識」，強調意識形態和科學的對立關係，到皮埃爾・馬歇雷（Pierre Machrey）乾脆把「意識形態」看作如「無形的、散漫的」迷霧般的悲觀筆調可謂應有盡有。這些定義給人的印象是，「意識形態」領域就像佈滿奇思異想的雷區，每個踏入雷區的都要小心翼翼，以免觸雷傷身。又如佈滿毒花香草的園圃，步入其中要細心辨別，以免誤食毒身。[1]

既然如此，那麼我為什麼還要貿然闖入這思想險區呢？闖入之後又如何在如此歧義紛呈的諸多定義中確立自己的解釋目標呢？為了不使自己的面目馬上變得可憎，我需要對此做出妥當的解釋。我的思考目標是，經過慎重反思以後，我們是否可以在「意識形態」理論與中國歷史研究之間建立起一種相互溝通的詮釋關係，以便把「意識形態」研究建立在較為具體的層面之上，從而避免因空談而引起的歧義。以往的中國史學研究多少也注意到了「意識形態」與中國歷史演變之間的聯繫，特別是中國思想史界確實有人受到馬克思主義理論的影響，試圖把某種思想體系簡單地看作是統治階級「意識形態」的表述形式，但這些看法大多太拘泥於對研究對象進行「階級意識」的比附，而沒有仔細分析某種思想在與制度相結合時是如何歷史地去獲取其合法性和正當性的，特別是某種思想成為一種「意識形態」以後，是如何通過日常生活的途徑在普通民眾中贏得其合理的支持的。

如果進一步展開申說的話，馬克思主義唯物史觀的引入初步在中國史學界建立起了「思想」與「制度」特別是經濟制度之間的關聯

---

[1] Terry Eagleton, *Ideology: an introduction*, London: Verso 1991，pp. 1~2.

性，中國歷史由此被納入了內外互動的詮釋框架中而擁有了世界史的視野，但在馬克思的「意識形態」理論體系中，「意識形態」始終是作為負面形象出現的，是一種「虛假的意識」，只有經過科學的檢驗和洗禮才能向正確的思想意識轉化。這種思路的引入曾大大影響了中國史學研究的基本品格，並成為奠定整個中國史學界「革命史敘事」和「現代化敘事」兩大闡釋傳統的重要基石。粗略地說，這種基本品格預設了中國歷史中具有意識形態功能的所有上層建築部分基本都起著負面作用，是阻礙歷史前進的非進步非科學的產物。這種處理「意識形態」與中國歷史進程關係的方式無力回答以下問題：作為「意識形態」系統的上層建築是何以贏得了其在中國社會中貫通上下層觀念的歷史合法性的？這種歷史合法性又何以在相當長的時間內得以延續？既然「意識形態」在中國歷史上均起的是負面作用，那麼普通民眾又何以會自然地予以接受？「階級鬥爭」的敘事邏輯和農民起義的歷史敘述似乎為民眾的反抗意識區別於官方意識形態做出了合理的說明，但各種基於農民理念的反抗意識何以在農民坐上皇位後又蛻變為與官方「意識形態」合謀的思想體系這個問題，仍難有合理又合情的解釋。

很明顯，中國歷史研究所依賴的「意識形態」理論是西方十八世紀啟蒙運動的產物，在這一時期中，啟蒙學者希望通過弘揚理性的作用來反對宗教，宗教被視為與科學理性相對立的「錯誤意識」。「意識形態」包括了宗教這種意識形態，包括了一系列價值或信仰等等，與之相對的是真理，或者說是對現實的科學的認識。馬克思也在這個基礎上辨別「錯誤意識」和「真理」之間的區別。[1]曼海姆在其經典名作《意識形態與烏托邦》中同樣承襲了把「意識形態」視為錯誤觀念之體現

---

1 參見〔美〕詹明信：《後現代主義與文化理論——弗‧傑姆遜教授演講錄》，陝西師範大學出版社一九八七年版，第26頁。

的思想。比如他把過時和不適當的規範、思維模式和理論視為「意識形態」，認為其作用是掩蓋而不是揭示行為的實際含義。[1]更有人把「意識形態」比喻為是一條污濁的河流。[2]

　　後起的西方馬克思主義流派對「意識形態」的解讀則具有了不同的路向和格調，如哈貝馬斯提出的所謂「合法性」（legitimation）問題就試圖超越對「意識形態」進行「錯誤」與「真理」之間的硬性分析架構。他想問的一個問題是：既然宗教或某些價值和信仰是「錯誤意識」，那麼為什麼還有那麼多人去自覺地予以接受呢？哈貝馬斯的解釋是，在組織與安排社會秩序的時候，國家雖總是壟斷暴力，比如擁有武器和法律制裁的機器，但一般的社會機構和組織發揮功能並不僅僅是依靠武力制裁。也就是說，人們認同於某種社會制度，按照其規定的規則行事，儘管違反規則會被加諸暴力，但人們遵循規則行事顯然並非純粹由於懼怕暴力，而恰恰相反，是因為他們相信這種制度是合法的，相信某種社會制度的存在總有其合理原因。因此，一個社會中民眾被規訓、說服認同和讚賞某種制度具有合理合法性，這個極為複雜的「合法化」過程似乎總是某種占統治地位的意識形態來加以完成。[3]顯然，這種「合法化」理論與葛蘭西的「政治霸權」（political hegemony）概念一樣，仍比較看重的是占統治地位的意識形態作用，雖然這個理論仍沒有涉及「意識形態」如何泛化傳播為一種民眾的普遍意識等問題，但畢竟沒有簡單地把「意識形態」與所謂「虛假意識」

1　〔德〕卡爾・曼海姆：《意識形態與烏托邦》，黎鳴等譯，商務印書館二〇〇〇年版，第97頁。

2　〔美〕克利福德・格爾茲：《文化的解釋》，納日碧力戈等譯，上海人民出版社一九九九年版。

3　《後現代主義與文化理論——弗雷德里克・傑姆遜教授演講錄》，陝西師範大學出版社一九八七年版，第50頁。

簡單地等同起來，從而與正統馬克思主義的論述區別了開來。

　　與傳統的在「錯誤意識──科學真理」的對峙狀態中定位「意識形態」和所謂「合法化」的理論均有所不同，阿爾都塞有關「意識形態」的闡釋根本不承認「意識形態」有所謂「正確」與「錯誤」之分，他認為「意識形態」是個體與他人的現實存在條件之間的想像性關係之再現。這種「再現」不是頭腦中的思想信仰的表現形式，而更像是一種鮮活的「文化實踐」。「意識形態」並不是觀念的或精神的，它是一系列社會實踐、表象和儀式。[1]從而把「意識形態」闡釋的觸角延伸進了日常生活狀態之中，也影響到了當代各種學科對「意識形態」的具體考察方式。詹明信的評論就相當中肯，他說：「當代的觀點認為最好的考察意識形態的方法也許不是把它當作一套價值觀或思想，也許它是一種再現形式，這樣，它便和文化有關；也許它是行為實踐，這樣它便和人類學、社會學有關。[2]

　　阿爾都塞還特別提到了「意識形態」的「無意識性」，即人們在體驗自己與世界的關係時，並非時時感覺到結構的重壓，而是不自覺地接受某種文化實踐的支配，這一論點在分析中國歷史的下層結構時就會顯得非常重要。

　　在談到「文化」與「意識形態」的關係時，人類學家吉爾茨的說法顯得比較「中性」，他說「意識形態」的功能就是通過提供權威性並有意義的概念，通過提供有說服力並可實在把握的形象，使某種自動

---

[1] 周慧：《阿爾都塞的意識形態觀》，《開放時代》二〇〇一年八月號，第51頁。關於阿爾都塞「意識形態」理論的詳細研究，可以參看孟登迎：《意識形態與主體建構──阿爾都塞意識形態論》，中國社會科學出版社二〇〇二年版；張一兵：《問題式、症候閱讀與意識形態──關於阿爾都塞的一種文本學解讀》，中央編譯出版社二〇〇三年版。

[2] 〔美〕詹明信：《後現代主義與文化理論──弗·傑姆遜教授講演錄》，第27頁。

的政治成為可能。¹吉爾茨同樣反對在定位「意識形態」時把文化傳統與科學理性對立起來，反對把科學作為診斷文化的尺度，而「意識形態」專門扮演為文化做辯護辯解的角色，兩者處於不可調和的衝突狀態。質疑社會科學發現必然會削弱「意識形態」所要防護和提倡的信仰和價值的正當性的假設。²有趣的是，吉爾茨所批判的諸多假設恰恰成為當代中國傳統史學研究的規範性思路。

歸納而言，一般的學者都認為「意識形態」具有社會整合作用和歪曲掩飾事實兩種相反的功能。社會整合功能趨向於認定一些思想觀念由民眾所接受一定有其正當性的理由，同時比較強調「再現」生活的作用，而不必深究其正面還是負面的影響；與之相對立，強調其歪曲與掩飾的功能則更符合於啟蒙理性的規定，這樣就會把「意識形態」與科學認知觀念對立起來而成了不斷被批判的「謬誤」對象。³

（二）兩種針對「意識形態」理論的極端態度及其批判

上面所述種種「意識形態」理論如果被對應於中國歷史的具體研究中時，就呈現出了兩種截然相反的對立觀點。中國歷史研究中的唯物史觀學派解釋歷史進程的基本框架比較習慣於直接從馬克思傳統的「意識形態」定義中獲取靈感。當然，中國史學家不會直接籠統地把「意識形態」抽象成與科學觀念對立的產物，而是仍較迂迴地注重其在不同歷史階段中的具體表現形態。比如著名的馬克思主義史學家翦伯

---

1 〔美〕克利福德·格爾茲：《文化的解釋》，第 246 頁。
2 同上書，第 258～259 頁。
3 還有一種比較中性的意見，即認為「意識形態」是對人和社會及人和社會有關的宇宙的、認知的與道德的信念的通盤形態，它與「看法」、「教義」不同。參見林毓生：《意識形態的定義》，載《經濟民主與經濟自由》，三聯書店一九九七年版，第 345～346 頁。

贊在《歷史哲學教程》中就說過:「意識形態是被定於當時社會經濟生活的關係,這是一件不可爭論的事。所以在某一定的社會經濟的關係下,便會產生某一定的意識形態。」[1]同時他又說:「當我們分析某一定之歷史時代的意識形態時,我們又必須注意在這同一歷史時代中之不同的意識形態,意識形態的表現,不僅是歷史的,而且是階級的。」[2]尋究「意識形態」所表現出的階級性這一論斷一旦被確立,就預示著歷史學家身分的變化,他們必須具有鮮明的「黨性」原則,因為「歷史學是具有階級性的科學。任何階級的歷史學家都會自覺或不自覺地站在自己的階級立場,用他們自己的階級觀點來分析歷史問題,這是一個歷史學家的階級性或黨性在歷史學上的表現。」[3]這段話已經預設出了傳統「意識形態」與科學觀念之間的對立關係。再看下面一段話:「公開地站在無產階級的立場,用無產階級的觀點來對待任何歷史問題,這是對於一個馬克思主義歷史學家的基本要求。」[4]其中的意思本身就已說明,這種認知歷史的方法已形成了一種持久穩固的「意識形態」原則,不過從其與傳統「意識形態」相對立的狀態而言,卻頗符合於馬克思原初對「意識形態」的定義和批判。

馬克思在《德意志意識形態》中就明確認為,每一個時代統治階級的思想不僅掌握著物質生產手段同時也控制著精神生產的手段,統治階級有能力把統治思想轉化成普遍性的形態,表現為唯一合理的、普遍有效的思想,這種有效的思想就是「意識形態」。正因為統治思想實際上只反映了某一階級的利益,所以不可能真正反映現實而要歪曲現實,是一種「虛假的意識」。只有無產階級擔負著消滅一切階級的

---

[1] 翦伯讚:《歷史哲學教程》,河北教育出版社二〇〇〇年版,第152頁。
[2] 翦伯讚:《歷史哲學教程》,第152頁。
[3] 同上書,第384頁。
[4] 同上

「歷史的選民」的職責,才能真正代表全人類的共同利益,所以只有無產階級或擁有了無產階級世界觀的人,才能真正反映現實。[1]「意識形態」的正誤與否不但在於它反映現實的方式,關鍵更在於只有「無產階級」與「非無產階級」的區分才能使「意識形態」顯出褒貶的徵兆,而「無產階級」意識形態似乎永遠是真實世界的反映。

這種論證方式一旦滲透到中國歷史研究中就具有了「意識形態」話語霸權的支配色彩。比如翦伯贊雖然在無產階級黨性原則下也談「歷史主義」問題,激烈批判機械運用階級立場和黨性原則而把中國古代史說成漆黑一團,說成是一堆垃圾,說成是罪惡堆積[2],或用現代無產階級先鋒隊的標準去要求古人。[3]但總的來說,中國馬克思主義史學基本形成了一個大家都耳熟能詳的所謂「生產力——生產關係」的互動公式。在這個公式中,歷史上的「意識形態」基本可與統治階級的「階級身分」畫上等號,其反映現實的「合理」與「謬誤」的程度完全看能否與當時的生產力水平相適應,這種適應過程又以朝代為基本時序框架而形成一個個週期。一般而言,王朝初興,統治階級比較能適應生產力發展的要求,所以其「意識形態」建構程序的合理性較高,越到後來統治階級支配下的生產關係就越易於與生產力的要求發生衝突,其「意識形態」表現就會越來越趨向於「謬誤」。

這一互動公式的弊端是明顯的,「意識形態」彷彿完全被動依附於經濟發展的歷史指標,我們從中根本無法認清各種「意識形態」的複雜樣式在中國歷史上是如何形成並獨立運作的。以統治階級為主導類型的「意識形態」分析,幾乎完全摒棄了其他不同類型的歷史群體分

---

[1] 張汝倫:《意識形態和學術思想論——兼與余英時先生商榷》,載《中國社會科學季刊》春季卷,一九九四年五月,第172頁。

[2] 翦伯贊:《歷史哲學教程》,第387頁。

[3] 同上書,第390頁。

享其資源並參與建構「意識形態」的可能性，也無法解釋同一階級為什麼可以有不同的甚至相互衝突的思想乃至意識形態。「意識形態」對社會的控制變成了統治階級單一指令達致的結果，由此卻自動取締了其在社會生活中所可能呈現出的複雜多樣性的分析。

最為重要的是，這套「意識形態」解說本身所具有的霸權色彩根本無法說明，除了暴力高壓的箝制因素以外，一般普通民眾為什麼會認為這種「意識形態」控馭是合理的而自覺加以接受？這套標準的中國式唯物史觀框架同樣解決不了以下問題：在以上的歷史敘述中，「農民階級」似乎是唯一能起到對抗統治階級作用的群體，他們既持有對抗立場卻又不是先進生產力的代表，而且還屢屢在反抗統治階級「意識形態」以後重新被收編進入下一個王朝循環，似乎一直在等待扮演聖人角色的「無產階級」來拯救，那麼這種屢仆屢起的「反抗——收編」的循環故事，到底在多大程度上與認同統治階級「意識形態」控制的民眾生活常態有所區別，是大可值得懷疑的。既然如此，我們何不把主要精力集中於對民眾生活常態的研究分析上呢？

受馬克思意識形態理論制約的中國歷史研究由於不承認思想意識本身具有相對獨立於某個階級的可能性，因而無法解釋思想超越時代和身分的價值和意義。二十世紀八〇年代一些中國史學研究者已意識到了應對「意識形態」與「學術思想」作出區別，以確認「學術思想」的獨立品格和悠遠影響的恆定性。如余英時就認為思想雖與「意識形態」有千絲萬縷的聯繫，但強調二者有各自相對獨立的領域，特別強調思想作為傳統的延綿不斷性。至少相對於文化系統而言，由思想構成的學統「都涵有某些經得起時間考驗的真理和價值。所以思想雖然隨時代而變，並且在一定的限度之內反映時代，但同時又超越時代，不是時代所能完全限定的。而且從長遠的歷史觀點說，它超越時代的

意義甚至比它反映時代的意義更為重要，更為基本……」[1]這顯然與唯物史觀強調「意識形態」現實代表性的思路截然對立。如翦伯贊所論：「史的觀念論者，總想把社會上層建築之意識形態，昇華為一種超現實的、孤立的東西，使之從歷史最根本的發展過程中浮離出去，脫離社會生活的鬥爭，並企圖由此證實意識形態的本身之獨立存在性與絕對的永恆不變性。」[2]翦伯贊雖然談的是「意識形態」的不可孤立性，與余英時關注的問題域不盡相同，卻也間接否認了思想學術獨立於「意識形態」控制的可能性。

　　雙方的對立之處還在於，余英時也不能接受把「意識形態」的實踐者「士」歸入一種「社會屬性決定論」的解釋框架，反對以決定論來抹殺「士」身分的超越性。他的問題是：「事實上，如果『士』或『知識分子』完全不能超越他的社會屬性，那麼，不但中國史上不應出現那許多為民請命的士大夫，近代西方也不可能產生為無產階級代言的馬克思了」。[3]這種看法無疑對擺脫已具政治「意識形態」思維定式的庸俗馬克思主義歷史觀具有相當重要的反撥作用。一時間，強調從中國學術思想內部進行「內在理路」研究的思潮一度風靡中國思想史界，成為替代階級分析框架的主流研究取向，的確是有其時事因素在起作用的。

　　不過在我看來，僅僅依靠社會與階級屬性來定位「意識形態」，或僅僅依賴於把「學術思想」與「意識形態」強行剝離開來做出二分的辨析，都根本不足以在更高的起點上詮釋清楚「意識形態」與中國歷史研究的複雜關係。因為這兩種極端對立的詮釋方式都是假設了「意

1　余英時：《意識形態與學術思想》，載《中國傳統思想的現代詮釋》，臺灣聯經出版事業有限公司一九八七年版，第58～59頁。

2　翦伯贊：《歷史哲學教程》，第148頁。

3　余英時：《士與中國文化・自序》，上海人民出版社一九八七年版，第11頁。

識形態」與正確或錯誤的思想狀況有關，而且都預設了某一類「思想意識」的不可超越的優先合理性，這種優先合理性可以不受污染地存在於各種權力網絡制約之外。前者是「無產階級意識」，後者是瀰漫於歷史演程中的傳統學術思想。

　　本文認為，如果要合理地把「意識形態」理論有效運用於中國歷史研究，不如把「意識形態」看作是一種複雜的上層「象徵建構」與底層「文化實踐」巧妙配合的結果。在我看來，一種意識形態僅具備了某種代表統治階級思想的上層象徵建構是遠遠不夠的，因為它不足以成為控制社會整體的運行法則。例如，儒家思想在兩漢時期就在上層的象徵意義確立了其正統思想的地位，但由於缺少轉化成底層日常生活指南的渠道，所以直到南宋以前仍不能成為控制廣大鄉村地區的絕對規條。與之相反，只有到了南宋以後，儒家思想才通過科舉教育網絡和鄉約宗族教化系統的文化實踐，完成了儒家「意識形態」在底層的建構過程。與之相應的是，底層的文化實踐也促成了上層「象徵建構」不斷調整其價值體系和信仰內容，最終構成了上下貫通相互滲透的動態體系。如果再做一點牽強的比附的話，我對「意識形態」與中國史學研究關係的態度比較接近於阿爾都塞的觀點，我以為只有如此，才能避免把「意識形態」僅僅理解為「謬誤意識」，或以通過淨化思想躲避謬誤的方式完全把錯綜紛繁的歷史樣態過分理想化，或附著於某種身分論的狹隘意識，把「意識形態」理論的批判鋒芒轉換成了攻伐階級異己的政治話語。

二 「意識形態」的構造過程
——從上層「象徵建構」到底層「文化實踐」

（一）儒家的「象徵建構」與兩漢「政治神話」的製作

　　儒學在先秦不過是諸子學中的一支，所謂「禮失求諸野」，儒家自從失去在高堂廟敞制禮做樂的機會後，一直是以相當樸素簡約的形式在鄉間推行禮制教化。因此，儒學要想真正成為一種政治「意識形態」，首先面臨的一個最大問題是，如何脫胎換骨地改變自己作為普通民間教師的世俗形象和身分，以重新獲得王權的信任而成為其中政治決策的設計者。比如孔子在先秦時期的社會地位不過是作為諸子學派之一的儒家學派的創始人，儒學要想進入王權的視野而得其青睞，就必須要由一種純粹學派的面孔向「國家宗教」的形象過渡。如此一來，孔子作為民間教師的身分自然就顯得不合時宜，需要完成由學派創始人向宗教教主身分的轉變。

　　兩漢時期由儒生和方士合作製造的大量緯書，即是以孔子神話化為特徵開始了儒家在上層政治的「象徵建構」過程。[1] 孔子在漢代緯

---

[1] 參見顧頡剛：《秦漢的方士與儒生》，上海古籍出版社一九九八年版，第 104～123 頁。顧頡剛解說「讖」與「緯」的區別時說：讖緯的著作，他們說是孔子編成了「六經」之後，深恐經文深奧，將來的人不能洞悉他的意思，所以別立緯和讖，講說得通俗一點；又說有許多是黃帝、文王等九個聖人傳下來的。讖，是豫言。緯，是對經而立的：經是直的絲，緯是橫的絲，所以緯是解經的書，是演經義的書，自「六經」以及《孝經》都有緯。這兩種在名稱上好像不同，其實內容並沒有什麼大分別。實在說來，不過讖是先起之名，緯是後起的罷了。參見同書，第 109 頁。在我看來，說經文深奧明顯是藉口，想以此作為製造神話的緣由。其他比較細的討論可以參見周予同：《緯書與經今古文學》及《緯讖中的孔聖和他的門徒》兩文，載朱維錚編：《周予同經學史論著選集》，上海人民出版社 1983。

书中不但形象怪异,而且完全超越了民间教师的角色而演变成了为汉代刘姓帝王制仪改制的天命承担者。所谓「立丘制命帝卯行」、「丘为制法之主,黑绿不代苍黄」(卯是所谓「卯金刀」,即刘字)等充满玄妙奇诡气息的预言,都是为神话型孔子出场做铺垫的。甚至孔子制法已不限于刘汉一代帝王,而是为天下制法,所谓「丘为木铎,制天下法」[1]。汉代儒生甚至把孔子包装成了一个超级预言家,能预知汉朝有三百年的寿命,所以才倾力为汉帝制作《春秋》大法。

孔子为汉制法源于儒生们制造的两个核心故事,即「西狩获麟」与「端门受命」。在第一个故事中,「麟」这种想象出的异兽被当时的大儒董仲舒视为孔子作新王的受命之符。故事出自《春秋·哀公十四年》,《左传》、《公羊传》里都有详细发挥,只不过故事版本较多,《公羊传》里说孔子见麟后并不高兴,反而感到惶然悲伤,直说为什么见到如此奇异的事情,又说见此异兽,突然觉得「吾道穷矣!」唱起了「麟兮麟兮吾心忧」的诗句。可到了一部叫《孝经纬》的纬书中,孔子见麟后却态度大变,欣欣然地说出了「天下已有主也,为赤刘,陈项为辅」的预言,而且马上当场得到了验证,因为麟的嘴里徐徐吐出了三卷文书,而且尺寸居然被说得那么精确,什么图宽三寸,长八寸,每捲上有二十四字。说的都是「赤刘当起」,刘姓坐天下的意思。[2]

孔子获麟受命之后的第二个伪造出的故事更像一条预言性的谶言,说是孔子有一天站在鲁国端门观望时,天上忽然飘下一卷血书,上面写着数句三字为一组的预言:「趋作法,孔圣没,周姬亡,慧东出,秦政起,胡破术,书纪散,孔不绝。」大意是讲孔子作法后身亡,周姓天下大乱,秦政虽焚书坑儒,但孔子兴亡周,继绝世的愿望终于

---

1 《春秋纬·演孔图》。
2 冷德熙:《超越神话——纬书政治神话研究》,东方出版社一九九六年版,第184页。

通過為後聖赤劉制法而得以實現。這則故事的結尾是當孔子的弟子子夏跑去觀看時，血書化作白書，上寫《演孔圖》三個字。這段預言從歷史的衰亡興敗中如此明顯地為漢劉攫取帝王的合法性張目，漢初儒生故意以孔聖之名製作「政治神話」的意圖昭然若揭。[1]

　　緯書「政治神話」的製作還有一個焦點是強調孔子作為制法之王即是「素王」，所謂「素」就是「空」，那就是「空王」的意思，「素王」就是有道德而無王位，因為他既無行爵祿之賞，斧鉞之誅的權力，而是教化之主和王者之師的意思。儒家突出這點非常重要，奉孔子為有德而無位的「素王」是有微妙考慮的，這樣設計自己的位置，即使儒家有了「正統」的名分，也不會使漢帝擔心這幫儒生有窺視王位的企圖。因儒生既能為帝王統治的合法性尋找預言的證據，又能以教化的姿態播行道德的種子，當然這兩種功能中第一種功能是主導性的。我在《儒學地域化的近代形態》一書中曾區分「王者之儒」與「教化之儒」兩種身分，就是要刻意說明至少兩漢時期儒者的雙重角色的功能發揮是不均衡的，他們更多地會把精力投入到對帝王正統性的象徵性符號資源的建構上，其「教化之儒」的一面在相當長時間內被壓抑在了這個主導功能之下。在南宋以後，這一面才得以有凸現張揚出來的機會。[2]

　　我們再看看漢朝帝王當時對儒學的態度，漢武帝開始設五經博士，所立五經皆屬今文經學的範疇。如《公羊春秋》、《穀梁春秋》及梁丘《易》，大小夏侯《尚書》，皆屬今文經學，而今文學中又猶重《公羊春秋》，漢哀帝時，劉歆想見縫插針立《左傳》等古文經為王朝學統而未能遂願，這是什麼道理呢？看看《公羊春秋》中包含的微言大義

---

[1] 冷德熙：《超越神話——緯書政治神話研究》，東方出版社一九九六年版，第185頁。
[2] 參見楊念群：《儒學地域化的近代形態——三大知識群體互動的比較研究》，三聯書店一九九七年版。

就知道了。後人詮解《公羊春秋》中的「微言大義」，認為至少有兩層意思：一層意思是「尊天王」、「大一統」之義，其中包括「正名分」、「譏世卿」、「攘夷狄」、「重禮制」等要義；第二層意思是改制或「更化」之義，即所謂「新王必改制說」，如改正朔、易服色、存三統等等。[1] 內容雖顯龐雜，但兩層意思不外乎均是圍繞著興建漢代王權的合理性這個基本軸心加以設計，這樣既符合於漢初王者在正名分的場景下實施一統天下的慾望，同時又把改制規劃到「歷史主義」的軌道中予以合理化的解釋。其中最匠心獨運的地方在於把「改制」的發明權歸諸孔子，這樣通過孔子這個象徵符號把漢代乃至以後朝代改制的合理性統統納入儒家理論體系之內，初步完成了儒家意識形態的「象徵性建構」。

不過以上的論證並不能說明儒家各個層面的思想已主導了漢朝的意識形態，情況可能恰恰相反，儒家作為「改制」顧問的面目出現，他們以過多的精力投入上層王權的合理化設計，必然使其民間的教化功能趨於萎縮。春秋儒者雖也講「禮制」、「王道」，但重點仍在於行教化之職，雖有入仕之心，卻無入仕之門，變成了失之於野的古典禮制碎片的收容者。漢代儒者則功利心陡增，爭當「帝王師」的王者之儒氣象占了上風。

我與以往儒學研究者的考察取向有一個分別，歷史研究者一般都認為，漢武帝獨尊儒術後，彷彿儒家作為教化之師與王者顧問的雙重角色均可高枕無憂地全部予以實現，其實情況絕非如此簡單。漢代儒者不但極力壓抑和忽略「教化」之職，而且極力使已達相當世俗化程度的人文儒學反其道而行之地向宗教預言方向發展，孔子不僅成了為漢朝制法的宗教教主，而且成了預言天譴災異的超級巫師。其始作俑

---

[1] 冷德熙：《超越神話──緯書政治神話研究》，第178頁。

者董仲舒號稱漢代公羊大家，卻大違《公羊傳》的本意，《公羊傳》中罕言災異譴告，而董仲舒倡公羊學卻以「天人感應」為核心論題，而且一直舉著孔子這面大招牌。他在《天人三策》中說，孔子作《春秋》，往往與天地之間發生的災害能直接相互呼應，所謂「書邦家之過，兼災異之變，以此見人之所為，其善惡之極，乃與天地流通而往來相應，此亦言天之一端也」[1]。孔子由此在褒貶之間全面掌控了災異與人事之間的應對關係。

但「天譴論」往往與王者實施的一個一個具體的政治行為相聯繫以便建立起對應關係，這與前後儒者的思考進路均有不同，如周代的「天譴論」往往取決於王者的德性，只要帝王修德即可平息天譴。春秋戰國時期諸侯爭霸，對「德性」的擁有變得功利化和普遍化了，只要祭拜神仙即可獲得佑護。而到了北宋時，儒家的「天人相關在於強調相對於「天」的為政者，特別是皇帝的政治責任的無限性和主體內省性。它較之恐懼天譴，更恐懼未盡人事。特別是通過主體內省的程序波及四方，以道德化的方式解決問題，這與漢初的以天譴對應政治行為的思路應是大不相同的。[2] 董仲舒雖也偶爾言及道德教化，但天譴基本上均對應於具體的政治事件，而對基本政治事件中問題解決的措施得當與否，就成為是否成功地回應天譴的一個最重要標準。這與宋代以後，強調天譴發生的原因乃出自於帝王主體道德內省程度不夠和推行教化不力等對應關係自然有相當大的差異。由此可以窺見，漢初儒者「意識形態」設計的一個基本格局是致力於論證王權統治規則的合法性，並圍繞此形成「預言論」、「天譴論」與政治事件之間的合理對應關係，這一路向也決定了儒家「意識形態」的建構十分注意對孔子

1　冷德熙：《超越神話——緯書政治神話研究》，第225頁。
2　參見〔日〕溝口雄三：《中國的思想》，趙士林譯，中國社會科學出版社一九九五年版，第13頁。

作為象徵符號的營造並賦予其特殊的意義。

（二）行政「道德化」與「禮治社會」重建之間的緊張及其克服

在探討歷史上中華帝國形成和沒落的諸多構想中，我們的判斷和視野常常被遮蔽於以下的定見迷霧之中，即我們常常會以經濟變化的「增長」與「發展」為標準衡量政治的變化，認為前者是「自然的」，而政治的延續性，比如中國政治形態的長期延續性卻被認為是「不自然」的，是停滯的根源，似乎只有經歷經濟增長與飛躍才是合理的。[1]

有的學者已經注意到，中國國家的形成與西方的最大差異表現在其數千年來一直在不斷應對和處理的一個核心問題是：如何解決日益增長的人口與疆域擴大情況下合理配置資源以加強社會控制的問題，每一個帝王都面對如何用最精密計算的代價最佳解決好維持帝國秩序而不是拓展帝國版圖的問題。帝國的政治實踐相應孕育出帝國的政治哲學，而最初帝國的政治實踐是基於疆域相對狹小的局面下設計自己的控制策略的。秦朝和漢初的帝國構造採用了政治實用主義的原則，這套官僚制體系基本排斥了殷周以來依賴氏族血緣原理建構起來的倫理主義式的網路協同互助原則，而是靠運用法家式的嚴刑峻法及自上而下直接滲透至底層的「吏治」程序，實施所謂的個別人身支配方式對民行使權力。有學者稱之為「法家式的單子論」[2]。「法家式單子論」作為某種政治哲學在具體實踐中得以履行的基本前提條件，應該是相對狹小的疆域和相對稀疏的人口。這兩個條件使官僚機構能足夠把吏治的觸角伸及控制疆域的各個角落，並足以控制稀疏人群的行為和生

---

1 〔美〕王國斌：《轉變的中國——歷史變遷與歐洲經驗的侷限》，江蘇人民出版社一九九八年版，第90頁。

2 〔日〕谷川道雄：《中國中世社會與共同體》，中華書局二〇〇二年版，第67頁。

存狀態。也就是說，帝國統治方略的成敗必須更多地考慮到「制度成本」的高低，這一點我們在下一節還要重點討論。

　　秦漢官僚制的運作特點是功利主義式的，即只注重通曉文法、事務的法家官僚，判斷官僚是以其對君主行政效率的運轉有多大貢獻為準，而不在乎官僚自身內在的人格道德的評判指數如何，在官僚選拔的「賢」與「能」的要素標準中也比較傾向於「能」。自漢武帝獨尊儒術，董仲舒獻策由郡國每年推舉賢人作為官僚候補，開始稀釋重「能」的傾向，而鄉舉里選制的實施也使官府在選拔官吏開始注重民間輿論中的「道德」評判意義，就登用標準而論，能否舉為孝廉，也須考慮其在鄉里的道德行為，而不是單純地看其行政能力如何，這樣就把鄉村的自律世界的運行規則有限地吸納進了官僚的政治體制之中，所謂「儒表法裡」的模式即由此緩慢地蘊生而成。

　　當然，要想使「道德主義」的精髓演變成為整個官僚體制內部行政運作的動力與靈魂，並非一朝一夕之功所能達致。儒家的道德實踐要與帝國統治的政治哲學實現成功的對接而成為互補的常態，也非一蹴而就，尤其是「道德主義」真正演化為帝國「意識形態」的核心要素更是經歷了漫長的組合過程。「道德主義」實踐的根基在於對「禮制」的重建以及教化播散的程度。周代與殷朝之不同在於其作為宗族首領，控制社會的方式是通過禮制秩序的倫理主義精神對不同的宗族世系加以控制。春秋戰國時期禮崩樂壞，「禮制」已缺乏對上下層政治與社會關係的整合能力，秦漢時期更以破壞宗族網絡建立單子論法治治理系統而著稱於世。但秦漢帝國的統治並未與殷周社會的統治策略完全脫節，尤其是民間底層社會，表面上看帝國的行政體制是完全官僚化了，但由於基層仍存在著「自治」的要素，所謂「自律的世界」是以三族制家族為基本單位被繼承的，作為其自身並不具有政治上的自立性，然而它要成為與官僚體制相配合的組成部分，就必須想辦法與

之相銜接。[1]銜接的方式在於官僚系統的具體操作者「士」含義的變化。「士」的變化在於一方面他必須改變殷周時代僅僅是宗族血緣關係的傳統踐履者的身分，以符合官僚體制賦予的行政技術要求；另一方面，他仍是家族道德的實踐者，只不過這一實踐的全部意義又僅僅在於如何進行政治操作。所謂「為政以德」即是這個意思，即這裡有著道德與行政自身完全一致的預設理念。[2]以上的分析仍有「理想圖式」的嫌疑。「道德主義」在上層成為統治者的共識，在基層成為一種「文化實踐」仍是經過了艱難的磨合階段。「士」的很大精力都集中放在君王合法性的上層論證程序上，即使偶及「教化」也是作為「吏治」行為的補充，根本形不成行政實踐過程中的主導原則。

又如漢代對「禮制」的態度，漢代雖重拾春秋禮儀，以禮樂的大傳統來化民成俗，講究「為政之要，辨正風俗」[3]，但明顯仍處在「觀風采謠」的階段。[4]民間的禮樂教化與漢代朝廷以儒術緣飾吏治的策略本有區別，二者最終合流的程度實際標誌著以儒學為主體的帝國「意識形態」的形成。所以武帝獨尊儒術之後，我們仍不能輕率斷定漢朝已變成了一個「儒教國家」（confucian state）[5]。我自己的看法是，要真正實現所謂「儒教國家」的建構，就必須使行政「道德化」與基層

---

[1] 谷川率先提出了中國社會存在「政治的世界」與「自律的世界」兩種運轉機制的問題。他的歸納是：簡而言之，以里為基層單位的自治體制，由鄉一直延伸至縣的階段，根據這種宗族關係、鄉黨關係，這樣就形成了各個家族之間相互結合的日常關係的空間範圍。然而，這種情況充其量只限於縣以下的範圍，在現實中這種自治世界是以鄉為界線的（郡、國雖亦有三老的設置，毋寧視其為擬制的產物），而超出這一界限以上的縣、郡、中央，則是所謂政治的世界。參見〔日〕谷川道雄：《中國中世社會與共同體》，第69～72頁。

[2] 參見〔日〕谷川道雄：《中國中世社會與共同體》，第71頁。

[3] 《風俗通議‧序》。

[4] 余英時：《士與中國文化》，第135頁。

[5] 余英時：《士與中國文化》，第143頁。

「禮治社會」體制的運行達到精密配合的程度，而漢武帝時期只是僅僅部分實現了行政的「道德化」。

如此看來，儒教對漢代帝國體制的影響仍是相當表面的。漢武帝時有些稱為循吏的地方官僚仍襲用黃老無為之術，宣帝以後則大量湧現以儒術傳播為己任的循吏階層，他們兼具「吏」與「師」的雙重身分。但「教化型循吏」的數量到底有多少，是否在「酷吏型官吏」占主導位置的情況下在多大程度上能夠成功推行禮樂教化，仍有相當大的疑問。即使循吏教化在相當大的範圍中能波及民間生活，也會因為基層社會尚沒有自覺地從自主性的角度尋找到建立「禮制秩序」的制度支點，所以單靠循吏自上而下推行「教化」，仍是一種暫時的歷史現象，離真正的行政道德化的制度建構仍相去甚遠。

有學者特別強調漢代循吏頒佈「條教」在廣施教化中的意義，可是在我看來其證明效果可能恰恰相反，因大量循吏施政的例子均表明，循吏推行「教化」只不過是推行「吏治」的一翼，這種互為兩翼的作法其實仍是屬於官僚體制內部運作的一種舊模式，並沒有從根本上改變中國社會運行的結構。這反過來證明漢代地方社會並沒有實現真正獨立的自治狀態，此自主狀態成立的關鍵是「道德主義」的倫理原則必須成為支配社會生活的主導模式，以有別於官僚行政的律法技術原則。

問題也由此浮出了表面，即漢代社會在初步建立了上層儒教的象徵秩序以後，其與秦朝管理體制的一個最大區別，即在於如何在新的意義上重構基層的「禮治社會」。漢代早期官僚體制建立以後的一個重要特點就是促成了「法治」與「禮治」的分化和各行其職，而「法治」的職能則遠遠覆蓋禮治的作用，甚至大有取而代之的跡象。在此之前，「禮治秩序」在維繫先秦社會方面卻起著相當決定性的作用。閻步克曾通過「學士」與「文吏」的分與合來估衡「禮」與「法」在制

度化過程中的消長結果。在秦漢以前,「禮」呈現出了無所不包性或功能混溶性,它的節文滲透於各個社會活動領域,融合起來又結聚為一個整體,這與「法」主要是作為政治領域的規範而發生作用,頗為不同。「法」是一種更為分化的政治文化形態。[1]「禮」要起到類似於「法」的作用,就需要利用「尊尊、親親、賢賢」的「俗」規,整合成一種「道德之器械」,所以「禮」又是在分化程度方面居於「俗」、「法」之間的一種政治文化形態。[2]

「禮」的原初形態關涉「事神人之事」的祭祀行為,但從「鄉俗」的角度觀察,依然決定它最終所具有的人間品格和現世功能。

《禮記》中已明確殷周鼎革後的區別即在於殷人尊神事鬼,而周人尊禮遠神,周人的天道觀一方面是受命於天,另一方面又講「天命靡常」,而倡出「敬德保民」之說。「禮」的民間性的濃郁發抒全在一個「道」字的運用。這點當年郭沫若即已看出「德」字不僅包括主觀方面的修養,同時也包括著客觀方面的規模。「禮」是由「德」的客觀方面的節文所蛻化而來,是古代有德者的一切正當行為的彙集。[3]

就我的理解而言,「德」不僅成為「禮」治秩序的核心理念,而且也是治理社會的行為依據,使之成為「道德之器械」,而沒有發展成超越性的純粹宗教。「禮治」作為原始的控制社會的形式是靠「尊、親、賢」不分的整合狀態發揮作用的,隨著春秋時期的禮崩樂壞與春秋官僚體系的建立,「禮治」被迫在分化的過程中喪失了其全面整合社會的能力,而不得不讓位於行政技術含量更高的「吏治」秩序。最為明顯的跡像是,「禮」雖仍在基層社會殘留著維繫秩序的責任,但上層的官僚體制卻已完全轉變成了精於計算、講究行政規範和效率的法理形

1　閻步克:《士大夫政治演生史稿》,北京大學出版社一九九八年版,第81頁。
2　同上書,第86頁。
3　郭沫若:《先秦天道觀之進展》,載《青銅時代》,人民出版社一九五四年版。

態。如何協調這兩種不同的治理社會的形態，使兩種治理模式之間建立起合理的溝通管道，同時如何解決上層日益以「吏治」為主導的官僚化原則與基層殘存「禮治」秩序之間發生的日益脫節的危機，就自然成為漢代以後中華帝國統治的核心焦慮之所在。

自武帝獨尊儒術以來，儒家的中心理念「禮」逐漸被政治化了，被吸納進官僚治世的軌則之中，這樣做的結果是使行政程序「道德化」了，並且這種「道德化」經過儒生「政治神話」的製作具有了系統的象徵意義。但這只觸及了「禮」作為原始功能的某一個方面，因為真正的「禮治」秩序還應該建立在與行政秩序相對立的世俗人倫的網絡關係之中，成為民間鄉村共同體的主導形態。也就是說，行政「道德化」與鄉村「禮治」秩序的建立是兩個截然不同的治理狀態，必須嚴格加以區別。當然，嚴格區分並不意味著在歷史的實際操作中其長期分離的狀態也是合理的。漢以後的帝國統治證明，只有真正實現了兩者之間的協調貫通，才能維繫社會的穩定，也即是日本學者所概括的「政治的世界」與「自律的世界」如何相溝通的問題。

儒家思想被確立為帝國「意識形態」的主要來源之後，「禮」旋即成為貫穿於官僚行政規則與民間社會儀軌的重要聯絡中介，只是長期以來，中國歷史學家常常混淆受「禮治」觀念影響的「行政道德化」與鄉村自主性禮治秩序之間的區別。實際上在漢代以後相當長的一段時間內，儘管在基層聚落形態與長老統治的形式中，「親親」、「孝悌」及仁、義、忠、和等等依然是基本的人際規範，但基層禮治秩序顯然只能以「隱性」的方式存在。這與行政官僚體制的「道德化」現象如循吏推行「教化」根本不是一回事。關於漢代行政「道德化」現象，有不少學者已做過研究，如閻步克曾想通過「文吏」與「儒生」的分化整合說部分解決這個問題，但閻步克的「分合論」只適度解決了漢初「政治的世界」如何使行政「道德化」的問題，而沒有處理「自律

的世界」如何在官僚體制的拓展下重新實現「禮治化」的問題。

這裡面有一個很重要的問題是，儒家「意識形態」的最終成型不僅取決於漢以後帝國官僚體系行政的「道德化」程度，而且也取決於甚層社會相對自主化的「禮治」秩序形成的程度。從某種意義上說，可能還會更加取決於兩種治理狀態之間的兼容程度，因為在講究治理效率的行政體制內推行的道德化原則與基層社會自主性狀態的自然調適原則之間本身就存在著緊張關係，而且漢以後帝國在相當一段時間內確實是以行政「道德化」的治理作為「法治」機器的一部分加以對待的，它必然會壓抑基層社會「禮治」秩序的自然展開。

問題部分得到解決是「科舉制」把儒生與文吏的社會流動通過制度化的形式在上層官僚體系與下層共同體之間銜接了起來，而且其效果是不僅在官僚制度中確立了儒生的地位，而且在鄉村共同體中同樣賦予其合法性的身分，這樣就造成了「官僚就是士大夫在官位時的稱呼，紳士是士大夫的社會身分」的局面。[1]這種上下相維又相異的結構就是有別於「吏法秩序」的「禮治秩序」，但這種禮治秩序與早期的「禮治」的狀態已有相當的不同。

（三）帝國氣質的「內向化」與儒學底層「文化實踐」的展開

前文已經說過，要想使一個龐大的帝國統治在配置各種資源時達到最佳的合理狀態，必須要處理好官僚行政「道德化」與基層社會相對自主的「禮治」狀態之間的微妙關係。不過要做到這一點其實非常不容易。漢武帝雖然接受了儒家思想，想通過它來改造「法治社會」生冷僵硬的面孔，但他的思想仍是依靠官僚系統強制推行「道德教

---

[1] 吳晗等著：《皇權與紳權》，天津人民出版社一九八八年版，第66頁。

化」，而沒有考慮給地方社會帶來多少道德禮治自主的生長點。這樣一來，儒家只是通過象徵性改造的途徑發揮作用，這好比是給官僚制度粉刷了一層光亮的鮮漆，而內核仍是嚴刑峻法經營社會的思路，所謂「儒表法裡」即是這個意思。這種情況在宋代以後發生了很大變化。宋代被認為是中國歷史發生重要轉折的時代，例如有的經濟史學者認為宋代發生了一場「經濟革命」[1]，也曾有學者則從「帝國氣質」轉變的角度觀察宋代，他區分了北宋與南宋為兩個階段，並認為宋代的帝國氣質逐漸由北宋的「外向」轉向南宋的「內向」（Turning Inward），北宋的文化多姿多彩呈現出樂觀積極的品貌，與之相比，南宋的菁英文化將注意力轉向鞏固自身地位和在整個社會中擴展其影響。就像一個人的氣質一樣變得前所未有地容易懷舊和內省，態度溫和，語氣審慎，有時甚至是憂鬱悲觀。一句話，北宋的特徵是外向的，而南宋卻在本質上趨向於內斂。[2]以氣質來劃分南北宋的差異無疑是個相當有趣的視角，不過有些討論的結論或可商榷。如帝國「氣質論」的倡導者劉子健就認為南宋帝國內斂柔弱的性格阻礙了其開拓創新活力的發揮，使後來的朝代蒙上了因循守舊的塵土，直至近代為西方所擊敗。這仍是前述以西方的「發展觀」來衡量中國歷史變化的典型例子。

　　按「氣質論」觀察帝國運作的表現，確能發現一些與前代迥然不同的現象，比如北宋至南宋的過渡時期，中國的廣大疆域內星羅棋布地出現了許多民間儒家流派，它們均具有明顯的地域特徵，我稱之為

---

[1] 如葛金芳就認為宋代就開始了原始工業化的啟動過程。參見葛金芳：《中國前近代社會中原始工業化進程的反覆啟動及其一再夭折——兼論中國傳統社會的制度性缺陷》，載武漢大學中國3～9世紀研究所編：《中國前近代史理論國際學術研討會論文集》，湖北人民出版社一九九七年版，第652～674頁。

[2] 〔美〕劉子健：《中國轉向內在——兩宋之際的文化內向》，江蘇人民出版社二〇〇二年版，第7頁。

「儒學地域化」現象,這是以往朝代所沒有的。[1]這些民間儒學流派致力於經典的簡化,如編撰《四書》而為科舉制度的教材,大批撰述修身和教育的論著,從文人的精神修練一直到底層的蒙養讀本,與各種族規家訓等人生指南,紛然並呈。士紳階層中彌漫著自律和修身的拘謹風格。這種風格確與兩漢儒生裝神弄鬼、以讖緯怪異的「政治神話」粉飾王權合法性的思路大有差別,特別是這種風格還影響了帝王主政時的氣質和教育普及的策略。

包弼德(Peter K. Bol)也發現,到了宋朝晚期,思想家們已經轉而相信心(mind)的能力,藉此可以對內蘊於自我與事物之中的道德品質獲取正確的觀念,而人們普遍接受的文化傳統則已失去了它的權威性。初唐時期人們相信,文化傳統能為大一統的秩序提供必要的典範;宋代晚期人們則相信,真正的價值觀是內在的理(Prinnciples)。在這兩者之間出現了一個思想多樣化的特殊階段。[2]前文曾經說過,兩漢時期,董仲舒等大儒曾製作出「天譴論」制約王權權力的濫用,董子雖偶言帝王內心的內省與自律的程度對於防止天譴的發生有相當重要的作用,但每則「天譴」訊息的提示仍往往與某些具體的政治事件和帝王作為相聯繫,好像只要處理好了某種具體政務,天譴的危險就可自然化解,而不需通過複雜的內省和自律程序達致。董子的角色還是小心翼翼地以讖緯說君王。

南宋以後的關鍵變化是民間形態的儒學開始以帝王為「教化」對象,這樣做的結果是使帝王把精力從應對「天譴」的角度處理具體政事,轉向通過自我內省的方式關注人事。民間儒者「教化」帝王的明顯跡像是在宮中引入了不少具有當時尚屬儒家民間流派的傳習者,如

---

[1] 楊念群:《儒學地域化的近代形態——三大知識群體互動的比較研究》,三聯書店一九九七年版。

[2] 包弼德:《斯文:唐宋思想的轉型》,劉寧譯,江蘇人民出版社二〇〇一年版,第3頁。

趙鼎為南宋皇帝推薦的老師就包括程朱學派的朱震和范沖。明代的相關史料更證明，帝王的經筵日講官張元楨就增講了《太極圖》、《通書》、《西銘》等宋儒的著作。具體的政事可以通過律令法治的角度加以解決，處理人事則講究內心自覺後行為的自我約束和修正，這種「教化」程序又通過官學（科舉）與民間（宗族）兩類渠道獲得了核心的位置。

總結起來而言，南宋帝國氣質的變化源於「政教」關係的調整，傳統中國並不存在「意識形態」這個現代語彙，與之最接近的一種表述是「政教」，包涵有「治理與教育」的意思，與西方意義上「政治」與「宗教」爭權奪勢的「政教」關係明顯不同。「政」的含義不僅包括政府的行政，還包括調整思想、規範行為的內容，其對象上自帝王下自民眾。「教」的含義也不單指教書育人，其含義是灌輸一種關於社會秩序的道德標準，宋以後的儒家更是設想通過對個人、社會和統治者進行管理教化，使之轉而向善。[1]

我個人以為，宋以後中國政治與文化實踐的核心點即在於如何在出讓基層控制權力與經濟經營權的同時，通過建構完善的「政教」意識形態體系，來更加有效地溝通上層和下層，從而以「軟性」的統治策略取代過於剛硬缺乏靈活的傳統官僚法治體系對地方社會控制的不力局面。

「政教」關係的重組作為一種意識形態的整合形式在帝國後期起著核心作用的原因，即在於它能不斷調控和維繫因疆域擴大而形成的國家與社會之間日益脫節的聯繫。而這種聯繫顯然靠舊有官僚體制的運轉已經無法維持下去了。所以「政教關係」的重組這種意識形態的結構方式，成為中國與西方「國家形成」的歷史分野。在歐洲，國家

---

[1] 〔美〕劉子健：《中國轉向內在──兩宋之際的文化內向》，第34頁。

形成的意識形態指的是力圖限制菁英在國家形成中的參與程度，是一種功利性極強的實踐哲學，而中國的傳統的「政教」關係的理想邏輯是想通過道德意識的訓練和實施的程度劃分和調控社會分層，如按標準來確認帝王、上層官僚還是地方士紳。在這種構思下，對「道德倫理主義」的普遍接受使中華帝國不可能在空間意義上形成上下絕然對立的衝突狀態，如西方式的「公共領域」和「市民社會」式的社會劃分原則，也不容易在社會控制的狀態下形成涇渭分明的「階級」分層。所以錢穆曾說，西方社會有階級，無流品，中國社會則有流品無階級，這是中西社會的一大區別。譬如教書人是一種行業，衙門裡辦公文做師爺的也是一種行業，但行業與行業之間卻是顯分清濁高下，這便是流品觀念在作祟。[1]流品高下雖與制度建構形成的地位等差有關，但更多的是滲透到日常生活中變成一種「道德」品評的依據，變成了一種無意識的感覺結構。這裡面的微妙之處恰恰可以從宋代「政教」關係發生變化的角度加以解釋，而不能用涇渭分明、過於簡約的「階級」概念予以概括。從社會結構變遷之角度立論，南宋以後帝國氣質轉向內斂，統治風格趨於敏感細膩，特別是帝國「意識形態」採取道德訓練以調控分層社會模式，無疑經歷了一個漫長的過程，其中重要的一個轉折點是北宋的「制度決定論」與南宋「道德決定論」之間出現嚴重分歧，並通過複雜的政治鬥爭促成後者占據上風。北宋王安石變法的起因如果僅僅從其變革思路的角度切入而觀，就可發現他沿襲的仍是漢初官僚體制強調帝國全面實施自上而下的法治控制的一貫思維，仍過度迷信帝國有能力通過全面的制度安排控制地方社會中經濟、政治、文化的方方面面，如有學者說他是「以申商刑名之術，文之以六經」的做法，又如「加小罪以大刑」作為「一天下之俗」的辦法，

1　錢穆：《中國曆代政治得失》，三聯書店二〇〇一年版，第143頁。

完全是兩漢以吏施法策略的延伸。[1]在保甲法的改革上也基本採取了非常實用的辦法，延用的是商鞅「什伍相維，鄰里相屬」的體制，並沒有把道德教化的因素考慮在內。

又比如在「吏役」如何使用的問題上，王安石已模糊地意識到，宋代中國地域廣大，各地的情況千差萬別，難以強求一律，在吏役的使用上必須尋求變通之法。但在具體的改革程序中，王安石卻仍堅持以帝國自上而下進行行政管理控制的舊思路推廣一些變革方案，王安石堅持取消攤派性吏役，用地方政府的吏胥和人力取而代之。這比傳統主張依靠攤派、挑選富裕上層家庭來承擔的辦法要合理得多。但王安石的頭腦中顯然沒有為地方社會的自主性管理預留出多少空間，也沒有考慮如何在自上而下的行政管理的體制之外，是否有可能調動其他資源去與之相配合。所以程頤弟子楊時就認為王安石只是以政刑治天下，道之以德，齊之以禮之事全無。[2]

與王安石固守傳統「制度變革」的思路明顯不同，秉承北宋保守主義原則的南宋儒者朱熹採取的辦法是先嘗試建立起一種自上而下以道德訓練為中心的意識形態框架，並以之定位制度的建構過程，同時注意為地方社會的管理預留出區別於官僚行政自主性運轉空間，從而建立一個具有自我道德完善能力的社會。這個思路的具體貫徹極大地影響了南宋以後中華帝國氣質的形成和塑造。

具體而言，朱熹解決北宋「制度決定論」生冷剛硬之面貌的辦法是，先用正心誠意的教化內省方法使帝王本身的氣質發生變化，成為一種道德化身，然後再瀰散出去演化為區別於傳統行政官僚管理原

1　鄧廣銘：《王安石——中國十一世紀時的改革家》，人民出版社一九七五年版，第23頁。
2　同上書，第75頁。

則的合法依據。最重要的是朱熹尋找到了一條獨特的路徑：這條路徑可以使上層處於形而上位置的「意識形態」原則順利地運用世俗化的手段轉化成基層的具體行為規條，最終使儒家具有了形而上（天理天道），與形而下（世俗之器）的雙面性格，最終重新串接起了帝國上下層的治理關係。在上層儒學用「天理」的形而上效力來規範帝王與官僚的行為，在民間社會則通過宗族鄉約等基層組織使「天理」轉換成了具體的行動準則。修身、齊家、治國、平天下一一貫之的邏輯性使中央到地方的制度行為中每一個層而都滲透瀰漫著濃厚的「道德主義」的氣息，從而在最廣大最有深度的範圍內影響到了官吏行為、教育體制與鄉村城市的治理行為。

就拿基層道德實踐的載體宗族的形成來說，朱熹的設計就有舉足輕重的作用。宗族成立的核心規則是「敬宗收族」，「敬宗收族」雖並非是從朱熹開始，但朱熹卻是把宗族制加以改造後以適應民間社會習俗的關鍵性人物，早期的宗法制中立廟祭禮的行為是等級與特權的象徵，先秦君主與各級官吏都有等級森嚴的廟制，普通民眾不得立廟祭祖。

秦漢以後，世卿世祿的制度雖被廢除，但宗法制度中貴賤與嫡庶之別卻未改變。北宋以來，儒家宗師程頤率先提議取消祭禮的貴賤之別，放鬆民間祭祖代數的限制，南宋的朱熹則更進一步明確可在居室內設祠堂祭祖，可以奉祀自高祖以下的四代神主，實際上把四代以下的「小宗」之祭合法性地推廣於民間，雖然為合官方禮制，朱熹仍不主張在居室中奉祀四代以上的祖先，但卻鬆口說可以用墓祭的方式折中進行。民間社會中的民眾不但可以在居家中祭四代以內的祖先，以奉「小宗」之祭禮，而且可以通過「墓祭」奉「大宗」之禮。[1]

有了朱熹的說法做根據，以後基層社會就各顯神通地對他的想法

1　鄭振滿：《明清福建家族組織與社會變遷》，湖南教育出版社一九九二年版，第229頁。

進行改造，比如跑到居室外設立「專祠」祭祖，祭祀的範圍也日益突破了四世之制，有祭至十幾代以上者，這是個了不起的變化。正如鄭振滿評論的：「一旦祠堂祭及四代以上的祖先，也就開始從小宗之祭演變為大宗之祭，從而使宗族的發展得以持久和穩定，宗族的規模也就日益擴大了。更為重要的是，在居室之外設立祭祖的『專祠』，自然也就突破了『庶人祭於寢』的禁令，從而使貴賤之間在祭祖方式上的差別趨於消失。」[1]

有的學者甚至認為，至少在華南地區發展起來的所謂「宗族」，並不是中國歷史上從來就有的制度，也不是所有中國人的社會共有的制度，這種「宗族」，不是一般人類學家所謂的「血緣群體」、宗族的意識形態，也不是一般意義上的祖先及血脈的觀念。明清華南宗族的發展，是明代以後國家政治變化和經濟發展的一種表現，是國家禮儀改變並向地方社會滲透過程在時間和空間上的擴展。這個趨向顯示在國家與地方認同上整體關係的改變。[2]因此，我們應該更加注意宋代以後國家禮儀的變化作為一種意識形態對宗族構造所起的作用。

宗族在民間有了合理性發展的契機使中國社會結構發生了根本性的變化。新儒家的許多理念通過宗族敬宗收族的程序得以擴散和傳播，非常普遍地在基層社會中轉化成了一種與上層「象徵建構」相銜接的底層「意識形態」要素，南宋以前的儒學在教化實施中總具有臨時性地裝飾吏治門面的特點，如兩漢儒學基本上是一種修飾王權合法

---

[1] 同上書，第229頁。

[2] 參見〔英〕科大衛、劉志偉：《宗族與地方社會的國家認同——明清華南地區宗族發展的意識形態基礎》，載《歷史研究》二〇〇〇年三月號，第3頁。這篇文章比較強調宗族的禮儀改革作為一種意識形態是如何塑造了地方社會的宗族形象的，也就是說，宗族不僅是一種獨特的社會經濟關係，更是一種後起的意識形態。我個人比較贊同這個分析視角。

性的技術型政治哲學，並不具備後來的普遍性支配作用。今文經學專為霸王道雜之的統治術當高參，使「霸道」表面上更具有「王道」的面孔和氣象，再加上讖緯政治神話時常摻雜其間，先秦儒學倡導教化的一面早已湮沒寡聞。所以宋儒才敢說孟子以後「教化之儒」根本就沒有真正的傳人，全成了官吏掩飾法治嚴厲的幌子，「道統」當然也隨之中斷，教化之道遂無法持續傳承。

　　本文以為，儒學「教化」傳承與瀰散的程度絕非思想史意義上的學術流派紛爭所能決定，以往的闡釋多拘泥於從「漢宋之爭」的內部理路轉換進行辨析，而不是把它視為一種嶄新的「制度安排」。正如曼海姆所論：要分析意識形態的表現形式就必須做到使思想的社會學歷史去關注實際的社會思想，而不是僅關注僵化的學術傳統內被詳細闡述的自我永恆的，在推測上自我約束的思想系統。[1]

　　我的看法是，儒學是否能成為一種非常有效的治理社會的「意識形態」，首先取決於它在什麼樣的制度安排下得以推行其「教化」程序的，問題的關鍵並不在於漢宋儒學內部觀念的轉換，而在於基層社會在宋代以後在多大程度上為「教化」設置了可以廣泛傳播的空間。宋明以後的歷史證明，持續推行「教化」是有條件的，不僅需要運用親屬的倫常關係去組合社群，而且鄉土社會中不論政治、經濟、宗教功能都能一體化地運用某種組織來負擔。歷史證明，只有「宗族」才能起到這個作用，同時為了使地方社會達到相當自主的程度。「宗族」需要不斷擴大和延綿。這幾個要素在祭祖延宗仍過於等級分明的特權社會中是不可能發揮作用的。而朱熹所倡導的寢祭與墓祭之別為民間四代以上的祭祖打開缺口以後，宗族才全面承擔起了越層治理和教化的責任。儒學才有可能在不斷的代際教化中以嚴密的細胞組織的形式穩

---

[1]〔德〕卡爾·曼海姆：《意識形態與烏托邦》，第74頁。

固地占領基層社會，成為其不可動搖的主導意識形態。

三 「制度成本」與儒家「意識形態」的形成過程
　　——一個新的視角

（一）「交易成本」下的「吏治」與基層教化

　　以往學界對「意識形態」的理解，往往侷限於視其某種控制社會的政治思想形態，「儒學」的實質似乎亦為如此。於是，人們常常把過多的精力花在探究儒學作為一種思想形態如何為統治者所青睞而成為論證其「合法性」的資源這個方面，他們沒有意識到，「意識形態」不僅具有論證王權「合法性」的政治哲學的一面，而且也有如何界定詮釋道德體系的運作規則以減少統治成本之作用。更具體地說，「意識形態」理論中還有一個制度經濟學的解釋，在制度經濟學家的眼中，所謂「意識形態」是減少提供其他制度安排的服務費用的最重要的制度安排。[1] 「意識形態」可以被定義為關於世界的一套信念，不過這套信念不是空洞的想像玄學，而是傾向於從道德上判定勞動分工、收入分配和社會現行制度結構。其中一個重要特點是：意識、形態是個人與其環境達成協議的一種節約費用的工具，它以「世界觀」的形式出現從而使決策過程簡化。[2]

　　一般來說，統治者想做的一切，都是在他看來足以使他自己效用最大化的事情。然而，統治者至少要維持一套規則來減少統治國家的

---

[1] 林毅夫：「關於制度變遷的經濟學理論：誘致性變遷與強制性變遷」，載〔美〕R·H·科斯等著：《財產權利與制度變遷——產權學派與新制度學派譯文集》，上海三聯書店一九九四年版，第379頁。

[2] 〔美〕道格拉斯·C.諾思語，同上書，第379頁。

交易費用。¹也就是說,「意識形態」的作用就是在王權追求效用最大化的同時,盡量使之用最小的成本獲得最大的利益。要達此目標需要分別滿足兩個條件:即民眾對統治權威的合法性和現行制度安排的公平性有較強的確信。歷史證明,儒家「意識形態」在形成之初並非立刻滿足了這兩項條件,其主要原因是,兩漢時期儒家雖然在上層完成了論證王權合法性的「象徵建構」,卻沒有在實際社會控制方面靠「教化」而不是「吏治」手段降低制度安排的交易費用。

秦朝漢初「吏治」的獨尊和無限制的膨脹和強化,其實是以犧牲原生態共同體的聚合為代價的。先秦儒家的道德理念源於原生態的血緣、姻親、朋友、鄰里等關係網絡,這些網絡的不夠分化恰恰構成村落邑裡共同體生活的穩定和諧狀態。儒家道德原則的貫徹依賴的是鄉俗遺規制約下的仁愛孝悌忠信,父老的教化權力與責任,社區成員的互動惠顧。也就是說,社區生活的穩定更多地依靠人們內心對某些規則的自覺遵守,而這種「自覺遵守」與道德規則的自動調節可以節省制度管理投入的費用。儘管這種初始的「道德規則」還不能算是「意識形態」,因為按制度經濟學的解釋,「意識形態」與道德的區別在於,它既包含理解世界的一種綜合方法,又按費用訊息使行為節省。不過這種原始的「道德」理念卻是以後儒家「意識形態」構成的主要資源。而秦政實施的法家原則依賴的是充分從鄉俗民規中分化出來的官僚制原則,其行事並非基於考慮維繫原始道德人倫關係的和諧,而是強調以自上而下高成本的吏治投入強化帝國的凝聚度。商鞅變法甚至「令民為什伍而相牧司連坐」、「有奸必告之」²鄉黨鄰里的互助互惠網絡,遂一變而為互相監控檢舉和連坐的關係。

---

1 同上書,第396頁。
2 《史記・商韓列傳》。

秦漢官僚制的制度設計的一個基本運行框架是皇權必須親歷親為地遴選各級官吏，使整個官制體系彷彿是王者個人臂膀的準確延伸，能上下相維地支配著所有統治區域的每個角落。比如光武帝時內外群官就多尤其親自選舉，加以法理考察，如果真按史籍上所載漢代十里設一亭，其職責是執盜、理詞訟的話，那麼可以看出它是作為縣以下地方基層行政組織而存在的。因為大多數亭直隸於縣，直接受縣令長的控制，亭長一般由縣令選用陞遷。[1]漢代的其他鄉官還有有秩、游徼、嗇夫、亭長等，他們均屬郡縣派來的鄉官，鄉官的選任在很大程度上受制於郡縣官。[2]屬於官僚制的最基層單位，這與後代有很大區別，因其是官僚制最低一級，意味著自上而下的控制是一體化全能運作的過程。

兩漢設有「辟士四科」（即茂才、尤異、孝廉、廉吏），但「四科」的察舉多了一道門檻，即必須在基層「便習吏事」，合格才能舉至中央。也就是說通過鄉舉裡選的基層程序選拔到州郡一級的孝廉、茂才們還要經過吏事治理的鍛鍊，才能升擢，這鍛鍊的時間甚至長達十年。宋人曾歸納出舉四科前要從事的工作包括「曹掾、書吏、馭吏、亭長、門干、街卒、游徼、嗇夫……」[3]等等都是州郡以下的吏職。這些吏職可以直接面對最底層社區的事務，在「才試於事」中形成競爭局面。因察舉以「吏治」政績為先，實際上是鼓勵「四科」候選人以法制手段控制民間，而非以「禮制」為先教化鄉里，靠儒教的自治狀態維持社會穩定。如此一來，皇權靠這種「察舉」使吏事變成了協調基層社會運作的主導特徵，而且由此模糊了「禮制」協調基層社會與

---

[1] 趙秀玲：《中國鄉里制度》，社會科學文獻出版社一九九八年版，第13頁。
[2] 同上書，第75頁。
[3] 參見閻步克：《察舉制度變遷史稿》，遼寧大學出版社一九九一年版，第13～20、45～60頁。

上層官僚制度的界線，甚至在基層取代「三老」教化所形成的固有秩序原則。這類辦法必然導致投入治理成本過高，其表現是吏治變成了主流治理方式，很容易使鄰里之間缺乏信任感，猜忌叢生必然導致心態不穩，離間了鄰里淳樸和諧的感情，察舉之前的吏治任事雖屬「鍛鍊階段」，但其效果是仍把官僚之網編織到了基層，撼動了原有的禮治秩序，更取代了許多基層教化角色的功能。

傳統的「禮治社會」崇尚的是「無訟」。可「吏治」的極端強化很容易「興訟」而非「無訟」。如《潛夫論》中就有一段詳細描述「興訟」之後所造成的可怕場景，其中說三府之下，至於縣道鄉亭如果出現民廢農桑從事訴訟的情況，「得以官事應對吏者，一人之日廢，日廢十萬人。又復下計之，一人有事，二人護餉，是為日三十萬人離其業也。以中農率之，則是歲二百萬日受其譏也」[1]。高度繁密的成文法律一直滲透進基層，不但使「吏」無法全面掌握，反而使民眾的「訴訟」變成了一種本能反應和行為，因為它堵塞了其他管理方式如禮治「教化」的渠道，瓦解了鄉俗約定下的人際關係網絡。也就是說，「制度成本」的付出不僅在於使官僚制度行政方面的職能強制延伸至下層，而使吏治的功能負擔成倍增長而不堪重負，而且還蠶食了道德禮儀教化在基層的原有地盤，使本身可以發揮自主作用的禮治秩序趨於萎縮。

按照諾斯的解釋，政治和經濟組織的發明是為了利用專業化（包括暴力行為的比較利益）帶來的交易收益而使資本財富最大化。這兩種組織都必須：（1）用法規和章程來建立一組對行為的約束；（2）設計出一套程序，以便對違反法規、章程進行檢查和遵循法規、章程；（3）輔之以一組道德倫理行為規範以減少實施費用。[2]

---

[1] 轉引自閻步克：《士大夫政治演生史稿》，北京大學出版社一九九八年版，第327頁。
[2] 〔美〕道格拉斯·C.諾思：《經濟史上的結構和變革》，商務印書館一九九二年版，第18～19頁。

問題在於，中華帝國在投入統治成本時必須做出判斷，即主要是想依靠前兩條所規定的法規章程實施統治，還是想依靠最後一條所揭示的道德倫理控制以減少實施費用更為合算。前兩條是法家的策略，後一條最初只是儒家裝點門面的飾物。可是隨著帝國吏治秩序的捉襟見肘，必須更多地依賴第三條規則來壓縮控製成本，以致於原來的緣飾因素，有可能上升為社會控制的主流選擇，儒學的命運即可作如是觀。

兩漢時期的吏治得以順利實施頗得益於漢武帝採取的「儒表法裡」策略，儒家雖具有正統「意識形態」之名，卻在實際治理國家的過程中基本不發揮作用而讓位於技術官僚。儒家在相當長的一段時間內只是為皇權統治提供象徵性的價值合法性論證。儒生參政之初，是以通古今，備顧問，傳授經術和制禮作樂之事顯示自己的存在。由於朝廷總以薄書、獄訟、兵食為急務，三代禮樂只是時出而用之於郊廟祭祀，而且身居朝廷中的縉紳士大夫都不能完全熟習，朝外在野之人更是難窺其奧了。朝廷「廟堂之禮」與基層「教化之禮」至此已嚴重脫節。

其實，後來的統治者已慢慢意識到，儒家作為一種「意識形態」的功能不但可以起到粉飾吏治、為皇權合法性做象徵意義上的解釋，以及司掌廟堂禮儀的作用，而且在基層社會中，儒家傳統因素如親緣鄰里關係的合理運作亦應予重視，而不應以官僚吏治強行取代其功用。覺悟到這點卻經歷了一個漫長的過程，因為這不僅是如閻步克所說的在簡選官吏方面融合「文吏」與「儒生」以改變官僚體制過於理性技術化之色彩的問題，而且是如何為原有的基層「禮治」秩序出讓足夠空間的問題。

一般來講，秦以後的帝國官僚制有進一步「分化」的跡象，它更加強調統治技術，而基層社會家庭倫理與職業社會道德之間仍保持著混沌的狀態而拒絕「分化」。以官僚制的「分化」原理強行取代基層社會結構的「不分化」原理，顯然要付出很高的成本，最好的辦法是使

「分化」與「不分化」各守其道，然後用「法治」與「禮治」的原則分而治之。當然「法治」與「禮治」之分只是粗糙的劃分，兩者在漫長的歷史演化過程中其實一直都處在相互滲透的過程之中。

「禮治」的基層原則當然不出儒家的忠孝節義範圍，可一旦運用於官僚系統與地方社會之中時側重點卻有所不同，官僚系統的技術化操作基本仍是以兵刑錢谷為考課標準，而在基層社會，以教化為先的禮俗因素卻逐漸凸現了出來，形成了「無訟」的社會習尚。科舉制正應合了這種兩分兩合的狀態，通過科舉制一方面可以上達官僚階層，同時低級功名者又分流到下層，起到鄉紳的作用，上則以兵刑錢谷為重，下則以教化為先。但在總體原則上，官僚制中的法治原則要受禮俗原則的支配，所以艾森斯塔德提出中華帝國的「文化取向」制約著其軍事擴張的企圖和範圍，以區別於以「政治——經濟」為目的的西方國家的說法是有道理的。[1]

現在可能誰都知道用「道德」替代「折獄」可以節省制度成本的道理，理想的禮治秩序是每個人都自動地守規矩，不必有外在的監督。費孝通曾經用足球賽做比喻，大意是說，比賽足球時只要裁判吹了哨，判定誰犯規，誰就應受罰，最理想的球賽是裁判員形同虛設，因為每個參賽球員都事先熟悉規則，並自覺在心中不踰矩地加以遵守。[2]這樣就使裁判督導的成本大大下降，至少他不用跑來跑去浪費熱量地仔細監督，投入的精力要少得多。如果把這種境況推廣到整個制度安排，就節約了相當一部分僱用制度「裁判」的成本。這相當於把原來的「禮」緣飾「法」顛倒過來，變成了「法」緣飾「禮」，甚至保甲中的「連坐法」的依據都是靠人心自覺在「禮」的督導下的自守，

---

1 〔以色列〕S.N.艾森斯塔得：《帝國的政治體系》，閻步克譯，貴州人民出版社一九九二年版，第233～242頁。

2 費孝通：《鄉土中國》，北京大學出版社一九九八年版，第55頁。

這是宋代以後基層社會的最大變化,但其代價是必須經過長期潛移默化的「教化」程序。

　　禮俗教化原則與技術型「法治」原則的區別還在於對個人角色的重新界定上。「吏治」的設計構想是個人社會角色基本建立在互相猜忌與防範的基礎上,而且靠律令權力監控,長期的爭訟使田園荒蕪,民疲於命,而若按「禮俗」重新設置個人角色,則效果就會完全不同。有學者認為,在古代中國,合法性並沒有形而上的來源,其政治制度是建立於把受階層體制安排的角色之間的和諧視為當然的假設上。個人意志僅能在個人明確界定之角色責任上得到其正當性,這種自然主義式的統治概念,緊密地將其權力凝聚在個人角色義務上。在中國的社會網絡中,權力的正當性是借尤其「角色」的責任獲得,如此權力與服從在本質上不是個人的,也不是針對個人的,而是帶有「位置」性的,它們是立基於特定的角色上,植根於對這些角色固有的禮儀之信仰上。[1]這個「位置」的塑造和確定顯然是儒家關係準則運作的結果。

　　權力的正當性一旦被倫理角色的責任所限制,就不是個人的法律行為所能擔當。而西方強調人的個體而非「角色」(如救贖、自由、理性、契約)個人成為政治與法律實踐的對象。個體的人恰恰是以反抗的角色意識而尋求解放的道路的。西方把人的意義以及人與人之間的關係系統化,中國是把角色的意義以及角色之間的關係系統化。[2]這個思路給我們的啟發是,宋以後的儒生即是在「吏治」的框架下塞入了倫理內容而進行了個人角色的定位,從而成功地把儒家的倫理從廟堂之上重新拉回到了民間並予以實體化了。即使是出於法治意義上的互

1　〔美〕韓格里(Gary G. Hamilton):《父權制、世襲制與孝道:中國與西歐的比較》,載《中國社會與經濟》,臺灣聯經出版事業公司一九八〇年版,第85頁。

2　同上書,第82頁。

相監控如形式上的保甲連坐法，在宋明也被賦予了人倫惇睦的內容，如王陽明創十家牌法，其中就主要講「每日各家照牌互相勸諭，務令講信修睦，息訟罷爭，日漸開導，如此則小民益知爭鬥之非，而詞訟亦可簡矣」[1]。

如果純粹從「制度史」的角度觀察中國社會結構，很容易輕率地得出一些武斷的結論，如中國王朝愈益趨向於「專制」。中國基層社會的自治狀態愈益喪失，其總的演變格局是上層王權對基層的控制愈益嚴重，如趙秀玲就認為隋唐是鄉里制度演變的轉折點。就是說，中國鄉里制度由「鄉官制」向「職役制」轉變，其實際發生時期應是隋唐。其結果是鄉里組織領袖的職責漸輕，其權限也漸小。漢唐時鄉里組織領袖的職責是負責整個鄉里事務，徵收賦稅，聽訟案件，維護治安及教化百姓等，幾乎無所不包，屬於官僚階層中最底層的官員即「鄉官」。如果再把時間往前延伸到漢代，其官僚制度更是一直滲透到基層，如果真按史籍上所載，漢代十里設一亭，其職責是執盜賊，理辭訟的話，那麼可以看出它是作為縣以下地方基層行政組織而存在的，因為大多數亭直隸於縣，直接受縣令（長）的控制，亭長一般由縣令選用陞遷。[2] 漢代的其他地方官員還有有秩、游徼、嗇夫、亭長等，他們均屬郡縣派來的鄉官。鄉官的選任，在很大程度上受制於郡縣官[3]，屬於官僚制的最基層單位。這與後代制度的最大區別是「制度成本」投入過高，因其是官僚制最低一級，意味著自上而下的控制是一體化全能運作。所以，問題並不在於地方制度是否從「鄉官制」向「職役制」的轉變，而是官僚制所擁有的「制度成本」在多大程度上能支撐帝國

---

1 《陽明全書》卷十七，「申諭十家牌法」。
2 趙秀玲：《中國鄉里制度》，第22頁。
3 同上書，第75頁。

的運作。「鄉官制」轉為「職役制」首先意味著中國社會的結構已不是一種早期純粹官僚制的說法所能完全概括，從表面上看「職役制」使地方控制的功能更加複雜和嚴密。實際上，它的核心控制理念已使行政功能向「道德化」的方向轉變。宗族、鄉約與士紳在基層社會中所充分發揮的載體作用充分印證了這一點。

明初更設「老人制」，平鄉里爭訟，以防越訟。史稱「若不由里老處分而逕訴州縣者，即謂之越訟。」[1]呂坤鄉甲約的設置固然符合加強控制的一面，但其內容仍是從忠孝節義的道德評判角度出發進行懲戒，這與純粹技術型的法理統治早已大為不同，如呂坤的鄉甲約規定各州縣的豎牌就是針對不養父母等情況而書「不孝某人」、「不教不義」等等。因為「鄉甲約」用「骨肉無恩，尊長無禮，夫妻無情，父子生分」牌書稱之「不孝不義」以治罪，是「道德」替代「法律」的倫理政治。由鄉里組織，以「道德」調解顯然可以降低「制度成本」的要求，把訴至縣一級的訟案減至最低程度，從而降低訴訟成本。如他自己也說：「寓教養於鄉約保甲之中，則詞訟自息，差糧自完，簿書不期，省而自省矣。」[2]

宋代陝西藍田「呂氏鄉約」的創辦就是以教化彌補鄉里制和保甲制重徵賦稅和社會治安而帶來的缺憾。當然有學者認為，呂氏鄉約最初不為官方所控制的民間自治精神後來遭到了扭曲。如明代鄉約與保甲相合後，從表面上看確實是削弱了其「自治精神」，不過我更覺得，鄉甲制的合併倒是有可能真正把儒家的教化原則和策略給制度化了，因為原來的「鄉約」雖有「自治」之名，但因其總是不定期舉行，無

1　〔日〕趙秀玲：《中國鄉里制度》，第42頁。關於明代的「老人制」，可以參閱伊藤正彥：《明代里老人制的再認識——圍繞村落自治論、地主權力論的周邊》，載《中國前近代史理論國際學術研討會論文集》，湖北人民出版社一九九七年版。

2　呂坤：《實政錄》卷五，《鄉甲約》。

法形成與官僚體系相互配合的格局。更重要的是，在基層社會，保甲制仍不同程度地受到鄉約正的控制。如呂坤的「鄉甲約」就規定：以百家為單位設約正一人，約副一人，選公道正直者充之，以統一約之人。約講一人，約史一人，選善書能勸者充之，以辦一約之事。十家內選九家所推者一人為甲長。這裡面明顯規定，鄉約正的職責範圍不但比甲長要大得多（百戶），而且在制度上可制約甲長的行為，如呂坤又說：「甲長不服人，許九家同稟於約正副，如果不稱，九家另舉一人更之，不許輪流攀當，約正副不服人，許九十八家同稟於官，如果不稱，眾人另舉一人更之。」[1]明代隆慶時載：各地佃戶編立甲長後，人丁不但受甲長約束，每月朔，各甲長清晨還要赴約所匯報地方治安情況。如本甲有事，甲長隱情不報，如查出是受財賣法，一體連坐。[2]可見鄉約正對甲長有很大的控制權。

　　一般有一種看法，即認為中國民間教化的自治按朝代的延續呈遞減的態勢。漢代的「三老」掌地方事：務時民間最為自由，教化渠道最為通暢，也最受尊重，而宋以後，「教化」系統與保甲制度相合，反而因為加強控制而受到弱化。還有一種觀點認為，漢三老、明老人和宋代明清鄉約間有承接性和連續性。正是隨著朝代更替，鄉三老的地位作用日減，為克服鄉里組織領袖和鄉里社會的無序狀態，鄉約才應運而生。[3]而我認為可能情況恰恰相反，漢時尚無證據，儒家的原則已牢固成為基層社會的主導價值，基本上靠循吏和三老推廣顯然是不夠的。而宋明以後的鄉約與宗族鄉紳的聯體互動，才真正使儒家思想通過制度化的形式固定下來，如鄉約正的使用基本從村長、族長中選拔

1　呂坤：《實政錄》卷五，《鄉甲約》。
2　《文堂鄉約家法》，隆慶六年刻本，轉自趙秀玲：《中國鄉里制度》，第160頁。
3　趙秀玲：《中國鄉里制度》，第160頁。

而出，這樣就把地方宗族和保甲職役的功能有機地結合了起來，特別是族長充任鄉約正的情況可以真正實現儒學的世俗化目標。以往的研究也存在一些誤解，例如有人認為，地方自主權大即是自治能力強，如漢代亭長職責較多，包括課農桑、興教化、嚴賞罰，甚至制律令，對一亭負有全責，但這種自主權是在官僚制最低一級官吏規約下的自主權，「亭」屬於官僚制的最低級。其對基層權力的大包大攬恰恰會妨害民間自治權的拓展，自主權越大說明其行政職能向民間延伸得越深。

鄉里制度與宗族職能的同構亦是儒家原則被基層制度化的一個最佳證據。鄉里制度按宗族方式組織起來有利於減少制度統治的成本，因為鄉里制度既然已不成為官僚制度控制的最末端單位，其自我運作的成本必然要由民間來承擔，而宗族承擔部分職能，特別是其內部家法教化處理的「息訟」功能，大大降低了官僚制運作的成本投入。如發生糾紛時，糾紛各方的宗族即可在宗內調息矛盾，先不得告到官府和公門，不行還可告到鄉約，有時鄉約正即是由宗族長兼任，這種雙重制約以息訟的方式大大減輕了官府的行政壓力，減少了行政成本。漢以來的「教化」由三老督導，但三老的職能常與官吏如「亭」的職責混淆不清，雖專掌教化，但仍少制度化的設計加以定位。由宗族來承擔「教化」職能，往往可與鄉約互為犄角，如徽州地區很多宗族就建立了宗族性鄉約，鄉約規條與族規家法合二為一，鄉里組織與宗族領袖的身分又常重疊，就使得「教化」與儒家倫理灌輸的制度化程度日益提高。

儒家「意識形態」化在底層得以推行是通過宗族意識的規範化得以實現的，如族規中把傳統鄉約的內容和聖諭六講的宣教納入其中，經反覆灌輸成為族人行為的準則，這種做法顯然也比三老專門不定期地舉行教化或鄉飲酒禮的隆重儀式要有效得多，而且成本投入也少得多。清代官僚制度甚至有意下放一些司法權力給宗族組織，官僚機構

甚至因人手不夠通常不想去干涉宗族的事務，宗族組織有時成了最低一級的司法機構，罰款、笞杖、剝奪族規中的規定權力，逐出族門等懲罰都對族人很有威懾力。但很顯然，宗族組織仍是以「教化為先」的手段控制地方社會，使之瀰散著一種儒教的氣息。

（二）誰更能節省「訊息成本」——教化功能還是「連帶責任」

經濟學家在觀察古代中國社會時特別注意到了「訊息成本」和「連帶責任」的關係問題。他們認為，類似連坐保甲之類的「連帶責任」制度並非中國所獨有，但中國可能是有史以來連帶責任實施範圍最廣，時間最長，制裁最嚴厲，對這一工具依賴性最強的國家。他們也注意到了倡導家族主義集體性責任和倫理秩序而不是個體性責任權利的儒家思想，同樣主張和鼓吹「連帶責任」在社會控制中的作用。[1]所謂「訊息成本」是決定法律制度有效性的主要因素，法律制度應該隨訊息成本的變化而變化。[2]而「連帶責任」的實施一直被視為是減少「訊息成本」的重要制度之一。

不過在我看來，經濟學家對中國社會結構的分析需要進行兩點修正：一是應嚴格區分不同時期「連坐保甲制度」的不同類型及其作用；二是不應過度注意以地域關係為紐帶的公共權力組織如保甲制度的外在制約形式和計算效益，以及以家族、血緣關係為紐帶的集體性懲罰效果，而沒有充分注意到儒家「意識形態」的形成如何在節省「訊息成本」的意義上確立其自身合法性，而這種合法性的獲得又如何影響

---

[1] 張維迎：《訊息、激勵與連帶責任——對中國古代連坐、保甲制度的法和經濟學解釋》，載《訊息、責任與法律》，三聯書店二〇〇三年版，第185頁。

[2] 同上。

了「連帶責任」含義的變化。

　　先看第一點，早期由管子、商鞅一直到王安石所提倡的連坐保甲制度基本上屬於一種官僚體制自上而下的控制類型，這種類型的特點是無論任何形式的群體相互監控，都是帝國政治行為的一個組成部分，都是帝國行政觸角向基層社會延伸的一個結果。這種政治行為延伸的結果與所謂「訊息成本」之間的關係表現在：設計「連帶責任」的框架時必須考慮兩個條件，即行為的可觀測性（observality）和可驗證性（verifiability）。這兩個條件意味著法律的訊息成本。「可觀測性」意味著其他人可以觀測到主體的行為或後果。「可驗證性」則是指行為可以在執行法律的政府面前客觀地加以證實。有些行為能被當事人觀察到，但很難在政府面前得到證實。但如果不能加以證實，就不具有法律上的可執行性，也達不到激勵的效果。[1]這兩項條件決定訊息成本的要素在中國古代歷史的各個不同發展階段顯然是有變化的，其變化幅度往往取決於帝國空間統治範圍擴大所造成監控成本投入的變化。

　　一般來說，時間和距離是影響可觀測性的重要因素，相處的時間越長，顯然行為的可觀測性越高（不一定是可驗證性），距離越近，行為的可觀測性越高。時間和距離與行為的可觀測性是成正比的。[2]由此判斷而觀，帝國空間統治的伸縮對「訊息成本」的高低應有相當大的影響。兩漢的統治範圍雖已達嶺南，但較為有效的統治區域仍集中在黃河中下游流域，尤其是帝國「政治軸心」與「文化軸心」基本疊合於北方，這就使「吏治」的資源比較容易一以貫之地加以配置。帝國可以靠直接委派官吏至最底層進行管理。這些官吏可以在一個相對

1　張維迎：《訊息、激勵與連帶責任——對中國古代連坐、保甲制度的法和經濟學解釋》，載《訊息、責任與法律》，第 197 頁。

2　同上書，第 197 頁。

狹小的區域內完成訊息成本的要求，即近距離實現行為的高度可觀測性。至於是否具有「可驗證性」，尚可根據嚴刑峻法的實施加以控制。

　　隨著以後帝國統治疆域面積的擴大，特別是「文化軸心」與「政治軸心」分離以後，如果要維繫自上而下的官僚體制，制度成本的投入也會相應增加，比如機構設置的繁複和「吏治」人數的增加都會影響行政效率。兩漢基層吏治基本上是靠經過選送中央前的察舉「四科」吏員來加以實施的，隨著地域統治的擴大，這些「四科」吏員的詮選必然供不應求，其底數無法應付對廣大地區進行監控的要求，而且這種詮選常常需皇帝直接過問，長此下去勢必難以維持。儘管更多的監督人員的派遣可以提高行為的可觀測性，帝國後期如明代依賴東廠特務即是一例，如「連帶責任」這樣特定的制度安排同屬於官僚行政的組成部分，要求行為人之間相互監視，和官員儘可能地滲透參與，如對口供的依賴也可以視為一種提高可觀測性的制度安排。[1]帝國統治空間擴大之後，單靠向基層不斷直接派遣官吏顯然已不切實際，而傳統的連帶責任系統如各種保甲實驗，在宋代以前只是官僚制度的一個組成部分，並沒有分流給基層的自主性禮治組織，這種管理設計在統治空間擴大的情況下是和官僚制度相矛盾的，因為官吏人手的奇缺使他們僅僅在滿足訊息成本的「可觀測性」方面就陷於疲於奔命的境地，更無法在可驗證性方面保證質量。統治空間越大，可觀測性和可驗證性的訊息成本就越高。

　　獲得、傳遞訊息能力低下，是傳統社會的根本特點之一，儘管秦始皇統一文字、度量衡，秦帝國以及後來的歷朝歷代帝王都努力構建水陸交通網、驛站郵傳等制度，降低了訊息的傳遞成本。但由於其官

---

[1] 張維迎：《訊息、激勵與連帶責任——對中國古代連坐、保甲制度的法和經濟學解釋》，載《訊息、責任與法律》，第197頁。

僚體制控制社會的直接性導致空間的擴大後仍使訊息成本被迫增加，以致於必須調整其「激勵機制」，原來最強有力的激勵方式如連坐保甲等就需要調整。解決訊息成本增加的辦法是不斷增加監控官員的數量來完成監督和動員。

我們注意到從西漢到唐代，官員占總人口數的比例一直在不斷增加，從西漢的 0.22%，東漢的 0.27%，到唐的 0.7%，官員總數都在十幾萬人上下，說明一直貫徹著這個原則。但令人驚訝的是，宋以後的官員銳減到三萬人，占人口比重只有 0.09%，這是個非常大的變化。清代的《大清會典》中，更是只羅列了兩萬名公職人員。當時清代的人口數一般按四點五億計算，這意味著每兩萬多人中才有一個官員。即使我們將官僚制底層人員也計算進去，官員的總數仍相當有限。據估計底層官員的總數約為一百五十萬人，這其中包括差役、胥吏、師爺、僕役等人都在內。將此數目加人二萬名官員一併計算，每一萬人中仍然只有三名政府的公職人員。如果對比一下歐洲國家，法國在一六六五年時，人口總數為二千萬，而國家官員有四點六萬人，這意味著每五百人中就有一個官員。法國大革命前夕，法國人口總數是四千萬人，而官員（包括小城書記及城門守衛在內）有三十萬人，這意味著每一千人中，有七點五人是領受政府薪水的僱員。從十九世紀開始，國家僱員的比例更是迅速增加，因此到了二十世紀之交，歐洲國家在每一千人中，有二十～三十名政府僱員。[1] 中國政府控制社會的人手不夠，必然會靠其他方式彌補，其中大量藉助「士紳階層」的力量是其維持社會正常運轉的主要思路。據張仲禮的分析，十九世紀前半期，士紳的總數大約是一百一十萬，其中只有十二萬即 11% 左右屬於

---

[1] 參見〔美〕韓格理（Gary G. Hamilton）：《天高皇帝遠：中國的國家結構及其合法性》，載其著：《中國社會與經濟》，第一二〇頁。

上層紳士。也就是說，中國社會的運轉基本上是靠下層士紳的作用得以實現的。[1]

官員數字與人口比例之間的變化當然可以從連帶責任的健全減輕了官僚體制的負擔這點上加以解釋，但我覺得這個解釋是不夠的，因為宋以後的一個最大變化是連帶責任制度已不是一個較純粹的「法治」制度，而是加入了儒家思想的成分，使原來作為吏治補充的連坐保甲披上了一層溫情的面紗。如果不從儒家思想如何滲透到基層而成為一種「意識形態」的角度進行分析，就無法把握中國歷史發展的特質。按照制度經濟學的說法，如果行為實施是不可觀測和不可驗證的，那麼法律是無能為力的，而只能依賴於社會規範。[2]如果比照於中國史研究，「法律」即是官僚制下的行政運作，而「社會規範」不妨被看作是儒家「意識形態」在基層實施的結果。

中國在宋代以後面臨著一個嚴重的問題是，如何克服統治區域的擴大而帶來的「訊息成本」的提高。要想從根本上解決這個問題，顯然不可能僅僅在官僚制度上動動手術就可加以解決，而必須尋求和發掘官僚體制之外的治理資源與之相配合。這種「治理資源」很顯然並非是傳統的「連帶責任」一語所能概括，而是儒家「意識形態」發生微妙作用的結果，這裡我們不妨再引用一段經濟學家有關「訊息成本」的分析：「在一個社會中，如果一個人的行為能被一部分人群以相對低的訊息成本觀察到，而其他人群觀察該行為的成本較高，那麼，讓訊息成本較低的人群行使監督的權力就可以大大地節約監督成本。如果制度規定具有訊息優勢的人群同時必須對被監督對象的行為承擔連

---

[1] 張仲禮：《中國紳士——關於其在十九世紀中國社會中作用的研究》，上海社會科學院出版社一九九一年版，第123頁。

[2] 張仲禮：《中國紳士——關於其在十九世紀中國社會中作用的研究》，第198頁。

帶責任（風險），這部分人群也就獲得了監督他人的激勵和名義（權利）。」[1]如果把這段話用於分析古代中國社會，我們就會發現，訊息成本較低的人群發揮作用，並不完全取決於保甲制度的嚴密與強悍，因為保甲連坐系統很早就已存在。宋以後基層統治訊息成本的降低，很大程度上是儒家「意識形態」支配下人倫關係網絡重新發揮功能的結果。當然，儒家「意識形態」在基層要真正達到「制度化」的禮治目標，就必須依託宗族等有形組織才能實現。

家族作為儒家「意識形態」的載體，其特徵是家族內部成員之間，共同生活顯然更容易得到訊息，無論是時間還是距離都有利於訊息的獲得和流通。而家族之間的身分關係則非常容易界定親疏關係，「禮」在其中所起的作用可以自覺調節觀測對象的距離與遠近。[2]政府通過家族分配義務，既可節約訊息蒐集成本和監督成本，而族長等地方領袖兼具裡甲長等現象的出現，又降低了政府與民眾的談判、指揮和協調的成本。如此看來，所謂「小政府，大帝國」的控制策略顯然不是靠古已有之的連帶責任制約來加以實現的，而是主要依靠儒家「意識形態」在基層的最終合法化才得以實現的。

在這點上我和經濟學家的觀點不一樣，經濟學家認為中華帝國能夠在兩千年裡在如此廣闊的疆域上維持統一，而此帝國的訊息與技術又是如此落後，那麼維持此帝國的關鍵依賴儒家思想是遠遠不夠的，正是人與人之間大規模實施的連帶責任，保甲制度連同官僚體制，君權與相權的互相制約等治理機制維持著帝國的一統。人與人之間的連帶責任的大規模推行，在地方一級克服了訊息不對稱和技術、交通落後等制約因素，起到了維持政權的重要作用。[3]

---

1 同上書，第205頁。
2 張仲禮：《中國紳士——關於其在十九世紀中國社會中作用的研究》，第231頁。
3 同上書，第243頁。

而我恰恰以為，以上作用的實現包括連帶責任的作用都是基於儒家實現了「意識形態」化之後，有效地滲透進基層制度內，使連帶責任具有了一種「軟性」控制的魅力，這種軟性的文化控制手段的出現，才是區別於官僚體制運行機制的關鍵之所在。

也就是說，「人與人之間的連帶責任」的低成本化恰恰是通過禮儀教化過程的合法化才得以實現的，而不是通過單純的法律激勵。儒家的「意識形態」化使低流動性人口下的社會規範具有了一種信用和值得信任的色彩，而淡化了它本身具有的強迫性質。

四　儒家意識形態的「象徵建構」與「文化實踐」之間的脫節及其後果

（一）近代民族主義話語的破壞性

如果我們調換一個角度，把新舊民族主義話語分析納入我們的研究視野，我們即可發現，儒家「意識形態」的形成淵源於中國人頭腦中的傳統「民族主義」對族類的自我確立和文化的自我確立，而儒家「意識形態」的崩潰也導源於近代「民族主義」對「國民意識」與現代國家地位的確認和捍衛。新舊「民族主義」的交替作用催生了近代中國疾風驟雨的思想風暴，同時也宣告了儒家「意識形態」歷史使命的終結。因此，如果說近代西方「民族主義」的強力滲透顛覆了儒家通過「意識形態」在中國政治與社會結構中的核心位置，那麼就須首先瞭解在中國歷史舞臺上頻繁出演的漫長戲劇中，傳統的「民族主義」在何種意義上成為襯托出儒家意識形態鮮明風格的背景底色。

傳統中國的「民族主義」（如果能稱為「主義」的話）包含了「族類」與「文化」的雙重自我確立這兩層含義。「族類」的自我確立就是所謂

「諸夏」與「夷狄」的身分之辨，即從「種族」意義上確立漢族與其他民族作為中心與邊緣的區域分佈關係；「文化」的自我確立則是指「禮制」秩序的播衍如何成為塑造帝國氣質的一種動態的因子。不過把「族類」和「文化」兩種特質合而觀之，族類的觀念並不及文化觀念深入人心。中國古代的儒家學者雖然隨時注意種界的差等，卻一向更強調「教化」訓導對消弭種界差等的作用。有一種觀念在此顯得很重要，那就是由文化而泯除種界的分別，是先秦以來政治理想發展出來的悠遠傳統。代表王道的帝國中心對四裔的支配關係，很早就確立了依靠文化同化而非軍事征服的長久策略；帝國對所謂夷狄居留之地不設重兵置總督，而只是在象徵意義上奉行中國的一冊正朔就可以被接納。文化的邦土和符號體認取代了領土的實際控制，這與近代國家用實際疆界的劃分整合民族的途徑恰好相反。[1]

儒家「意識形態」在近代崩潰的開始首先源自於中國知識人已無法通過事實來確信仍能用古老的「文化」認同的方法整合西方這伙新「蠻夷」；文化的同化功能不但無法在西人身上重新得到驗證，反而不斷通過遭受軍事打擊的事實反覆驗證著中國傳統「民族主義」觀念在近代社會中的淪落和無效。如此強烈的視覺和意識上的反差，逼使中國知識人不得不重新調整「族類」與「文化」認同之間形成的固有組合關係，並通過對新一輪西方「民族主義」的擁抱來抹平文化自尊所受到的劇烈傷害。怪不得有人說，對近代「民族主義」的鼓吹是中國人自尊心受挫後進行自我保護的一種反應和調適。伯林對此看得很透徹，他說，區別於強調某個民族的歸屬的民族意識，「民族主義」的發生最初也許是針對一個社會的傳統價值受到的居高臨下的或蔑視的態

---

[1] 王爾敏：《清季學會與近代民族主義的形成》，載《中國近代思想史論》，社會科學文獻出版社二〇〇三年版，第 195 頁。

度做出的反應，是最有社會意識的成員的自尊受到傷害和屈辱感的結果，這種感情理所當然地會引起憤怒和自我肯定。[1]

　　這種自尊和敏感通過近代中國知識人對各種西方思想的抉擇以不同的形式表現出來。比如，中國知識人在經受了西方入侵的各種凌辱的反覆刺激後，才開始把「帝國」與「主權」的概念聯繫起來加以觀察。西方主權（sovereignty）觀念的產生與現代民族——國家的建立密切相關，而要讓屬於傳統帝國範疇的清朝知識人接受其中的新意義，首先源於他們對海關市權、關稅自主以及獨立的關稅壁壘政策這些國際關係法則重要性的直觀認知。如王韜對「額外權利」的認識，鄭觀應對海關權利的認識都是鮮明的例子，到了晚清康有為成立「保國會」，其中「國」字的含義已相當於西方的 nation-state。有學者對《保國會章程》中的若干概念與西方的相應概念一一對應做了分疏：如「國地」（在今日沿用為國土）一詞，同於西方的 territory，「國權」（在今日沿用為主權）一詞，同於西方的 sovereignty，「國民」一詞同於西方的 people，這些概念的相互對應足以表明晚清「民族主義」概念已趨向於完整接受西方的含義。[2]

　　我們再看看張之洞在《勸學篇》裡的說法：「保國、保教、保種合為一心，是謂同心。保種必先保教，保教必先保國。……故國不威則教不循，國不盛則種不尊。」這裡需要特別注意的是張之洞對「保國、保種、保教」的排列次序。也就是說從近代觀念來說，它包含著族類、文化、主權三個基本要素，但「保國」被排在第一位確是一個引人注意的轉向，因按傳統的次序應是：「保教，保種，保國」，因為「國」

1　〔英〕伯林：《反潮流：觀念史論文集》，馮克利譯，譯林出版社二〇〇二年版，第412頁。關於中國人受到西方侵略的強刺激之後所發生的「種族」觀念的變化，可參看〔英〕馮客：《近代中國之種族觀念》第二章，江蘇人民出版社一九九九年版。
2　王爾敏：《中國近代思想史論》，社會科學文獻出版社二〇〇三年版，第192頁。

在傳統的意念裡是畛域與疆界的代稱，相對於「文化」的「教」來說是次要的範疇，因「文化」的深邃內涵可以同化一切，甚至可以彌合跨疆域帶來的距離感，而進入近代以來這種「文化」的作用似乎在迅速消失。[1]晚清知識人為消除自卑心理重振民族自尊被迫跌入了一種內心緊張的思維怪圈，一方面他們在傳統文化認同秩序的崩解時又認可這種崩解，這樣似乎有利於中國步入現代民族國家之林；另一方面他們恰恰又是以西方的「進化論」中的「競爭」觀念去尋求新的自立契機，這樣做的結果很有可能不過是印證了現代西方國際霸權秩序的有效普遍性而已，與真正克服文化自卑情結基本是毫無助益，只能陷入更深刻的痛苦狀態。近代中國知識人接受西方「進化論」的歷史就證實了此論斷作為一種現代西方的「意識形態」所產生的強大威懾力。「社會進化論」進入中國知識圈的最大特徵是重新定位了中國人的民族身分認同和重塑了「國家」的觀念。晚清中國知識人對「民族」的理解總有「文化」涵蓋「種族」的傳統理念做支撐，即使領土被「蠻夷」所全部占有，文化仍能涵化其野性於無形，而西方的全面進入卻使這個老公式在應用時全面失靈。

　　「社會進化論」全面輸入所造成的刺激在於樹立了國家主權和實體的認同觀念，以對立於「文化普遍主義」的傳統思維框架。這兩種思維形成的張力關係是導致儒家「意識形態」瓦解的重要思想原因。因為「進化論」並不承認「文化」有一種持久的包容性，而是僅認為「文

---

[1] 王爾敏的另一思想也值得注意，即在研究中國歷史時，應區分「行政」與「文化」概念的不一致性，而不應以行政史的眼光來估測中國歷史區域的變遷。他在考證「中國」一詞的來源時說：「中國」一詞，顯然以諸夏領域為範圍，共宗周王為中心之代表。當時人共喻的意義，自然相當普遍。可知中國在行政上雖然尚不是一統局面，而卻早已形成了文化的一統觀念，這是研究中國史的人所應當特別注意的。王爾敏：《中國近代思想史論》，社會科學文獻出版社二〇〇三版第195頁。

化」在歷史上的某一階段會發生作用。而在近代列強角逐的情境下，「文化」也只有在民族——國家相互競爭的格局中才能檢驗出其真正的有效性。同樣也只能在與世界歷史發展的關聯性角度才能加以認識。這樣就自動消解了「文化主義」的價值和歷史預設。

在「進化論」者們看來，中國傳統政教合一制度的安排由於太過於自足封閉而不具備現代社會要求的變異氣質。中國知識分子身份認同的轉變恰以此為切入點，進而引發了「政教合一」制度的變革。無數研究已經證明，儒家意識形態的崩潰是以「政教合一」中「教」的變化開始的，所謂「教」的現代核心理念就是通過培養國民意識而脫離原有的文化秩序，這種意識培養到一定程度就會瓦解對清王朝的忠誠，因為在近代中國知識人看來，清朝已不具備成為現代——民族國家的資格。相反，按照《大英百科全書》對「民族主義」（nationalism）的定義：所謂「民族主義」就是個人覺得每一個人對於民族國家（thenation-state）應盡最高的世俗忠誠的一種心態。[1]由此看來，中國知識界通過對現代國家的忠誠而背叛儒家的「意識形態」也就成為順理成章的事情了。

列文森在區別「文化主義」與「國家主義」兩個概念的時候，提出「競爭」概念的產生是一個非常重要的過渡中介。「競爭」的觀念是國家主義的本質，而中國的「文化主義」者是沒有競爭觀念的。[2]當世界僅僅存在著「中國人」和「蠻夷人」兩種人時，「蠻夷人」又常常被同化進中國圈時，是不可能產生什麼「愛國主義」的，所以梁啟超認為國人的「世界主義」是愛國心和民族意識久不發達的最大障礙。只

---

[1] 參見傅偉勳：《文化的民族主義與政治的民族主義——以日本的民族主義為例》，載劉青峰編：《民族主義與中國現代化》，香港中文大學出版社一九九四年版，第65頁。

[2] 〔美〕約瑟夫・阿・列文森：《梁啟超與中國近代思想》，劉偉等譯，四川人民出版社一九八六年版，第148頁。

有在承認作為一個國家而不是作為一個世界時,歷史不是單一世界的文化包容史,而是眾多自治國家相互衝突的歷史時,民族主義和愛國心才會出現。所以達爾文的社會進化論的引入使中國士人不得不首先接受其規定國家是競爭的最高單位。這樣一來,不僅國家主義以此擠走了文化主義,而且國家本身也以此為行動目的而擠走了文化。[1]

(二)「脫域」與中國基層社會自主狀態的終結

中國近代社會變革是在相當廣大的空間中漸續展開的,由於變革波及的深廣程度為歷代所未有,變革設計者主要面臨的問題是如何協調上下層不同步變化所造成的節奏失調。因為中國知識人對上層制度變革的設計往往是以犧牲下層悠長深遠的傳統地方利益為代價的。近代中國上層體制的變革往往是通過強度日益加大地攝取地方資源和改變民間制度的自主性狀態才得以實現的。這個過程比較接近於吉登斯所說的「脫域」(disembeding)狀態。所謂「脫域」是指社會關係從彼此互動的地域性關聯中,從通過對不確定的時間的無限穿越而被重構的關聯中「脫離出來」[2]。

比如科舉制原來的最大功績是使上下層知識人的流動成為可能和合法,但近代學堂學制的改革內容基本上失去了與地方社會一些既有社會倫理與文化傳承的關聯性。由新式系統訓練出的專家所具有的知識結構既無法服務於基層社會文化系統的建構,也不能在「熟人社會」中與民眾熟知的常識性觀念相銜接,而且專家系統越來越頻繁地改造著現代中國人的生存環境,編織著他們生活於其中的物質與社會環境的宏括範圍。中國近代越來越多的人不是依賴於熟悉的環境中提供的

1　同上書,第155頁。
2　〔英〕安東尼·吉登斯:《現代性的後果》,譯林出版社二〇〇〇年版,第18頁。

常識性知識評價和估測自己或他人的行為，因為在這種環境中他們恰恰是通過參與這些過程而獲得其判別尺度的。近代以來，中國人對專家系統的信任既不依賴於完全參與這些過程，也不依賴於精通那些專家所具有的知識，他們擁有知識的能力與參與過程相脫節成為中國近代社會的一大特徵。[1]科舉制的上下層流動使「官僚」與「士紳」之間的紐帶關係十分密切，官員退下來即可參與地方社會的文化實踐，升上去又是官僚系統的統治支柱，現代教育制度則使這種雙重身分淡化了許多。例如不少在學堂中受教育的地方人士，往往受到新型西方科學教育內容的感召而大批湧向城市，成為城市現代專家管理系統的中堅力量，而再也無法與鄉村傳統控制系統相銜接。

儘管如此，近代變革並不意味著已從根本上摧毀了下層組織形式，宗族與各種社會倫理組織和形態及宗教信仰的持續延綿，都說明上下不同步構造出了近代中國的「兩個世界」。[2]換言之，「脫域」的過程雖然一直在進行，但「脫域」的真正實現卻非一日之功所能達致。儒家意識形態化的過程其實包括「象徵建構」與「文化實踐」兩個組成部分。「象徵建構」一直是儒家上層意識形態構造的核心內容，從《周禮》強調「禮」作為等級秩序安排社會生活時起，直到兩漢時期以「政治神話」構建帝王合法性基礎，再到宋明時期對「理」的系統哲學的打造，無一不是圍繞儒家「象徵秩序」的營造而展開的，這個過程對於儒家形成「意識形態」（包括奠定其政治哲學的基礎），肯定是一

---

[1] 同上書，第 25 頁。

[2] 參見楊興梅：《觀念與社會：女子小腳的美醜與近代中國的兩個世界》，載《近代史研究》二〇〇〇年第四期，第 55 頁。羅志田在《新舊之間：近代中國的多個世界及「失語」群體》一文（載劉志琴主編：《近代中國社會生活與觀念變遷》，中國社會科學出版社二〇〇一年版）中也論及：近代中國各地社會變化速度及思想和心態發展的不同步造成了從價值觀念到生存競爭方式都差異日顯的兩個「世界」。

個重要的階段，但卻不是最為關鍵的階段。因為在唐宋以前，儒家「意識形態」一直沒有解決好如何使自身轉化為底層「文化實踐」的問題。儒家自從漢武帝罷黜百家之後，在理論上已逐步形成了「意識形態」的支配力量，但實際上在相當長一段時間裡與民眾的日常生活並無太緊密的關係，至少沒有成為支配民間民眾生活的制度性要素。直到南宋以後，帝國統治者才找到了一個把儒家的政治哲學予以形而下灌輸的渠道，即「理」的形而上原則與鄉土社會中的宗族教化實踐兩者進行「和而不同」的貫通策略。所以南宋以後的最重要後果是，儒家意識形態終於實現了「象徵建構」與「文化實踐」的整合，這種整合不但使中華帝國長期以來具有了統治合法性，而且最大限度地節省了制度成本。「制度成本」的節省實際是維繫帝國統治長期延續的一個最基本原因。

近代社會變革，尤其是辛亥革命帶來的直接後果造成了所謂「普遍王權」的瓦解，導致了儒家「象徵系統」與「制度秩序」的相互脫節。但就我的觀察而言，「象徵秩序」只是在上層官僚制度層面引起了劇烈震動，這種震動所波及的對象也侷限於知識分子群體和官僚階層，促成他們重新思考如何用新的象徵系統替換舊有儒家意識形態的「象徵秩序」這個組成部分。比較激進的知識群體把注意力放在如何在上層制度中重建類似西方民主制意義上的新的「象徵系統」，如康有為用「通三統，張三世」說，把儒家原則納入「進化論」框架，但大多數沒有觸及如何看待儒家「意識形態」中底層「文化實踐」這一部分的問題。其實，「普遍王權」的崩解拆散了儒家「象徵系統」與「文化實踐」的合法關聯性，至少從理論上說二者聯繫已不具備不言自明的特性，但這只說明「普遍王權」作為一種整體系統的分解，特別是作為統治合法性的「王權」與上層「禮治秩序」的瓦解，卻並不意味著下層「文化實踐」就已喪失根基而消失。儒家「意識形態」在南宋以後的最大

貢獻，就是建立起了「象徵秩序」與「文化實踐」之間和而不同的關聯功能，兩者既有關聯又有區別。其關聯性使兩者建立起了一種互通的可以進行互換的原則，也可以簡化為一種非常樸素的鄉村道德實踐原則，既可以成為皇帝經筵會講的內容，又可以成為匹夫匹婦遵循的日常倫理規條。

「互換原則」能夠最終成型的一個重要效果是：「象徵建構」與「文化實踐」之間的關係因為是一種「和而不同」的微妙維繫狀況，所以當進入近代時，「象徵建構」儘管面臨著崩解的情況，卻並不意味著「文化實踐」在鄉間的制度支持就會在同步的狀態下迅速瓦解。

換個說法，辛亥革命乃至民國初年的現代化建設實踐只是在相當表層上瓦解了儒家在上層的「象徵建構」，這種「象徵建構」往往與王權的上層政治運作相聯繫，從而擊毀了儒家「意識形態」的「互換原則」，但卻並沒有從根基上觸動儒家在鄉間的具體「文化實踐」，其原因即是在於南宋以後儒家「意識形態」互換原則的確立，一方面建立起了上層象徵系統與下層文化社會管理模式之間的有效關聯，同時也為儒家意識形態以一種相當社會化的方式在基層進行自主的運作提供了可能性。甚至這種民間狀態下的「自主性」可以較少受到「象徵建構」崩潰的影響而獨立生存，並且在相當長時間裡仍持續支配著中國民眾的生活方式。所以要真正摧毀和替換儒家「意識形態」在中國歷史上的支配地位，就必須在「文化實踐」層面而不是僅僅在「象徵建構」層面取而代之。

如前所述，儒家「象徵建構」的倒塌源於近代中國知識分子對現代「民族主義」思潮推波助瀾式地宣傳和其主導精神對官僚體制改革方案的衝擊。我們可以從張之洞「中體西用」的框架裡清晰地看到，儒家「意識形態」在「象徵建構」方面的捉襟見肘已暴露無遺，張之洞試圖把「器」、「道」相分，承認西方的「器」高於中國的「器」，

但中國之「道」遠高於西方卻又無法產生與之相匹敵之「器」的暗示，已經使自己沒有了退路。因為正是西方的「物質主義」才改變了原有中國幾千年恃以維持一統的「文化秩序」。

「進化論」的進入實際上是在中國知識分子的頭腦中越來越牢固地樹立了「野蠻競爭」的原則，所以才有楊度在《金鐵主義說》中把「文明」與「野蠻」等而視之的極端表述：「則今日有文明國而無文明世界，今世各國對於內則皆文明，對於外則皆野蠻，對於內惟理是言，對於外惟力是視。」[1]、「由此而知中國立國之道，苟不能為經濟國，則必劣敗於經濟戰爭之中，而卒底於亡；苟不能為軍事國，則亦必劣於經濟戰爭之中，而亦卒底於亡。且必兼備二者而為經濟戰爭國。」[2]可見當時瀰漫在中國知識分子之間的「競爭意識」遠大於對「道」的持守和保留，而且「競爭」能力的強弱變成了「立國」判斷的標準，這是從來未有過的現象。自宋代以來，中國從未以軍事經濟力量耀人於前，而是均主張以「文化」的優勢化解「野蠻人」的軍事優勢，即所謂帝國「內向氣質」的形成。中國人在文化意識上的不自信卻是從十九世紀末才開始的。文化的自卑由於經濟軍事的屢屢受挫而凸現出來，這導致了一種根本性的思想轉向，知識界開始以現代概念的實力原則取代持守幾千年的「文化」原則。關鍵的問題在於，一旦這種轉向變成了官僚機構許多官吏的共識，並成為官僚運作的具體指導原則時，儒家「意識形態」中的「象徵建構」部分就面臨著被瓦解的危險。比如南宋以來逐漸形成的中華帝國趨於內斂的氣質就為競爭氣氛籠罩下的金鐵主義式的強霸思維所取代。

更為關鍵的是，這種思維的轉變也最終改變了整個帝國建構的格

---

[1] 楊度：《金鐵主義說》，《楊度集》，湖南人民出版社一九八六年版，第218頁。
[2] 同上書，第222頁。

局,原來的帝國由於有儒家「意識形態」在「象徵建構」與「文化實踐」兩個系統的整合中維繫著運轉,是注重建立「和諧」、「無訟」的清平世界。在這個清平世界中,由儒家「意識形態」中的「理」形而上地維繫著下層形而下的世俗行為,這種貫穿一系的控制風格是不需要由上而下進行社會動員的,地方組織如宗族等足以在基層自治的狀態下處理相關的任何事情。

「進化論」競爭觀念的引入是以民族——國家的形態重新定位儒家「意識形態」基本原則的有效性,其最基本的一條原則是:儒家意識形態在「象徵建構」與「文化實踐」之間所建立起的傳統意義上的關聯性只適合於「內斂式」帝國的運轉,而不適合於現代民族——國家所要求下的社會資源的再分配。這樣的設想使以後付諸實施的所有近代型的制度變革,均圍繞著如何更加集中地積累和抽取各類財富以利於民族——國家的建設和國際競爭的需要。比如科舉制原先的作用之一即是充當溝通儒家意識形態「象徵建構」與「文化實踐」之間的渠道,經過科舉制的篩選,一部分知識菁英既可出將入相地以官僚身分維繫帝國的「象徵建構」,又可以低級士紳的身份從事基層的「文化實踐」。

而近代制度變革的一條基本思路就是,以儒學上層意識形態為主要內容的帝國「象徵建構」帶有過多的文化內斂的氣質,不適合於殘酷競爭的要求,在辛亥革命摧毀了這一系統之後,近代知識分子亦認為傳統基層的「文化實踐」同樣應服從於國家現代化需要對資源的攫取,而不應維持傳統的自治狀態,近代以來各種有關「聯邦」方案的提出不過是現代民主制在形式上的嘗試,與傳統的自治設想完全背道而馳。[1]

---

[1] 清末「新政」在基層推行時遭到了出人意料的抵抗。有關這方面的情況,可參閱黃東蘭:《清末地方自治制度的推行與地方社會的反應——川沙「自治風潮」的個案研究》,載《開放時代》二〇〇二年第三期。

最重要的一點是，專門為培養儒家「意識形態」實踐人才的教育系統也有一個根本的轉向，即從培養文化內斂式的人才向培養外向競爭型人才的方向轉變。列文森在評價儒教教育系統時，曾經認為中國官吏的培養目標是一群非專業的「業餘愛好者」，古代傳統沉澱所認可的藝術風格和教化知識所表現出的人文韻致遠遠比專業化的實用技能訓練要顯得重要，從而成了表達思想的工具和獲得社會權力的關鍵。明代更是出現了一種「非職業化的風格」，其文化養成的是對非職業化的崇拜，取得官位的階梯主要是人文修養而非行政效率，官員所擁有的儒教「意識形態」的人文根基就具有了某種審美獨立性。列文森的概括是：「如果官員的知識結構具有職業性、技術性和有用性的特點，那麼，這種知識僅僅是一種謀職的手段，而不具有使官員獲得尊榮的內在功能。但是當官職被用來象徵高的文化、知識和文明的終極價值時，做官就明顯地要優越於其他社會角色，其他任何一種成就（如商業的、軍事的、技術的或其他成就），只要被認為是靠某種專業知識而獲得的，其榮譽就不能與獲得官職的榮譽相比。」[1]這正是中華帝國形成內斂型氣質的一個重要原因。近代的「脫域」現象恰恰是以專業化技術化的教育手段使近代知識分子不但脫離了以文化審美為特徵的知識生活，而且也使其依託上下相貫的文化脈絡的傳統發生了斷裂。

（三）「全能主義」與儒家底層「文化實踐」的瓦解

在某些人看來，辛亥革命推翻清朝統治更像是一個象徵性的符號事件，因為他們認為社會——政治和文化——道德兩個秩序的一體關聯性是維繫傳統王朝統治合法性的最重要制度基礎，而作為文化系統

---

[1] 〔美〕約瑟夫・阿・列文森：《儒教中國及其現代命運》，鄭大華等譯，中國社會科學出版社二〇〇〇年版，第14頁。

與政治系統的普遍王權（universal kingship）的瓦解導致了這種關聯性的解體。[1]如此的描述大體應是不錯的，不過我和這類論點的分歧在於，它比較強調的是普遍王權崩潰而產生的社會——政治秩序解體與文化——道德秩序的破壞的同步性。而我則認為，運用「普遍王權」的概念分析末代王朝的終結似乎過於注重儒家意識形態的有機式宇宙論對上層政治哲學的整合作用，而沒有注意到中國傳統「意識形態」的特點不僅在於為官僚行政體制的運轉提供合法依據，而且也為基層社會的自主性治理提供合理性論證。不僅如此，儒家「意識形態」還起著溝通銜接這兩種機制的作用。正因為地方社會的道德治理秩序具有一定的自主能力，所以儒家「意識形態」在整合上下層思想資源時本身即存在著差異性，所以一旦社會發生變化，儒家「意識形態」的解體在上下層是不可能同步進行的。「普遍王權」的崩潰，並不代表「意識形態」在中國基層社會就已完全失去了作用，而是有可能在王權上層體制解體後，仍發生著滯後性的影響，而且有可能在以後的歷史階段中實現復甦和再造。換言之，我們應把這種現象視為「意識形態」系統中的「象徵建構」與「文化實踐」之間變化的不同步性。

　　晚清至民國初年的歷史同樣表明，在「象徵建構」剎那間崩潰之後，「文化實踐」在相當長一段時間內仍持續性地發揮著作用。這方面的例子很多，比如在晚清修訂新刑律時，就出現了所謂「理法之爭」，在這場爭論中一直存在著「家族主義」與「國家主義」兩派的爭論，禮教派認為法律產生於政體，政體產生於禮教，禮教產生於風俗，風俗產生於生計。然而風俗是「法律之網」，制訂法律不依據風俗就會鑿

---

[1] 林毓生：《中國意識的危機——「五四」時期激烈的反傳統主義》，貴州人民出版社一九八八年版，第17～25頁。

枘不合。中國自古為農桑國家,所以政治從屬於家法。[1]而持「國家主義」一派觀點的人則認為,「家族主義」律法框架下的民眾並無國民意識,國家通過法律保護家長特權,嚴格家族等級,以血緣網絡控制家庭成員的言行,使家庭成員忠於家族,家族效忠朝廷,家庭成員與國家不直接發生關係。[2]

「國家主義」的改革方案是,使民眾脫離家族制度下的「人」的角色,而自覺樹立「國民」的意識。楊度在《論國家主義與家族主義之區別》一文中說得很清楚:中國家長可以自行其立法權以擬具條文,又可於神堂祖祠之地自行其司法權以處分弟子,國家皆不問之,此其權利也。而西方各國採取的策略是:「與其分一國之人而為無數家以競於內,不如合一國之人而為一家以競於外。」按照君主立憲國的辦法:「則國君如家長,而全國之民,人人皆為其家人而直接管理之,必不許間接之家長以代行其立法、司法之權也。於是上下一心以謀對外。」[3]楊度的心思是想讓現代國家剝奪家族在地方上擁有的法律和禮俗權威,代之以一體化的對外結構。其根本點是落在了對外與人競爭這個大前提下,這確是儒教「意識形態」中的「象徵建構」這部分被摧毀後,進一步想破毀其「文化實踐」根基的另一個重要步驟,如果這個設想能轉化為具體行為,那麼也就完成了吉登斯所說的「脫域」過程。不過在近代相當長的一段時間裡,中國基層社會仍是「家族主義」的禮俗統治占有優勢,「國家主義」式的律法原則很難以實際操作的形式付諸實踐。這意味著在帝國意識形態的「象徵建構」崩潰後的一段時間內,儒家意識形態支配下的「文化實踐」仍遠比「國家主義」意識

---

1 張仁善:《禮・法・社會——清代法律轉型與社會變遷》,天津古籍出版社二〇〇一年版,第 246 頁。
2 同上書,第 250 頁。
3 楊度:《楊度集》,第 531 頁。

形態深入人心。而對「文化實踐」的致命打擊，是在中國現代實現了「全能主義」統治模式之後才發生的現象。

政治學家鄒讜曾為解釋中國現代社會結構的變遷開列出了一個公式：全面危機——社會革命——全能政治。按鄒讜的說法，中國近代的全面危機自古未有，所以必須經過「社會革命」的方式予以解決，而「社會革命」必須通過「全能主義」（toalism）政治才能達致，即必須最廣泛地使新型政治力量成為可以隨時無限制地侵入和控制社會每一個階層和每一個領域的指導思想。這與「極權主義」（totalitarianism）有別，是一種應付全面危機的對策，而不是具體的機構與組織。[1]這個基本思路頗具新意，但需細化。按如前所說，「社會危機」的發生在於儒家意識形態「象徵建構」與「文化實踐」之間的組合關係難以應對現代西方的挑戰，最主要的是其「文化普遍主義」的氣質和思維導向難以解決以下問題：即如何在與西方的競爭中維持「富強」而非「文化」的地位。所以，知識分子發動的各種運動率先以摧毀具有文化包容性特徵的儒家意識形態為目標，「象徵建構」的率先倒塌即是這場上層運動所造成的結果。然而長期以來，儒家的基層「文化實踐」並未被徹底摧毀，雖然與「象徵建構」相互置換的功能已經喪失，但「文化實踐」卻以相當自主的形態仍在基層起著決定作用。二十世紀初葉所進行的多次改革實驗無法實現從根本上以「國家意識形態」置換儒家傳統殘留的「文化實踐」行為的目的。這使現代中國的政府意識到必須通過週期性的「社會動員」手段，大規模無限制地控制和整合地方社會的文化資源，才能使整個的社會系統符合「國家主義」設定的目標原則。我認為這不僅僅是一種應付危機的對策，而且也是具體機構與組織的

---

[1] 鄒讜：《二十世紀中國政治——從宏觀歷史與微觀行動角度看》，牛津大學出版社一九九四年版，第3頁。

變遷軌跡，比如以「單位制」替代「宗族制」。

這樣的一種行為傾向使得整個近代的大多數改革都有要全力剔除原有帝國文化內斂氣質的暴力性。在二十世紀初年，當「全能主義」處於絕對地位之前，許多地方自治和憲政改革的方案表面上是「分權式」的構想，實際上卻表現出了一種強烈的整合一統的意向，致使所有的地方自治方案都帶有濃重的現代「國家主義」特性。費孝通在二十世紀四〇年代就提出中國傳統政治的「雙軌制」問題。中國傳統政治是分為中央集權和地方自治兩層，特別是自下而上軌道在地方政治實踐中具有更加特別的重要性。其條件是自治團體絕不能成為行政機構裡的一級，否則自下而上的軌道就被淤塞了。[1]費孝通舉了中國傳統政治的兩個特徵：一是「無為政治」，一是「雙軌制」，「無為政治」表現在政治表層的「無為」其實恰恰體現出了「文化」的有為。中國歷代政府是通過儒家意識形態的潛在文化實踐在基層去制約和調控政治行為和行政效率的，「無為主義」則更大程度上是一種帝國內向型文化氣質的表現。這兩點在實際統治行為中是相互聯繫的，儒家意識形態的損毀必然殃及「無為主義」狀態的存在，也最終必然殃及「雙軌制」的控制格局。當然，這種變化是不同步的，但有一點可以肯定，儒家意識形態的「象徵建構」的損毀，為「雙軌制」向「單軌制」轉換獲得了前提。

費孝通具體指責的是在現代國家建設中政府需要動用更多的資源去為現代化的目標服務，由於這樣做需要很高的成本，所以必須更加重對地方社會的盤剝才能達此目標。這必然出現一個要求，就是國家更多地企圖把觸角向下延伸，而不顧及「雙軌制」的傳統狀態和建構

---

[1] 費孝通：《鄉土重建》，載《費孝通文集》第四卷，群言出版社一九九九年版，第339頁。

的基本理念。[1]其中現代保甲制度的推行對鄉村社會的破壞性是一個關鍵的因素。保甲制度在中國至少有上千年的歷史,不過在實施的過程中前後有很大的變化,南宋以後的最大轉折就是原來冷冰冰的法治控制原則被巧妙地賦予了一種人性的文化氣質。在此之後,保甲不是一個簡單地人與人之間相互制約的機械設計,而是把人情面子及心理內在的一種互助守望的需求結合了起來,所謂「鄉甲約」的貢獻,就是把純粹基於道德教化的宣講程序與原來毫不講究人情冷暖的保甲監控相結合而形成的一種微妙的統治格局。在營造這種結構的過程中,不僅儒家意識形態在鄉村的具體文化實踐是重要的一個環節,而且儒家的「象徵建構」也很重要,它往往與「文化實踐」相配合,制約著帝國勢力向基層進行直接滲透。在這裡,「象徵建構」變成了「文化實踐」的一種統治氣質上的保證。

與之相反,現代保甲制度的強制推行則完全是國家現代化過程精於計算的一個結果,社會控制完全依賴於所謂現代化效率的標準加以投入,形成一體化的佈局,自上而下的政治軌道築到每家的門口,而原來自上而下的單軌只築到縣衙門就停止了,這種默契在近代遭到破壞以後,鄉村自治單位的完整性也就不存在了。「雙軌制」變成「單軌制」的一個最重要後果是,中央與地方在公務與民間的職責分割上糾纏不清,難以清晰地定位和劃分,比如在現代保甲制中的「保長」一角原來可能更多代表民間士紳管理地方社會,改革後則極易變成國家行政機構在地方的代表而擔負著催稅徵糧等攤派性工作,逼緊了還會引起地方社會民眾的反彈。

不過,在民國初年,雖然儒家意識形態的「象徵建構」部分已經倒塌,但「文化實踐」仍在基層以富有活力的姿態對抗著國家的滲透。

---

[1] 費孝通:《費孝通文集》,第337～342頁。

這是因為中國作為現代國家一直處於分裂而非一統的狀態，其對現代化的社會動員能力及對基層社會的穿透力仍是有限的。建國以後情況則發生了很大變化，國家的社會動員能力明顯增強而進入了「全能主義政治」時期，其中最為重要的變化是，殘存的基於儒家意識形態「文化實踐」部分的地方自治組織被徹底摧毀，由人民公社這一國家在鄉村的最低一級行政單位所取代，這已是不用贅述的常識。整個鄉村生活的「政治化」幾乎沒有為儒家的基層組織留下什麼餘地，當然這是一個非常複雜的規訓過程。[1]儘管我在另一篇文章中曾說明，在政治社會動員的外貌下可能仍會殘留著基於鄉土人際關係網絡制約的行為模式，如「文化大革命」時期的赤腳醫生制度，但總體上鄉村社會已不存在任何雙軌制的自治組織和行為空間了。[2]

---

1 參見郭于華、孫立平：《訴苦：一種農民國家觀念形成的中介機制》，載楊念群等主編：《新史學：多學科對話的圖景》，中國人民大學出版社二〇〇四年版。
2 楊念群：《防疫行為與空間政治》，《讀書》二〇〇三年第 7 期。

中層理論與新社會史觀的興起[1]

敘事的變遷——政治與社會

肖：你在最近的編著裡，具有總體性特點的新提法有兩個：一個是《空間・記憶・社會轉型——「新社會史」研究論文精選集》的「新社會史」；一個是《中層理論》中的「中層理論」。從書中內容來看，這兩個提法密切相關。這兩者在提出時間上哪一個在前，哪一個在後？它們之間有沒有演變的關係？

楊：中層理論可以算是建構「新社會史」的一個要素。為什麼要提出「中層」這個概念？目前革命史觀和現代化史觀大體支配了國內史學界的基本走向。這兩者都對社會進行線性的認知。它們之間有一個改變：革命史觀可謂政治史敘事的一種，而轉化成現代化史觀之後，政治史敘事顯然無法解釋現代化史觀賴以產生的社會轉型。社會整體發生變化，所謂的集權系統的控制模式開始鬆弛，隨之而來的是解釋模式的轉換。從現代化角度來看，所謂的政治體制改革和文化討論，實際上是如何使社會跟國家重新建構起或梳理出一個它們互相之間能夠對話和妥協的關係。在這種背景下，傳統的政治史敘事，只能用於論證國家政權合法性這一相當單一的維度，肯定是不夠的。在這種情況下，八〇年代以後興起的社會史研究和文化史研究，就是面臨這個問題而實行的一種轉換，但在那時我們幾乎不知道如何在社會和文化的層面建構一種政治的合理的、對話的，或者說互相之間有區分

1　本文是與《中華讀書報》記者肖自強的對話。

的關係。我們看到的所謂的社會史研究和文化史研究以及由此展開的闡述和表達，跟革命史觀有剪不斷理還亂的關係。它實際上是一個狗尾續貂的政治史研究，其實質是把原來的政治史敘事的邊界和範圍擴大，並沒有解決如何擺脫這種政治史敘事的問題。因此，現在最大的挑戰就是如何建立起一個把社會史敘事和文化史敘事看作是與政治史敘事相區別的框架。

二十世紀三〇年代的社會史論戰，開始確定現代革命史觀的基本框架。那時共產黨只是各種黨派中的一支，當時的社會史論戰是以叛逆國民黨政權的姿態出現的。中國共產黨執政地位一確立，就把社會史敘事直接轉向政治史敘事。先前的社會史論戰扮演的是「挑戰」角色，而這次轉換就是要把社會史敘事的內涵及其具體的基本邏輯抽空。這樣一來，歷史學研究就變成論證現有政權合法性的工具，史學原有的「挑戰」和「自我反思」的功能被壓縮，被閹割。到了五〇年代，革命史觀這種宏大闡述必然走入政治史敘事單一的渠道。

我在《中層理論》第四章「從『士紳支配』到『地方自治』：基層社會研究的範式轉變」探討了《皇權與神權》這本書。二十世紀四〇年代，一些歷史學家和社會學家嘗試進行合作，費孝通和吳晗共同組織一個研討班，合作講授「社會結構」課程，討論的成果結集為《皇權與神權》。他們兩人在衡定士紳身分與功能等問題時視角存在明顯的分歧，這種分歧決定了後來歷史學跟社會學的分道揚鑣。費孝通認為傳統社會分成上下兩個層次：下層社會處於自治狀態，有一套自治規則，上層跟下層實際是一種無為而治的關係。下層對上層的呼應，是以自治的方式，而對上層統治的滲透是採取應對和妥協的對話方式。費孝通這篇文章在當時引起很大的爭議。但是，中國現代化過程非常急遽，上層國家權力拚命往農村基層滲透，把一個自然的社會狀態改造成一個人為的行政狀態，自然村變成行政村。費孝通認為，在這個

轉換過程中，如果不給基層社會留夠自治空間，延續上述傳統，上層對下層的根本改造很有可能會使下層被迫擔負起太多的責任。下層社會擔負起行政的責任，這會引起基層自治社會的崩潰。他的論點的提出是當時現代化發展的一個不和諧的聲音。但費孝通還是堅持這個主張，即如何在國家和社會（當然「國家」和「社會」是後來賦予的概念，而當時的主要表述形式是「上層」與「下層」）之間銜接並建立起一種合理的對話關係。這套東西，後來被美國的中國學接過去，張仲禮和肖邦齊走的就是這條路線。

吳晗提出另一個重大命題，我覺得這是政治史敘事或者說革命史觀最大的銜接點。吳晗認為我們判斷上、下層的關係，包括對士紳角色的鑑定、身分的鑑定，應該是以他對土地和財產的占有作為評價的唯一標準。也就是皇帝和士紳之間是鐵板一塊的，並不具備費孝通所說的自治系統，因為他們同樣占有土地。皇帝既是最大的國有土地所有者，也是最大的私人土地的占有者。士紳也占有土地，但沒有皇帝或國家占有的數量大。他們之間占有土地的性質是一樣的。所以應該把國家看作一個整體，而不是一個上下有區分的分治狀態。這個理論受馬克思的影響比較大。這套東西一直延續到五○年代以後，成為我們後來從社會史直接轉入政治史的一個最主要的銜接點。

肖：二十世紀八○年代的文化史觀和社會史觀，很大程度上隸屬於現代化史觀。但你認為它們在根本上還是沒有擺脫原來的政治史敘事框架。「新社會史觀」把革命史觀和現有的現代化史觀都看作反思對象，甚至是擺脫對象。

楊：吳晗的意義就在於，我們以後看待歷史，在一個總體的、國家的、權力的支配範圍之下就足夠了，而把「社會」這個層次隱去。這實際上是社會史向政治史的直接轉化。但是，為什麼到了八○年代，我覺得現代化敘事還是革命史的延續呢？現代化敘事實際上還是

把現代化整個的承擔者,看作是一個國家行為,認為這跟「社會」本身的行為沒有關係。

費孝通的思想,被美國中國學的一些學者繼承。比如說張仲禮到美國,認為士紳是一個中間階層,下可以銜接群眾,上可以連結政府,政府一般不會滲透到縣以下。肖邦齊也同樣採取這個策略。他們認為國家政權向下層延伸,破壞了下層社會基本的自治結構。在國家控製作用與地方社會對它的回應之間應該給地方社會原有的、被遮蔽的社會史資源以應有的地位和價值。現在這個思路通過美國中國學的中譯又繞回中國,我們也由此開闢新的學術路子,即對自治傳統的反思和再詮釋有所加強。然而我們能不能把「社會」這個因素真正納入「自治」這個框架裡面去?換言之,我們如何進入中層?這就是我提出「新社會史觀」和「中層理論」的一個比較大的理論背景。

肖:現代化史觀和革命史觀之所以被你看作是根本一致的,是因為它們只見「國家」,不見「社會」,把「國家」、「社會」合而為一。「國家」把「社會」的自治功能或者說自組織功能破壞。這一傾向又和中國史學傳統比較一致。中國傳統社會有自治的社會結構,但是中國古代史學傳統沒有把它考慮在內。

楊:上層政府干預下層社會可能恰恰是一個現代性問題。現在沒有人在這方面提出真正的解釋。如果從中國古代史來看,上層對下層還是有所顧忌的,比如說朱熹的理論。朱熹跟以往和後來的哲學都不太一樣。朱熹建構哲學理論,有一個非常模糊的「道」。這個「道」可以形而上到一個模糊的、不可言說的層次,也可以形而下到一種實際的、可操作的技術化規則。在一個很偏遠的鄉村社會,一個普通村民知道如何遵守宗族法規和鄉約規則。這套規則是在朱熹之後逐漸滲透到基層社會中去的。我覺得,朱熹這一套作為道的形而上的東西被國家行為所利用,成為上層社會進行統治的或者說運轉的東西。比如

科舉考試是以四書集注為主，它代表了朱熹的基本教誨，但是它在下層社會中也有一套非常具體的、可操作的規則。大家遵守這套規則，就自然形成一套跟國家行為不太一致同時又在某種意義上可以相互銜接、進行對話的一套自組織原則。後人當然可以把朱熹的思想看作一個哲學系統，但我更把它看作是一種歷史觀念。這個觀念，可以說就是中國歷史觀的一種資源。但進入中國當代，朱熹的這套組織原則或者說這種歷史觀念被破壞掉，人們把原來由「自組織」跟上層溝通的規則簡化為一套上層統治下層的政治史的敘事傳統。不僅如此，這套政治史的敘事傳統還僅僅被簡化為論證新政權合法性的基本根據。

　　肖：根據剛才所談，我覺得新社會史至少有兩個方面：一個與中國社會的自治傳統有關。我們知道，這個「治」是一個很複雜的概念。有行政行為的「治」，也有思想道德上的「治」、法律上的「治」等。我們談的主要是行政行為的「治」。現在有人談到古代縣官不下鄉，就是指行政行為不能干涉鄉村社會。在中國古代，在思想道德上，上下可能比較一致，但是在行政管理這一點上，上層絕對不能直接參與下層。我覺得這些不同意義的「治」要分開。下級和上級是行政意義上的上下級關係。因此必須先把所要討論的「治」界定下來。

　　一個是「新社會史觀」面臨兩個任務。一個任務就是揭示近幾十年或者近一百年來國家是如何把社會自組織能力破壞掉的。有人認為共產黨的意義之一就是把行政權力滲透到中國每個角落。我認為，這種做法，只有中國具有，其他國家無法找到。我們中國不僅僅是行政上下級關係達到每個角落，還有黨委這個系統的上下級關係達到每個角落。所以我們首先要把這種現代化過程限定為「中國式的現代化」，「新社會史」要把這個過程揭示出來。還有一個任務就是揭示過去的不受破壞的鄉村社會的自治結構。這樣一來，它就等於說「新社會史」認同了一種價值觀，即「國家」、「社會」要有一定的分離，「社會」

要具有相當的自組織能力，或者說自主性和自治傳統。所以新社會史在很大程度上就是要梳清這些歷史，要把中國社會原來存在的自治結構看作一個被壓縮和被破壞的過程，然後我們才好把握這個東西。

楊：「國家」跟「社會」的這種對峙關係，或者說強調社會的自組織功能，這實際上是一種非常西方化的提法。我覺得「新社會史」應該避免把「國家」跟「社會」的邊界做過多地清楚的區分。

比如現在很多人受哈貝馬斯的影響，把「公共領域」和「市民社會」等概念移植到中國，詮釋中國社會的基本轉型。其最大的問題就在於「公共領域」在西方實際上已經十分清晰地被界定為一個場域：通過咖啡館、報紙、集會、社團等，形成一個非常清晰的所謂的「市民階層」或者說「中產階級」。把它挪到中國作為邊界清晰的所謂的市民概念存在，是很成問題的。

理論的橫移──社會學與歷史學

肖：「新社會敘事」裡的「中層」概念，其理論源頭來自社會學。社會學的東西應用於歷史學，肯定牽涉到一系列的設定，也就是說要使它真正成為一個歷史學概念，而不再是一個社會學概念。楊：目前我所達到的層次其實到不了「新社會史觀」。在我這裡還主要是一個方法論，是一個應用和加以轉換的問題，或者說如何向歷史學界遷移的問題。我有一個基本判斷：歷史學裡沒有自足的方法論。任何歷史觀，包括現代歷史觀理論的建立，其實都是在社會學方法論的意義上建立的。現代化首先是一個社會理論。馬克思也是社會學家。我覺得社會學的表達方式有很大的問題，就是單一維度的特色過於濃厚。怎樣把它置於一個更具體的層次上表達？其實不必要掩飾，歷史學就是在做社會學的描述。（肖：長時段的社會學研究）長時段的社會學研究可

能會把它給共識化，而且我們要重新把共識化的空間和範圍作一個界定，其實我們現在沒有資格談歷史觀問題或者社會史觀，社會史觀遠遠不是我們這一代人所能重新建構起來的。要講顛覆或者徹底解構再建構那是非常難的。任何人現在就想做出嘗試，必然以失敗告終。汪暉等人都在這方面作出努力，但給人的感覺往往是力有不逮。汪暉基本的命題還是解構現代化敘事的東西，他沒有建立起什麼。如果在更大的意義上講，頂多是世界體系的一個翻版，沒有建構一個敘事框架。

我比較注意一些概念，比如黃宗智提出的「過密化」，從經濟史的角度描述江南地區勞動力和生產量之間的關係。把「過密化」這個概念上升到詮釋中國整個經濟發展的一個趨勢而成為一個可操作的，可反覆驗證的東西。它雖然是一個地區性概念，但是他的解釋是趨勢性的，這種解釋作為對具體現象的一種描述具有可操作性。比如杜贊奇把「過密化」轉化為「內卷化」，用來描述華北農村基層政權在轉化過程中發生的一種過渡性現象。我提出中層理論，是為了呼喚不斷出現一些這樣的概念，這些概念是對某種集團性或者地區性事物的描述，而且這種可操作性概念具有一種「一般性」。在不同的現象、維度裡面，既可能是經濟史現象，也可能是社會史現象，也可能是文化史現象。可能是一個地區的，一個社團的，也可能是一個人群的。總之是某種集束類型的現象。很多這種概念集中起來，就形成一系列總體性的抽象的框架式的概念。而且，我覺得中層理論最值得推崇的地方就是它對現代性宏大敘事單一維度的顛覆。因此，它首先是一個如何呈現的問題。呈現導致概念的豐富性，而且通過呈現，能自覺地制約概念使用的範圍。

肖：經濟學界比較強調「模式」。某一個地區的現象，或者是某一部分的經驗能夠成為一個模式，一個不算特殊的概念。如何把中層理論講清楚，可能牽涉到很多西方的模式理論。還有就是像張光直，提

出一個解釋中國歷史的模式。在一種模式裡，首先假設一些條件，然後分析這些條件的關係及其可能產生結果和在不同環境中的反應。

中層理論一旦被賦予獨立性，就不再是社會分層理論的中層。社會分層理論中的中層沒有獨立性，它隸屬於社會分層。但是如何使它建立起自身的獨立性，使它能夠相互解釋，不求助於其他的層次，而且有一些非常具體的研究對它加以支撐？

楊：其實我剛才所談的費孝通跟吳晗的區別，下學期我將專門寫篇文章。二三十年代做的很多工作，被五六十年代中國主流史學所遮蔽，但是它在美國轉一圈，被賦予新的含義，再流回來，成為本國流行的一個東西。這個轉換過程，有很多很有意思的東西。

肖：我建議把中層理論納入政治哲學裡面討論。比如政治哲學提出要把大的社會中層形成一個主權單位，而這需要一系列社會歷史經驗做支撐。比如說它成為中國大主權裡的一個主權單位，它為什麼能夠成為一個主權單位？它在何種意義上成為一個主權單位？這種意義上的主權單位的運作是怎樣的以及如何保障這種運作？等等，都需要完整的研究和分析。這本身就是社會史研究任務之一。主權單位內的相互聯繫構成一個選擇主體。它能夠自足，它有學習的功能，有根據自己的需要選擇的功能，它也能改善自己。享有主權的主體的變化，才可能構成歷史事實的真正發展。這樣，新社會史觀的研究，中層理論的研究，就打通了。

楊：我覺得中層理論在社會學裡面基本有了界定。關鍵的是它在歷史學界裡如何運用的問題，即運用的範圍、邊界和它本身的內涵及怎樣操作的問題。因為它畢竟是一個社會學概念，必須要把它界定清楚。跟空間的關係，跟時間的關係，跟現有的社會理論的關係，跟現有的歷史的宏觀理論的關係，跟基層的對歷史材料選擇的關係，跟史料處理的關係，這些我覺得就可以樹立成幾大關係。然後再界定以前

做了什麼，目前要做什麼，以及將來要做什麼，以及它和其他學科之間怎樣進行縱向橫向的對話、溝通，怎樣互相利用各自的共同資源，然後才能真正定位我們到底在什麼樣的層次上來談。由此就超越了社會學對中層理論的定位，問題也就轉換成一個操作過程。

歷史呈現與劃分對象

肖：福柯近幾年在中國特熱，但是很多人不太考慮福柯的研究過程，喜歡閱讀和運用他的結論。

楊：我比較關注文學界的福柯。他們把福柯的後現代變成一個解構的東西，但並沒有對中國的現實和歷史發生真實性的切入。其實你應該看《空間・記憶・社會轉型——「新社會史」研究論文精選集》裡我那篇關於「醫療制度」的文章，它揭示了一個制度是怎樣變成一個滲透到普通生活中的東西的。這是非常典型的福柯式的東西。它通過西方醫療制度在民國初年對北京社區空間轉換的影響轉化為一個中國問題：西方醫療制度依靠「現代」和「科學」這種觀念性媒介，把傳統的生死控制和空間儀式打消掉。

肖：但是你過分糾纏於「中西之間」，使得它成為一個無可救藥的框架。這樣一來，所有的揭示只是在強化現代化史觀——現代化在中國的有效性：它把傳統的東西都打消了。（楊：現代化的有效性可以從正面和負面評價，但不能不承認它基本的有效性）我反對提「現代性內外」。在一次學術活動上，某青年學者介紹西方的「生態批評」。一位學者當即發言，說：我們首先要弄清楚這個生態主義是屬於「現代性以內」還是「現代性以外」。我當時就想，他們都是學者，所以發言總是基於自己的學術背景；我不是學者，只能基於問題本身思考。我認為，我們應該首先看生態觀念和生態批評的基本構成及其基本的價

值追求，而這個問題和現代性屬性沒有直接關係和必然關係。我覺得新社會史研究在這方面應該確立典範。

楊：你已經提出問題，即「新社會史」最初的一個任務，是要把這些東西區分開來：歷史事物和歷史現象本身做了些什麼，又被政治史敘事賦予了什麼。這需要把這種東西呈現出來。我覺得應該先把這些東西——以往革命史觀和現代化史觀賦予歷史現象的一切痕跡，包括身分、尺度以及在歷史鏈條中的位置等——解構掉。也就是說「中層理論」是在呈現或者重建一些屬於地方秩序但已經被宏大敘事遮蔽的消失的東西。歷史學的任務不能說「復原」，只能說是呈現和呈現到什麼程度。（肖：「被遮蔽」是一種共時性，也就是說與「揭蔽者」共時）我們現在還沒有過渡到中層理論具體的討論中去。但是一個基本的態度，跟以往的研究不同，就是呈現。它呈現的是某批人的基本的生活樣態。現代化史觀跟革命史觀有時有意去遮蔽一些東西。比如農民的生活僅僅被覆原為或者說重建為農民起義的一個過程，通過反抗壓迫的二元對立關係建立起農民生活的基本問題。其最大的問題就是遮蔽了農民在日常生活中如何處理他個人跟周邊事物的基本關係。因此我們必須先做一個基本的呈現，呈現出來之後我們才能考慮到其他基本的生活場景和脈絡，以及考慮其如何跟其他的人群和空間發生關係。

肖：在《楊念群自選集》裡，「自序」和前兩編標題中都帶有「邊緣」二字，如「邊緣話語」、「邊緣史論」、「邊緣史析」：方法是邊緣的，研究對像是邊緣的，言述是邊緣的，得出的結論即便不是邊緣的，也在向「邊緣」靠近。

楊：可能有點這個意思吧。實際上我所關注的問題並不是邊緣化的「問題」。為什麼我覺得史學遠遠滯後於對現實的關注？我們提到的這些所謂的「邊緣」狀態，可能恰恰是中國人，包括中國現在大多數人，特別是大眾的基本的生活狀態。現在很多情況也是這樣，比如新

聞報導，它們關注上層社會，如所謂的暴發戶、白領階層，然而這些人可能僅僅反映了普通老百姓的冰山中很小的一角。我們的視線可能遠遠沒有擴大到一個所謂廣義上的行為主體中去，我覺得這需要一個很大的轉換。還有就是中心和邊緣的關係、邊緣化問題和中心化問題。

肖：換句話說，你要把很多處於死角的問題和史料拿來，把它揭示和呈現出來，同時拿來與大家一起討論，以此為基礎，對「共同主題」進行反省、檢驗、補充。這樣就不會停留在邊緣境地，換言之以「邊緣」審視「中心」，以「邊緣問題」討論「共同主題」。

楊：但是我覺得這恰恰是目前歷史學變得更加多元、更加豐滿的一個原因。我想它也是很重要的一個取向吧。

肖：我很注意具有相關性的個案材料。相關性就是自身能夠互證互釋。我曾經思考一個問題，在國家圖書館看某學科資料，但是找了一個多月也沒有找到一個典型的具有相關能力的個案。搞研究，對事實的描述能力太重要。用你的話說就是對歷史進行呈現。一個「事實」連關聯的要素都不齊全，談何價值？任何材料只要被拆開就不反映任何觀點。一句話、一件事，孤立出來，就沒有任何意義。這是邏輯常識。

楊：我覺得其實這是新社會史第一個要做的。人們現在對歷史有個誤解，認為做歷史研究就是要恢復歷史真相，追求客觀，因此只要在一定程度上下死功夫就行。然而其實我們只有在建立起對歷史的基本認知框架之後，才能在選擇材料上有可能更加細緻。比如福柯就做得非常細，把一個監獄或者一個醫院整個地復原出來。而中國現有的傳統史學按原來客觀主義的標準去要求，常常恰恰忽略了歷史中我們認為是最重要的東西。比如有一本書，因為篇幅的限制，刪去十幾萬字。這十幾萬字，在「新社會史」看來，恰恰是最重要的東西，這些東西主要是關於吃喝拉撒睡的。但他們認為最重要的東西是跟義和團和戊戌變法相關的資料。對歷史真相或歷史求真來說，僅僅把它理解

為求真，實際上是糟蹋歷史學。陳寅恪之所以脫穎而出，恰恰是因為他根本不是求真。他只是從自己的一個角度重新解讀歷史，比如對中世紀家族的大轉折（從發生、衰落流入世俗底層社會的一種轉換）的研究。這裡面包含他對歷史特別強烈的主觀觀照。所以他的同輩，像陳垣等，考據功夫很好，但在歷史觀念和歷史大氣象的架構分析上，遠遠不如陳寅恪。

肖：其實「客觀主義」具有雙重性：一方面是作為批判或者自我辯護的武器。後來者對前行者的批判往往是以客觀主義作為武器，即使強調闡釋的「新社會史」最終還得以原來的歷史敘事和歷史觀念不夠客觀來進行批判和論證自身的合法性。而任何自認為具有完備的合理性和合法性的理論都認為自己是最客觀的。另一方面是作為無限制追求真理的召喚，這種召喚首先預設了「客觀」的存在和主體把握的不完全性，換言之在真理的客觀性與主體的把握能力之間留下永恆的期待彌補的裂縫，呼喚人們永遠地走在接近真理的路上。「客觀」的預設使得追求真理有了永恆的意義和動力。

楊：客觀真實往往跟你的主觀能力所能達到的、所能涉及的範圍有很深的關係。主觀上對事物的認識在一個什麼樣的層次，或者在一個什麼樣的範圍裡，達到什麼樣的程度，所有歷史材料的真實性實際都是為這個服務的。我覺得現在主流史學家一個最大的問題就是，事實真相的尺度只有政治化標準，或者說政治化任務，比如說「為國家現代化的建設服務」，而這實際上沒有必然關係。

肖：但有一點是可肯定的：假如說瞭解 n 個歷史事實就能夠充分論證某一個價值判斷和解釋模式，即 A，而另外還有一個解釋模式和價值判斷，即 B。A 與 B，誰對誰錯有時並不重要，而且一時未必能說清楚，但是假如 B 要想得到論證，屬於 A 的那 n 個事實全部包含在裡面還不夠，還要尋找更多的歷史事實，那麼 B 就可能比 A 更具有包

容性。B 需要更多的歷史事實才能確定下來,但現在沒這麼多歷史事實,這並不等於說 B 就不行。必須尋找新的史料,或者說拓寬史料的範圍和來源。當然也不是把那些可以「證實」的、仍舊具有解釋空間的「舊」史料拋掉。一切可以「證實」、具有關聯能力的史料,永遠具有廣闊的解釋空間。

楊:一個人在尋找新材料的時候,有可能找到的恰恰是跟他意見不同的人持有的一種觀念,也就是恰恰是一些視而不見的材料。如果把這些材料進行一種呈現,豈不是顛覆了在他的範圍之內鑑定的一些歷史事實?能不能說這是新社會史考慮問題很重要的一個出發點,就是說我們能不能在一個更加多元的理論支配的背景下,呈現不同的歷史事實,然後通過對它們分門別類,對我們所謂的歷史真相,作出另外一種不同的判斷?我覺得現在中國歷史學最大的一個問題就在於它太現實,就在一個桌子的範圍之內擺東西。(肖:它的歷史真相都是自我宣佈的)所以我覺得現在最主要的任務就是顛覆對歷史真相的單一的解說。

肖:顛覆之後還得會回到常識中去。任何人都會認為,歷史事實都搞錯了,由此得出結論也不值一提。這不是我們要批判的東西。當然歷史事實與價值判斷還是有基本區分的,但就共識的方面來談,大家都強調以歷史事實為根據,比如研究農民起義或者說農民運動。農民需要基本生存,否則沒法生活,就會起來反抗。這時,研究它們的貧困狀況也許就足夠了,因此貧困事實成為爭論的對象。如果誰不同意造反,誰就得提供其他生路。如果同意造反,那麼農民如何造反,造反之後怎麼辦?這又形成新的爭論對象,需要新的史料根據。革命之後能不能讓農民掌權,又是一個新問題,又需要新的材料和論證,這時就不能光看他們的貧困了,還要看農民的追求目標、權力意識和管理能力等。如果農民不能掌權,又該怎麼辦?由誰來掌權?這又需

要尋求新的材料並對其進行解釋。事實、問題與價值總是有某種對應關係,否則就會風馬牛不相及。

因此尋求真相肯定是基本功。什麼叫事實真相?我非常強調事實的相關性能力。這個事情發生的基本環境、基本要素和基本過程,不能遺漏。「不能遺漏」是一個什麼概念?當然與相關性有關。它表明真相本身與「這個事物」有關,而「這個事物」已經被人們在混雜的「事物世界」裡切割出來,並被人們認為是「一個事物」,也就是說被劃分了邊界,而且這些邊界足夠保障「一個事物」成立。真相當然與「這個事物」的邊界有關,相關性也是被「這個事物」的邊界包蘊著。如果因為想不到而漏掉,那是沒得選擇;想到了而不去做,那絕對是歪曲。所以追求客觀真實也沒錯。事實呈現中的邊界劃分問題,自然使得中層理論還有一個研究對象的獨立性問題。就是說研究方法有很重要的一點,對象的獨立性使它自成一個系統,內部具有足夠的相關性或者說自恰性、自足性。但是沒有人去研究。

楊:如果不賦予「中層」以獨立性,就無法跟現有的現代化史觀和革命史觀等宏大敘事區分開來。但是問題在於如何賦予對象以獨立性。(肖:這就是中層理論和新社會史觀最大的難點)這又回到剛才所說的,第一就是避免從革命史觀和現代化史觀角度去看問題。現在歷史學的一個問題就是,其結論早就給定。這是革命史觀與現代化史觀的一個通病。比如我們定義太平天國是農民起義,戊戌變法是維新運動,辛亥革命是一場推翻舊封建制度的革命。如果這麼定性的話,任何研究都是為現有的結論服務。第二點就是所謂的「中國中心論」。「中國中心論」的一個前提是「對象」並沒有完全的獨立化,也就是說它本身還是站在一個西方的立場上,把問題變成一個如何東方化的問題。也就是說他們在提出「中國中心論」這個命題時,一直有一個西方背景在後面支撐。對象如何獨立化,我覺得首先應該擺脫這兩者不

同的維度。其次就是我們呈現什麼。

　　肖：這個很關鍵。喜歡紅色的眼睛首先看到的就是紅色。一個人類學家在一個部落待上十年，這個部落的東西被他反反覆覆地感覺、捕捉和記錄。十年後他對部落進行全面呈現時，只需要考慮如何抽象，如何歸類，如何保證它們的關係，如何確認處於實質作用中的關係。哲學就是要給世界形成一個新的分類體系。歷史學的任何一步工作都牽涉著哲學的基本活動。（楊：這裡面涉及歷史資料的不同組合。如果重新組織，得出的意義可能是完全不一樣的。現在我們就是缺乏對意義進行重新組織的能力）這幾十年，對中國近現代史史料的考證，做得不是很好。他們常常是只要考證出某個東西與革命有關，任務就完成了。考證史實，一個是考證真偽，一個是考證相關聯的事物，哪些事物對它曾經發生過作用。

　　楊：我覺得中層理論最重要的就是能把一個事實，你認為是事實的東西，比較完整地呈現出來。你認為是事實，把它分類好，表述出來，把邊界之間的關聯性清晰地呈現出來，這已經是很了不起的工作。

　　肖：在中國的傳統史學裡面，我認為是有中層意識的。中國傳統社會裡對書院特別重視，縣官到書院裡去，是什麼態度呢？那是要執弟子禮的。天地君親師，君王不在時，縣官對老師必須恭敬。這就是傳統社會的「中層」意識。中層理論在很大程度上是屬於學科建設，而現在竟變成一個帶有思潮特點的思想問題。

理論的轉換——懸置或者批判

　　楊：對歷史學界來說，我們可以避免兩種傾向，這兩種傾向恰恰代表兩個階段。第一個階段特別強調乾嘉學派那一套所謂實證主義的經驗研究，這容易流於瑣碎之學。比如八〇年代以後國學熱引起的爭

論。第二個階段是針對所謂的宏大的革命史觀。革命史觀恰恰是用理論的空洞去解構過去所謂的經驗研究和實證主義的乾嘉學派的這種風格，但是它又過於政治意識形態。怎樣迴避這兩個極端？當然從技術上來看，從中層進入的話就可能行得通。這只是它最初步的，我談的並不是它全部的反映。

　　肖：我們可以把宏觀分為「具體宏觀」和「空洞宏觀」，微觀分為「瑣碎微觀」和「相關聯的微觀」，而中層理論實際上是在「具體宏觀」和「相關聯的微觀」之間。假如對兩邊的事物不是很瞭解，中層理論就無法被定位。反過來說，一個人的中層理論做得很成功，他的思想裡絕對包含豐富的關於「具體宏觀」的思想。中層理論同樣也零零散散的隱含了豐富的「相關聯的微觀」。換言之，在中層理論上能夠成功的，一般也至少具有模糊的宏觀理論和微觀考據的能力，這種能力雖然模糊，但是非常實在，足夠構成中層理論建構的背景視域。

　　「空洞宏觀」和「瑣碎微觀」，往往是相輔相成的。「瑣碎微觀」的研究成果常常成為「空洞宏觀」任意利用的材料，而「瑣碎微觀」的價值觀念也是「空洞宏觀」直接賦予的。中層理論使它們兩個之間的關係不成為一個任意的論證關係。過去任何歷史研究，一下子就和革命聯繫在一起。「瑣碎微觀」沒有相互之間的解釋，它肯定能夠任意論證。宏觀上用「瑣碎微觀」來論證，絕對是空洞的。而中層理論可以使「空洞宏觀」成為一個「具體宏觀」、具體的抽象，而「瑣碎微觀」成為相互之間「有關聯的微觀」，自身能夠成為有一定自足性的微觀。中層理論能夠使二者之間的關係不再是任意性的論證。

　　楊：你說模糊意識也好，模糊感覺也好，它可能具備上升到宏觀的基本意象，但還不具備構成上層的更大的框架的基本能力。

　　肖：這個問題切換一下，就變成另外一個問題。我們是否能夠通過批判「空洞宏觀」和「瑣碎微觀」，來找到中層理論的位置？這種可

能性有多大？我認為，你們這一代史學學者實際上就是在這個問題上做工作。

楊：這涉及你對中層理論本身的要求。其實剛才我們的討論多少已經部分回答了這個問題。也就是說應該在中層範圍之內，提出獨立的解釋模式及尋找到我們所認為的在中層理論應該進行解釋的一些材料。這些材料一定要超越在所謂瑣碎考據的經驗實證的基礎上的判斷及有關的材料選擇。我想這一點應該是可以做到的。比如說選擇不同的材料，某學者談到鄉村自治問題，研究這種功能的運轉，分析它所運轉到的程度。實際上他在選擇材料時，已經對原有的材料作了選擇和梳理。如果僅僅按照政治史觀或一般考據型做法，把材料聚集起來進行研究，得出的結論可能就是這些所謂的材料並不能作為鄉村自治的一個驗證。但是如果經過這位學者對材料的篩選，這些材料馬上就變得能說明自治問題。

肖：這個例子至少包含以下幾個東西。第一是它找到一個對象，這個對像是自治的。第二，根據這個標準重新整理這裡邊的材料，把材料運用到中層理論的建構中，就有必要把外在的、無關聯的東西，要麼抽象掉，要麼限制起來，或者是在一定空間裡，把它放在懸置的位置上。這裡面自我標準很明顯。

楊：另外一個問題就是說中層理論為什麼既要依靠下層對材料的選擇，又要依靠上層宏觀的東西的反思？為什麼是這樣選擇材料？首先得出的結論就是說宏觀的這個東西，向基層的東西要滲透，但不可能完全滲透。那麼在這個過程中，它依據上層反饋下來的，也就是宏觀的抽象規定來選擇材料，由此開通了原來的關於這種材料的經驗研究、實證研究。這種所謂的客觀性對象就變成了主觀選擇的對象。

肖：它肯定牽涉到宏觀、中觀和微觀之間的關係，還有滲透和不完全滲透的問題。當然一定會滲透，但不可能完全滲透也是肯定的。

楊：如果有人不認為現代性的邏輯是理所當然的，現代化對鄉村的滲透是理所當然的、合理性的過程，但這個滲透可能會破壞既有的鄉村自治的一種基本的自然的狀態。總之是在作出這樣一種判斷之後，再利用這一判斷去對原有的材料再選擇，原有材料所證明的東西可能就進入到「中層」這個視角裡。

肖：兩個問題：一個是價值判斷，一個是事實判斷。事實判斷包含兩個可能性：它具有的一定的自治，或者是這種自治已經完全被破壞。價值判斷就是提問：保持自治和自治完全被破壞，哪一個好？前面的問題好一些，因為滲透有很多，有行政權力的滲透，有司法權力的滲透，有思想道德的滲透。

楊：我們現在討論的是第一個層面的問題。我們討論的是如何選擇歷史作為材料進入中層的視角？我再舉我自己的醫療研究課題。如果從傳統的角度切入，我們基本上是認同一個已經灌輸到我們腦子裡、已經經過多少年的從小訓練的東西，就是說中國的這個醫療改革，引進西方醫療體制，是一個科學的、規範的體系，以至於其他東西，包括中醫的、民間治療的一些方式都是迷信的。那麼我們在選擇材料的時候，只要材料不符合這種標準，我們必然把它剔除，因為價值判斷自然會選擇、歸類。在選擇、歸類的過程中，我們已經預設了選擇的實證性和求真性。但如果我們把宏觀的這種大的框架進行一些質疑性應用，我們的選擇就完全不一樣；在選擇基層史料時，我們可能發現其他可資利用的材料，而且對原來材料的選擇做出可能異於原有的判斷。比如說我研究在產婦和產婆之間存在的控告和辯護之間的關聯。如果用原來的框架來選擇材料，我們往往只選擇那些對產婆進行譴責、控訴的材料，而產婦為產婆辯護的材料無法納入我們的視野，即便進入我們的視野，也被忽略。

肖：這還是一個相關性的問題。比如說研究產婆，不運用與產

婦的各種看法有關的材料，肯定不符合學術的基本要求。像研究傳教士，不看傳教士對自己的一些活動的看法，也是不可能的。傳教士對自己的看法是為他的所作所為做的辯護，而革命史觀容易把這些看作虛偽和狡辯，也就是說起碼的相關性都沒有。有成就的歷史學者都能做到對包含有關聯的經驗的呈現，但有些末流的歷史研究者就做不到這一步。我們不要在末流歷史研究工作者的問題上起步。

楊：站在宏觀、中觀和微觀這三個層次上來看，我們的出發點恐怕是先對宏觀的基本理論提出質疑，回到微觀，對一些材料重新進行選擇，然後再反饋到中層，建構我們自身的理論。這是目前非常急迫、而且也非常必要的工作。

肖：換句話說，在中層理論的問題意識沒有產生的時候，目前這是唯一的途徑。但是假如沒有中層理論意識介入，僅僅在中層範圍研究，「空洞宏觀」卻直接介入，而研究者又發現現有宏觀理論不行，這時，研究者是直接批判宏觀，還是確立中層意識研究中層呢？我比較強調對現成宏觀理論進行懸置。懸置不是否定。如果過分強調批判，這個批判就可能會（楊：繞過去）把很多必要的東西丟掉，而且無法返回視野，永遠也進不了這個「中層」，而宏觀理論的某些東西又是中層必須有的。這個問題我覺得比那個無意識受到宏觀理論影響的問題更大。懸置是一種預防機制。（楊：現在有一個很大的問題，就是我們是否能真正懸置起來）不可能真正懸置，所以才強調技術行為。

楊：必須在對某些宏觀問題作出回應之後然後再把它降到微觀層面作出選擇，再打回來，形成一個中層的研究。（肖：這個目前是你採取的路子）不，這不是我採取的路子，但就可操作性而言，這恐怕是一個無法迴避的路子。現成宏觀理論其實已經建構起很多學科都無法迴避的帶有普遍意義的典範性問題。要是迴避這個帶典範性的問題，就要重新建立問題。如果不從宏觀入手，在中層就無法建立起相關問題

的意識。我覺得現在中國學者恐怕是沒有這個能力的。這裡面就牽涉你為什麼總覺得我們在「中西」之間較勁,因為我們現在籠罩在一個西方對我們的有效性的壓制之下。就像孫悟空怎麼能跳出如來佛的掌心?我們必須在這個掌心裡說話,不可能說孫悟空跳出來,不要這個掌心了,然後自己再兜個圈子,用金箍棒劃個圈子,自己再弄個掌心。

肖:批判可能產生問題意識,但是不可能發現新的東西。現在的問題,從某種意義上說,是應該學會「遺忘」。對中層對像已經有一個基本概念、基本感覺,現在是把現成宏觀理論遺忘掉直接而對中層對象本身,把它看成是一個個事實要素以及這些事實要素之間的關係,而不是糾纏於對宏觀的批判上。

規範論證與範式遷升

肖:最近我重新解讀康德的先驗邏輯,這很有趣。比如說經驗,我們需要從經驗出發,但是我們總是從經驗中提煉出一個假設——這個假設我不去討論,因為我覺得從經驗角度去論證某個規範在哲學上是不可能的。我們的規範總是從一個原始假設出發,這個假設往往來自經驗,也就是我認定的那個經驗;通過對假設的展開,建構整個體系。如果你也認可這個假設了,後面的推論就好辦,否則就對話不起來。誰也逃不掉這個宿命,因此我們無須違抗,而是應該考慮如何進行創造性適應。這牽涉很根本的問題。比如汪暉,在他那裡,歷史分析常常直接過渡到規範批判,這當然不行,儘管他的歷史分析往往具有驚心動魄的揭示性。康德的先驗邏輯就是在從經驗角度對理論論證進行初步規範,然後馬上把兩者的關係切斷,不讓規範分析的合法性來自經驗。因此我對辯證理論非常重視,但是我們的辯證法全變成了沒有辯證的辯證法:「相互對立又是相互統一」成為一個公式,其實質

是把千差萬別的對立形式和千差萬別的統一形式完全抹殺，以便根據需要任意強調鬥爭或同一。權力一旦成為辯證法思維和言說中的一個環節或者籠罩在整個過程中，辯證法就由真理的揭示方法轉變成全能意識形態的遮羞布。我覺得中層理論必須注意這些問題。

楊：中層理論牽扯到一個很重要的東西，就是對某一個局部地區的概念化，這是中層理論很關鍵的一個東西。對它的有效性的驗證能不能成為在中層理論背後給予支撐的很重要的一個渠道？如果再具體化，解析每一個概念本身，看它自身是否具有一種自足性，一個是界定它的範圍，比如在多大的範圍之內，或者在多深的層次上，它的應用是有效的。還有就是在什麼樣的層次上，它是一個本土的相關的概念。比如公共領域肯定是爭議最大的，因為它直接把市民社會這個概念引入到城市史研究中來。但是其他的是不是就越來越近於合理化？比如「過密化」對華北鄉村的這種自治體制描述的分析，是不是都可以算是在一個所謂的宏觀和瑣碎之學之間的一種過渡？

在現有的初步成型的中層研究中，分著很多層次，比如有的是從地區性的；有的是從機構本身運作的特質上；有的是從空間概念上，像城市與非城市之間，或者上下層之間的這種不同的邊界的劃分；有的是從知識生產的角度，像有學者用布迪爾的「文化資本」概念研究常州學派何以在常州這個地方產生。將「文化資本」運用在對這個具體場景的分析上，是否也是呈現出一種中層的形態？（肖：中層的分析）對，中層的分析。中層分析所應用的概念是不是也可以算是中層理論的一個表現，一個組成部分。把一個個的分析聚合在一起的話，我們就形成中層理論所能凸現出的一種基本的解釋維度，而且是一個多項架構的一種框架性的分析方法。

肖：我認為這一系列都屬於中層範圍的分析。中層理論成功的絕對性就是對對象的劃分。比如說把一個對象劃分邊界以後，我們就

要首先來看這個對象自身是否具備自足性。打個比方，湖南省挨著湖北省，它們可能就構成一個自足體系，這時僅僅在湖南省這個範圍內研究，就屬於殘缺不全。有時湖南、湖北各取一半才可能構成一個對象。中層對像一旦劃錯了，就會出現問題。我們過去搞典型研究，保證它自身相互之間的典型關係，在很大程度上也是這個意思，但是其最大的危險性在於所謂的「典型」對其他現象或領域具有直接的強制性。而中層理論到宏觀理論，我覺得需要範式的遷升。怎麼理解？大家都知道，在黑格爾《邏輯學》裡，對概念演變的描述，第一個階段所使用的概念和第二個階段所使用的概念就很不同。《資本論》也是這樣的。第一章由兩個要素構成，加入一個要素以後，原有的概念就不夠用，就得重新設計概念。也就是說，整個範式變了。中層理論最後走向抽象層面是沒法逃避的，是注定的。這時，學會如何認識自己的抽象層次，建構自己的抽象層次，是最恰當的路子。這裡面涉及兩個路子：一個路子是歷史學的，一個路子是哲學的。對我來說，兩個路子都存在一個抽象問題。後者思維的抽象和表述的抽像是一致的，而前者的抽像是選擇材料的思維形式，而表述上不抽象。中層理論要面臨的一個問題，就是說它自己去抽象。層次多了，研究對象就多；研究對象多了，不可能不抽象。從相關事件中挑出一兩件事說明整體，和用一個概念描述整個世界，用一個意象描述詩歌情景和表達詩歌意緒，這是等價的。因此從微觀到中層，從中層到宏觀，都要經過範式的遷升，而不是一個直接的論證關係。也許我們可以思考同一層面上的事物的共性，但這種共性毫無意義，特別是在它們之間相互沒有發生實質作用的時候。

楊：這種論證方式基本上可以瓦解掉對現在一些歷史觀的大敘事。當時我研究儒學地域化，有一個非常明確的界定，就是說在一個區域的範圍之內來談知識群體在這個意義上的作用。後來汪暉攻擊的

就是：你要是越出了這個邊界怎麼辦？比如你怎麼解釋革命？跨地域的革命已經不具備地域性了。（肖：跨地域就需要一個新的概念範疇）但我覺得，汪暉只是在空間層面上進行批評，我們應把這看作是對中層理論的回應。

肖：將湖湘學派、嶺南學派和江浙學派這三個地域性學派與戊戌變法、辛亥革命和五四運動這三個歷史階段對應起來，確實操之過急。而論述三者之間的相互作用又確實必須形成新的描述範疇。

楊：新的描述範疇多少還能容納我的描述。兼容的同時又完成轉換。在一個空間和時間的範圍之內，來談互動本身，中間的環節應該是很多的，或者說需要有另外一條解釋範疇或者說描述範疇切入，把我的描述包容進去，同時又涉及其他東西，這樣就形成一個轉換。

肖：中層理論既不成為宏觀理論的附庸，因為中層理論沒有義務去論證宏觀理論，宏觀理論也不可能從中層理論直接找到論證。如果宏觀理論堅持說自己的論證就來自中層理論，中層理論就馬上失去自身的意義。微觀理論也是如此。

楊：這就是中層理論要解決的問題。中國歷史很長，地方很大，如果我們要抽像一些東西，必須在中層這個角度先提煉出若干的概念，在一定的空間範圍、時間限制的情況下，作成一個模式。然後通過不同的模式，完成向宏觀的轉換。這個轉換需要另一套思維方式、另一套價值體系、另一個範疇來完成。為什麼要採取這種方式？就是因為過去宏觀的敘事方式，恰恰越過了這個中層，直接把一些所謂的客觀的東西抽象掉，直接構成上層的、宏觀的理論，直接再轉化為政治史意識形態的一種敘事。所以我們談歷史，或者是乾脆在底層上倒過來，或者就在上層直接打通底層。（肖：這就是任意論證的觀點，唯意志的關係）這是最不真實的，底層材料沒有經過範式轉換就直接成為政治資源。

這樣一來，新社會史研究已經上升到哲學的角度，中層理論也定位在既是一種政治操作，也是一種思想意識，還是觀念和行為之間的關係上。我覺得現在歷史學已經不僅僅是一個學科本身的定位問題。

中層理論與一代悲劇的終結

肖：這裡出現一個問題，縱觀天下，一個特別偉大的歷史學家並不僅僅是歷史學家，絕對是一個思想家。真正偉大的社會學家，無論哲學、歷史、社會、政治，都有自己的看法，有自己的獨創性。

楊：你這麼一談，中層理論其實不僅是一個史學問題，主要應該是使史學真正能跟其他學科相互對話，形成一個互相說明、互相闡釋的關係。在中國的政治哲學，包括現在在自由主義和左派的爭論的背景之下，中層理論應該提供某些資源。

肖：能否給論爭提供理論資源，這的確很重要。但是他們就是缺乏中層理論，要麼在宏觀領域，要麼在微觀領域，其實兩者之間不是一種簡單的對應關係和論證關係。

楊：或者僅僅是一種西方理論的一個翻版，比如說自由主義僅僅是西方個人主義的一個翻版。在這個層次上談問題就沒有什麼意思，根本就沒有什麼進化。我們這個中層理論，包含新社會史，其實就是為了給相關學科提供有機對話的一些基本條件，這樣才能在實實在在的地面上談問題，而不是僅僅停留在想像中。我覺得真正要有所突破的話，應該在歷史學「中層」這方面有所突破。汪暉其實已經在做這個工作。

肖：他主要是思想史，但是已經學會了社會史基本的分析方式。

楊：他基本上是要進入社會史，但後來我幾次跟他討論，發現他基本上還是思想史的一個脈絡。社會史他進入得不太好，因為社會史可能

更複雜，需要有一個非常深厚的史學功底。

肖：汪暉這個現象比較複雜，因為他這個人，有某方面的缺陷，但在一些方面又很有天賦，又肯下工夫。缺陷、優點再加上工夫，這三點構成一個特殊的汪暉。他的特長就是，他是搞文學出生的。從他的文章來看，他是很虛無、很悲觀的一個人。在他的文章中如果出現散文化的句子，沒有一句話不是悲觀的。他有很強的形象思維，在表象的相互聯結上有某種洞察力。但他概念能力不夠，不能用概念來支撐他通過敏銳的文學能力所發現的複雜的社會問題。他無法完全走上社會史研究。我認為他是有內在於社會史的思想史分析，他不會純粹去討論社會史的問題。但他所發現的，我們覺得基本可信。他善於抓住那些人們已經形成共識、很難否定的基本的社會史材料來做思想史分析，而這些材料的意義往往被忽視了。

楊：所以說，包括我和汪暉在內的這一代都要更加清醒的加以定位，要知道自己是在什麼層次上談問題，能談到什麼層次。汪暉，如同你所說的，他有這種天賦，但他往往又經常越界。

肖：但汪暉有個好處，就是他還是有自知之明，所以特別地刻苦，不斷地追溯，比如他那個《中國現代思想的起源》一書一再推遲出版。

楊：只是他追溯的範圍太大，他一直把現代思想的誕生這樣一個相對有限的範圍一直擴張，最後甚至追溯到中國「禮」的誕生。他給自己規定的任務，可能應該是分階段地進行。這恐怕是他面臨的最大的問題。所以我覺得在汪暉和葛兆光的這種思想史的寫法（包括思考問題的方式）的終結上，他們是最具代表性的悲劇人物。

肖：葛兆光說他們那一代人提出思想史要重寫，而他寫《中國思想史》目的之一是為了完成這個任務。他是有自覺意識的。我覺得他是帶著悲劇性的情懷來完成這些東西。

楊：他們都很明確地意識到他們到此終結了，他們是最後的終結者，是一個悲壯的出場。（肖：葛兆光也想終結這個悲劇）但是我覺得汪暉還沒意識到這一點。他是作為一個終結者存在，但他是想做一個起點者的表率。我覺得新社會史或者說中層理論有一個問題，就是說，要打破學科本身的自閉性，把其他學科正在討論的一些尖端的或者說當前的問題引入歷史學的一種觀照中去。這就形成一個基本的開放性。

肖：我在本科時代就給自己確立兩個東西：一個是沒有學科概念，一個是我堅決反對用一個體系去打倒另一個體系，而是用一個體系去溝通另一個體系。任何一個體系都有自己雄厚的經驗基礎、自己的學理論證。如果一個體系沒有自己的經驗基礎，僅僅有學理論證，是做不到的。這些學者的經驗基礎也是很雄厚的，而學理論證是這些學者的長項。所以只可能溝通，不可能打倒。如果你要去打倒它，那就等於你白白地少了一個很寶貴的經驗資源。這個經驗資源你不一定要接受，但你必須去感覺它、觸摸它。這是我一貫的思維特點和追求方向。任何學科都有自己學科的研究對象，有自己學科的表述規範，但是任何研究對象都不是孤立的。搞文學研究的人，文學作品裡寫的是一個社會現象，一個個人現象，這和所有的學科都分不開來。我們先有對象和問題，然後才有學科。

楊：你談到這種交叉比較輕鬆。其實對歷史學界來說，這恐怕是一個非常基本的沒有解決的理論問題。歷史本身已經變成了其他學科的來源和資源，同樣歷史也應該把其他學科的資源納入自身的框架中來。這恐怕現在需要一個基本的共識才行。

肖：我對現代學科有一個基本的判斷。在現代社會學科和人文學科裡面，有兩門具體的學科，具備哲學基礎的地位，一個是經濟學，一個是歷史學。然後還有一個東西成為所有學科的方法和分析、表達

的重要來源，這就是社會學。

楊：對。實際上歷史學就變得格外重要，要是故步自封，它基本上就沒有一個自己合適的表述方式，不能有自己表述的一個基本的框架。現在歷史學缺乏這個，所以我覺得應該再與其他學科進行對話，重新把社會學的資源引入到一個基本的歷史表述中去。

空間重設與普遍主權

肖：根據我的閱讀和理解，你認為，在西方社會，存在兩個解釋路向。這兩個路向都是要擺脫的。第一個路向就是，在「中央」(上層)與「地方」(下層)，或者說「整體」與「部分」、「核心」與「邊緣」之間，以前者為中心和出發點，對後者產生一個結構化的解釋過程。另一個路向就是以後者為中心和出發點，對前者展開一個擴張性的解釋過程。這樣一來，革命史觀和現代化史觀只是它們的總體框架。革命史觀存在「中國中心論」和「下層中心論」，換言之，是邊緣對中心的擴張、下層對上層的擴張，而現代化史觀是「西方中心論」和「上層中心論」，或者說中心對邊緣的結構化，上層對下層的結構化。而對於「新社會史」來說，面臨的是四個東西：革命史觀和現代化史觀、結構化和擴張性，每兩個都可能構成一組描述，一個對立。「新社會史」對這四個東西都要進行一定的考慮和綜合。因此你要走第三條道路：把它們綜合進來。這時你就提出「中層理論」。在理論上，「中層」這個概念有可能是「重疊」的意思，也可能是「交叉」的意思，也許更是一個具有隔離性質和緩衝功能的「過渡段」；當然「重疊」或者「交叉」和「過渡」它們自身還存在著多種形式。

楊：我覺得新社會史最主要的一個任務就是呈現下層和上層在什麼樣的層次上和什麼樣的環節上建立起它們合理的對話關係，這個

對話關係又如何返回到現實中去。這個承擔對話關係的環節，在我看來，就是中層理論所要研究的「中層」，也就是重建下層歷史。比如說，中國現有的社會轉型的國策，最關鍵的一個因素是不把地方社會的資源當作一種資源加以合理性利用。歷史學的基本功用首先就是恢復和呈現這些地方資源的合理性，使它們轉化到社會轉型的現實中。

這在《空間・記憶・社會轉型——「新社會史」研究論文精選集》裡有許多例子。比如王銘銘提到一個邊界重設的問題，他力圖避免宏大敘事對現有地方邊界的摧毀，同時又避免太過於自戀「地方自治」，把自治邊界跟上層的所謂國家嚴格區分開來。他強調的是一個空間問題，就是說在一個固定而比較傳統的空間裡如何轉換資源。也可以說是將它還原到一個未被賦予特殊功能的特定場域，考察它做了什麼，它有什麼作用。這個問題涉及空間問題。在原有的空間秩序上，有哪些因素改變了空間排列組合，哪些因素被現有空間所排斥。這裡不提中西，不提東方西方。我只是強調異質空間跟同質空間之間的交合和重疊的作用。它有排斥，有同化，也有改造，有轉換。另外一個就是所謂的記憶問題。記憶問題為什麼變得很重要？景軍研究曲阜的孔廟發展到甘肅是怎麼被改造成有所不同的問題。這個廟經過一番重修，重建之後很多牌位發生變動，於是人們原來記憶的崇拜可能發生變化。根據族譜或者口述、訪談等，重新進行排列。排列的過程，實際是歷史記憶被重新組合。

肖：從剛才的分析來看，「空間」是一個非常重要的東西，很大程度上是一個核心範疇。「社會記憶」也隸屬於這個範疇。這是在空間裡把握時間，在時間裡肯定空間，而不像過去我們研究「規律」。什麼是規律？對下一步的下一步進行猜測是線性思維，只有線性歷史觀才可能有總體性的下一步。因此，「規律」是在時間裡否定空間。要把社會學運用到歷史學領域裡面來，因為社會學是研究空間「秩序」的。如

果是在空間中把握時間，就很難線性地推測下一步，因為它是一個「合力」概念。空間概念絕對是合力概念。空間是由一系列邊界構成。每個邊界領域有自身的獨立性，這個獨立性不是我們過去談的「相對獨立性」，它是一個「非常」的獨立性。現有的辯證法把它的獨立性全淹沒掉了。

我覺得把「空間」概念做足，「新社會史」敘事就成功了，隱含在裡面的「價值」也就出來了。但是關鍵的是，用空間去把握時間有一定的難度。時間，我們都清楚，是單線條的。雖然我們假設很多可能，但是好像沒有提出什麼可靠性出來。明天就是明天，今天就是今天。按照規律，從今天推到明天，只能是線性的。按照規律，中國的發展只能歸到一個模式上去。而「中層」本身包含很多東西：高層是最高點，中層是位於中間的一系列點，空間概念和中層概念使這些點都具備自身的終極性。在價值和主權上，這種終極性不受其他任何約束，是自足的。即使接受影響也是選擇性或者契約性「接受」，而不是被迫性接受。它是一個選擇主體，而不是純粹接受主體。我最近在思考「主體」這個概念時，就發現二十世紀八〇年代少一個東西，就是權利概念。很多人研究到了認知的主體性、意識的主體性等，就少一個東西——權利的主體性、權利的優先性。這是二十世紀八〇年代最大的漏洞。假如把「權利」概念賦予「主體性」，在二十一世紀我們就可以把「主體性」概念重新撿起來。這樣就進入「分權」和「主權」中。電影《第一滴血》給我很大的啟發。國民軍到地方去抓嫌疑犯，必須由當地警長邀請並服從警長指揮。這就把權力分化了。後來我閱讀《聯邦黨人文集》、《美國憲法概念》、《論美國民主》等書，就產生一系列分化和分權的概念。假如一個公民能在宗教上參加 A 團體，在文化上參加 B 團體，在政治上參加 C 團體，在娛樂上參加 D 團體……而宗教團體、文化團體、政治團體和娛樂團體等又是一種多元格局，每個公

民具有相當的選擇空間和結社權利。這是一個理想國。但是美國社會有這個傾向，它不把它們混雜在一起。宗教機制、政治機制、文化機制等是不同的，不能混在一起。這是一種社會分化，也是社會個體化的徹底化，也就是個人作為個人存在。權力分化了，每一種社會團體和社會方面都有自己的權力終極。

楊：這恰恰是歷史學現在要解決的問題。原來中國社會可能會存在你所說的這種所謂的底層民間團體。它們在化解一系列基層矛盾、維持地方秩序的過程中一直發揮著細胞終端的作用。摧毀——把空間的東西轉化成一個線性單位——之後，所有的空間都在維護著線性單位所表達的終端的願望，最後連作為線性單位的空間也全部被消解掉了，地方的各種不同願望找不到一個表達場所。

肖：我剛才說的很多東西都屬於政治哲學範疇。現代政治哲學已經把法律、倫理放進去。法律裡的權利觀念、政治裡的權力觀念、倫理學的善惡觀念都綜合到政治哲學裡去。假如政治哲學給新社會史敘事建構一個價值體系，社會學給打造中層和空間概念，再用歷史學的基本功夫把材料做活的呈現，最後請哲學幫助做好範式塑造和遷升，那麼這個歷史研究就昇華了，新社會史「敘事」也就圓滿，也就轉化為新社會史「觀」了，「中層」本身也就成為一個自足的東西。這樣，把中層理論作為操作層面的理論出臺，就有苗頭了。中層理論現在有了帽子，腳也找到了，就少個身子。

楊：可能以後中層理論需要探討的就是：一個是操作，一個是兼容，即怎麼把當代的一些問題容納到討論之中。現在一些有爭議的問題，一些思潮的東西，是不是要把它容納到框架裡面，作為一個背景來討論？

肖：歷史學家如果缺乏對自身所處環境的審視，就很難進入歷史。二十世紀八〇年代以來的文化史、社會史以及後來的新儒家，特

別是在余英時提出遊魂說以後，都關注到中層和下層。下層是通過中層來關心的。我曾經說，社會人類學在中國很有意義，可以和新儒家合作，因為社會人類學能發現民間保留的儒家文化，這很值得呈現。中國現在的政治學和法學也在關注地方性資源。其實，僅有下層的和高層的、微觀的和宏觀的，其結果只能是雙方都被架空。所以說綜合起來看，中國很多理論和學科都發展到呼喚中層理論這一步。

中國政治體制的研究，很多方面缺乏爭論。對自由憲政來說，中層理論研究可以提供很豐富的資源。中國目前的研究還沒有給自由憲政建設提供足夠的學術經驗。光講自由主義還不行，還得讓人民接受。美國憲法是一個州一個州通過的。因此，還得把自由主義與中國歷史文化聯繫起來。如果不把這些問題打通，自由主義就缺乏足夠的接受視域。

楊：這牽涉到資源共享、互用的問題。現在許多研究好像僅僅是立場的對立，我覺得這是最大的問題。現在也需要一種整合，看能不能通過一種渠道來整合。一定要從歷史學本身入手，因為歷史學恐怕是我們一個共同的資源，它最具有共同性。現在像法律、哲學等，都得跑到歷史領域來。我覺得《空間‧記憶‧社會轉型——「新社會史」研究論文精選集》這本書已經出現這個趨向，就已經把各個學科邀請進來，分享歷史資源。

中層理論與自由的演進

肖：中層理論，假如它真正從理論角度，從學科角度，將自足性呈現出來，它就隱含有政治價值訴求，隱含有「權力合法性」的問題和「個體自由」的問題。回到史學常識，回到歷史真實，這能與哈耶克的自生自發秩序建立某種關聯。我個人認為，實踐哲學是在哈耶

克那裡完成的。馬克思認為歷史是一個自然歷史過程,我把它理解成一個自生自發的過程。只要有一個主觀因素能夠控制或者計劃整個社會,就不能說社會進程是一個自然歷史過程。從這個角度來看,馬克思的實踐觀是沒有問題的。馬克思認為歷史是可以認識的,但是僅此而已,既沒說必然由誰來認識,也沒說認識的標準必然是什麼。某一人或某一政黨宣佈自己認識了真理,這和馬克思認為歷史是可以認識的觀點,是不一致的。「可以認識」不等於「必然認識」,認識的程度也有規定。我曾經發現在馬克思那兒,經驗主義傳統很濃,但是在後來者那兒就變成了唯理主義。唯理主義和唯意志主義是一個概念,是理智的直接建構。馬克思主義為什麼會出現這種情況?一個很簡單的道理就是全能政權的合法性往往是這樣確立起來的。馬克思的著作都具有極強的相關性,就像歷史本身。但是我們很多人不讀馬克思的書,而且也不懂馬克思一些定義的方式,比如說物質決定意識但受意識反映。一旦物質必須通過意識來反映,那麼一系列問題就出來了:物質怎樣決定意識?物質本身是什麼狀態?我們所認識到的物質必須通過意識的建構,否則不可能對物質有認識。從這個定義我們完全可以推出這樣的結論:我們認識到的物質只有可能是由我們的意識建構起來的「物質」概念。唯物主義和客觀主義一樣,可能成為一個積極性的概念,也可能成為消極性概念。它具一種規範功能,規範你不斷地去追求真實,時刻懷疑自己是不是存在主觀建構。這個是必要的,沒有這個意識不行。正因為如此,沒有人說這是我任意解釋出來的,要有就是後現代主義。後現代主義也不會說我所把握的事實雖然不是這樣的,但我就要這麼說。沒有人這麼去說。所以馬克思的物質概念本身就是一個不確定的概念。中層理論就是把這些思想在具體的研究中全面反映出來。

楊:這裡涉及,做歷史要幹什麼,就是你為什麼要做?就歷史學

目前的功能來說，大致分幾點：第一種基本上是客觀主義的，實證主義的，它追求真相，追求客觀的對象；第二種，歷史是一種教化，是政治的詮釋工具，論證某種現有政治秩序的合法性；第三種，歷史是一種遊戲，或者說一種審美的，一種個性化、個體化的存在方式，個人表達的方式。我覺得最重要的，還有一點就是歷史能不能使我們提高對現實的一些現象的批判能力和反思能力。

肖：批判的和教化的很難區分。批判是下層「教化」上層，教化是上層教化下層。

楊：我比較贊同一種中庸的立場。當然審美的、遊戲的、自由的，是一種個人選擇，這沒得說。我自己也採取這種立場，但我比較讚賞的是讓歷史學具有反思現實、觀照現實的一種能力。不論是個人也好，人群也好，通過觀照、反思現實的能力的提高，能對現有秩序的轉換改造和社會整個轉型，包括中國人自身的生活狀態，形成有影響的一套規則、原則。在這種情況下，我覺得新社會史最優先要做的一個工作，是如何擺脫革命史觀和現代化史觀這兩種模式。

肖：從革命動員的角度看，革命史觀是很有效的一個理論體系。如果要建立起新的描述框架，就應該把革命史觀包含進來。這就像我最近思考的一個問題：如何從自由主義，從一個保守的自由角度理解革命時期和「文革」時期？如果不考慮溝通，完全採用否定的方式，你這個自由主義肯定是激進的自由主義。一切激進主義都有一個根本特點：把可能誕生非激進的，變成僅僅誕生激進的相互替換。因此，我就考慮如何把「中國革命」概念納入到民主自由的演進描述中來。

實際上具有「個人自由」和「個體主權」意識的知識分子，考察任何歷史事物，首先發現的往往是個體事物本身的自足性和主權性，是從下至上的生成關係。如果將這命名為「自由化史觀」，那麼其顯在的典型形態就是阿克頓的《自由史論》，它把歷史看作自由積累和演進

的過程。而對於崇尚威權的知識分子特別容易從歷史事物中發現從上至下的威權關係。對於後者，沒有全能威權的存在，秩序是無法想像的；對於前者，從下至上生成的社會關係，不僅能維持可持續秩序，而且能保障個人自由，而全能威權只能維持一時的秩序，並且是以犧牲個人自由為代價的。當然具備「自由化」史觀的歷史學家也容易遮蔽革命史觀容易發現的東西。因此，我們必須使自由化史觀更具有開放性和包容性，而且其對像是整個歷史，而不僅僅是自由社會時期的歷史。它通過對歷史的重新描述，把所有的歷史呈現為自由積累和演進的過程。在某種意義上也可以說它就是「（個人）自由目的論史觀」，當然名稱不是重要的，重要的是「歷史再描述」在不歪曲歷史事實的前提下，通過合理性呈現和解釋，將人類歷史中發展個人自由的一切智慧和技術集中起來，其中包括對自由的有說服力的論證，使全部歷史成為關於個人自由的論證全書和指導全書。假使如此，「自由化史觀」該如何看待中國近現代的革命史觀呢？

　　楊：革命的一些基本問題，包括革命的手段，包括它怎麼樣成為一種合法性資源，如何轉化為行為控制的手段，還有這個話語如何在被普遍的接受之後，成為一個不可動搖的原則，我覺得都是需要研究的。

　　肖：我們需要對兩個傳統進行再描述：一個是中國古代傳統，它要解決的是近一百年來對中國歷史文化的妖魔化問題；一個是一八四〇年以來中國的革命傳統以及一九八〇年代以來的現代化傳統。我們是採取批判的價值立場，還是採取再描述的技術立場，是一個無法迴避的問題。

　　任何歷史都有善惡兩面，把善的一面串起來，才可能把惡的一面壓制下去。如果不是把善的一面，而是把惡的一面串起來，那就太可怕了。我經常對人講，資本主義國家從社會主義國家可以找到一萬種惡，社會主義國家也能從資本主義國家找到一萬種惡。我們一直是這

樣過來的。現在仔細看來，它們互相找到的惡，在很大程度上，都是客觀存在的，不是完全的歪曲。現代人到古代社會找一萬種惡，太簡單了；而古代人假如可以在今天的社會找一萬種惡，也是不難的。古代婦女裹腳跟現在的美容，哪個殘忍啊？如果把「美容」的社會機制研究清楚，肯定很能揭示現代社會許多隱蔽的內在機制。在美容的惡性循環的機制下，最後出現邁克爾‧傑克遜的美容事件，這是人類最大的悲劇之一，一個把歌唱得那麼好聽的人，就是因為美容的社會機制就搞成這個樣子。那是美的毀滅啊！我們必須形成這樣一種觀念：找對方的惡，並不構成對自己的正當性的論證；應該在對方善的基礎上討論自己的正當性，建立一個在對方善的基礎上論證自己的正當性的機制，使它成為更具有包容性和生長性的善。把自己的正當性建立在批判對方惡的基礎上，那是社會沒有積累、沒有發展的表現。只有在善的基礎上，才可能積累。如果將自己的正當性建立在對方的惡的基礎上，那麼歷史的進程就是一個「惡」的替換史，那就是「惡」無寧日。美國憲法採用修正案的方式。補漏洞的方式是社會進步最好的方式之一，可以採取通過補漏洞的方式補充正當性。漏洞都補了，當然就好了。過去強調治本，我覺得治本的思路是刻舟求劍。只有在眾令發由一人或一處的社會，才會提出「求本」的思路。中國的治本體制與目前中國的政權體制是相關的。所有人都必須朝一個方向走，「本」與「方向」就太重要了。

因此如果不能把近百年歷史看作是一個延續的過程，那是很荒謬的。我就把這一百年界定為中國人追求自由民主道路上的一個階段、一個環節。這一百年，中國人追求自由民主取得了很多成就，同時也付出了很大代價。我們現在如何把這個話語轉換？我曾提出在中國搞「思想試驗」，即把中國人所選擇的東西都當作中國人的主張，先不看它的外來性，先把它們串起來，這就構成中國百年思想的進程，就容

易發現中國百年思想的全部關聯。這些選擇在中國近一百年一直在流動，我們先把它變成自己的東西；然後來再看它的外來性，這已經是另外一個問題。我把這兩個問題分開，否則就發現不了中國問題整個演化的過程。

另外，關於中國傳統文化的再描述問題，也是不可忽視的。中國政治制度史研究專家肖公權比較強調相權對皇權的制約；余英時比較看重宋代的相權之爭，比較強調儒家的君子觀念對皇權的制約，認為儒家要求顯帝應該是君子，是對皇帝的制約，而儒家關於君子的規定也基本符合民主時代對領導人的要求。張鳴也指出，在古代縣官下鄉屬於擾民。因此，中國沒有鐵板一塊的古代。其實「大一統」觀念是後來才有的。這一百年來對中國古代歷史和傳統文化全部妖魔化了，要把它揭露出來，只有這樣才能清清爽爽地「回到」過去，研究過去。

楊：《中國古代政治之得失》說人們有一個幻覺，就是好像中國的皇權是大一統的，完全是一種專制集權，沒有分權的任何跡象。他認為其實在早期，相權就已經分下去。後來才慢慢有點集權，但是皇帝自身還是不能一人說了算。整個感覺跟過去所學到的完全不一樣。

肖：在中國歷史上，皇權真正發生作用的時間有多少呢？人們好像沒有統計過。我覺得歷史應該重新描述。歷史嘛，用尼采的話來說，就是遺忘。把歷史全記住，那太可怕了。我們現在正處在只有一些痛苦的記憶中。中國歷史居然不成為「連續性的歷史」，中國文化居然不成為「（連續性的）文化」，中國人居然沒有自己的「歷史」，自己的「文化」。歷史學要把痛苦的記憶轉化成指向光明的智慧。

（肖自強整理，楊念群閱改）

「應然態民主觀」的現代範本

明清以來，國人面對日趨衰頹的近代社會苦思變革之道，其中開掘儒家中的資源以比照西方民主思想的脈絡，從而探究中國文化與現代化的理論銜接點，一直是近代學人傾力關注的目標。鄧小軍題為《儒家思想與民主思想的邏輯結合》的新著力求在核心邏輯上繼續打通中西思想的內在理路，詮釋儒家思想在本質上與西方民主理念多有會通之處。全書體系恢宏博大，引證繁密有據，是一部殫思竭慮的用心之作。

然讀罷此書，卻多有疑問縈繞腦中，分疏起來大致有二：一是該書乃承接近代中西思想比較之作，那麼在儒教與民主的會通邏輯上此著是鋪陳舊說抑或多有創新？二是在現實邏輯的論證上與當代新儒家等流派相比是否具有現實的可操作意義。下面擬分別對此略抒己見以就教於作者。

一　歷史邏輯的變相延續

《儒家思想與民主思想的邏輯結合》採取了歸納條述思想史料的方式，分別疏理出了中西兩條民主思想發展的邏輯線索，然後再把這兩條線索的核心邏輯加以融通提煉，從而得出了儒家思想與民主思想相結合的最精練的表達語式：從天賦人性本善→天賦人性平等，接上天賦人權平等→政治權利平等→主權在民（天下為公）。此處暫且不論這套語式敘述得是否合理，通觀全書，我們首先會強烈感覺到一個論旨邏輯之外的主觀傾向，那就是作者在選擇比較對象時，無論有意還是無意，均著重擇取的是中國近代學人經常提及的具有古典意義的西方民主思想家，如盧梭、洛克、康德等等，特別是對激進主義民主觀的

代表人物盧梭，論述篇幅竟達六十五頁之多，然而本書卻恰恰忽略了民主思想建構的另一重要支流，具有保守主義色彩的理論家如密爾、托克維爾、伯克及現代的哈耶克等人，這種具有強烈偏好色彩的選擇意向和對民主思想的單向需求似乎在隱隱提醒我們，作者所藉以比較的思想參照系實際上並未越出晚清直至「五四」學人對民主比較範圍的傳統釐定，而且其自身的論斷也與近代的民主回聲多有相互默契諧應之處。大量史料證明，近代學人在進行中西歷史比較之前早已在心中不自覺地把「民主」理念高懸於不可懷疑的神聖地位，「民主」變成了國人攀越理想境域時高擎的一面旗幟，可是中國近代話語並沒有明白區分民主的應然狀態與實然狀態，沒有界劃民主的理想與現實，甚至有意無意迴避對民主冷峻的技術操作程序的引證與吸收。換句話說，在他們的語式中，一些古典式的民主理念如「少數服從多數」等等已作為不證自明的公理前提得到了確認，剩下的工作似乎只是如何使這些原則自然轉變成一種本土的實際行為。

在西方的歷史理念中，民主思想的發展一直處於「應然態民主觀」與「實然態民主觀」交錯對壘的狀態。在「應然態民主觀」看來，民主程序就是「全民公決投票」，是多數人如何通過選舉手段對少數人進行統治的過程，他們關注的是誰來行使權力。特別是為多數人行使權力提供依據，而不是如何限制多數人統治有可能造成的負面作用，從而保護少數人應有的權利，「應然態民主觀」的代表人物就是盧梭。具有諷刺意味的是，作為盧梭精神之現實體現的法國大革命卻以「平民暴政」及國民自毀式地投票普選出路易·波拿巴獨裁政權而導致了民主的徹底變質，宣告了「應然態民主觀」烏托邦式企求的幻滅。概而言之，「應然態民主觀」的主要特點就是前定了多數人民道德理性的完善足以支撐起政治運作的合理大廈。

「實然態民主觀」則關注的是如何在民主的實施中制衡權力使之維

繫一種政制運作的微妙平衡，它帶有強烈的政治踐履的技術色彩，而決非理想化的思想設計。「應然態民主觀」與「實然態民主觀」的界定頗有些類似於張灝所說的「高調民主觀」與「低調民主觀」的區分。[1]只是這裡有待申說的差別乃是在於，所謂「高調民主觀」只存在於民主理想設計者的意念構架之中，成為烏托邦的解釋傳統，它雖然一度曾以革命的名義轉化為實際行為，但這些行動大多變相違背了設計者的初衷，故而從未真正實現其理想的方案，因此，它始終處於「應然」的狀態。所謂「低調的民主觀」卻常常能落基於政治的操作過程，操作的結果也往往能緊扣理論的邏輯，也就是說無論民主的實施有多麼嚴重的缺憾，它都是在一種具體政治運作的空間中達致的，它既有理念的支持，又有行動達成效果的步驟，「實然態民主觀」並不急於確定權力的分佈狀態，如是多數亦或少數人，是哪個階級力量掌管權力的運作等等，而是具體地討論分化這些權力後所達成的實際效果。

　　有趣的是，近代中國思想家大多對「應然態民主觀」表現出了濃厚的興趣，他們極易從思想意念上吸收西方民主觀中有利於己的論據，而對民主自身運作的有效性甚少措意，如一位筆名雨塵子的作者曾經說過：「世界之最可憫者，固無如以多數之人，服從少數之權力者也。」[2]梁啟超則除了強調「合群」之外，甚至把自由的三個意思之一解析成「服從多數之決議」的高調民主理念。[3]在《新民叢報》上發表的《論立法權》一文中，梁氏雖簡括了西方民主三權制衡的理論，強調了立法在中國的現實意義，可是最終其論點仍立足於《論立法權之

1　參閱張灝：《中國近代轉型時期的民主觀念》，載《二十一世紀》雙月刊，一九九三年一月號。

2　雨塵子：《近世歐人之三大主義》，載張枬、王忍之編：《辛亥革命前十年間時論選集（以下簡稱《時論選集》）第一卷上冊，三聯書店一九五九年版，第344～345頁。

3　梁啟超：《十種德性相反相成義》，《時論選集》，第11頁。

所屬》這個權力應然態的問題之上,他說:「立法者國家之意志也。昔以國家為君主所私有,則君主之意志,即為國家之意志,其立法權專屬於君主固宜。今則政學大明,知國家為一國人之公產矣,且內外時勢寖逼寖劇,自今以往,彼一人私有之國家,終不可以立於優勝劣敗之世界,然則今日而求國家意志之所在,捨國民奚屬哉!」[1]當然,在晚清的社會條件下,民主的實然運作不可能被真正提上議事日程,加之有滿漢民族主義的政治衝突橫隔其間,「民主」概念無論在立憲派還是革命黨手裡自然都會置換為一個權力歸屬的敏感話題,這是由當時的歷史情境所限定的。比如民主的應然態問題即以爭正統之義的內涵表現出來。梁啟超在《論正統》一文中有個權力分佈態勢的比較:「故泰西之良史,皆以敘述一國國民系統之所由來,及其發達進步盛衰興亡之原因結果為主,誠以民有統而君無統也。籍曰君而有統也,則不過一家之譜牒,一人之傳記,而非可以冒全史之名,而安勞史家之曉曉爭也。然則以國之統而屬諸君,則因已舉全國之人民視同無物。而國民之資格所以永墜九淵而不克自拔,皆此一義之為誤也。」[2]這顯然是把「民」、「君」之間權力的歸屬視為民主實現的關鍵所在。

有的作者更把「民主」與大同應然極境直接掛上鉤,在他們的心目中,民主的共通點應該是立憲精義的發揮,民主是中國擺脫亂世達於太平盛世的良藥。舉例來說,當時頗引人注目的《大同日報緣起》一文就是以傳統的大同學說搭起了民族主義的解釋框架。文章認為,太平世是一種擺脫了「內諸夏而外夷狄」之舊統而達致的「天下遠近若一,人人有士君子行」的應然狀態,但達致此目標必須依賴於民主的工具作用,所謂「其國家之政體,無論為君主為民主,莫不由專制

---

[1] 梁啟超:《論立法權》,《時論選集》,第163頁。
[2] 梁啟超:《論正統》,《時論選集》,第191頁。

改為立憲，取多數人之幸福，國中有不得其所者，蓋亦其少數矣。雖不敢謂其可列於春秋之所謂太平世，而於昇平世之景象，則亦漸近矣」[1]。民主是大同應然狀態的要素，於此便昭然若揭了。儘管如此，我們仍不能否認，「民主」在晚清至民國初年，已成為民族主義達成的實際手段，是一種政治角逐的符號。誰也不願也無暇顧及民主的運作真義與真正之價值所在，因為事實很明顯，操縱明清政治風雲的關鍵點是權力的爭奪歸屬而非權力的制衡，無論這種權力爭奪中所標榜的「人民民主」是虛情假意還是真誠執著，其核心論域當然都逃不脫應然的權力歸屬問題，權力歸屬的合法性得不到確證認同，自然就談不上民主的制衡層面的問題。比如雨塵子即把民主的權力歸屬自然地置換成了一套民族主義式的話語：「以多數之人種，而受少數之人種之統制，至數百年之久；以數萬萬國民，而俯首就二三官吏之節制，任其割地誤國，毫不過問。嗚呼，多數團體不知主張其權利，則多數人之勢力，從何發生？是中國人所以無民權也。」[2]這是歷史邏輯造成的「應然態民主觀」大行其道的緣由所在。

話雖如此，我們仍然要問，除了歷史的背景因素在起作用外，是否近代個人思想對傳統的認同會起著制約「實然態民主觀」流行的作用呢？我認為對德性自我改造之能力的迷戀，使得近代中國人與傳統儒生一樣深信：人人都可藉助道德修練達於完滿，都相信那句被說膩了的「人人皆可為堯舜」的文化預言。在此情況下，一旦社會均由有德性之人組成，那麼自然就會保證多數人對少數人的制約統治具有高度的合理性（不是合法性）。性善論在此變成了民主的起點和前提，這一猜想無疑來自傳統儒學尤其是心學的影響。我在另一篇文章中曾經

1　《〈大同日報〉緣起》，《時論選集》，第367頁。
2　雨塵子：《近世歐人之三大主義》，《時論選集》，第344～345頁。

提到過，康梁等晚清啟蒙者曾深受心學價值觀的薰染，他們認為構建一個社會的基礎取決於人類心理變遷的幅度，心靈的變化能自然導致社會結構的全盤轉型。照此推論下去，人性改造的幅度無疑會決定民主社會建構的完善程度，這當然是一個「應然態」的判斷。無法在民主具體實施過程中得到驗證。康有為在《公民自治篇》中就認為中國積弱在於民智未開，而民主社會的構成是由公民組成的，公民之智一開則會「其國日強」[1]，民智趨進的可能源於德性的改善。所以，對人性趨善的樂觀態度不是近世所獨有，而是中國儒學傳統歷史邏輯的自然延伸。

實際上就儒家傳統而言，自古已存在著「應然」和「實然」的斷裂問題，如孟子時即出現了所謂「聖王合一」的理想，其核心論域是闡述王者不但應有其位，尚應有其德，最終會「保民而王，莫之能御也」[2]。「聖王」構架的基本前提自然是：據王位者應是道德與治生之術的完滿合一，即「道統」與「政統」合為一體。可是事實上，為王者多以霸術起家，不受德性仁術的制約，而有仁心之士又往往不謀其位，如此孔子之德卻只有仁德的招牌與「素王」的位置，「素」乃「空」之意，沒有實際權力，故中國歷史上「道統」與「政統」的分立與緊張一直是懸而未解的一大公案。換言之，儒家傳統典籍中所描繪的至高道德境界從來就未曾在塵世實現過，實際政治的運作中從來未按儒家的理想設計去達成完滿。這裡面揭示的問題恰恰在於，儒家傳人實不甘心於「政」、「道」分離，他們總是希冀「道統」內涵的理想設計能有朝一日滲入政治過程的運作中，變成實然的過程。在此情況下，倫理的普遍化及以道德完滿涵蓋政治操作自身規則的企圖反而使得「道

---

1 康有為：《公民自治篇》，《時論選集》，第177頁。
2 《孟子・梁惠王上》。

統」與「政統」,「應然界」與「實然界」的緊張被大大加劇了,這種思維一直延續到現在,其表現是近代知識分子總是以德性的圓融為出發點去構築變革的現實理念,而民主觀念的引進也恰恰可以作為實現道德社會理想的工具加以使用,民主的實際操作變成了人性修練的邏輯延伸,政治學話語被轉換成了文化學話語,這也是中國烏托邦譜系的近代表現形式。依此歷史邏輯而觀,鄧小軍新著以人性為基點在詮釋民主的起源並以此伸展出的民主進化樹,與儒家思想以德性為架構去涵蓋政治行為的傳統可以說是一脈相承的。

言及於此,必須申明,我並不打算籠統地全盤否認鄧小軍在思想史意義上對「應然態民主觀」進行比較研究的可行性,關鍵問題是,比較的邊界如何設定尤為重要,以「性善」的中國傳統範疇作為討論中西民主邏輯互通的起點,對話的障礙實在太多。這裡不單涉及對中西原始哲學範疇的分疏問題,而且還涉及到對本質主義方法論的反思與認識。

「本質主義」認知方法認定事物有一種使之成為非偶然性存在的本質特徵,這種本質特徵穩定擇取的前提又是整體主義式的,即比較的對象各自有可完整把握的整體特性,這種整體性只要能夠通過某種篩選的程序撮取出其共通的本質,比較就會成為可能,並且這種本質之間的比較自然是極其合理的。[1]比如鄧著中設定一個「本質主義」的前提是,東西方都有一種對人性的共通看法,如「天賦人性本善,天賦『人性人人平等』」等等,這些看法在本質上可以構成同樣的邏輯判斷。本質主義落實於儒家傳統中的表現是,它認定人人均具有德性趨

---

[1] 馮耀明在《儒家傳統與本質主義》一文中詳細評述了各種類別的「本質主義」方法及其影響,並對用「本質主義」手段評述儒家思想的多種觀點做了精闢分析。此文曾提交給「近代中國歷史的社會學闡釋學術討論會」(香港,一九九五年6月)。

善的根本能力，可是當面臨「一」與「多」的問題時，即回答道德如何從個體推化及人，是自然的修為還是制度的制約這些問題時，儒家卻一直言之曖昧，以「一」及「多」變成了一種前定的語境，即人的良知人人具有只是隱而不彰，只要通過修練即可發顯出來，人具有感悟良知的本質，這種本質是可自動推己及人的。其推廣能力使道德既可成為個人修身的始點，也可成為社會趨同的終點。德性倫理變成貫穿政治秩序、文化構架的一條主線。因此，對德性及其伸展能力的把握變成了本質透視的一種傳統規範方法，而如何從德性的應然態過渡到政治的實然態卻不在考察視野之內。因為很明顯，「道統」自孟子起從來都是無法控制社會的實際運行軌道而處於應然的狀態。「政統」的架構運作完全可以與「道統」無關，但也完全可以利用它達成非道德的目的。對「道統」本質的內容無論作怎樣的詮釋都是應然的。比如孟子講「民為邦本」、「民貴君輕」等等所謂「準民主」的言論本質都是一種邏輯猜想，把中國傳統中的應然嚮往與西方民主理論的應然策略作對等比較無疑是一種有趣思路，但西方民主理論中由於對人性懷疑而作出的實然設計被棄至一邊則顯然是沿襲了「聖王」話語的陳舊套路，「聖王」理想常使人尷尬的表現是，它假設王者應具有道德，如果王者不具道德仁心，則我也徒喚奈何，其結果是儒者只好甘居「素王」之位，無奈地固守道的應然傳統。與之相比，西方民主思想中應然實然態是互補並進的，從盧梭、馬克思等的應然理想設計，到托克維爾、伯克等人對民主實然過程的細密論說，使西式的「聖王之道」相互制約補充，「實然態民主觀」吸收了「應然態民主觀」中的合理成分，又揚棄了其極端激進主義、理性主義和極權民主思想的內核，如果把儒學的某些內容視為本質上只是形似於西方某些單面性的民主理論而無視民主的實然操作過程，這種聖王設計的傳統心態必然會使民主論辯只能流於機械比附的語言遊戲，而無助於中國的現代化事業。

《儒家思想與民主思想的邏輯結合》一書正是沿襲了本質主義的比較方法，構造出了一系列中西民主範疇會通無礙的形似邏輯。如仔細推敲，其論證語式和近代思想家的遺產頗有相類之處。下面我們不妨引述某些前人舊說與鄧著中的分析作一比較。一九〇三年，劉師培在讀完盧梭的《民約論》後，頗感慨於「竺舊頑老，且以邪說目之，若以為吾國聖賢從未有倡斯義者」，於是「因搜國籍，得前聖曩哲言民約者若干篇，篇加後案，證以盧說，考其得失」[1]，撰成《中國民約精義》。此書深入挖掘儒家傳統中有可能與民主思想銜接的諸多含義，加以發揮引申，如與鄧著論旨比較，可約略窺及《儒》書與近代歷史邏輯的相似之點。在給王守仁語錄做案語時，劉師培曾指出：「良知之說，出於《孟子》之性善。陽明言良知而盧氏言性善，《民約論》不云乎？人之好善出於天性，雖未結民約之前已然矣。（卷二第六章）。斯言也，甚得《孟子》性善之旨，而良知之說由此而生。良知者，無所由而得於天下者也。人之良知同，則人之得於天者亦同。」其結論是：「陽明著書，雖未發明隉權之理，然即良知之說推之，可及平等自由之精理。」[2]鄧著中亦指出：「盧梭說『基於良知和自然的權利』良知即天賦人性，亦即道德理性，這表示，天賦人權的邏輯前提與基礎，是良知，是天賦人性（人性是人權的直接的邏輯前提、自身基礎人權即良知的權利，人性的權利。」[3]盧梭的「良知」意念與中國儒家的「性善論」原則是一致的：「明代王守仁說：『吾性之良知，即所謂天理也。』（《傳習錄》）亦表示天賦人性本善，人性源於天道，人性同於天道，天道即是形上之理。陽明又說：『良知良能，愚夫愚婦與聖人同。』（同

---

[1] 劉師培：《中國民約精義・序》，上海鏡今書局，一九〇四年刊行本。
[2] 劉師培：《中國民約精義・王守仁》案語。
[3] 鄧小軍：《儒家思想與民主思想的邏輯結合》，四川人民出版社一九九五年版，第127頁。

上）亦表示天賦人性人人具有，天賦人性人人平等。」[1]

通過比較我們可以發現：鄧著中的比附方法與近代以來一些學者援中學以印證西學之方式幾無二致，也可以說整部著作不過是近代思想家「古已有之論」與「中西會通」努力的當代再現而已。其共通的假設前提是，由普世化的人性能夠推出合理的政治運作框架，政治的規則即是人性的規則，也即是道德實現的通則；人性高於政治，也同樣能包容感化政治。可歷史恰恰證明，政治不但無法變成道德的婢女，道德卻相反有可能成為王權政治膝下的僕人。先秦諸強爭伐之中，通過敬香拜天等功利行為獲取天意對非道德行為有利於己的默許已經使先秦儒者在政治面前感到汗顏無力。歷史上「道統」對「政統」的威懾控制很少能越過心理構設的理想界限而真正成為政治學意義上的操作原則。

再者，所謂「公意」與「私意」，「民權」與「君權」的對峙格局被建基於判然二分的人性善惡框架之內加以解說。其假設是有人性，方有天下為公，即「公眾」（抽象的人民）總是有道德的真正民主托命者和完滿體現人，而「私意」總是與君主權威相連，其個體呈現總是具體的、感性的、不穩定的、道德不完善的。即如近代以來諸多言論所示，一提「君主制」總能舉出一系列的暴君典型，而人民總是以代表抽象的公理面目出現，而無法被具象化。「群」即代表民主，代表道德公意。近代儒生一旦祭起良知的權利法力，攝取出儒典中的「人民主權論」來加以闡揚，古典意義上的「多數人民」就會放大成炫目的偶像而不需要再次經過合理化的論證，推至極端就可表示為「公眾——性善」、「君主——性惡」的兩極論式。道德由此便不證自明地自動推導出公民政治的理想境界。以下我們不妨再抽取上述兩本著作中的若

---

[1] 同上書，第 241 頁。

干推論進行一番比較。劉著:「上古之時,一國之政悉操於民,故民為邦本之言,載於《禹》訓。夏、殷以來,一國之權為君民所分有,故君民之間有直接之關係⋯⋯然而君權益伸,民權益屈⋯⋯人君不以天下一國自私,故為國家之客體。後世以降,人民稱朝廷為國家,以君為國家之主體。以民為國家之客體,揚民賊之波,煽獨夫之焰,而暴君之禍,遂以大成,君民共主之世,遂一變而為君權專制之世矣。」[1]
鄧著:「儒家思想與民主思想何以可能相結合?答案是:因為儒家思想具有同於作為民主思想核心邏輯的內在邏輯前提的天賦人性本善、天賦人性人人平等的人性思想,具有同於民主思想根本理念的天下為公即最高政治權力屬於天下人民的政治理想,具有與民主思想根本理念相一致的人民高於統治者的政治思想,具有同於民主思想之一部分的人民有權推翻暴政的政治思想。因此之故,儒家思想與民主思想可以並且應當合乎邏輯地相結合。」[2]

這兩段引文的相似特點是,都把人民之德性完善不證自明地納入公理之列,使之成為民主政治運作的當然前提。實際上,他們拒絕考慮作為抽象概念之「人民」一旦落實到具體層面,就會成為呈個體存在的個人,而一旦落腳於個人,抽象的性善論便幾無用武之地,因為每個個體都有趨善與趨惡的雙向可能。誰能保證由個體組成的群體,其趨善的比例會占據大眾成分的主導地位呢?如果抽象的「人民」具象化為個體,而又不可能把個體民眾確切定位在道德崇高的理想狀態之中,那麼我們又如何保證不發生「平民暴政」的悲劇呢?因是之故,人性高於政治的判斷只能是應然態的估測,而不可能對實然態的民主建設有什麼實際貢獻。

---

[1] 劉師培:《中國民約精義・〈書〉》案語。
[2] 鄧小軍:《儒家思想與民主思想的邏輯結合》,第418〜419頁。

揆諸於史，在人民有權推翻暴君的論斷中實際早已隱藏了平民實施暴政的可能。歷史上的農民戰爭多數以代表民意的群體面目出現，矛頭是對準了以個體狀態凌據其上的暴君，可是農民戰爭的結果導致的卻是又一輪歷史的循環。農民群體往往以推出新的個體君王來結束群體的革命，「民主」變成了新一輪專制粉飾其真實歷史目的以借刀殺人的手段，「民貴君輕」說的歷史文章至此總是沒有作完。總之，當「群體」們一次次地推翻「個體」們的統治後，如何維繫權力運作的終極解釋也非辨析民權歸屬時所能套用，它只是一套老掉牙的諫言系統。民本思想一代又一代彷彿總會變成諫臣制約君權的工具而非建立民權的手段。故有人戲言民本思想其實是一種君主「模擬民主」的思想。[1]言已至此，如果仍視「民貴君輕」之類的言論與西方民主有一致之處，則真會使人有南轅北轍之感了。

二 現實邏輯的歷史投影

從現實邏輯上看，我認為《儒》書有兩方面的重大缺陷：其一是全書的價值預設極端傾斜，不留任何餘地使得儒家思想的原始教義變成了圖解西方民主理念的工具，從而失去了儒學自身特性發展的合理性解釋空間，因為人們尚無法論證是否只有硬與「應然態民主觀」攀親帶故般地拉上親緣關係才是現代化的唯一實現渠道。

價值傾斜的闕失，其發生之原因乃在於作者難於把握中西比較的主客觀標準，因為其前提的設置無法具有韋伯所說的「理想類型」的客觀立場。此書的比較範疇已明顯預設了強烈的價值判斷色彩，作者

---

[1] 劉軍寧：《自由主義與儒教社會》，《中國社會科學季刊》（香港）第三卷，一九九三年版，第97～111頁。

已先定般地把民主預設為一種不容置疑的完美象徵，而韋伯恰恰認為：「科學的自我控制的基本責任和避免嚴重的、愚蠢的、錯誤的唯一途徑，要求嚴格準確地區分依據邏輯意義上的理想類型對實在所作的邏輯上的比較分析和根據理想對實在所作的價值判斷。我們再次強調，我們所說的『理想類型』與價值判斷沒有任何關聯，除了純邏輯的完善外，它和任何完美毫不相干。」[1]民主的不完美性和歷史缺憾早已為「實然態民主觀」的提倡者們所反覆申辯過，托克維爾甚至擔心在真正的民主社會中自由的空間會越來越小，因為民主一旦變成了多數人宰制少數人的「公民暴政」，自由的權利則無法保證。

韋伯在談及比較方法時還否認「理想類型」僅僅是一種抽象概念結構，而是力圖把闡釋意義與個別的具體形式的探究結合起來，「我們這樣做是為了避免認為文化現象領域中抽象類型完全等同於抽象種類（gattling smassigen）的普通觀點」。[2]鄧著把解釋的框架基本置於儒學與西方部分民主思想淵源的抽象比較上而沒有把它們具象化為個別的歷史個案。比如在《儒家思想在中國歷史上發生的進步作用》一節中，我們何以知曉其所舉之種種的歷史情狀與民主作為進步特徵的相似點何在？以致作者竟令人費解地把科舉制、臺諫制、三省制的諫君之過，聽從民意囫圇吞棗般一律歸為與民主建制有關的抽象社會進化序列，豈不知，歷史上的諫君之過或聽從民意與現代民主思想相去何其之遠。

其二，如從刨根問底的角度而言，本書用條框歸納的辦法把中西思想肢解為一以貫之的邏輯線索加以對應類比，此法也許並非毫不可

---

[1] 〔德〕馬克斯·韋伯：《社會科學方法論》，朱紅文等譯，中國人民大學出版社一九九二年版，第93～94頁。

[2] 〔德〕馬克斯·韋伯：《社會科學方法論》，朱紅文等譯，中國人民大學出版社一九九二年版，第93～94頁。

取，但這種類比是否可使中西思想——對號入座地相互對應加以分析卻頗令人懷疑。如用儒學之「良知」比擬盧梭之「良知」，固然可從外觀上達成一致，只是源此照推下來卻無法得出相同的清明政治的圖景。因為這種對應框架恰恰遺漏了民主政治起源中基督教與民主高調理念相悖的「原罪」說的作用，如堅持對號入座，則在儒家系統中無號可對，那麼西方系統中的多元傳統最終也無法與「人性高於政治」的良知起源呈對稱構形。而基督教傳統恰恰是使西方達致「實然態民主觀」的重要文化原素，因為正是「原罪論」對人性的不信任感使得西方以後推出的政治制度總是以限制人類惡性膨脹的慾望為主要著眼點。帕斯卡爾曾經說過：「基督宗教把這兩個真理一起教給了人類：既存在著一個上帝是人類能夠達到的，又存在著一種天性的腐化使他們配不上上帝。」[1]伯克亦認為，民主不是先知的設計，而是經驗、歷史與宗教的產物。伯克並非反對民權的理念和社會變革，只是認為多數民主的構想忽視了人性不完備這一歷史現實，由此他反對按多數人的狂熱決定辦事的危險趨向。[2]也就是說，對人性的極不信任成為具體民主構建的另一個理性的源頭，圍繞著提防人性趨惡而形成的種種理念與具體行為，同樣構成了民主體制相當重要的組成部分。民主就是在

---

[1] 〔法〕帕斯卡爾：《思想錄》第八編，何兆武譯，商務印書館一九八五年版，第249頁。值得辨析的是，中國儒家思想中也有對人生幽暗一面的洞悉與考察，只不過這種評說與基督教的幽暗意識及原罪觀念有相當程度上的差異。張灝曾解釋說：「兩者表現幽暗意識的方式和蘊含的強弱很有差異。基督教是作正面的透視與直接的彰顯，而儒家的主流，除了晚明一段時期外，大致而言是間接的映襯與側面的影射。」參閱張灝：《幽暗意識與民主傳統》，臺北聯經出版公司一九八九年版，第27～28頁。

又請參見卓新平：《中西文化交流中的基督教原罪觀》，載《基督教文化與現代化》，中國社會科學出版社一九九六年版，第283～290頁。

[2] 陳曉律：《對民主的歷史思索》，《中國社會科學季刊》（香港）第三卷，一九九三年八月，第90頁。

制約權力的使用上趨於完善、成熟而摒棄了幻想的成分。民主實現的程序由此變得更為具體實在，民主變成了活生生可觸摸的現實事務。

中國自近代以來多有比附之風，這可能源於三點緣由：一是信奉儒道之人認為「泛道德主義」理想架構用起來得心應手；二是中國在現實層面沒有現成的民主制度因子可拿來與西方比較，只能在歷史思想意念中挖掘可比的素材；三是「道統」與「政統」的分流正好可以把「道統」的理想主義與「政統」的現實主義區分開來，從而為儒家思想中的理想設計無法付諸實施尋覓到可觀的藉口。因為「政統」往往是王霸相雜，不一定符合儒教理想的初衷，而儒教對社會未來的構想只存在於大同語境之中，與現實無涉。

進入當代社會以後，情況有變，東亞社會尤其是四小龍的經濟騰飛及其相關現代政治體制的形成，為亞洲式民主設計提供了現成的解剖樣本。由於民主政治運作終於被成功地嫁接進了後發型現代化的東亞國家體制中，儒家傳統終於有了和西方思想在實際政治運作參照下進行對話的可能。在這種條件下，以新儒家為代表的新型批評群體不但認為儒學傳統能返本開新出民主與科學的精神（牟宗三），而且斷定儒學傳統中固有著一些促發資本主義崛起的因素。（余英時），比如韋伯著名的「新教倫理誘發資本主義」的命題就被翻轉過來重新加以論證，以致於中國儒教與道教中的倫理也被同樣用來作為論證東亞資本主義起源的根據。甚至有的作者斷定自由主義與儒教的結合已經在實踐上變成了現實。甚至其結合的程度已超過了理論預期與解釋的邊界。

以新儒家為代表的解釋流派與近代思想家所處歷史語境的不同乃是在於：新儒家們可以實地考察和驗證東亞社會趨於民主與資本主義制度的轉型過程，去親自估測東亞某些社會完成現代化之後傳統因素的殘留程度及其在轉型期的意義。東亞經驗的鮮活景觀在一定範圍內使民主的本土化成為可能。對東亞奇蹟的參驗使得各種傳統似乎可以

在民主的現實構架下加以系統定位。這樣一來,新儒家對傳統的現實闡釋是在東亞民主社會的當代實踐中進行的,是對民主完成態的一種解剖,而近代思想家的比附努力則是在前資本主義條件下對民主社會中傳統因素之作用的一種應然態臆測。但是,對東亞民主實踐的具體考察似乎並沒有使新儒家在傳統詮釋與民主觀念的結合上有所突破。他們之中的大多數人仍沒有放棄從道德理性出發去轉換出民主架構的初衷。例如牟宗三的「內聖坎陷說」即力求通過道德的自我否定轉出民主與科學的實施步驟,以便從動態轉為靜態,從無對轉為有對。其根本旨趣,仍是由內聖經過對道德中立性的技術處理,轉出實際的民主程序。牟宗三的進步尚在於他已明確意識到了民主建構的實際過程與道德踐履的思想過程是有區別的,然而他運用的技術手段仍是「內聖開外王」的老路。我們回頭返觀鄧小軍著作中的推論就會發現,其全書邏輯不但全盤沿襲了近代思想家(如劉師培)以人性為原點推導政治過程的舊思路,而且比新儒家的言述理路似乎又有所倒退。因為鄧小軍並沒有像新儒家那樣已洞悉民主實現步驟中德性與政治的內在矛盾並試圖彌合其價值鴻溝。儘管這種彌合的努力並不成功,反而常陷入兩難之地,但是新儒家對此的強烈自我意識卻是鄧著中所不具備的。因此,《儒家思想與民主思想的邏輯結合》一書頗可視為繼近代思想家之後中西民主思想會通嘗試的殿軍之作。

「常識性批判」與中國學術的困境

美國中國學界曾經發生了一場追剿和捍衛「後現代」史學方法的學術「事件」。「事件」的主角是美國學者何偉亞和他那本得了漢學大獎的《懷柔遠人》。和以往一樣，對於中國主流學術界而言，這類後現代語境中出現的時髦故事因為過於玄妙難解，自然波瀾不驚般地被悄悄邊緣化了，然而在短暫的沉默之後，中國學者終於站出來說話了，這一出手就彷彿宣判了書中所虛構的後現代神話的死刑，理由很簡單，何偉亞根本就「不識字」，因為他把「懷柔遠人」解說為平等對待遠方的客人，實則中國朝貢體系的實質恰恰是一種不平等的構造關係，再往下推導，類似後現代創設的文化多元中心論根本就是個歷史幻覺。

一 「識字」的常識性威力

頗堪玩味的是，在中國傳統史學脈絡中，這大概屬於一種典型的「常識性」批評方法，特別是清朝乾嘉以來，是否識字變成邁入學問之境的基本階梯，因為「識字」既是明晰「義理」的必要條件，也是充分條件。故學問之徑向來有「尊德性」（重義理）與「道問學」（重識字）之分，而且在清初以後，「道問學」取向大有壟斷學壇之勢，思想史也隨之形成了一種新的內在轉向。自章學誠倡導「六經皆史」以來，以「識字」為先的傳統迅速從經學彌漫至史學，並內化為一種帶有根基性的批評方法。然而識字與闡發義理之辨在學術傳承譜系中雖屢有

消長，卻基本屬於治學態度的選擇，二者之別無分優劣，具有中性色彩。可是在現代中國的學術語境中，「識字」的常識性批評卻具有了某種權力支配的意味，從而在強調其話語力量的同時，有可能遮蔽乃至封殺極富創見之研究的申辯和伸張觀點的權利。比如這次我們對待何偉亞的態度就是如此簡單，你連「字」都不識，義理層面上的東西根本就免談，話外音就是，只要老外識字功夫不夠，無論你的著作在更高的理論層面是否有所創設和突破，一輩子也頂多是個「小儒」而已。以乾嘉時期識字功夫聊以自慰的虛驕心態，變成了學術界長期拒斥或懸置西方研究成果的一副擋箭牌。

這種虛驕心態的產生自然有其複雜的原因，這裡暫且存而不論，單就近因而言，這與二十世紀八〇年代中國學術界呈兩極搖擺態勢有關。進入八〇年代，中國學術界忽然發現，以往史學與哲學的結構化敘事，逐步使「人」落入了決定論的陷阱，對人的一切活動的描述似乎僅僅是被動性地置於預設的線性目的論框架之中，進而厭倦了對馬克思主義庸俗化的政治述說，港臺話語中強調文化內在解釋的觀點被大量移植和模仿，並迅速成為一大景觀，正是此類轉折心態的反映。港臺話語的典範特徵是一種變相的「文化決定論」，如當代新儒家所刻意強調的中國文明與西方文明的異質性，及其在現代性轉折中的作用，其實與西方現代化論者對中國文化的定位是一致的，無論這種取向是否有與西方合謀之嫌，它都已確定無疑地成為「東方主義」敘事鏈條的一個組成部分。

港臺話語中的「史學派」並不認同新儒學對儒學精神和中國文明所作出的本質性規定，而是把「文化」還原為一種具體的歷史形成過程。但是，如此明確的歷史主義態度往往限於表現思想史內部的詮釋效果，我們尤其應該注意這種態度發生的特定語境。如余英時在闡釋「知識分子」的產生過程時所表示的：我們所不能接受的則是現代一般

觀念中對於「士」所持的一種社會屬性決定論。今天中外學人往往視「士」或「士大夫」為學者——地主——官僚的三位一體，這是只見其一，不見其二的偏見，以決定論來抹煞「士」的超越性。讀罷這段話我們會發現，由這一進路返歸的思想史方向，由於過於強調對「社會屬性論」的糾偏效果，結果對知識分子身分作出了非歷史性的解釋，即由於過多地強調「士」所持守的「良知」具有不容置疑的歷史正當性，從而不知不覺把自己劃歸進了新儒家的隊列。另一方面，史學研究也相應從關注外部因素的社會經濟史傳統被納入「內部解釋」的循環圈中。在這一循環圈中，思想史的任何演變幾乎都可以從「國學」自身演進的脈絡中尋找答案。大陸學術界當年熱熱鬧鬧地向「文化」彼岸的擺渡，正是舶運這種合流意識的結果，以致於我們總有理由站在國學的立場上對不識字或識不好字的外國人說「不」，以掩飾自身缺乏具有世界性問題意識的困境。

奇怪的是，當大陸學術界與港臺意識正急迫地合流匯入「東方主義」旋律中時，西方漢學界卻在不斷調校著觀察中國的視角，其主要特徵是認定，「文化」並不僅僅表現為一種由文本負載的思想形式，如抽象化的儒家思想，而是應作為物質化的表現形式被關注，如「文化」可能是時間使用的模式，可能是身體的位置、服飾表徵和公共雕塑，如果這樣界定，「文化」就可能處於吉登斯所說的「使動——被動」的中間狀態。何偉亞在美國 Positions 雜誌上發表的一篇追溯和批評美國漢學界研究方法的文章中，就試圖擺脫中國「朝貢體系」由「文化」設計決定的陳舊觀念，而把它放在更開闊的背景下進行觀察。何偉亞曾經批評費正清受帕森斯和韋伯的影響，把中國社會構造成一個單純由菁英控制的社會，在這種觀念支配下，菁英對一些文化符號觀念的再生產可以直接關聯到對外政策的構造層次，並決定其走向。「文化」在這裡被視為是與「貿易」、「法律」等糾合在一起的因素，並規定其

運作的方式。後來美國中國學界盛行的「地區史研究」，就是要嘗試把「文化」剝離出整體論的脈絡，重新進行具體的定位。

　　也許有人會說，這個觀點並不新鮮，二十世紀八〇年代以前中國學界早已擺脫了「文化決定論」的模式，力圖從社會經濟的角度尋求歷史變遷的複雜原因。如果披覽現代史學演變的曲折軌跡，發軔於三四十年代的「中國社會史論戰」，確實為中國史學的結構化研究奠定了雄厚的基礎，種種跡象表明，其研究方法及進程大有超越以國學視角為基礎的「內部解釋」和建構於文化想像範式之上的「東方主義」獵奇取向的態勢，可惜這一取向被庸俗化之後，古史研究就被簡化為「經濟決定論」式的圖解，並一度出現「五朵金花」（即集中於「中國封建社會起源於何時」、「資本主義萌芽」等五個論題的討論）代替滿園芬芳的局面。就在此時，我們中國人也照樣陷於假問題而不知，鬧出過「不識字」的笑話，如不知「封建」二字之真義，使得反覆揣摩「封建社會為什麼延續這麼長？」這個假問題時所渡過的漫長歲月變得沒有什麼知識增量的意義。話雖如此，這個帳卻不能完全算在社會經濟史研究方法的頭上，我們顯然不能把「庸俗化」的責任都推到從涂爾幹、馬克思到韋伯、福柯對社會制度運行的出色研究上，中國史學界需要摒棄的是兩極化的立場，否則在反思庸俗化經濟史觀的同時，會一不留神把社會理論這個大盆裡的污水和嬰兒一起潑掉。也許在潑掉這盆水後，他們才終於會在重新穿起「國學」長袍的一刹那，為自古即有的「常識性批判」找到一個最好的藉口。

二　「後現代」批評真那麼不合時宜嗎

　　以上我們追究的「常識性批判」方式是以識字為依據的，目前學術界尚流行另外一種常識性批評策略，這一批評取嚮往往以個人經驗

為原點,把對某種信念的應然訴求與實際研究中所應採取的價值中立立場混同起來,作為判斷學術研究優劣的根據。比如現在有一種很普遍的說法,由於中國社會還沒有完全實現現代化,那麼任何屬於西方「後現代」範圍的方法觀點在中國都是不合時宜的,甚至有礙於中國的現代化建設。對現代化的應然認同這種已相當泛化的「常識性態度」,不但被表述為政治乃至個人的訴求,而且成為衡量學術合理性的唯一標尺。在這一標尺的裁量下,像《懷柔遠人》這樣採取「後現代」視角的著作,自然會遭到激烈的批評。這次倒不是因為「不識字」,而是書中所運用的方法違背了「現代化義理」。

如何看待「後現代」顯然是個大而無當的問題,在西方,支撐「後現代」話語的理論背景也十分複雜,可是落實到歷史研究的具體層面,「後現代」的取向其實相當簡單,其目的就是試圖把研究的場景移出受「現代主義」(presentism)意識形態熏染過久的整體認知框架,而力圖站在歷史當事人的立場上發言,或傾聽他們的聲音。比如對中國婦女纏足問題的研究,「纏足現象」按現代化的歷史標準衡量,早已被確認為是醜陋落後的符號象徵。可是在「後現代」的視野裡,反纏足運動有可能是現代化程序實施的一個理性結果。然而他們敏銳地發現,反纏足運動發起之初完全是由男人策劃設計的,可以說是一個純粹的男人運動,而女性自己的聲音卻在現代化的大潮中被徹底湮沒了。我們不禁要問,作為纏足對象的婦女到底是怎樣感受和認知這一現象的?在中國傳統的歷史語境中,「纏足」向來是被當作審美性行為而被述說著,也許現代化論者們會辯解說,「纏足」審美性的發生也是男人權力話語塑造的結果,不過這一在現代性框架支配下的判斷不一定有充分的證據,因為持有現代化合理性的立場反而極有可能遮蔽婦女當事人自己的聲音。「後現代」方法就是要復原和發掘這些被遮蔽的聲音,其合理的價值是顯而易見的。我想當年福柯解構現代敘事的深意也就在

於此。福柯肯定已意識到，如果歷史故事只能按現代化敘事程序包裝成標準產品，歷史將變得索然無味，這條包裝流水線建構出的話語霸權，會使得歷史中出現的多元合唱曲譜被壓縮成單調的獨角戲劇本。需要申明的是，對「纏足」婦女當事人感受的追蹤，並不表示研究者就贊同纏足這一社會行為，而是重構歷史的一種策略，而我們往往誤解為是一種反現代化情緒的表述。當然，也有一些「後現代」的研究著作如高彥頤在《閨塾師》中對十七世紀江南婦女所進行的女性主義視角的觀察，就是預先設定「五四」所昭示的婦女被壓迫的歷史情景是虛構的政治神話，內中包含著相當明顯的反現代化立場。但是就其「後現代」的研究策略而言，其對婦女社會生活細致準確的把握能力，仍可彌補現代化男性視角觀察的不足。

對「後現代」研究方法予以同情性的瞭解，就是要試圖把現代性附加於我們身上的支配痕跡與歷史原有的痕跡區分開來，這不是說要在抱有復原歷史希望的同時，放棄自己現代化的立場，而是把個人的現代性經驗放在歷史的具體場景中重新加以驗證，如能運用得當，「後現代」理論無疑會給中國學術界帶來巨大沖擊，這與文學界某些「後學」票友們的即興「玩票」姿態是完全不一樣的。

「後現代」敘事的一個重要特點是，它企圖用歷史考古的眼光去解構由現代化的邏輯創構出來的群體經驗，特別是從某些個人經驗出發拼接起來的「群體經驗」，依憑如此的解構方式，我們可以對許多現代性問題重新發問。比如我們可以設問：對「文革」痛苦的反思為什麼總是超越不了個人痛苦的層面？我們當然不能說這些「痛苦」都是虛構的，但問題是我們如何超越這種痛苦的感受語境？有些中國學者長期滿足和局囿於個人經驗的價值評判，而沒有在多元歷史的考古層面定位這種評判的合理性標準，對「文化大革命」的反思，基本上是基於現代價值理性支持的個人痛苦的咀嚼式直觀反應，而要復原眾多

歷史人物的體驗，恰恰需要與個人的痛苦表述保持「間距感」，這就是「後現代」方法有可能做出的啟示和貢獻。

目前，中國學者在面臨「後現代」的挑戰時，很少能從學理上反思其優劣，而是急於標示出其反現代化的立場，然後予以抨擊。其實，從論域上而言，「後現代性」問題是與現代化問題糾結在一起的，二者很難嚴格加以區分，然而有些學者卻仍是把對現代化的應然訴求與學術問題中某些策略的有效運用，包括後現代方法的運用價值混淆起來，彷彿採取了後現代的視角，就理所當然地應該被貼上「後現代主義者」的標籤，這個人自然就無可救藥地成為一個反現代化論者，就會自絕於奔向小康大道的中國人民。這種「站隊心理」成為九〇年代「主義」標籤爆炸橫飛的最佳表徵。

基於現代化情結的「常識性批評」的另一重要表現，就是把對現代化的應然訴求通過個人經驗予以「信念化」，並以此為標準裁定其他學術理念的合法性。由此而觀，現代化論就彷彿變成了學者占據知識領域優位的身分證，採取現代化立場和是否用現代化論分析研究變成了同一個常識性問題，包括成為衡量一個學者是否站錯隊的標誌。這樣一來，對現代化的信念認同往往使之忽略許多現代化過程中出現的衝突和問題，僅就中國歷史而言，我們一直沉迷於對現代化過程凱歌行進的合理化描述中，而沒有打算對這一過程中出現的細膩衝突予以關注，所以中國近代史的圖像顯得那樣蒼白單調，變成了乾巴巴的幾條線索。「後現代」把歷史碎片化後嘗試構造出的新穎圖像，雖然仍使人覺得多有疑點，但落實到具體的細節研究則無疑會校正及豐富被現代化敘事扭曲的歷史圖景，同時也並不妨礙我們對「後現代」觀念持同樣激烈批評的態度。

本文不是一篇何偉亞觀點的辯護詞，也未專門討論《懷柔遠人》中的觀點，這並不說明作者就完全同意其中「後現代」的理論預設。

本文的真正目的，是希望學界摒棄虛驕的「乾嘉心態」，正視當代思潮中所隱蔽的核心論域，而不是以常識批判為名迴避實質性問題的交鋒和討論，在九〇年代流行「主義」和泡沫思想的時尚裡，我願重申那始終不合時尚的觀點：談「規範」比談「主義」要難，比急於「站隊」要難，這個盛產文化明星的喧囂時代始終需要「多研究些問題，少談些主義」的默默耕耘和拓荒者。

防疫行為與空間政治

　　「瘟疫」發生與普通疾病不同，普通病症頗可借醫生妙手，藥到病除。個體病痛與否如不傳染，基本可與他人無涉。然瘟疫一起，則彷彿好大一片天空都被毒魔吞噬籠罩，毒氣四溢之際，人人惶惶自危，常常鬧得昏雲慘霧，天地玄黃，為之色變。正因如此，近代以來的防疫行為從來都不是以個體行動的形式出現的，每當毒霧瀰散之際，四處剿殺追逐病毒，強行區隔正常與非常之人的宏大場面，就極易演變成一種相當壯觀而又規訓嚴整的醫療群體表演。「防疫」與「避疫」也就不可能單純作為一種醫療手段僅僅與局部的個體病人發生關係，而是與各種複雜的社會生活形態密切相關。自中國步入近代社會以來，在學術界傳統的學科劃分中，「醫療史」與「社會史」幾乎是老死不相往來的領域。「醫療史」研究的對像往往只限於對屬於醫療範圍本身的疾病發生和診治過程予以關注，如疾病作為醫學認知對象所產生的觀念性演變，以及治療技術的替代性演進過程等等。在這種「自閉式」的敘述中，如果要想與其他學科硬扯上什麼關聯的話，那麼頂多是在相當粗糙的相關文化背景的意義上探討不同的醫療技術是如何發生碰撞與傳播的。但同時我們卻又往往看不到這種醫療技術的衝突是如何在不同社會的活生生人群中發生變異作用而播散開來的。傳統「社會史」研究同樣不把「醫療」現象納入考量範圍，彷彿與「醫療史」界達成了某種默契，有意不侵犯其固守已久的地盤。

　　其實，在中國傳統地方社會的認知框架中，「醫療」恰恰是作為一種「社會」現象而被對待的，例如在傳統地方社區面臨瘟疫傳播的威脅時，施醫治病往往就是社會化的慈善事業的一個組成部分而根本無法獨立出來。「醫療」過程作為一種專門化的程序被從社會生活中剝離

出來加以觀察，恰恰是現代科學眼光審視下發生的一個後果。可是如果我們僅僅用後人形成的所謂「科學眼光」來看待瀰漫於「社會」之中而熏染出來的中國「醫療」觀，自然常常會覺得荒誕不經，難以苟同，從而把根植於日常生活中的「醫療」現象與國人同樣植根於如此情境中看待世界的方式分離開來，形成了相當單調的判別標準。

似乎很少有人意識到，如果回到中國歷史的現場中進行觀察，我們會發現許多醫療現象的出現不但是文化環境的產物，而且其治療過程本身就是一種相當複雜的社會行為。比如中國農村中長期存在的我稱之為「準疾病狀態」的現象，這種狀態的表現是病人發作時的臨床症狀根本無法通過中西醫的任何正常診療手段加以治癒，而必須求助於被傳統與現代醫學排斥的文化儀式行為如畫符、祭祀、做法等方式予以解決。有大量證據表明，這些行為顯示出的治療效果有時幾乎是不容置疑的。這時，純粹的科學解釋就會顯得極為蒼白無力。更為重要的是，當疾病作為個別現象存在於個體病人身上時，完全可以通過施醫送藥的純粹醫療途徑予以對待，可當某種疾病以大規模瘟疫傳播蔓延的方式影響著社會秩序的穩定時，我們立刻會感覺到，對付瀰散在各類人群中肆虐橫行的病菌已不僅僅是所謂醫治病症本身是否有效的問題，更是一種複雜的政治應對策略是否能快速見效的問題。

一　慈善傳統與醫療觀念

清代的歷史已經證明，瘟疫控制的程度和時間頻率往往與社會和政治應對策略的有效性成正比關係，而不完全取決於醫療對個體病患者的實際治癒水平。或者也可以說，不同的政治與社會組織的應對策略決定著防疫的成效和水平。從「社會史」而不是從單純「醫療史」的角度觀察，正可以看出時疫發生時社會與政府行為在社會動員組織

與整合能力方面的差異性。

　　正因如此，我才注意到清代發生了一個令人奇怪的悖論現象，那就是咸同時期以後，瘟疫的頻發程度越來越高，而與之相應的是，清政府出面進行官方干預控制的行為所顯示出的效率不但越來越低，而且其機構運行的實際作用也越來越呈萎縮之勢。這與清代官府所刻意經營的救濟賑災系統（如義倉體系）等所顯露的越來越嚴密的高效應急機制正好形成了強烈的反差。若深究其原因，就會發現這種悖論現象的產生與清初政府與基層社會在對民間生活進行控制方面出現了利益格局的再分配有關。

　　就清代最為富庶的江南地區情況來看，雖然醫療職能普遍由地方社會承擔，如宗族、各種善堂等慈善機構，但它們都具有一個共同的特點，即均不能算是純粹單獨的醫療機構，而是大多在主體救濟功能之外兼具施醫診治的作用。比如上海乾隆時的同善堂就兼有施棺、施藥、惜字、掩埋的多項功能，所以都不是「專門化」的醫療機構。而且，這些慈善功能基本延續著宋代以來分散性的鄉賢救治的地方傳統。如《水滸傳》中描寫宋江出場時就說他：「如常散施棺材藥餌，濟人貧苦。」在地方社會遭遇大疫時，這些零散的救助活動很難真正發揮作用。但另一方面，道光以後，中國地方社會的綜合性善堂疾速增多，意味著其中所包含的醫療救治成分也會相應地增多，這就為西方醫療行政體系的介入奠定了基礎。後來更有「施醫局」這樣的機構從善堂系統中分化出來獨立運作，從而使原來善堂救濟「貧病」的功能內涵悄悄發生了變化，「病」作為救濟對像已不只是「貧」的延伸，而是被相對獨立劃分了出來。所以道光以後的施藥局等專門機構的出現是傳統醫療資源自身發展的結果，它與西醫醫院雖在診療手段和組織形式上大有不同，但在對疾病治療進行空間組織方面卻有相互銜接與共容的地方。不過，是否我們可以馬上就此得出結論說，西方醫藥文

明與中國傳統醫藥資源共同促成現代醫院的出現與發展似乎還難以倉促定論。

由此可知，要解釋這一現象的發生，顯然不能靠純粹意義上的所謂「醫療史」研究加以說明，也不能依賴於傳統意義上對上層機構的「制度史」分析方法予以詮釋。因為清代的防疫體系往往與各種傳統的社會組織功能纏繞在一起，通過它們的作用才得以顯現，這種複雜的情況不是純粹依賴觀察醫療現象的狹隘視野能夠加以歸納的。與之相關的是，清代防疫系統似乎只有在「地區性」的境況中才能凸現其意義，而無法從傳統政府整體職能運籌的角度評估其有效性。

既然中國近代以來的救災賑濟可以被勾畫出一種臨時應對機制向常設機構轉換的線索，由於時疫流行也有一定的效率和週期，因此其應對方式也有從臨時性向常設性轉換的過程，同時又大多受制於特定的社會和文化觀念。如果從文化觀念傳承的角度觀察，對什麼是「時疫」的觀察，古人與今人即有較大差異。「時疫」可通過各種渠道利用細菌傳染的看法完全是西方現代醫學傳入後發生的觀念。直到清代，中國人對「時疫」的認識仍是把「流行病」與「傳染病」相混淆，中國古代雖有「預防論」較早出現的記錄，卻對疾病能夠「傳染」缺乏有效的認知。所以古人「避疫」皆出於本能反應，如重九登高健身等，這種本能經驗與醫理上對瘟疫傳染的闡明沒有直接的聯繫。這並不是說古人就沒有「隔離」的觀念，古人雖無法認知時疫由細菌所致，但有瘟疫是由暑濕穢惡之氣所致的觀念，故避疫法中亦有迴避疫氣的各種方法。宋代蘇軾在杭州任官時即捐資創立安樂病坊，徽宗又詔令各郡設安濟坊，有的安濟坊可設病房數間，在經驗上隔離病人以防傳染。不過古人隔離觀念的完善一直受制於文化觀念與機構設置的雙重壓力。

從文化傳統上而言，自古經驗意義上的本能「隔離」觀念受到中

國道德觀頻繁而頑強的阻擊，如晉時就有記載說當朝臣家染上時疫，只要有三人以上被感染時，即使沒有被染上的人，在百日之內不得入宮。這種有效的隔離方法卻被當時人譏諷為行為「不仁」。到了清代，江南文獻中還有不少弘揚時疫流行，人不敢扣門時堅持照看病人的記載。更有的文人寫出《避疫論》這樣的著作，抨擊「隔離」措施是使「子不能見其父，弟不能見其兄，妻不能見其夫，此其殘忍刻薄之行，雖禽獸不忍而為」，顯然是把本能的「隔離」行為提高到了捍衛儒家道統的角度來認識了。

從機構演變的歷史立論，明清以後的系統「隔離」措施確實有日益萎縮的趨勢，其功能常常由救濟機構如善堂等承擔起來，如此推斷，遭逢大疫時，「隔離」作為救治手段並沒有成為整個社會的自覺行為，這與當事人對時疫控制總是採取臨時性、分散性地應對策略，而無法組織起大規模的有效動員行動的現像是互相吻合的。民間社會的傳統中醫絕大多數是採取坐堂應診的方式，有時是坐店（藥店）應診，完全處於個體分散狀態。所以當瘟疫爆發，並以極快速度流行開來時，雖然中醫不乏特效藥方施治成功的例子，但因缺乏防疫隔離的群體動員規模和強制性空間抑制機制，所以在時疫流行控制方面難有作為。

那麼，為什麼會出現政府控制疾病能力逐步萎縮這種歷史現象呢？原因固然很複雜，不過宋代以後中國政府與地方社會之間的關係發生了明顯的變化應是影響其控制疾病機制的重要因素。如果從基層社會結構演變態勢而言，宋代以後，官府在醫療事業方面改採取的舉措很大程度上開始讓位於地方基層組織，這大致出自兩個原因：一是中華帝國的統制機能在宋以後發生的重大變化是，表面上其官僚職能的運作日趨低下，實際上卻是整個統治空間地域的擴大化導致治理模式的轉換。治理秩序的穩定與否當然是歷代官府關注的聚焦點，但宋

以後統治區域的擴大導致原先依靠律法監控為主要手段的統治方式，由於無法面面俱到地把觸角伸向底層社會，所以必須在基層尋找「地方代理人」以貫徹上層意圖。這些被稱為「鄉紳階層」的地方代理人往往不是官僚系統裡面的正式成員，其控制社會的方式也與官府僅僅依靠律法施政的傳統有所不同，從而演變成了以「教化」為先的「道德化」基層治理模式。他們的出現會逐漸分享和爭奪官方的統治資源。二是正因為官府往往只注意投入更多的精力去穩定社會秩序，而對並非直接關係到統治秩序的地方福利與醫療衛生事業缺乏積極乾預的興趣。而地方社會則通過宗族、鄉約等組織從「道德化」的角度承擔起維護社會秩序的任務。只有在社會控制形式開始從依靠律法暴力統治向以教化為主要統治手段實行過渡後，政府無力在道德層面上直接對基層社會施加影響，而必須把這個空間出讓給地方代理人時，我們才可以理解為什麼宋以後的醫療組織往往包含在慈善組織的運轉中，因為慈善組織恰恰是中國整個社會秩序的維繫越來越趨於「道德化」的一種體現。

　　江南醫療機構日益從慈善組織中獨立出來，與清中葉以後地方組織日趨活躍的功能成長有非常密切的關係。從某種意義上說，這種現象的相應發生，應是中國社會內在發展需要導致的一個結果。有許多論者往往由此出發從反「西方中心論」的角度極力尋找中國社會自主運轉的合理性。如果從地方社會與國家互動關係的角度觀察，民間醫療資源在乾嘉以後確實出現了重新整合的跡象，不但在嘉道以後日常性的救療措施漸趨增多，而且許多專門醫療機構如醫藥局等也逐步從綜合性的慈善機構中分離出來獨立運作，而能夠支撐這種相對獨立運作的緣由之一是其經費來源開始依靠穩定而具有靈活性的絲捐和鋪捐等加以支持，並通過收取號金的方式累積治療資金，這樣就改變了過去單靠不穩定的鄉紳捐助渠道維持慈善事業的舊格局。這些變化都可

以說與近代西方醫療體系的進入有相契合的地方。

不過這尚不足以說明江南地方醫療資源的重組就已具備典型的所謂「近代性」特徵，因這些資源缺乏近代醫療系統所具有的規訓與強制的色彩。現代醫療制度的一個重要特徵是國家介入地方組織進行統一規劃，使之形成一種社會動員式的運作方式，特別是面對疫病流行的場合時，「防疫」作為衛生行政的應急措施啟動後，其強制程度更為明顯，如強迫隔離、注射疫苗、強行疏散人口和集中消毒等行為，無不與中國地方社會溫情脈脈的救濟原則和傳統醫療模式相衝突，甚至會導致相當普遍的心理恐慌。所以像中醫在瘟疫擴散傳播時所採取的個體治療行為到了民國年間顯然已不適應整個國家建設對防疫系統的特殊要求。

清人秉承古人的認識，認為瘟疫的出現是由疫氣所致，傳染途徑主要由口鼻而入，醫療界的主流認識是認為瘟疫由呼吸傳染，而對水傳染，接觸傳染，食品傳染及蟲媒傳染只有直覺的認識而未形成主流看法。由於缺乏對疾病傳染渠道的多元認識，中醫治療時疫往往是施藥和針灸等方式進行「個體」診治，基本沒有有組織的空間隔離觀念。現代衛生行政的觀念直至二十世紀初才較為有效地向中國城市推廣，但顯然很難與遍佈農村之中的中醫診療系統相協調，二十世紀二三十年代發生的「廢止中醫案」與隨之而興起的「中醫自救運動」，時人多從中西醫理念衝突的角度入手進行分析，認為是中西方基於不同的文化背景所造成的觀念和診療手段的衝突。其實，當時「廢止中醫案」中余岩所提議案中批評中醫體系的核心論點，就是中醫缺乏群體應對瘟疫時的系統整合能力。如余岩就認為，「今日之衛生行政，乃純粹以科學新醫為基礎，而加以近代政治之意義者也」。而中醫「舉凡調查死因，勘定病類，預防疾癘，無一能勝其任。強種優生之道，更無聞

為，是其對民族民生之根本大計完全不能為行政上之利用。」[1]在「防疫」這種範圍廣泛的空間協調行為中，中醫無法實施有效全面的隔離策略而阻止瘟疫向四處蔓延實際是廢除中醫的主要理由。而對於中醫建基於陰陽五行哲學理念上的各種貌似玄渺不經的理論進行抨擊反而倒在其次。也許中醫也多少意識到了自己這一致命的弱點，所以在大量反擊西醫批評的言論中，多採取避實擊虛的討論策略，大談中醫醫理自古就具有所謂「科學性」，至少可與西醫的理論互補並行，而迴避從正面討論中醫在現代醫療行政方面與西醫相比是否有無法彌補的闕失。西醫又往往抓住這一體制性分歧不放，至少在論辯防疫體制孰優孰劣時常常打得中醫幾無還手之力。

二　防疫行為與現代政治

但「防疫」系統的是否完善為什麼在清末以後才演變為中西醫衝突的焦點問題，倒是值得我們深思的一個現象，它促使我們不得不考慮中國社會生存和發展的內在需要在多大程度上會受到外來因素的強力制約。比如中國鄉村防疫體系要在民國建立以後很長時間才出現，其真正趨於健全的時間就更晚了。而這個體系從出現到健全的程度實際取決於中國作為現代民族國家對社會控制的能力，中國作為現代國家對基層的控制能力在二十世紀有一個明顯變化的過程。二十世紀三〇～五〇年代，由於戰爭和社會分裂的緣故，國家對地方的控制處於調整磨合階段。而到五〇年代以後，中國國家所採取的「全能主義」統治形式促成其有能量重新整合地方資源。在這種條件下，「防疫」行

---

[1] 「中央衛生委員會會議議決「廢止中醫案」原文」，《醫界春秋》第三十四期，一九二九年四月。

為藉助於某些政治意識形態的合法性包裝如「愛國衛生運動」才得以成功組織起來，儘管這種政治合法性仍需藉助鄉間的親情網絡才能真正貫徹下去。

關於防疫行為在多大程度上藉助了現代衛生行政的形式，又在多大程度上與基層的社會關係網絡有關，確是個有待深入探討的問題。我的觀點是，現代醫療行政體系一旦與國家制度的有效運作相結合，固然可以在防疫行動中發揮主導作用，然而這種行政控制的形式在基層尤其是鄉村地區實施時如果不能與傳統意義上的民間關係網絡建立起合理性的聯繫，那麼這種衛生行政的有效實施必然是有限的。據民國初年的統計，當時全國中醫的人數大約有八十多萬人，大多分佈於農村，而西醫大約只有一千多人左右，幾乎都集中在城市，可民初每當防疫時期來臨，中醫卻總被排斥在外。新中國成立初期調整醫療政策，每遇防疫的特殊時期，部分傳統中醫就被一些由西醫主持的巡迴醫療隊所吸收，發揮其以中藥配合防疫的角色優勢，同時接受簡單的西醫注射技術，這樣就使它被部分整合進了現代國家防疫系統，這顯然與民國初年對中醫的徹底排斥策略大有區別。但國家在基層所實施的真正有效的防疫行為仍是依靠逐漸完善的三級保健系統（公社、大隊和生產隊）中的最底層人員「赤腳醫生」加以完成的。而「赤腳醫生」制度的實行恰恰就是現代衛生行政與民間親情關係網絡相結合的最好例證。

「赤腳醫生」體系固然是現代國家推行衛生行政制度中的一個環節，很明顯帶有現代衛生行政自上而下的強制色彩，甚至其組織形式都是當時政府發起的大規模政治運動「文化大革命」的重要組成部分，可「赤腳醫生」又確實是接續了鄉土中國中植根於民間親情網絡組織以整合醫療資源的傳統。

「赤腳醫生」制度與近代由西方引進的標準衛生行政訓練機制的

區別在於，其培訓的基本人員完全從最底層的村莊選拔，雖然在表面上依據的是相當刻板的政治表現和貧下中農出身的硬性標準，但是選拔程序還是使其身分角色與鄉土親情關係網絡重新建立起了相當密切的聯繫。儘管「赤腳醫生」的名稱源起於「文化大革命」時期，可我仍以為，在其政治角色遮蔽之下所建立起的這種聯繫，使得中國在鄉村推行現代衛生行政時有了一種可靠的依託和支架。「赤腳醫生」不但完全是從本村本鄉中選拔出來，而且其訓練內容更是中西醫兼有，即形成所謂不中不西，亦中亦西的模糊身分。「赤腳醫生」由於在鄉以上的城市中培訓後再返回本村本鄉，這樣就比較容易形成鄉情關係網絡與公共醫療體制之間的互動，如此一來，就既把宋以後已被「道德化」之後的基層社會所形成的教化傳統以一種特定方式承繼了下來，同時又吸收了近代在城市中已反覆實踐過的西醫衛生行政制度的優勢。

　　早在二十世紀三〇年代，北京協和醫學院畢業生陳志潛在定縣鄉村實驗中率先推動建立過基層三級保健系統，即縣級以上醫院、鄉鎮級醫療站點與基層保健員，相配合的格局，其保健網底就是農村本土培訓的保健員所以西方學者稱他為「醫生中的布爾什維克」，只是由於當時力量有限，三級醫療系統很難在更大範圍內推行。數十年後，「赤腳醫生」制度基本沿襲了此一思路，只不過是更多憑借了國家動員起來的政治力量加以強制推廣而已。有趣的是，毛澤東時代基本上把傳統自治組織如宗族和各種慈善機構從基層連根拔起，至少從形式上完全摧毀了宋代以來所樹立起來的農村道德化基礎。可是在推行「赤腳醫生」制度的過程中，卻又潛在地復原著歷史上的「道德化」狀態，儘管這種道德化狀態在外表上是由政治觀念所包裝的。當時報刊上報導了許多「赤腳醫生」午夜出診，突擊接生，捨己救人等各種「先進事蹟」，如果仔細分析其如此行事的動因和心理狀態，固然在很大程度上可以歸結為政治教育灌輸的結果，但鄉情關係網絡所形成的心理氛

圍也是不容忽視的因素，在所謂出於「階級感情」的政治標籤遮蔽之下，實際蕩漾著鄉土情結延綿而成的道德制約關係。

尤其重要的是，「赤腳醫生」在基層民間防疫過程中扮演著十分關鍵的角色。西方衛生行政制度傳入中國後，主要是作為城市建設的附屬配套工程加以推廣的，因衛生行政制度需要大量的專門人才，其職業化的程度需耗費時日訓練才能達到要求，曠日持久的教育週期和嚴格的器械檢驗標準不可能使之成為農村醫療的主導模式。事實證明，醫療行政人才在民國初年和解放後的相當長一段時間只是不定期地以醫療救護隊的形式巡訪農村，根本無法在廣大農村形成相對制度化的診治和防疫網絡。尤其是在農村發生大疫時，醫療隊的巡迴救治活動頗有遠水救不了近火之憂。直到「赤腳醫生」制度建立後，上層醫療行政的指令如種痘、打防疫針和發放避疫藥品等才得以真正實施，而且令行禁止，快速異常。這種制度運轉的有效性顯然不是由西醫行政的性質所決定的，而是「赤腳醫生」根植於鄉土情感網絡形成的道德責任感所致。

一九八五年以後，公費醫療制度解體，「赤腳醫生」在更名為「鄉村醫生」後被納入市場經濟軌道。其結果是失去了政治與鄉情雙重動力制約的基層醫療體制，被置於市場利益驅動的複雜格局之中。這種變化很快影響到鄉村民眾身患疾病後的診療狀況，尤其明顯的是，原來屬於「赤腳醫生」職責範圍內的防疫監督之責，在失去上述動力制約的情況下遭到嚴重削弱，在面臨疫病的威脅時，一些地區已無法組織起有效的防疫動員網絡。「赤腳醫生」體制的瓦解不僅使基層社會醫療系統面臨相當尷尬的轉型困境，而且也為思考當代中國政府如何與基層社會組織重新建立起合理的互動關係提供了契機。

以上的敘述可以證明，近代以來的各種防疫行為並不是單靠純粹醫學的眼光所能解釋，它的表現形態常常與空間政治的安排方式有

關。清末醫療機構呈現出逐步從慈善系統中獨立分化出來的趨勢，其功能運作也逐漸讓位於基層社會組織，所以容易在一般人眼中造成社會自主空間逐步擴大的印象。但這樣的印象解釋不了何以在現代國家全能主義統治方式下，大規模的防疫行為得以相對有效地貫徹到了基層社會。我們必須就此轉換思路，我的看法是，應該在具體的歷史與現實情境下靈活看待國家與社會之間所構成的張力關係，在近代中國實現全面轉型的情況下，全能主義的統治策略顯然在防疫的社會動員能力上起著主體協調與支配的作用。但我們無法否認，這種社會動員如果不和基層文化傳統中的若干因素相銜接並吸取其養分，就無法發揮正常的運轉功能，即使在相當不正常的社會環境如「文化大革命」期間也是如此。

「市民社會」研究的一個中國案例

一　衝出「韋伯式圈套」？

　　一九八四年，美國約翰・霍普金斯大學的歷史學家羅威廉（William T. Rowe）教授發表了城市史研究的專著——《漢口：1786—1889 年中國城市中的商業與社會》，在《導言》中，羅威廉教授指出，儘管中國社會史領域中湧現出了諸如 Rhoads Murphey 的上海史研究路徑，Lieberthal 探討天津史的著作，但基本的闡釋取向與分析方式是片斷和零碎的，對中國城市複雜的社會和制度的把握尚未達於 Geerta 之於印度城市，Laidus 之於中世紀穆斯林城市的整體水平。漢口研究將力求提供一個較完整的中國城市分析圖景。不言而喻的是，建構一個新框架的前提必然使羅威廉面臨著對以往城市研究範式的批判與擇取。羅威廉顯然已自覺意識到了這一點，於是他在開篇就著意把破除所謂的「韋伯神話」作為其漢口研究中的核心論域。因為在韋伯看來，中國城市的發展只不過為西方城市從「傳統的」（traditional）向「理性的」（rational）結構轉變提供了一個對應物和價值參照系。

　　書中集中攝取馬克斯・韋伯中國城市研究範式中的三大弊端予以批評，這三大弊端是：（1）韋伯過於強調「城市」與「農村」之間的界分狀態，忽略縣級以下市場中心的重要性或縣、省、帝國層次之間社會條件的潛在差異；（2）韋伯以「政治」與「經濟」功能界分中西城市，忽略了中國城市的多樣化特徵，例如，作為製造業城市的景德

鎮就不會符合韋伯的範式預設；（3）韋伯認為中國城市時間自宋代以後就處於絕對休眠狀態，此狀態一直延伸到十九世紀西方勢力湧入之前，從而忽視了中國社會結構內部動力機制的存在。城市比較研究只是「韋伯式問題」的一小部分，韋伯以後的漢學家對此作出的回應也反映在三個層次上，他們強調中國城市在中世紀以後持續的歷史發展；強調中國城市自身廣泛的地理和人文淵源特徵；強調近世中國城市經濟因素而不是政治因素的首位作用。[1]

其實，正如有的學者所論，所謂「韋伯式問題」本身包含的理論預設與邏輯推演具有相當濃厚的西方中心主義傾向性。就韋伯的本意而言，他幾乎一生都在傾注其全部的理論熱情論證西方資本主義精神萌發與示範作用的普世性特徵，即使是在研究非西方文明時，他也不會忘記時時探究估測其演化形態是否會適合於他手中「資本主義精神」這把如測量模具一樣通用標尺的刻度。在東方包括中國歷史的研究中，我們甚至可以發現一個「韋伯式的圈套」，韋伯的中國學著作《儒教與道教》曾經明確地把「儒教」置於「清教」模本的既定價值預設中進行比附，進而得出了中國歷史中缺乏現代資本主義發展所需要的理性形式和倫理基礎的結論。如果僅視其為一個東西方比較的個案命題似可不必深究，但其中所蘊涵的方法論取向卻構成了一個普遍的理論圈套，籠罩住了不少學人的思維視界。此結論顯示出來的邏輯明語是：中國資本主義的遲緩發生，是因為資本主義要素缺席的結果；而其背後所屢屢暗示出來的邏輯潛語是：資本主義精神的發生是西方的原創形態，東方乃至近世中國存在的資本主義要素是西方嫁接的結果。其邏輯圈套的最終蘊意是，即使從歷史情境中反向證明中國存在

---

[1] William T. Rowe, *HANKOW: Commerce and Society in a Chinese City 1796–1889*, Stanford University Press, 1984，pp. 7~8.

一個資本主義式的理性基因，也不過是在滿足了民族主義感情之後驗證了資本主義精神的西方發明權，這從根本上無法逾出韋伯的價值觀魔掌。二十世紀以來，落入「韋伯式圈套」之中的學者可謂不計其數，其中近期較典型的例子可舉出余英時教授。余英時在其精心撰述的《中國近世宗教倫理與商人精神》一文中，運用大量史料反向證明近世中國商人的思想與行為中不乏類同於西式清教的軌範，其用意自然是藉助東方四小龍的現實經驗，尋覓東亞現代化成功的歷史因緣，希求擊破韋伯西式「理想類型」的壟斷壁壘。然而他的運思路徑恰恰是韋伯式的，其論式是「中國社會結構在近世以前已存蓄著西式現代性的因子」而並非是「中國傳統形態中存在一個非西方意義上的可誘發獨特的區域現代化的自足要素」。由此一來，本意是想證明東亞傳統的獨異性，卻反而成為韋伯式論題的一個合理性註腳。

以「韋伯式圈套」審視羅威廉第一部著作中的漢口研究，我們發現其論域指涉仍是類似於余英時教授的「逆向反證法」。如其中引述大量證據指明漢口並不缺乏西方城市所具有的「近代性」（modernity），已具備對長距離貿易管理的核心作用，及類似於西方的都市化空間的拓展等等，而不僅僅如韋伯所說只是具有軍事城堡的功能，因為漢口的城牆在很晚才建築起來。也許是意識到了頻涉韋伯式問題易陷於循環式的探索險境，羅威廉在其關於漢口的第二本著作《漢口：1796—1895年中國城市中的衝突與社團》中完成了一次語式分析的轉換，即藉助「市民社會──公共領域」的社會學範疇進行城市結構的解剖。「市民社會──公共領域」無論從歷史上還是從邏輯上看，社會與國家在概念上的分野均是其產生的前提條件。也正是因為這些概念在闡釋「國家」與「社會」界域方面的實用效果，以致於自從哈貝馬斯的名著《公共領域的結構性轉換》在二十世紀七〇年代初被轉譯成英文以後，「市民社會」的分析框架用不到十年的時間就打入了美國學界的主流話

語之中而成為某種理論時尚。

美國學界第一個用「公共領域」一詞描述中國歷史和社會狀況的人是 Keith Schoppa，他在《中國菁英與政治變化》（1982）一書中徑直以「公共領域」作為分析工具。[1]羅威廉教授的第二本漢口研究著作也是建基於對國家——社會互動分合的理念探究之上的，只不過他是以歷史實證的方式表達出來，注重的是一種所謂「事實上的公共領域」（de facto public sphere）[2]。和不少學者一樣，羅威廉始終反對把「市民社會」概念變成意識形態化的政治工具，因此也始終把它限定成為一種歷史性的描述。在第一本著作中，羅威廉已經發現，在承擔福利和慈善行為方面，漢口於太平天國戰後社區服務範圍令人矚目的擴展和動議權從國家工具向居民與自治菁英社團的轉移，都以非官方的公共利益的名義才得以進行。在第二本著作中，羅威廉則已自覺地運用「公共領域」的概念去統攝把握近世漢口的大量史料，以使之趨於觀念上的有序化。縱觀全書，其行文中呈現出來的反「韋伯式圈套」的邏輯理路是清晰可辨的，但仍然可以感覺到作者並未真正踰越西方中心論傳統所設置的目的論陷阱。

二　衝突與控制——漢口的近代模式

要清楚地判定「國家」與「社會」在城市格局中的界域表現並非是件易事。因為這不僅意味著需清晰嚴密地梳理出一些兼及二者的龐雜歷史要素，而且要使用一些非歷史性的概念去定位這些要素，並

---

[1] William T. Rowe: "The Public Sphere in Modem China", *Modem China*, Vol. 16，No3, July 1990.

[2] William T. Row: "The problem of 'Civilsociety'"in late lmperial China", *Modem China*, Vol. 19 No2, April 1993.

反過來使之受到歷史過程的檢驗。通觀羅威廉第二本漢口專著中的諸多論域，我們大致可條述出三個層面的運思進路：其一是通過描述國家向社會的權利讓渡來標示出「公域」的範圍；其二是城市周圍頻起的外力衝擊浪潮構成的壓力效應所導致的漢口內部各階層的分化與聚合；其三是菁英作用的變化。

　　從城市空間（urban space）的變遷來看，在西方城市的型構模式傳入中國並在上海發生效力之前，中國城市適合於前資本主義與前工業化的模式，它們缺乏一個獨立清晰的「中心商業區」（central business district，簡稱 CBD）和土地使用的一體化等級制度。相反，城市空間結構經常被作為類似「細胞」的系統而加以定位，這些「細胞」被個體貿易網絡分割為許多商業區，並和一些居民區相互交織在一起。但是到了十九世紀，中國城市如漢口在一些重要方面已頗適宜於資本主義城市的土地使用模式和土地價值分配，它的一體化的有序空間結構已與古典類型的中國城市相去甚遠。從歷史的觀點看，有證據表明，漢口長途貿易的大幅度增強，大規模的商行、財政體制和組織化的商業網絡的出現，地方都市化的持續演進和城市文化的發展（包括相當於西歐小酒館和咖啡屋的茶館制度），印刷工業的急遽拓進，世俗流行文化等的崛起都提供了一種批評運作的空間和氛圍。由於十九世紀的漢口在城市服務系統和社會福利領域都有了長足的進步，羅威廉認為完全可以用「公共領域」的出現概述這種現象，因為在一定範圍內而言，這是直接的國家動議權在社會需要的措施條款方面迅速撤出的結果。面對一些新的社會需要和都市的複雜性，社會力量的回應比官方可能更加靈活。核心官僚的作用而對社會能動主義（social activism）的崛起基本上是非直接的。國家機構的功能大部分侷限於對地方力量發起的計劃實行庇護上，或者為這些動議提供協作，併負責平衡不同社會集團之間的利益。

當然,國家與地方社會的權限如何界定仍是個很棘手的問題。例如所謂漢口公善局的運作就特別能表現出官方與私人領域之間的兩難處境。一方面,公善局的地方資源來自於漢口私人善堂,它的財政來自於商人捐獻,其運轉也部分由「善堂」(如「存仁堂」)支配。另一方面,它又不像其他善堂是作為「堂」出現的,它還有「局」的功能,即負有政府職責,比如支持寡婦和孤兒;它也往往由漢口道臺統轄的育嬰堂直接設置,資金也由道臺個人捐獻。儘管如此,太平天國以後國家已經退出對城市人口直接提供福利服務的事務領域。比如漢口的福利組織明顯地擴大了施捨範圍,已不侷限於孤兒寡婦等群體類別,有的學者甚至誇大說,中國社會能夠提供類似於近代國家從搖籃到墓地的所有支持。在此過程中,政府贊助的福利設施逐漸遭到廢棄,它們已經為建立於地方動議基礎之上的一些機構所代替,比如救火就是地方社會承擔其自身救助功能的一個例子。雖然有些地區的救火行動仍需地方政府授權,但救火在漢口確實越來越獨立於官方的影響。居民救火組織之間的日益協作,清晰反映出了城市意識和團體精神以及自治性公共領域的增長。漢口城市發展的又一趨勢是,福利贊助從一種個人的慈善行為轉向出於公益目的的非個人的形式,例如鹽商對書院學堂的贊助反映了利益集團的互動關係。漢口公眾教育的財力支持是自助性的,大多來源於鹽商菁英階層,鹽是人們每日消費的食物,鹽商對教育的捐助在一定範圍內可以說不僅是武漢而且是由湖廣鹽區的消費人口來承擔的。[1]這些變化自然得益於「公共」(public)而非「官方」(authority)領域的拓展。需要特意申明的是,國家干預權向社會領域的讓渡與城市外力衝突和內部控制之間的張力表現形式有密切關聯。漢口既為樞紐通衢之地,又為晚清各路兵家爭鋒的熱點,所以暴

---

[1] Willian T. Rowe, *HANKOW*:*Conflict and Community in aChinese city, 1796—1895*, Stanford University Press,1989, pp. 131~132.

力攻伐現象層出疊現。羅威廉在書中的結論性部分曾經指出，中國城市與西方城市在特徵上最不同的地方即在於其中存在著獨特的底層居民的普遍抗拒行為和暴力衝突模式，只不過這種模式並非一定起著負面的作用。他引述 E. P. Thompson 等人的話，認為通過違反秩序、犯罪來喚起團體的感情，對維繫和復興公共凝聚力是有貢獻的，也許是健康社會的一個組成部分，關鍵在於有一個調適與遏制暴力侵襲的有效模式，以及和解妥協的習慣和高度的城市團體制度化的觀念。漢口在太平天國以後犯罪率的上升一方面可說是底層階級崛起的標誌，另一方面對犯罪趨勢的有意識引導卻創造和維護了城市秩序的和諧，整個衝突與控制的過程都不是在國家指導下完成的，而是在地方社會自身中創始和運作的，因為國家對自治水平上的公共聚集方式素持一種矛盾的心理。

因緣於此，一些變化表現在近代形態的城市警力系統的進展上。十九世紀漢口安全人員的專業化已經開始實施，並實現了從居民保長輪流志願服務式的保甲功能向專業化職事功能的轉變。與之相關的步驟是，一個自治地區僱傭、訓練、任命、部署和輪換的警察力量已趨於「科層制化」（bureaucratization），完備的警力系統最初出現於一九〇〇年，是在外國軍事力量占領和日本的影響下才出現的，而萌芽卻源於十九世紀晚期。問題在於，警力系統的「科層制化」為什麼偏偏出現於這個時期。按照羅威廉的意見，這一時期外界衝擊的力度恰恰與漢口人民對「秩序」的切膚感受與要求相吻合，這一方面固然是商業資本主義對地區間貿易的控制延伸到城市安全系統中的結果，把這種要求系統化是作為源自於城市人口的社會和經濟成功的核心內容；另一方面，則是通過某種制度化程序協調維繫社會和諧以抗衡外力的侵襲。與之相應的例子是地方社團的勃興與自治能力的加強，也是部分與帝國官僚制效率的衰落有關，部分是對供水、火災及普遍持續之

軍事威脅的反映。

十九世紀漢口城市社團，幾乎不是建基於每個社團成員之間利益的完全一致性基礎之上的，但是它建立於具有包容與靈活性的社會一致（公論）的基礎之上。這種一致性（consensus）不僅承認儒學的社會等級制度和家庭價值，以及堅持商業行為和鄰里關係的最基本標準，而且對普遍民生表現出了深深的關注。[1]在漢口城市安全和社會控制的過程中，自我防禦系統如救火隊、夜巡人和保甲等的完善也反映了「一致性」的作用，即對外來人的威脅之下的一種凝聚狀態，成為一致性的有力武器。在此情況下，社團意識（community sense）通過漢口方言的同一性，詞彙運用的地方主義特色和城市自築城牆的形象化符號在太平天國時期死難者所修之城市祭壇中體現出來。

與早期近代的西方城市一樣，漢口進化模式關涉一個日益複雜和流動的階級結構的變化，老的菁英集團受到新的經濟菁英的挑戰與參與，地方的一體化網絡也是由於城市菁英的社會行動模式發生作用才得以加強的。在城市空間中所謂「一致性」的存在也許意味著文化霸權在菁英集團中的成功運作。對話語（discourse）的控製為的是使從屬的下級團體被參與維持一個符號領域（symbolic universe）以使其統治成為合法化。[2]由此可知，漢口城市精神（urban mentality）的形成與菁英構成及其控制話語的變化實相關聯。

概而言之，羅威廉的漢口研究以史實勾勒出了一幅國家向社會公域讓渡權益的斑斕畫面，這種權益讓渡方式往往是外界施壓或曰衝突與控制的作用結果，「菁英」構成的變化雖然重要，但其作用似乎已退居次席。下面我們就來簡要地討論和驗證這些觀點。

1　William T. Rowe, *HANKOW: conflict and Community in a Chinese city, 1796—1895*，Stanford University Press，1989，p.348.

2　同上。

三　「公共領域」的適用限度

　　撰寫漢口研究這樣的社會史著作，羅威廉的題外之旨當然不會僅僅拘泥於描述漢口在近代的發展沿革，而是更關注於中西比較視野下城市內部的結構性轉換，這是其屢用「公共領域」等概念約括漢口諸多現象，並自信地宣稱其已具有「早期近代」（early modern）特徵的因由之一。然而通觀全書，給人的感覺是，西方意義上的「公域」概唸作為分析框架是否具有其足夠的合理性似乎仍是一大懸案，因為如書中所論，國家對社會勢力在空間意義上的權利讓渡，其實可能並不等於反映出了城市結構轉軌的文化本質特徵。這表現在所謂中國式的「公共領域」始終與國家保持著某種同構狀態。正如一位日本學者所概括的：「在傳統中國，民間社會不是只受國家權力支配的非自立的存在，也不是自立於國家之外的自我完善的秩序空間，而是可將民間社會與國家體制共同視為由持有共同秩序觀念的同心圓而連接起來的連續體。」[1]這種同心圓式結構使得國家與社會之間界域的伸縮變得甚少實質性意義。

　　如果暫時撇開功能運作的層面，從文化觀念的角度切入，我們就會發現，中國原初概念中天人合一與自然秩序的和諧觀使「公域」的涵蓋度幾乎可以無限推廣，最終交疊掩蓋了「私域」的衍生空間，也就是說，「公域」對「私域」侵蝕如此之烈以致近鄰日本都未達此程度。中日公私觀念的差異乃是在於，中國崇尚自然之公私觀，並使之「原理化」，變成一種涵蓋一切的界定尺度。例如，上自政治觀念意義上的皇權與民權，下至家庭內部的父子人倫之別，都被籠罩於「公域」的

1　〔日〕溝口雄三：《中國與日本「公私」觀念之比較》，《二十一世紀》（香港）雙月刊，一九九四年二月號，第94頁。

網絡之內。而日本的公私概念中,「父子之愛」乃私家之事,區別於公共領域中的朝廷、國家和社會,因而絕不能稱為公。「換言之,日本的公私完全是領域的概念,看不到如中國的公私觀所含蘊的原理性、自然性。」[1]與自然之「公」相聯的天之「公」,與人人頭腦中普及之「公」的觀念相映的情況下,公域對私域的侵凌是不言而喻的。很明顯,中國觀念中道義倫理上的「公」,常使任何私域的產生歸於無效,這亦與「去私」的儒家觀念與「私人」觀念之間存在著歷史性的緊張有關。[2]它使得個人的權益在公域中始終無法定位,而日本的「公域」與「私域」的界定儘管是封建性的,但卻為私人空間的擴展提供了可能。

　　如上所論,探究「公共領域」的適用度似應首先打破西方中心論的觀念。需要闡明的是,國家空出市民社會之發展空間後,社會是否就會按自治的軌道有序發展而不會導致失衡?因為按西方的尺度觀察,只要形成與國家權力相對峙的自主空間,資本主義就會自然產生並在東方達致同樣的效果。縱觀中國歷史,「公共」的觀念並不缺乏,地區自主性的例子在近代漢口可謂俯拾皆是,但形式化的組織同構並不意味著能夠超越文化形態與觀念上的差異。西歐城市有比較完整的城市法即韋伯所言「special urban law」,這是前資本主義時期城市趨於自治的結果。城市法中對市民權益的規設等於劃定了「公域」中「私域」的界限,使個人利益不會淹沒在群體的目標之下。十九世紀漢口雖然由商會等組織來確立群體之間的契約關係,但有史實證明,個人的權益仍受實際傳承的本土文化要素如血緣家族等倫理軌範的制約。

　　以西方的價值觀念衡量,中國晚清出現了世俗權力多元化的現

---

1 〔日〕溝口雄三:《中國與日本「公私」觀念之比較》,《二十一世紀》(香港)雙月刊,一九九四年二月號,第88頁。

2 金耀基:《中國人的「公」、「私」觀念》,《中國社會科學季刊》,一九九四年第一卷(總第六期),第175頁。

象,即官府的權力開始向社團自治組織分散,這固然是異質性的西方文化催動的結果,然而世俗權力多元化造成的公私領域的界分,卻並不等於是促成資本主義發展的唯一選擇。溝口雄三舉示的東亞例子已經說明,日本社會結構的演變,恰恰採取的是世俗權力一元化的選擇策略,如對皇室與國家的一體忠誠。中國的情形大概也不會例外。

即使堅持以「公共領域」的概念界說漢口的社會結構,我們也會感覺到,漢口民眾自主觀念的發生與自治組合的形式除了始終與國家處於若即若離的關係之外,其產生孕育的過程也往往是外界壓力集團施予作用的結果,而大多不是自治組織的自發要求。僅以漢口為例,其自治領域的成形一般就可視為太平天國以後區域組織逐步趨於「軍事化」(militarzation)之鏈條中的一個環節。羅威廉也多次引用孔飛力(Philip. A. Kuhn)的研究結論,認為區域性基層組織的軍事化過程促成了地方主義的興起,漢口的軍事化組織之所以逐步被控馭在紳商手中,就在於傳統帝國官僚體系與軍事組織已是呈渙散之征。只是「軍事化」與社區結構及觀念的契合,是否就能在本土組織中創生出西方意義上的公共領域,則是頗有些疑問的。羅威廉也曾舉例說,在外界壓力下,漢口城牆改造可以是「公共輿論」(civil opinion)起作用的反映,漢口商人在護城中也有可能轉化為區際的軍事領袖,但是在某個軍事目標的制約下,「公共輿論」的前資本主義性質卻仍是很明顯的,在其他形式的軍事衝突中,「公共輿論」也仍有可能產生,卻同樣不具備任何「近代」的意義。地方軍事化不僅對正統的官僚軍事政治組織的運作形成威脅,而且有可能對地方社團本身構成威脅,簡而言之,掌握在菁英手中的武裝力量,總是實行某一階層政治目標的潛在工具,而不是實現團體利益的工具。

關於「公共領域」的適用幅度,羅威廉在另一篇文章中曾坦言反對機械地把中國放在與西方傳統市民社會的任何語境中加以比附的看

法，因為這些概念如果被有效地使用需要太多的價值限定，而且幾乎無人能通過一系列中國自有價值判斷的檢驗，而落入「地方經驗」的圈套。[1]不像狄百瑞（Wm. Theodore de Bary）等一些熱愛中國文化的老一輩美國漢學家認定中國自古就有所謂自由主義傳統，羅威廉相當明確地否認任何把清帝國看作擁有「潛在的」西方式民主資源的超前式比較研究的可行性，而是從歷史斷限的角度判定晚清帝國在十八世紀末有一個巨大變化，這個變化是中國傳統與歐洲經驗「雜交」的果實。

在漢口研究中，羅威廉思維中的矛盾困局表現得是很明顯的：一方面他擔心把中國歷史變成西方發展的一個理想式投影，故而極力迴避抽象的哲學討論，而以漢口為案例，闡述中國城市演化的個性特徵；另一方面他所使用的詮釋工具如「公共領域」等概念仍是西方式的，而且不可避免地仍以歐洲史和西方經驗基礎來衡量中國歷史的發展進程。所以他認為，儘管有些冒險，但用外來範疇去分析一種既定的文化也許不僅僅方便而且常常使之清晰地呈現出來，問題並不在於中國語彙中包含著多少有關「公」的術語，或與西方對應詞「公共」（public）有多少表層的相似性，而在於這語彙相似背後的文化相異性恰恰是應該揭示的，而揭示的結果卻可能推翻原來的比較結論。這種矛盾心境較充分地體現於對諸如「個人主義」、「公民法」、「財產所有權」等論域的辨析之中。

統而論之，羅威廉以對漢口「公共領域」的分析為標幟，卻並未考慮其歷史淵源的錯位問題，例如漢口「公域」的形成是地方軍事化的一個系列表徵之一，而基本不是如西方那樣完全源於社會內部原創性的自發要求。在軍事化示範作用下達致的社會自治狀態，按西方標

---

[1] William T. Rowe, *The Problem of "Civil Sociey" in Late Impenial China", Modem China*, Vol. 19, No2, April 1993，pp. 139~140.

準衡量是不可能極其規範的。因此，羅威廉的漢口研究以反「韋伯式圈套」的面目出現，卻不免仍給人以仍在其套中的感覺。正如德里克所批評的，漢口研究對公共領域做實證論式的解讀，試圖把公共領域這個概念納入現代化的「社會——歷史學」範疇，從而造成此論題批判性歷史意義的闕失。[1]

---

[1] Arif Dirlik: *Civil Society/Public Sphere in Modern China: As Critical Concepts Versus Heralds of Bourgeois Modemity*,《中國社會科學季刊》（香港），一九九三年第三卷（總第四期）。

下篇
跨學科入史的探索

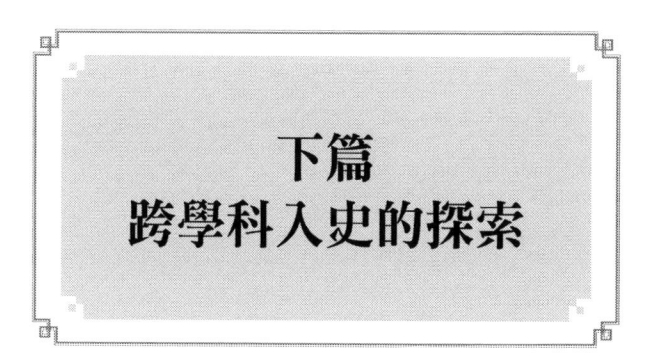

梁啟超《過渡時代論》與當代「過渡期歷史觀」的結構

一 《過渡時代論》表述框架中包含的內在緊張

一般論者均認為，梁啟超在二十世紀初年就已形成了比較成熟的「進化史觀」，並相當自覺地運用到對中國歷史的具體研究之中。晚年在遊歷歐洲以後，他卻開始質疑科學萬能的結論，珍視中國傳統的價值，其史觀轉而趨向於「文化保守主義」。在這種完全基於線性發展觀的分析方法中，梁啟超的歷史觀被劃分成截然對立的兩個階段，甚至被置於「先進」和「保守」的僵化二分法框架中予以評斷。本文以為，任公雖有「今日之我與昨日之我戰」之名，但其史觀的形成和變化軌跡十分複雜，絕非僅僅用「進步」還是「保守」的二分對立框架所能輕易解釋。其許多論點相互蘊涵包容，呈交錯重疊的狀態。這種產生於內在緊張的表述方式從任公於二十世紀的第一年（1901）所發表的文章《過渡時代論》中就已略顯萌芽。

在這篇文章中，梁啟超喻中國處於一種「過渡時代」，但「過渡時代」卻有廣義與狹義兩層意思。廣義的意思是，人類歷史無時無刻不處於過渡狀態，任公喻之為水波，前波後波相續不斷，形成一股無止境的過渡之流，「一日不過渡，則人類或幾息矣[1]。」一般觀點認為，梁啟超所予以定位的所謂「過渡時代」，就是在中國面臨自古未有的大

---

[1] 梁啟超：《過渡時代論》，李華興等編，《梁啟超選集》，上海人民出版社一九八六年版，第166頁。

變局時應無條件地按照西方模式演化的要求,把自己完全融入世界歷史演進的潮流中,而使中國學術界成為闡釋帶有普遍意義的「進化史觀」中的一個鏈條和組成部分。從其對過渡時代的廣義表述中進行如此解讀似乎合理。

不過,如果我們從狹義的角度繼續研讀此文,就會發現任公似乎並不是個絕對的樂觀主義者,其語辭閃爍之間透露出了些許的猶疑。其猶疑的地方突出表現在如下的焦慮狀態中,如果在現代進化的意義上極端地假定歷史如奔騰不息的溪流直線地湧向一種刻意設計的目標,那麼我們如何理解這溪流下沉積隆起的河床中那複雜多變的地質走向的作用呢?也許恰恰是這種地質走向在潛移默化地修正了溪流奔騰的方向。儘管河床淤積出的地質結構很可能是泥沙俱下,卻也難說會不時篩選出金子。所以對「過渡時期」的理解就不單單包含著似乎是不言而喻的發展邏輯,而且也應為沉積和間斷般的停頓預留出合理的解釋空間。

且看任公對「過渡時期」的狹義定義:「就狹義言之,則一群之中,常有停頓與過渡之二時代,互起互優,波波相續體,是為過渡相,各波具足體,是為停頓相,於停頓時代,而膨脹力之現象顯焉,於過渡時代,而發生力之現象顯焉。」[1]在狹義的定義中,任公又在不斷行進的連續歷史演進序列中加入了「停頓」這個要素,給人的印象是,歷史不會像是機械的永動機那樣一刻不停地把人類帶入預知設計的未來,而是以斷裂和連續兩種態勢交錯滾動式地展現其演變的全貌的。「停頓相」是「具足體」,也應是「過渡史觀」的有機組成部分,尤其在任公的眼裡,「停頓」和「具足」未必就一定起到負面的作用,而是作為過渡時代蓄積力量的準備階段,「在過渡以前,止於此岸,動

---

[1] 梁啟超:《梁啟超選集》,第166頁。

機未發,其永靜性何時始改,所難料也。」[1]即所謂「膨脹力」潛在的能量在積蓄,到了「過渡時代」才以「發生力」的形式噴薄而出。所以歐洲以往作為「過渡時代」煥發出了巨大的擴張能量,到了二十世紀初則轉入「具足」的階段,而中國在「具足」狀態延綿過久的情況下,理應生發出耀眼的光芒,步入迅猛奮進的輝煌時期。

任公對過渡時代的狹義闡釋說明他並沒有過度迷信「過渡時代」作為進步象徵的永久真確性,至少是還沒有確立這種「過渡」的必然性質,一切都處於「不確定」的狀態,無論是政治、學問、道德還是社會。他說:「人民既憤獨夫民賊愚民專制之政,而未能組織新政體以代之,是政治上之過渡時代也;士子既鄙考據詞章庸惡陋劣之學,而未能開闢新學界以代之,是學問上之過渡時代也;社會既厭三綱壓抑虛文縟節之俗,而未能研究新道德以代之,是理想風俗上之過渡時代也。」[2]正是因為並沒有把西方的變革經驗視為歷史的必然而設定為趨同的目標,所以梁啟超特別強調「過渡時代」的別擇性,因為「天下事固有於理論上不可不行,而事實上萬不可行者,亦有在他時他地可得極良之結果,而在此時此地反招不良之結果者」[3]。

就以上的表述而言,至少我們可以認為,梁啟超對所謂「過渡時代」的理解是一種開放性的,並不完全是從中國傳統無條件地走向西方的發展模式。如他認為人群只要進化,就必然處於過渡狀態,否則就會處於停頓狀態,就如水波一樣波波相續。歐洲各國二百年來皆處於過渡時代,可到二十世紀初就陷於停頓狀態;中國數千年以來是停頓狀態,二十世紀初則是過渡時代。雖然任公強調「過渡時代」塑造

---

[1] 同上。
[2] 梁啟超:《梁啟超選集》,第168頁。
[3] 梁啟超:《梁啟超選集》,第170頁。

「國民」的重要性，但以上所列的變化仍是開放式的，不可輕易解讀為其變革思想是西方模式的追隨者和翻版。但不應否認，梁啟超對「過渡時代」的理解確實存在著內在的緊張感，即他一方面認定以西方為模式的進步發展的趨勢不可阻擋，必須對此做出回應；另一方面他又希圖從中國古老的歷史傳統中找到突破西方中心史觀的因素，從而為中國的變革找到適合自身演變的思路，這種內在緊張一直貫穿在其晚期對歷史觀的探索中，本文即是想以對梁啟超「過渡期歷史觀」內在緊張感的詮釋為出發點，重新勾勒出其晚年歷史思想變化的曲線。並以此為基礎，嘗試提出具有當代特色的「過渡期歷史觀」，以區別於目前居主導地位的「轉型期歷史觀」。

二　克服「文化認同」與「政治合法性」的焦慮　　——從「保教」到「保國」

近代中國知識分子在遭遇西方的滲透時都必須面臨兩個生死存亡的問題：即如何在現代國際政治格局的霸權支配環境下重新確認清朝作為政治實體的合法性；第二，與此相關聯的是，要確立這種合法性就必須解決「文化認同」與現代國家實體之間的衝突糾結。兩者似乎密切聯繫著，不可割斷、相互纏繞滲透，可在實際解決這些問題的過程中，又好像仍然存在如何安排先後次序的困境。因為近代歷史給人的印象是，要想確立近代民族——國家的政治信念，就必須放棄固有的一些文化認同的觀念。這恰恰是近代中國知識分子難以抉擇而產生內心痛苦的根源之所在，也正是這兩大問題及其相互曖昧關聯的複雜性一直強烈困惑和刺激著晚清以來知識分子的頭腦和神經，如張之洞就曾嘗試在保持內在文化認同的狀態下，依靠器技之道的更新對抗西方的入侵。而在意識到器技之道的變化與制度變革之間存在某種不可

分割的關聯性時,康梁變法的思路就開始聚焦到在晚清帝國向民族國家轉型已成不可抗拒之潮流的情況下,如何仍能保流傳統的文化認同狀態而獲得雙贏的局面。

　　十九世紀末期,康梁變法面對的是如何處理好清朝向現代國家實體轉換過程中既要融入世界,同時又如何依靠文化的特質以保持其與世界秩序之間的距離而構成一種緊張關係的問題。據張灝的看法,就哲學層次而言,支配中國人世界秩序觀的是天下大同的烏托邦理想,但就政治層次或一般層次來說,中國人的世界秩序觀為中國中心論的意象所支配,中國被想像成由無數不同類型的附屬國圍繞而構成世界的中心。十九世紀以來,中國的世界秩序觀已被西方衝擊得七零八落,「天下一統觀」作為一種「文化理念」或哲學理想,與現實政治的關係尚有一段距離,因此未受多大觸動。而晚清思想界的一個有趣特徵是,在力圖適應因西方擴張而形成的新的世界現實中,在一些士紳身上出現了一種求助於天下大同哲學觀的明顯趨向,康有為的天下大同思想和譚嗣同的「仁」的世界觀即是這種趨向的重要組成部分。因此,阻止任公在十九世紀末時就承認國家為「最上之團體」的,不是早已被西方擴張擊碎的中國中心觀的世界觀,而是天下大同的道德觀。[1]

　　康有為的「大同觀」在這一時期之所以深深吸引著任公,乃是因為他並非是在盲目接受民族——國家的觀念基礎上重組「中國」的秩序,而是試圖仍在儒教的思維定式中,用「文化」的力量重新整合中國的政治行政資源,超越民族自覺與聯邦自治實踐這些現代西方國家得以建立的民族主義歷史前提。[2]尤其是通過復興今文經學中孔子預言

---

[1] 張灝:《梁啟超與中國思想的過渡(1890—1907)》,江蘇人民出版社一九九三年版,第112頁。

[2] 汪暉:《帝國的自我轉化與儒學普遍主義》,趙汀陽主編:《論證》,廣西師範大學出版社二〇〇三年版,第183～277頁。

家的形象,來重新定位王權與儒學知識體系作為象徵系統的作用是其核心的設計思路。孔子作為「制法之王」在康有為所宣揚的儒教系譜中重新呈現出與近代大政治改革相呼應的指導意義。

　　孔子在清代早已從輔弼王權為「帝王師」的地位,蛻變為專心致力於教化倫理的師儒。康有為重新確立孔子的「素王」地位,凸現其「制法」的功能,其目的已不是與西漢初年的儒生一樣,僅僅熱衷於論證王權統治的合法性,而是想通過孔子形象的再造,重新喚醒被現代政治構想所壓抑的文化因素,以抵消現代國際政治的鐵血特徵。特別是在中國轉變為現代國家的過程中,政府總是把傳統的文化取向所包含的道德目標轉換為靠集體競爭實現國力強盛的政治目標,這種做法往往是以損害數千年培養出來的文化氣質和道德秩序的自治制衡功能為代價的。[1]孔子象徵的再造,一方面是想通過儒教與作為王權代表的光緒帝之間,重新建立起一種帝王師與實施政治策略之間的合理關係,使光緒在政治意義上演變為一個擁有真正權威的帝王,但這畢竟是為政治變革程序的需要所推行的「復古」要求,實際更重要的目標是,康有為是想通過今文經學中文化象徵系統的發掘,重新賦予過渡時期列強角逐所表現出的瘋狂功利狀態,以一種文化包容的內涵,同時又不失其以「大一統」的名義整合「中國」為一個現代國家的政治目的。

　　十九世紀末的梁啟超一直跟隨著康有為奉行「保教」的政治策略,即通過對孔子及《春秋》微言大義的闡發來重新揭示儒學經世致用的地位。如梁啟超在言及如何讀經時,核心的幾條提示都是一種標準的今文話語,如「一當知孔子之為教主;二當知六經皆孔子所作……四當知六經皆孔子改定制度,以治百世之書;五當知七十子後學,皆以

---

[1] 〔美〕S.N.艾森斯塔得:《帝國的政治體系》,第232～244頁。

傳教為事⋯⋯七當知孔子口說，皆在傳記，漢儒治經，皆以經世」[1]。這明顯受到了康有為思想的深刻影響，但「制法之王」的孔子又是「教化之王」，尤其是在宋明以後孔子的「制法之王」身分日益模糊，成了道德規訓的榜樣。在這種情況下，「傳教」與「制法」合二為一，「宗教」不但與「政治」合一，而且也與「文化」合一。孔子之教不是通過「宗教」的儀軌和信仰方式傳播的，而是通過民間道德教化的文化實踐行為予以達致的，所以正如張灝所說，「傳教」思想在「經世」思想中是不明顯的，因為根本不需要對經世和傳教作任何區別。「傳教」被作為一種策略單獨成為一種思潮，以和傳統的「教化」行為相區別，明顯是外來壓力導致的結果。這是因為以往需要通過傳統道德教化程序所達致，以有別於官僚行政的政治管理目標的儒家治世策略，明顯地無法與現代國際政治釐定的國家設計原則相抗衡，不但政治與儒學傳統結合的方式遭到質疑，而且儒學通過道德教化手段區分於官僚治理制度的做法也遭到了質疑。這表明中國士人已意識到十九世紀末中國面臨的挑戰不僅是一個社會政治問題，而且還是一個宗教文化問題，在維護中國作為一個社會政治實體的合法性外，又產生了文化認同的焦慮。

　　梁啟超提出「保教」說實際上就是要對這兩個層面的焦慮感做出回應。一是把沉埋已久的孔子乃做法之王的形象賦予中心地位，力圖在社會政治實體意義上重塑「中國」在政治制度方面的形式合法性。孔子「範圍萬世，制百代法」的目的可以一直延及對現代政治體制的建構方面。二是孔子作為「教化之王」形象的重塑，解決的卻是「文化認同」的心理問題。梁啟超有一個擔心，就是一旦中國民眾被改造為現代民族國家的成員，即所謂現代「國民」之後，將喪失中國人之作為中國人的文化所賦予的特徵。所以中國現代國家的創構過程必須

---

[1] 梁啟超：《〈西學書目表〉後序》，《梁啟超選集》，第37頁。

被置於「傳教」的範圍之內以服從於文化認同的目標，才不至於喪失中國傳統的本源特徵。所以梁啓超說：「夫天下無不教而治之民，故天下無無教而立之國，國受範於教。」[1]在《湖南時務學堂學約》中，梁啓超更是把「傳教」上升到了教育原則的高度：「今宜取六經義理制度、微言大義，一一證以近事新理，以發明之，然後孔子垂法萬世，範圍六合之真乃見。……蓋孔子之教，非徒治一國，乃以治天下。故曰：洋溢中國，施及蠻貊，凡有血氣，莫不尊親。他日諸生學成，尚當共矢宏願，傳孔子太平大同之教於萬國。」[2]

可見這時的梁啓超仍深受康有為大同思想的制約，把孔教視為可達於萬世的普遍主義信仰準則。在早期，梁啓超還是從一名地方士紳的角度來看待中國與世界的關係，他們更像是以「地方主義者」的自足角度觀察世界變化的，這幾乎成為當時士紳階層的普遍視角。比如當時還是湖南鄉紳的楊度與友人議論的也是如何以《春秋》範圍萬世，以經術詮釋天下。[3]而流亡日本後，梁啓超有更多的時間反思戊戌維新政治生涯的得失，更多地是從政治家的眼光去衡定傳統的價值，而不是站在傳統價值的內部去評估它。尤其是在日本的經歷使他得以躍出鄉紳活動範圍的制約，從「國」與「國」互動關係的視角重新審視「中國」與「世界」的關係。其以民族國家模式立國的思想日益堅定，而擯棄傳教式的大一統理念確實是從此時開始的。現代政治家的角色而

1　梁啓超，《與友人論保教書》，《飲冰室合集第二冊，文海出版社一九七五年版，第五頁。
2　梁啓超：《湖南時務學堂學約》，《梁啓超選集》，第58頁。
3　楊度曾勸友人改治《春秋》，理由就是：「以其精於禮，而禮樂必在百年平定之後。今之西人亦已庶富，以無禮教，勢將日衰，欲抱此以用世，中夏不行，必於外域。」又云：「《春秋》則皆撥亂時務之要者也，內外夏夷。六國以後，始有此全球之局。天下日益趨亂，經術將明之勢，與前之不明，亦勢使然也。」參見楊度：《楊度日記》：新華出版社二〇〇二年版，第76～77頁。

不是文化傳播者（傳教者）的角色換位，使任公的思維固定在了強調競爭的民族主義衝突的位置上。在這個位置上，他基本上已成為西方國家構造模式的普遍性在中國的代言人。或者說開始從注重在民族國家的建設過程中如何保持自身的「文化認同」，轉而更加注意如何確認中國在世界文明體系中作為民族國家身分的合法性問題，從而完成了從「保教」向「保國」的思想轉換。

我們不難注意到，梁啟超在日本流亡之後直至回到國內，也就是說大約在二十世紀最初十幾年時間裡，他把更多的精力和時間投入政治活動中，其關注的焦點是「中國」作為現代民族國家中的一員，如何有效地實施現代政治過程和行為，而基本上再也不去注意現代政治行為與傳統文化之間是否會形成某種合理的呼應關係。他討論的話題已不是最初的「革命」還是「改良」的問題，而更多的是「後革命時期」中國政治運行機制的選擇問題，如所謂「國體」與「政體」的問題，政黨構造程序問題，共和政治如何本土化的問題等等。作為政治家的梁啟超此刻亦顯得光芒四射，甚至以進步黨黨魁的身分親予政治過程，只是其討論的主題似乎越來越技術化，涉及的都是相當現實功利的政治設計策略。

三　徘徊於「復古」與「蔑古」之間
——重建傳統道德與現代制度建設的關聯性

儘管梁啟超在流亡日本後基本上成為現代民族國家歷史發展邏輯的忠實信奉者，卻仍不妨礙他在適當的時機重新關注「文化」與政治問題之間的關聯性。一九一五年，梁啟超發表了著名的《復古思潮平議》一文，在這篇文章中，任公試圖在「復古」與「蔑古」兩種極端的評判取向上達成平衡。例如在針對「復古」之謬的言論時，梁啟超

極言「忠孝節義」等諸種中國舊道德與世界普遍道德的共通性。「蓋忠孝節義諸德，其本質原無古今中外之可言。……即如忠孝節義四德者，原非我國所可獨專，又豈外國所能獨棄。古昔固尊為典彝，來茲亦焉能泯蔑？夫以忠孝節義與復古並為一譚，揆諸倫理，既已不辭；以厭惡復古故而致疑於忠孝節義，其瞀繆又豈僅因噎廢食之比云爾！」[1]甚至在事隔多年以後，梁啟超開始重提孔子教義的世界意義：「若夫孔子教義，其所以育成人格者，諸百周備，放諸四海而皆準，由之終身而不能盡，以校泰西古今群哲，得其一體而加粹精者，蓋有之矣。」[2]當然這段論述明顯把孔子進行了一番「去宗教化」的處理，與其早年對孔教的理解已不可同日而語。

在這篇文章中，梁啟超有兩個思想動向值得關注：其一是拒絕以「復古」的名義，把「舊道德」的復興與新政的闕失現象勾連起來，構成對應的因果關係。他認為新政實施的不完善緣於十分複雜的原因，而並非簡單的道德滑坡所能達致。他說：「是故吾輩自昔固汲汲於提倡舊道德，然與一年來時流之提倡舊道德者，其根本論點，似有不同。吾儕以為道德無時而可以蔑棄，且無中外新舊之可言。正惟傾心新學、新政，而愈感舊道德之可貴，亦正惟實踐舊道德，而愈感新學、新政之不容已。」[3]任公說得很明白，新政闕失的責任不應由「道德」流失這個原因加以解釋。

其次，與上一點相聯繫，梁啟超拒絕把「新政」的種種所為歸結

1　梁啟超：《復古思潮平議》，《梁啟超選集》，第657頁。在這一時期，梁啟超完全放棄了視孔子為教主的舊思路，而把孔子定為一個「師儒」。參見梁啟超：《孔子教義實際裨益於今日國民者何在欲昌明之其道何也》，載《梁啟超哲學思想論文選》，北京大學出版社一九八四年版，第235～242頁。

2　李華興等編：《梁啟超選集》，第657～658頁。

3　同上書，第659頁。

為「不道德」的結果。他批評說，許多老輩人「欲挫新學、新政之焰而難於質言，則往往假道德問題以相壓迫」[1]。反過來他也質疑新學家把「道德論」與「復古論」硬扯在一起，「凡倡道德，皆假之以為復古地也」的輿論傾向；而且反對單以「道德論」作為制度變革的理據，「夫孰不知提倡道德為改良風俗之大源，然以今日社會周遭之空氣，政治手段之所影響，中外情勢之所誘脅，苟無道以解其症而廓其障，則雖曰以道德論喃喃於大眾前，曷由有效？徒損道德本身之價值耳」![2]

關於「道德」與「制度建構」之間如何建立起具有現代意義的有效聯繫，一直是梁啟超致力思考的問題。其間從十九世紀末到二十世紀初，梁氏的思考也經歷了一系列的變化。十九世紀末的梁啟超基本是以布衣變法的身分參與朝廷機要。受康有為今文經學解釋的影響，任公承認孔子作為象徵符號曲成萬物、範圍萬世的普遍主義規範作用。但在「大一統」的宏大敘事中，梁啟超仍然更強調「仁」對人們傳統生活的支配作用，在《湖南時務學堂札記》中，梁啟超在回答學生提問時，就認為「仁」的廣大包容能力是全球更新的動力。[3]這套思路推及到維新變法中，梁啟超對光緒的「道德」之心的發掘與強調並視之為變法是否成功的決定性因素，就明顯是宋明「新儒家」的思考路數。

維新變法失敗的刺激，促使梁啟超重新思考「道德」與「制度」建設之間的關係。首先是重新界定對「群」的理解，任公認為變法失敗的關鍵在於只是想從皇帝一人的「道德」修養入手推己及人以帶動整個王朝制度的變革，這個過於理想化的設計似乎應為變法失敗負上

1　《梁啟超選集》，第659頁。
2　同上書，第660頁。
3　《湖南時務學堂遺編》卷首。

主要責任。反思的結果是應從提高全民道德素質入手，推及制度的變革，民眾的道德氣質變化了，制度才能徹底改變。這種從「道德主義」向「泛道德主義」的轉換明顯仍是在「心學」的框架內發言，只不過「道德」在「新民」的旗號下被賦予了現代的含義。道德修養不是為了舊有的制度如何變得合理，而是為了成為現代民族國家成員的一種不可或缺的資格訓練。所以「道德」的內容被賦予了種種與現代西方倫理更加接近的內涵，這在《新民說》裡表現得淋漓盡致。在《新民說》裡，梁啟超對各種舊道德的抨擊往往是以西方道德為參照標準的。而到了《復古思潮平議》中，梁啟超開始理性地把「道德」與「制度」變革加以脫鉤式地處理，即不認為「道德」氣質的變化可以那麼直接地引發「制度」的變化，同時通過模糊新舊道德界限的方式化解「傳統」與「近代」觀念相互齟齬所造成的人為壁壘。

四 對西方「進步史觀」的修正及其後果

近代以來流行的「進步史觀」所構造的基本邏輯是：像中國這樣的古老帝國，其制度安排之所以不合理，乃是在於其「道德」秩序的腐朽導致了人心的敗壞，而無法支持政治秩序的創新，所以到了五四時期陳獨秀就喊出了「倫理革命是最後革命的革命」的口號。梁啟超也曾把中國近代化的歷程分成器技——制度——文化三個階段遞進式的演變，其中最重要的階段就是最內層的文化覺悟。[1]在戊戌變法後的數年時間裡，梁啟超用力最深之處亦在於倡導所謂「道德啟蒙」，其一系列的作品如《自由書》、《新民說》走的都是這條路線。特別值得注

---

1 梁啟超：《五十年中國進化概論》，《梁啟超史學論著四種》，嶽麓書社一九八五年版，第7頁。

意的是，梁啟超把「道德變革」的過程視為進化論因果法則的一個組成部分。比如他也曾說過：「一社會一時代之共同心理、共同習慣，不能確指其為何時何人所造，而匹夫匹婦日用飲食之活動皆與有力焉，是其類也。吾所謂總成績者，即指此兩類之總和也。夫成績者，今所現之果也，然必有昔之成績以為之因；而今之成績又自為因，以孕產將來之果；因果相續，如環我無端。必尋出其因果關係，然後活動之繼續性，可得而懸解也。」[1]這樣一來，對中國傳統習俗與道德這些變化要素所做出的價值判斷就被完整地置於「進步史觀」的解釋框架之內。也就是說，從制度創新的角度而言，傳統道德由於不適合進化因果序列的要求而無可置疑地扮演著負面的角色。

然而在二十世紀二〇年代以後，梁啟超的歷史觀特別是「文化史觀」發生了很大的變化，他開始嘗試拒絕用所謂純粹科學的方法套解歷史現象的思路。梁啟超首先認為作為科學研究基石的歸納研究法可能並不適用於歷史研究，因為歸納研究法關注的是「共相」，也許只適合於整理史料。「歸納法最大的工作是求『共相』，把許多事物相異的屬性剔去，相同的屬性抽出，各歸各類，以規定該事物之內容及行歷何如。這種方法應用到史學，卻是絕對不可能。」[2]

與之相對立，歷史學恰恰尋求的是人類的「殊相」（即「不共相」），這點正好和自然科學家相反。其原因就在於，「史蹟是人類自由意志的反影，而各人自由意志之內容，絕對不會從同。」[3]那麼，梁啟超想通過什麼手段來把握各種歷史的「殊相」呢？他提問道：「然則把許多『不共相』堆疊起來，怎麼能成為一種有組織的學問？」他的

---

1 同上書，第108～109頁。
2 梁啟超：《研究文化史的幾個主要問題》，《梁啟超選集》，第808頁。
3 同上。

答案是:「依我看,十有九要從直覺得來,不是什麼歸納演繹的問題。這是歷史哲學裡頭的最大關鍵。」[1]有學者已辨析出任公「文化史觀」所賴以依靠的西學基礎,如在質疑歷史之中是否有因果律是受立卡兒特(Heinrich Rickert,1863—1936年)新康德主義哲學與德國歷史主義的影響,而在重新修正進化範圍方面受到杜里舒(Hans Driesch,1867—1941年)的刺激。[2]

更為重要的是,二十世紀二〇年代以後,也許受到「科學萬能論」破滅的影響,梁啟超更注重從中國傳統的文化底蘊如儒學與佛學中吸取重構歷史觀的資源,以擺脫過度受到西方科學實證主義制約的早期思想制約。特別是重新發掘傳統思想中的道德方面的知識(即人之所以為道),與本體論方面的知識(即「天之道」)來重新搭建歷史認識的平臺,這個平臺的搭建是以拒斥西方科學進步史觀的基本原則為前提的。由此我們觀察到,任公幾乎放棄了他在《中國歷史研究法》中所闡揚的「科學史觀」的所有基本命題,而代之以文化多元史觀的視野。如帝定「歸納研究法」的廣泛作用性,他認為:「整理史料要用歸納法,自然毫無疑義,若說用歸納法就能知道『歷史其物』,則很成了問題。」[3]又如通過反思自己認識的失誤來否認歷史因果律的存在,他自己反省說:「史學向來並沒有被認為科學,於是治史學的人因為想令自己所愛的學問取得科學資格,便努力要發明史中因果。我就是這裡頭的一個人。我去年著的《中國歷史研究法》內中所下歷史定義,便有『求得其因果關係』一語。我近來細讀立卡兒特著作,加以自己深入反覆研究,已經發覺這句話完全錯了。」他接著認為,「歷史可以被

---

[1] 梁啟超:《研究文化史的幾個主要問題》,《梁啟超選集》,第809頁。
[2] 黃克武:《百年以後當思我:梁啟超史學思想的再反省》,楊念群等主編:《新史學:多學科對話的圖景》,中國人民大學出版社二〇〇四年版。
[3] 《梁啟超選集》,第808頁。

看作文化現象的複寫品，根本不需要『把自然科學所用的工具扯來裝自己的門面』，非惟不必，抑且不可，因為如此便是自亂法相，必至進退失據。」[1]

再如重新規定中國歷史的「進化」內容，梁啟超在劃定「進化」範圍之前令人驚異地重新肯定起了「歷史循環論」的合理性：「我們平心一看，幾千年中國歷史，是不是一治一亂的在那裡循環？何止中國，全世界只怕也是如此。」、「說孟子、荀卿一定比孔子進化，董仲舒、鄭康成一定比孟、荀進化，朱熹、陸九淵一定比董、鄭進化，顧炎武、戴震一定比朱、陸進化，無論如何，恐說不過去。」、「又如漢、唐、宋、明、清各朝政治比較，又是否有進化不進化之可言？亞歷山大、凱撒、拿破崙等輩人物比較，又是否有進化不進化之可言？所以從這方面找進化的論據，我敢說一定全然失敗完結。」[2]梁啟超這個時期最重要的轉變是完全放棄了以物質文明的發展程度作為衡量「進化」的優劣成敗標準：「要問這些物質文明，於我們有什麼好處？依我看，現在點電燈、坐火船的人類，所過的日子，比起從前點油燈、坐帆船的人類，實在看不出有什麼特別舒服處來。」他得出的結論更是讓人驚異：「可見物質文明這樣東西，根底脆薄得很，霎時間電光石火一般發達，在歷史上原值不了幾文錢，所以拿這些作進化的證據，我用佛典上一句話批評他：『說為可憐愍者』。」[3]這幾段話彷彿讓人覺得是一位「後現代主義者」在發言，完全看不出幾年前是個「進化史觀」的堅定信奉者和鼓吹者。

把「文化」研究拉出了西方因果律限定的軌道，正是任公晚年史

---

[1] 同上書，第 808～809 頁。
[2] 同上書，第 812 頁。
[3] 《梁啟超選集》，第 813 頁。

觀的絕妙之筆。但他自認並沒有放棄歷史進化的主張，只不過在以下兩方面修正了進化的範圍：一、人類平等及人類一體的觀念，的確一天比一天認得真切，而且事實上確也著著向上進行。二、世界各部分人類心能所開拓出來的「文化共業」，永遠不會失掉，所以我們積儲的遺產，的確一天比一天擴大。[1]第二條所提及的所謂「文化共業」表面上被重新歸入整體進化的序列，但其含義已大不相同，標準的西方進化史觀是以是否能促成物質文明的更新為參照來衡定所有「文化」的價值的。這種標準不但不會考慮「文化」在某一文明中的積累程度，反而會把這些積累看作是物質文明發展的障礙，特別是在「進化史觀」的解釋框架下，人們已逐漸熟悉了東方／西方，傳統／現代二分的基本認知方式時，就更容易如此來思考問題。而在任公晚年的「歷史觀」中，「文化」本身的積儲和擴大恰恰是進化的表現，而這種「進化」恰恰不是以其是否符合西方意義上的物質進化標準而加以判定的，而是某種「心能」、「互緣」交互作用的結果。對這種「心能」、「互緣」累積作用的直覺感知成為歷史研究的主要任務。由此也使梁啟超晚年的歷史觀更加背離了標準意義上的西方進化史觀，而創造出了一種對中國歷史變化的獨特理解。

在論及任公晚年的歷史觀時，一般論者往往會自覺不自覺地給他貼上文化保守主義的標籤，以此說明他在晚年特別是遊歷歐洲之後所表達出的對西方科學文明的疏離和失望情緒，以及對持守中國文化之遺脈的堅定態度。但據我的觀察所見，梁啟超晚年並沒有走向另一個極端，即徹底放棄他在《中國歷史研究法》中所奉行的「進化史觀」，只不過修正了原來純粹認可以西方物質文明為唯一普遍標準的歷史態度，轉而強調「文化」積累在文明進化中的意義。

---

[1] 同上。

梁啟超晚年大量藉助佛家術語闡釋「文化」累積與發生作用的情形，比如在給「文化」下定義時，就把它描繪成「人類心能所開積出來之有價值的共業也」。「共業」二字即源於佛家術語，而梁氏對「業」字含義的解釋亦是相當的玄妙，所謂「業」就是：「我們所有一切身心活動，都是一剎那一剎那地飛奔過去，隨起隨滅，毫不停留，但是每活動一次，他的魂影便永遠留在宇宙間，不能磨滅。」[1]任公用宜興茶壺做了一個很有趣的比喻，他的意思是說，茶壺相當於一種整體性的社會結構，而文化因子就好比是壺中的茶水。老宜興茶壺，多泡一次茶，那壺的內容便發生一次變化；茶吃完了，茶葉倒了，洗得乾乾淨淨，表面上看來什麼也沒有，然而茶的「精」漬在壺內；第二次再泡新茶，前次漬下的茶精便起一番作用，能令茶味更好。茶之隨泡隨倒隨洗，便是活動的起滅，漬下的茶精便是業。茶精是日漬日多，永遠不會消失的，除非將壺打碎。這叫作業力不滅的公例。在這種不滅的業力裡頭，有一部分我們叫作「文化」[2]。這段「茶壺」與「茶葉」比喻的精當之處在於，任公重新闡釋了社會結構演變序列與文化演生累積之間的微妙關係，重在點破兩者之間的關聯並不是一種簡單的彼長此消的替代式關係。

　　任公晚年仍然承認進化法則的效用，只不過重新限定了其範圍，而拒絕其無所不能的霸權色彩，這與當代的一些後現代主義者完全質疑進化法則的極端叛逆姿態仍有距離，但他堅不認可「進化」的科學法則會對「文化」有理所當然之自然淘汰的功用，而試圖用佛家玄妙術語為「文化」在社會結構的高速演變中預留了位置，不但預留了位置，任公還堅信「文化」累積如「業力」一般如影隨形地支配著人類

1　梁啟超：《什麼是文化》，載《梁啟超哲學思想論文選》，第 392 頁。
2　《梁啟超哲學思想論文選》，第 392 頁。

的生活行為方式。「文化」如影子般的「游魂」到處遊蕩儲積之餘所構成的「殊相」是人類自由意志不斷互相啟發的結果，因此絕非追究「共相」法則的科學思維模式所能支配。任公晚年的「文化觀」至少包含兩層意思：其一是由「業力不滅」的形式傳遞累積的「文化」，不可能靠機械尋求共同形貌的歸納規則所能把握，而必須依靠「直覺」的訓練加以感知；其二是「文化」的累積過程並不能證明完全可由被普遍奉守的科學發明出的物質生產規則所替代或取消，而是在推動社會轉型中起著「共生」的促進作用，由此在「文化史」的層面完全排除了因果律支配的可能性。

把「文化」置於進化因果律之外所直接達致的後果就是使任公晚年的史學已大異於二十世紀初形成的模仿西方的「進化史觀」，而具有了相當中國化的特色。我們在本文初曾分析任公曾經把中國喻為處於一種風雲激盪的「過渡時代」。他一方面對「過渡時代」的前景充滿了嚮往，同時又對這種「過渡」轉向的不確定性表達了深深的焦慮。這種內心的緊張感其實伴隨了任公一生。在《過渡時代論》中，任公曾把「過渡時代」分成廣義與狹義兩種。在廣義上，他基本上全盤接受了「進化史觀」的理念，認為歷史似乎無時無刻都像水波一樣層疊地推進著，所以所謂「過渡」就是一種直線動態的演化。而在狹義上，任公似乎又不甘心毫無反思地照搬西方現代化史觀，至少是對純粹的進化邏輯仍表達出某種程度的猶疑。這種猶疑表現在任公在理解「過渡」之含義時加入了對「停頓」的解釋。在一般進化史觀的框架下，「停頓」肯定是作為與「進化」相對立的負面語辭出現的，其內在含義也往往與「落後」、「保守」、「停滯」等等概念總是發生想像性的關聯。但在任公的語境中，對「停頓」一詞的使用卻表現出了某種猶豫，至少任公認為，「停頓」與「過渡」各有其自足的理由，兩者的交替出現才構成了「過渡時代」的真相。至少在梁啟超的眼裡，「停頓相」未必

一定是負面的，也許恰恰是某種膨脹力沉澱蘊積的時間段，為「過渡期」力道的噴發做足前期的準備。這種思路在他晚年對「文化」演進的理解中更顯得清晰可見。因為「文化」不可能採取直線「進化」的形式，也不能用因果律去透徹把握其「共相」，「文化」只能是以一種積澱孕育的方式「因緣和合」而成，但這並不意味著「文化」就已退出了歷史演進序列，而是恰恰相反，它構成了歷史現象中為因果進化律支配之外的另一個豐富的世界，這頗合轍於任公「過渡時代論」中所描繪的「停頓相」的要求，只不過描述得更加具體化了。同時也可以說，任公晚年更加明晰地肯定了「停頓相」在歷史觀中的價值。與「過渡相」共同構成了歷史演化不可或缺的兩翼。

　　任公晚年已經意識到，要完整地理解中國近代的歷史，不僅需透徹地瞭解在進化律支配下的物質文明的演化態勢，而且也要更加致力於深入瞭解非由進化律所能支配的文化傳承的特殊累積方式及其發揮作用的途徑和複雜形態。「文化」從被淘汰的「異數」而被置於科學史觀放大鏡下成為針砭的對象，到重新成為現代史觀中應予以注意的「常態」而得到重視，確是個不小的轉變。

五　我們需要什麼樣的「過渡期歷史觀」

　　從以上的分析我們可以得知，梁啟超晚年所提出的「文化史觀」與我們目前所熟知並反覆加以採用的「轉型期歷史觀」有相當大的不同。任公的晚年史觀否認了作為「進化史觀」的基石的歸納法對觀察歷史現象的支配作用，否認了以西方物質文明的發展狀態為歷史演進程度的唯一判別標準，更否認了以貶斥傳統價值觀為代價把中國硬性套入西方歷史發展序列的霸權史觀。這都與「轉型期歷史觀」的設計拉開了距離。

近代以來頗為流行的「轉型期歷史觀」的一個最大特徵是預設了中國歷史作為世界歷史變化之組成部分以後，其在古代和近代變化的合理程度都是由世界史（西方史）的共通發展規律所決定的，同時認為中國歷史轉變的幅度大小以及判定這種轉變所具有的意義，均是由西方世界轉型的模式所限定的。有鑒於此，我更願意跟隨任公晚年的思想，把中國歷史的變化更多地理解為一種「過渡」狀態，所謂過渡狀態肯定蘊藏著變化，這些變化多少受到外力的影響和控制，卻又有自身蘊積而成的演化邏輯，而不像「轉型期」這種描述本身已被深深打上了以西方變化詮釋中國歷史的印跡。我姑且把對這種「過渡狀態」的考察稱為「過渡期歷史觀」。

更具體地說，這兩種歷史觀存在著以下區別：首先，「轉型期歷史觀」基於西方現代化理論的框架預設了社會管理中西方歷史發展模式的合理性，使有些值得討論的問題變成了毋庸置疑的理論研究前提。比如現代化過程中國家對社會資源的搜取是否合理，與之相關，國家對地方社會組織形式的滲透和取代過程是否合理，等等問題都是沒有經過充分討論就輕易成為中國近代史研究的基本認知前提而被有效地合理化了。「過渡期歷史觀」則對國家搜取地方社會資源的過程採取反思的基本態度，而不是以簡單認同的方式加以對待。

其次，「轉型期歷史觀」把「普遍王權」倒塌後的中國社會過於刻意地解釋成了一個毫無障礙地逼近現代化的趨同模型，而沒有看到儒家意識形態在「象徵建構」與「文化實踐」之間的不同步和錯位感，可能會給我們以後的基層建設留下深刻的歷史教訓。而「過渡期歷史觀」則著意要揭示這兩者發生錯位時所構成的歷史複雜性。

第三，「轉型期歷史觀」基本上是「社會發展階段論」的產物，所以他們對中國歷史變革的評價標準，完全是從西方歷史的階段發展週期中推論出來的趨勢分析來設定中國社會發展的優與劣。也即是說，

以往的「轉型期歷史觀」基本上是以西方的效率觀來衡定中國歷史發展的程度的。「過渡期歷史觀」則引入「制度成本」與儒家意識形態的合法性結合起來進行分析，揭示中華帝國統治的內在氣質轉變對統治策略的影響，這種方式把帝國的結構變化看作是一種有機體的自我演化過程，這種演化與帝國固有的文化氣質的變化有相當密切的關係，對這種文化氣質的違背可能會造成有機體結構的失調。

如果從帝國文化氣質的塑造與制度成本之間的關係來重新審視中國歷史的變化，我們可以闡釋出一些新意。中國歷史上雖然出現了形形色色的變化，但有兩次是帶有根本意義上的變化：第一次是北宋向南宋以後社會結構的轉折；第二次是晚清向民國時期的轉折。如果我們不把這兩次轉折輕率地納入「階段論」的宏大敘事，而是把這兩次轉折置於作為有機體的帝國如何選擇自我調適機制的一個過程的話，恐怕就更能看出與西方變化不同的特徵。比如按照西方的標準來看，經濟史家總認為宋代曾發生了一場「農業革命」，提高了經濟生產效率。這固然是一種「效率化」的標準，也不能說沒有道理，但從文化氣質構造的角度立論，其實北宋與南宋已經有了很大區別，北宋的文化特徵是外向進取，南宋則一變而為保守內斂。當然僅從所謂文化氣質上歸納帝國統治的變化僅是一種比喻性的設計。南宋之所以顯得如此重要，是由一些民間儒學宗師終於在基層建立起了貫徹儒學規條的方法，從而自漢代以後頭一次真正使儒學變成了浸透於整個帝國肌體，內化於其控制方略之中的文化因子，並決定性地塑造了帝國的文化氣質。這種氣質的獲取是儒家意識形態成功地把上層的「象徵建構」與底層的「文化實踐」結合起來，並形成了兩者相互交換的「互換原則」而達致的。這是南宋以前歷朝歷代從來未有的新型格局。那麼我們為什麼用「過渡期」而不是「轉型期」來描述它呢？這是因為「轉型期歷史觀」是按照經濟史的邏輯設計的，經濟史的邏輯總認為宋代

有一個類似西方歷史上的經濟變革,其啟動比西方還要早,這種論證邏輯的目的是想闡明中國歷史的發展進程蘊藏著現代化的因子,實際上卻仍是在現代化實現的可能性和時間早晚等標準問題上與西方一爭短長。而「過渡期歷史觀」則從帝國本身的文化氣質的演變來衡定其自身轉換的意義,這種所謂有機體轉換的氣質當然不是虛幻飄渺的玄學表述,它的核心論述是想闡明儒家意識形態如何把「理念」與「制度」相結合成為最為節省制度成本的統治形式的。

我以為,把儒家「意識形態」的形成與「制度分析」結合起來的好處是可以防止僅僅從「思想史」的內部考察中所劃定的思想分界來判定中國社會的演進態勢,比如不應以一個學派的興盛與衰頹來衡量其在實際社會中的影響,比如思想史意義上的「理學」與「心學」之爭,很容易被看作是淘汰式的對立關係。比如陽明學在清初已無人問津,似乎完全為考證學所取代,但陽明學的道德實踐一直與朱子學相配合在民間延續著,其精神已內化為一種治理社會的策略依據。而一般的「制度史」分析如果不考慮「文化」與「意識形態」這些軟性因素的話,也會導致一些判斷上的偏頗和誤差。那麼,中國歷史上許許多多的現象都似乎具有「過渡期」的特質,為什麼我會偏偏選擇南宋與晚清這兩個時段而凸現其重要性呢?前面已經說過,建構一種歷史觀有許多標準可以參照,但我以為,儒家意識形態的成立與制度演化的交互作用可以作為我們建構新型史觀的出發點,這樣可避免以經濟發展為指標的階段論式構造的機械色彩。宋代是中華帝國「集權主義」與地方「分權主義」在意識形態選擇方面處於最後一搏的狀態。王安石變法的失敗也預示著「集權主義」的單一統治的合法性在帝國的全面失敗,同時也意味著儒家意識形態作為一種統治原則的全面勝利。

在我看來,王安石變法是帝國官僚體制全面向下層延伸的最後一次努力,標誌著中國上下層社會結構面臨著一次巨變。身處北宋的王

安石與南宋朱熹的改革設想就已完全不同，溝口雄三曾簡略比較王安石的青苗法與朱熹設想的社倉法之間的區別。青苗錢由縣貸出，出納由官吏控制，基本流程還在官僚體系之內，社倉的穀物由鄉貸出後出納由鄉紳士子控制。社倉法指穀物豐收時以便宜價格收進儲備進來，青苗不接或歉收時以低利貸出的制度。這就是說，社倉法基本上已轉移至鄉村共同體的控制上來了。[1]這是「過渡期歷史」的一大特徵。

「過渡期歷史」的第一期轉折的關鍵是，王安石變法仍試圖貫徹的是早期官僚制由上而下延伸至基層的傳統策略，其失敗的原因不在於其改革內容是否合理，而在於其規劃的制度成本不堪重負，從而導致王權全面調整基層的控制策略，可要真正落實這種控制形式，就必須依賴於某一實踐群體去建構新的「意識形態」。宋明理學的誕生應該說是恰逢其時，按照一些中國思想史家的說法，所謂「宋學」興起的關鍵是把「天譴論」轉換為以人為主體的責任模式，再用道德實踐的方式把它推廣到民間社會。程明道把「天理」構成一種貫穿自然、道德、政治的功用，為道德實踐在行政管理範圍之外的空間發展提供了思想依據。朱子學通過鄉約宗族等組織推廣平民倫理，逐漸確立了鄉村共同體的控制策略；王陽明通過道德實踐的平民化過程，徹底實現了地方自治狀態下的雙軌制體制，鄉村共同體從此得以合法地和上層行政官僚體制分享資源分配和統治權力，這一切都是圍繞儒家意識形態所形成的過渡期特徵而展開的，這也是我們把宋代作為「過渡期歷史觀」的第一階段的主要原因。

晚清時期則是現代「國家主義」抬頭的時期，帝國「象徵建構」與「文化實踐」之間的關聯性被破壞，地方資源被吸攝到現代民族國家建設這個不斷旋轉著的巨大「黑洞」中。這一「過渡期歷史」的重

---

[1]〔日〕溝口雄三：《中國的思想》，中國社會科學出版社一九九五年版，第67頁。

大意義在於如何理解全球資本主義體系的建立通過民族主義的競爭形式促生了儒家意識形態的瓦解，以及傳統中國地方自治自主的社會資源如何被新型的「國家主義」原則所整合吸納。與第一次「過渡期歷史」的最大差異在於，第一期「過渡期」的表現正是儒家意識形態通過基層自主的「文化實踐」否認了王安石的早期「集權主義」敘述邏輯的合理性；而第二次「過渡期歷史」卻又在新的現代世界格局下，通過進化論建構的民族主義競爭意識，同時通過解構儒家意識形態「象徵建構」與「文化實踐」之間的關聯性而改變了帝國的內斂氣質，轉變成了現代「國家主義」的統治形式。「過渡期歷史觀」與以往的以「進化史觀」為依據的「轉型期歷史觀」的區別在於，他是運用反思的方式來處理以上問題的，而不是採取了一種簡單的意義認同的態度。

　　在本文之前，開始對「轉型期歷史觀」提出質疑的觀點已不在少數，但試圖從「歷史觀」的角度對此取而代之的大膽設想尚不多見，杜贊奇從「複線歷史」的角度試圖顛覆單線歷史發展的觀點頗值得注意。杜贊奇在其近著中提出「從民族──國家中拯救歷史」的後現代理念，引用吉爾耐關於民族主義敘事的話說，前工業社會，「文化」壟斷在少數菁英手中，而工業化社會需要熟練技術與專門化隊伍時，分散的社群無法生產出可相互替代的工人隊伍。國家開始控制全民族並通過教育培養出必不可少的，可以相互替代的個人，各分散社群的身分認同轉移到對民族國家的價值認可上來。杜贊奇正是有鑒於民族國家歷史觀對世界歷史特別是像中國、印度這樣的邊緣國家的規劃的強制性。雖然他也承認現代民族身分認同的形式與內容是世代相傳的有關群體的歷史敘述結構與現代民族國家體系的制度性話語之間妥協的產物。同時，他也意識到民族國家的歷史表述使世界歷史被納入一種單線發展的目的論敘述中，中國歷史的闡釋一直為線性進步的分析所籠罩，這種敘述的普遍性不僅內化成了我們體驗時間的主要方式，也

是我們存在的主要方式，而中國史研究的中心敘述結構仍與歐洲啟蒙模式聯繫在一起，而揭示這個歷史模式的壓抑作用更廣泛、批評性更強的歷史則仍多闕如。因此他試圖在這種單線敘事之中剝離出更加複雜的複線多元的敘事結構，並以此說明現代身分認同過程中，有哪些占優勢的身分在敘述起源的歷史時壓抑或掩蓋其他身分。同時指出，被壓抑的身分認同的聲音則可以尋求構建一種相反的表述乃至敘述結構。因為「複線的歷史視歷史為交易的（transactional），在此種歷史中，現在通過利用、壓制及重構過去已經散失的意義而重新創造過去。與此同時，在考察此種利用的過程中，複線的歷史不僅試圖重新喚起已經散失的意義，而且還試圖揭示過去是如何提供原因、條件或聯繫從而使改造成為可能的方式」[1]。

　　杜贊奇對民族國家建構過程中所被賦予的正當性與意識形態色彩提出了挑戰。在他看來，對「人民」的規訓是民族國家建構的主題，在建立現代國家的過程中，對抽象的「國家」認同變成主流政治刻意營造的話語霸權，其基本的背景是啟蒙進步觀念所賦予的規定性，即是一種「自明」的邏輯，這種邏輯的表現是「人民」必須放棄對傳統社區的文化理念與價值的認同，放棄一種延綿已久的生活方式，而在觀念上從屬於一種對現代「國家」認同的心理，在生存上習慣於在一種國家規範的秩序中生活。杜贊奇試圖說明，在現代「國家」意識形態塑造的過程中，有許多不自明的民族意識與經驗構成的柔性的邊界，成為剛性規定下的潛在的替代性的敘述結構。因此，杜贊奇用「複線的歷史」補充「線性的歷史」，其目的是特別重視這些替代性的敘述結構，重視這些常常為主流話語所消滅或利用的敘述結構。

---

[1]〔美〕杜贊奇：《從民族國家拯救歷史：民族主義話語與中國現代史研究》，王憲明譯，社會科學文獻出版社二〇〇三年版，第226頁。

杜贊奇的「複線式敘述」所表現出的後現代理論姿態可以說填補了「線性敘事」中的空隙，卻沿襲了這種敘事的脈絡和神髓。不過我以為，僅僅破解線性歷史敘事中的「時間」表述方式肯定是遠遠不夠的，因為西方歷史觀的滲透不僅表現為對東方歷史演進序列的一種時間安排，而且在空間控制和身體感受與思考的方式上同樣進行了設計，更明確地說是涉及非西方的地方社會在全球文化系統中如何定位的問題。在西方現代性的思維框架中，「地方」（place）與「空間」（space）有根本性的區別。「地方」往往是與特殊的文化、傳統、習俗等因素聯繫在一起的，是地方性知識的載體。而「空間」則被賦予了現代普遍主義的特徵並暗喻其具有人類普遍特質的表述意義，這種啟蒙的表述總是置「空間」於「地方」之上，「地方」只有在考慮和定位其與「空間」的關係之後才能確定自己的意義。[1] 所以，挖掘在「空間」遮蓋和壓抑之下的「地方」意義應是我們樹立新型歷史觀的一個重要方面，而不僅僅是在時間敘事方面去與西方的規定性一較短長。

而從對抗「線性敘事」的角度解讀中國歷史的策略我認為是一種倒退。因為在敘述被壓抑的歷史過程中，這種敘述內含著一個前提，即首先承認了「線性史觀」作為一種歷史敘述的合理性，其不合理的地方僅在於其用某種主體敘事壓抑了其他的一些邊緣敘事。因此，所謂「複線敘事」似乎僅僅是想為那些邊緣敘述群落尋找與主流相對等的位置，而不是想從根本上顛覆這種時間連綿的言說脈絡。在這樣的關懷中，所謂「複線歷史觀」根本不能脫離線性邏輯的最終支配而自成一體。有評論說得好，真正複雜的歷史是不可能用複線的方式與主流線性敘事並行加以描述的，在底層社會活動的那些身影其實是一些沒有歷史的人民，至少他們是沒有機會表述屬於自己的歷史敘事的。

---

[1] Steven Feld Keith H. Basso, *Senses of Place*, School of American Research Press，1996.

因此，有可能和線性歷史相對的，不是分叉的歷史敘事，而是分層的歷史生活。即使有什麼和杜贊奇所說的「線性歷史」相對的，也只是一種拒絕敘事的「反記憶」（counter-memory），一種身體記憶。[1]如略加引申，是否可以說沒有歷史的人民因無法進入菁英視野而不成其為「敘事」，而只有「生活」和「記憶」，兩者無法在所謂「單線」還是「複線」的討論方式中對等地展開對話。鮮活的色彩生活永遠無法用一種主流敘事的姿態加以表述，因「敘事」的霸權意味在面對人民生活的沉默時，不會放下自己高貴的架子。

「過渡期歷史觀」則不是糾纏在「單線」還是「複線」的對抗式敘述中，而是更多地認為要真正把握中國歷史的變化特徵，就必須視中華帝國自身作為一種有機體所表現出的文化氣質的形成為重要關切點，而不是僅僅從經濟史所規定的「階段論」發展的角度去觀察帝國的變化。特別值得注意的是，在第一次「過渡期」中，儒家作為一種意識形態是如何在基層日常生活中確立起合法性的，這種合法性又如何與上層「象徵結構」所揭示的王權統治的合法性之間建立起有效的關聯性。同時，這種上下貫通的合法性的獲得如何與空間安排與制度成本的高低形成相互對應的關係。

本文所提出的第二次「過渡期歷史」的關切點是儒家意識形態在影響了中華帝國有機體氣質形成數百年之後，是如何趨於瓦解的，特別是注意儒家意識形態瓦解在上層與下層的不同步性。進化史觀的引入為近代中國民族主義的形成提供了關鍵的契機，促成了作為儒家意識形態支柱的「文化普遍主義」的解體。只是在相當長一段時間內，侷限於上層的民族主義話語只是瓦解了儒家在上層的「象徵建構」，儒

---

[1] 李猛：《拯救誰的歷史》，北京大學社會學系主辦：《社會理論論壇》一九九七年第三期，第38～42頁。

學在基層的「文化實踐」並非霎時煙消雲滅,而是有一種延續性,「國家主義」一直以極激進的姿態不斷向底層滲透和推進,比如現代保甲制的推行就幾乎沒有考慮文化的作用,而變成了現代官僚體制赤裸裸地向民間延伸的手段,只不過這種強力延伸一直遭到持續的抵抗。直到一九四九年以後,政府通過制度成本極高的大規模社會動員,徹底以「單位制」取代「宗族制」的基層社會組織之後,儒家意識形態才最終與「制度」脫鉤。這也宣示著作為文化有機體的帝國形態的最終解體。

「辜鴻銘現象」的起源與闡釋
——虛擬的想像抑或歷史的真實

一　文化哈哈鏡下的辜鴻銘——學術宗師還是復古幽靈

辜鴻銘身前身後始終背負著怪誕之名，諸如「怪儒」、「怪人」、「怪傑」等等封號總是如影隨形地尾追其後，文人筆下的辜鴻銘永遠是：「棗紅色的舊馬褂，破長袍，磨得油光閃爍，袖子上斑斑點點儘是鼻涕唾液痕跡，平頂紅結的瓜皮小帽，帽子後面是一條久不梳理的小辮子，瘦削的臉，上七下八的幾根黃鬍子下面，有一張精通七八國語言，而又極好刁難人的嘴巴。」[1]如下文學式的點評也常常見諸於報端：「辜鴻銘是怪到乖張瘋狂的老人——他如同一句諱莫如深的密語，或是一則禪意盎然的隱喻。」[2]不少人認為辜鴻銘怪誕瘋癲的極端行為和乖張隨機的非理性表達，把抽象的儒家倫理直觀再現為一種明快直捷的生活態度，彷彿是古老儒家士大夫遊走於現代空間中的活標本，人們或者可以通過他的肢體語言來印證儒家的迂腐與沒落，或可反其道而行地領味儒家傳統的幽遠流長。有的人乾脆把辜氏放言無忌的姿態僅僅看作是無行文人作秀的表演，與真正意義上的國學無關。如溫源寧就曾幽默地說辜鴻銘可不像一般哲學家，乾巴巴地像一個嚼幹了的橘

---

[1] 王理璜：《一代奇才辜鴻銘》，載黃興濤編：《曠世怪傑——名人筆下的辜鴻銘辜鴻銘筆下的名人（以下簡稱《曠世怪傑》）》，東方出版中心一九九八年版，第162頁。

[2] 黃集偉：《解讀辜鴻銘：世紀末的隱喻》，載黃興濤等譯：《中國圖書商報》一九九六年五月三日。

子，他絕對是個用思想裝飾生活的俗人：「辜鴻銘喜好的是佳餚美味，他所以致力於思想，只是因為思想給生活添些光彩，添些體面。他自始至終是個俗人，不過有這麼一個差別——一個有思想的俗人。他的孔子學說，他的君主主義，和他的辮子，無非是用來裝飾一下消耗在純粹享樂上的生活。」[1]溫源寧的調侃到此並沒有結束，而是更進一步渲染辜氏維護國粹的立場是好奇爭勝的賭氣行為。辜氏的留辮子與尊皇帝，已不是原則問題，而是一心想特殊，跟一個花花公子誇耀自己的領帶一樣，因此「稱他為才智方面的和精神方面的花花公子，決不是不合適的，正如一個花花公子日日夜夜注意自己的服裝一樣，辜鴻銘也是煞費苦心以求自己的思想和生活方式與別人判若鴻溝。」[2]

視辜氏為花花公子當然近乎戲言，但辜氏確曾一度因崇儒守舊而名噪學界市井，卻又無人真把他當成國學大家的窘境。辜氏長辮舊袍的遺老形象可謂惟妙惟肖，然其以出洋多年游歷數國的炫目身分，又無人認同於他自詡的「中國文化代表」這一頭銜，結果他這一身飄逸獨特的行頭打扮僅僅變成了給西人觀賞的一景。吳宓對這種反諷現象的微妙之處作了描繪：「自諸多西人觀之，辜氏實中國文化之代表，而中國在世界唯一之宣傳員也。顧國人之於辜氏乃不重視，只知其行事怪癖、思想奇特，再則服其英、德、法等國文字之精通而已。」[3]有的人甚至說：「其人英文果佳，然太不知中國文，太不知中國理，又太不知教學生法，是直外國文人而已矣！」[4]以「中國聖人」的裝扮招搖過市，並標榜以洋文傳播東方文明的辜鴻銘，在民國學術傳承譜系中其

---

1 溫源寧：《辜鴻銘先生》，載黃興濤等譯：《辜鴻銘文集》（下卷），海南出版社一九九六年版，第588～589頁。
2 同上書。
3 吳宓：《悼辜鴻銘先生》，《曠世怪傑》，第3頁。
4 錢恂：《致信汪康年談辜鴻銘》，同上書，第15頁。

實一直處於相當尷尬的位置，即使在文化保守主義鼎盛時期，他也只能算是個邊緣人物，原因大概與其用洋文傳輸中國精神，但國學功底卻使人生疑頗有關係。當年羅家倫在上辜氏的英文課時，就覺得辜氏漢譯英詩的水平並不高明，「因為辜先生的中國之學是他回國以後再用功研究的，雖然也有相當的造詣，卻不自然。這也同他在黑板上寫中國字一樣，常常會缺一筆多一筆，而他自己毫不覺得」[1]。張中行也曾注意到，辜鴻銘題《春秋大義》扉頁時，「十八個漢字，古怪醜陋且不說，筆畫不對的竟多到五個」[2]。甚至日本人清水安三也曾發現辜鴻銘經常去請教一位從事陶淵明研究的學者，以致於讓人覺得他並沒有好好研讀經學和詩詞。[3]

　　時至今日，當時的評價在今天仍有迴響和餘應，不過更有人從「辜鴻銘熱」的升溫中讀出了所謂「後殖民」的味道，認為除去中國人好做翻案文章的錮疾外，可以發現「後殖民主義」話語在某些人頭腦中作祟。因為，辜氏說得一口好英文，著作又有德、法、日等文字，譯本甚至德國出現了專門為辜鴻銘思想捧場的「辜鴻銘研究會」，於是連帶出了中國人的想像，那意思是說：「連外國人都奉為偶像，我們豈能……」辜鴻銘熱的背後於是有了炫示民族驕傲的潛臺詞。有位評論者乾脆明說：「這與尤里卡金像獎乃至某個阿貓阿狗在某國辦得什麼『博覽會』的證書一時成為中國產品的護身符的現象如出一轍，這不免使人懷疑，辜氏的外語天才和怪癖是不是成為某些人賺錢的幌子了？這才是辜鴻銘真正的悲劇所在。」[4] 如果按照「後殖民」理論家們的意

1　羅家倫：《回憶辜鴻銘先生》，同上書，第33頁。
2　張中行：《辜鴻銘》，同上書，第234頁。
3　清水安三：《辜鴻銘》，同上書，第300頁。
4　論衡：《真精神是什麼？——解讀辜鴻銘熱》，載《大時代文摘》一九九六年八月十五日。

見,現代的東方經歷了入侵和戰敗,受到了剝削,然後它才誕生。東方只有等到它變成了西方的對象的時候才開始進入現代時期。因此,對非西方來說,現代性的真諦就是它對西方的反應。[1]殖民地人民在地緣政治的意義上脫離了西方統治後,在表述已被遮蔽與忽略的自主意識過程中,會不自覺地以西方原有殖民地的一套話語系統來表達和捍衛自己的民族主義立場,從而陷入了「以西方反西方」的悖論圈套。[2]辜鴻銘成為國外尊崇的偶像,大致由兩個不同的群體加以促成:一是真正的「東方迷」們,他們真心崇拜古老的東方文化,這類群體的人數大概並不多;另一類則是把辜氏對西方弊端的批判視為反現代化論陣營的奧援,進而轉化成對自身有利的話語,這與對東方文明特質的推崇毫無關係。與此同時,國人推崇辜氏焦點亦集中於他懂得多少國家的語言,而不是關注其國學功底的厚薄,儘管他身著長袍的標準醇儒形象早已成了捍衛儒家尊嚴的符號。有關其逸聞逸事也常常被設計成各種雷同的結構,一般的故事情節均是辜氏以笑傲群魔的姿態用「魔鬼們」自身的語言回敬了他們對東方文明的大不敬。也就是說,當辜鴻銘的形象變成了西方認真審視的對象時,才擁有了現代意義的價值;同時,辜鴻銘名氣在西方的升降,也成為中國人設定和衡盤民族自信心的一種秤星和刻度。

　　以上的敘述似乎給人一種感覺,「辜鴻銘現象」只是在近代東西方劇烈的情感衝突之中上演的一幕生活插曲,其怪誕獵奇的內涵好像只具表演性的觀賞價值。其實,當代學界真正把辜鴻銘從文化獵奇的

1　酒井直樹:《現代性與其批判:普遍主義和特殊主義的問題》,載張京媛主編:《後殖民主義與文化批評》,北京大學出版社一九九九年版,第405頁;又見〔印〕加亞特裡·查克拉沃爾第·斯皮瓦克:《屬下能說話嗎》,載羅鋼等編:《後殖民主義與文化理論》,中國社會科學出版社一九九九年版,第99～157頁。

2　同上。

氛圍中剝離出來，而加以明確的學術審視與定位的努力一直在堅韌地進行著，隨著學術專著《文化怪傑辜鴻銘》的出版，以及辜氏西文原著被完整翻譯收錄於《辜鴻銘文集》之內並隨之暢銷，辜鴻銘正在逐步蛻掉其「怪儒」的戲劇化外衣。如果要追溯得更遠一點，民國初年中，正是鼓吹「全盤西化論」的代表陳序經把辜鴻銘認真視為一個真正學問上的對手，陳序經在《東西文化論》這篇長文中抨擊辜氏把「道德」與「文化」分開的詮釋方法，認為「道德」應是「文化」的構成部分，也會隨著「文化」的變化而變化。辜鴻銘的觀點是：估量文化的價值不在於擁有多大的城市、房子和道路、建築、傢俬、器具，也不在於制度、藝術和科學的發達，這些現象恰恰是西方現代化物質切割分化的結果，文化的優秀與否在於人類靈魂的質量，而靈魂是不可分離的，這無疑是個整體性的文化論視角。[1]

　　陳序經的評論當然會採取相反的取向，攻擊的正是其文化至上的原則：「然他卻忘記了，道德不外是文化各部分中的一部分，道德固然可能叫作文化，城市、房屋、傢俬、器具、制度、藝術、科學等等就不算做文化嗎？須知道德固然是文化一部分，文化未必就是道德。」[2]很顯然，陳序經走的是分割文化觀念的一路，「文化」被當作整個專門化知識類別中的一種形態而存在，而不可能再處於混沌未分的整體狀態。這種從嚴謹的西方知識論的專門化角度立論，與辜鴻銘用浪漫的整體原則化解現代科學分類趨向的初衷恰恰對立了起來。除了陳序經之外，二十世紀初期真正把辜鴻銘視為學術同僚或認真當作學術對手的學者並不多，林語堂應算是個例外，但林語堂鼓吹「幽默寫作」的

---

[1] 陳序經：《東西文化論》，載黃興濤編：《曠世怪傑——名人筆下的辜鴻銘辜鴻銘筆下的名人》，第189頁。

[2] 同上。

靈感直接來源於辜鴻銘英文寫作風格的啟迪，卻總是把辜氏思想僅僅理解為一種「生活的藝術」，對辜氏作出的是文人惺惺相惜之狀，而不是透入骨髓的學術景仰。

當代評者的主流導向當然仍是聚焦於對辜氏製造的種種怪狀進行想像，不過為之進行學術正名的聲音也時隱時現，而且越顯強勁，力圖把辜鴻銘的形象升位到清末民初的文化保守主義陣營中正式予以定位，而不是僅以漫畫的誇張形象視之。比較典型的評價是，辜鴻銘的思想行為既有別於清季的洋務派、國粹派，也不同於民初的東方文化派。[1]我們不妨看看在這幾類或中心或邊緣的知識群體中，辜鴻銘如何顯出他的另類和桀傲不群。

洋務派以重「器」的變通謀求守「道」的捷徑，結果割裂了文化的整體功能；國粹派則對西方文明茫然無知，只求固守傳統，患了「文化自閉症」。這其中東方文化派表現得較為靈活和變通，他們表面上兼顧中西思想各自獨特的歷史發展優勢，以西方知識社會學的框架謀求融合互補的策略，比如梁漱溟作為新儒家的殿軍人物，分析中西文明卻動用了典型的三個理想文化類型比較法。在他的筆下，文化變成了意志取向的表現，如西方意志主要對人類的基本需要如食物、住居、性等進行反應，意志向外推進的途徑是通過征服自然以滿足基本需求，中國意志採取本身與環境相調和的途徑，以獲致意志的需求與環境之間形成平衡狀態，由此得到較大的內在滿足與快樂；而印度文化強調意志回轉本身將之加以否定，以壓抑欲求來解決種種矛盾。[2]然而梁氏還是不知不覺地陷入了西方知識論陷阱，由於對「文化」進行

1　黃興濤編：《文化怪傑辜鴻銘》，中華書局一九九五年版，第150～151頁。
2　梁漱溟：《東西文化及其哲學》，載陳崧編：《五四前後東西文化問題論戰文選》，中國社會科學出版社一九八九年版，第430頁。

了非常狹隘的理解，他根本否認西方擁有物質文明形態之外的精神內涵，與之相參照，同時也就否定了中國和印度創造物質文明的潛在可能性。

由此給人的感覺是，三個文化類型可以輕易簡化為「物質——文化」的對峙公式，而處於公式兩極的「物質」與「文化」都被「本質化」了，似乎已經不可改變。對「物質」的詮釋早已具有居高臨下的霸權支配意味，「文化」則被貶為非西方落後傳統的代名詞。這樣一來，「物質——文化」的對峙實際上很容易被置換為「近代——傳統」的闡釋公式，梁漱溟對傳統持守得越堅韌，就越易成為詮釋西方盛世的註腳。而辜氏與梁氏的區別在於，辜鴻銘雖痛詆西方之沒落，但卻是個精通西學的「預言家」。與梁氏不同，他在多篇英文文章中均承認西方有不亞於中國的文化傳統，如古希臘和基督教文明，而且承認其與中國同樣具有內斂式的思想深度和道德要求，只不過這些思想在近代物質的擠壓下離散和異化了。辜鴻銘的預言是從西方浪漫派一路傳承下來，故屬操戈於內室，往往擊中要害。可是如此下去，其言述理路卻與中國傳統脈絡無法有效銜接，因為辜氏的國學修為始終難以服眾，也未必能向西人真正昭示國粹的美妙，「保存國粹」成了恢復西學浪漫傳統的東方理由，從而與中國的閱讀群體脫離了干係，這一反諷頗具些「後現代」的意味。

平心而論，辜鴻銘的言論取向可能與二〇年代處於邊緣位置的「學衡派」群體相近，「學衡派」相對比較強調「文化整體主義」，反對按東西方界限割裂對文化現象的解釋。在學衡派的詞典裡，也出現過阿諾德、卡萊爾、愛默生等辜氏掛在嘴邊的西方浪漫派人物。「學衡派」對文化的述說顯然比國粹派和東方文化派要包容和開放了許多，其理論前提是承認中西文化各自擁有自身的長處，因為其精神導師白璧德已經說過：「吾亦未嘗不贊成中國古人之自尊其文化，至於此極

也。但其弊在不承認他國文化之成績耳。」[1]所以吳宓馬上心領神會地接著說:「蓋吾國言新學者,於西洋文明之精要,鮮有貫通而徹悟者。苟虛心多讀書籍,深入幽探,則知西洋真正之變化與吾國之國粹,實多互相發明,互相裨益之處,甚可兼蓄並收,相得益彰。」[2]按白氏的說法,中國向來重視道德觀念,但與歐洲自然主義派別和印度的宗教特性有別:「中國人所重視者,為人生斯世,人與人間之道德關係。」[3]但這種道德關係的尋求還不是一種基本的生活實踐態度,而是一種學理上的探究,而且見效甚慢。如梅光迪所言:「故改造固有文化,與吸取他人文化,皆須先有徹底研究,加以至明確之評判,副以至精當之手續,合千百融貫中西之通儒大師,宣導國人,蔚為風氣,則四五十年後,成效必有可睹也。」[4]

與學究氣甚重而走學理闡釋一脈的學衡派有所不同,辜鴻銘強調的是把儒學原則轉化為一種基本的生活藝術,他對中國文化的描寫更多的是出於心中蕩漾的激情和動情的擁抱與崇仰。不過這一策略恰好符合於其西學優於中學學養的環境,若果認真起來,就有被戳穿「東洋鏡」的危險。因為在時人看來,作為國粹之一的發黃辮子恰好掛在了一個不識國粹之真諦的老者頭上,而成了預警西方沒落的象徵和符號。

辜氏思想與「學衡派」的第二點分歧是:學衡派以融通中西為己職,雖有「文化整體主義」之旨趣,卻沒有「文化普遍主義」的野心,持守的是一種相對平實的實證主義態度。而辜鴻銘未諳國粹之整體

---

[1] 胡先驌譯:《白璧德中西人文教育說》,載孫尚揚、郭蘭芳編:《國故新知論——學衡派文化論著輯要》,中國廣播電視出版社一九九五年版,第43～44頁。
[2] 吳宓:《論新文化運動》,《國故新知論——學衡派文化論著輯要》,第82頁。
[3] 胡先驌譯:《白璧德中西人文教育說》,同上書,第43～44頁。
[4] 梅光迪:《評提倡新文化者》,同上書,第77頁。

時，卻早以張揚旗幟，興起了剿伐西學之師，其真性情般的個性張揚表演，頗如張中行所言有「廣陵散」之絕唱的韻味。[1]

但如從學理上觀察，畢竟不能當真，學衡諸將是想將西洋學理轉述與國人，而辜氏卻相反，基本不顧國人口味，而是一味任性地通過想像的抒發去拯救西方。其透明可愛的頑童心理使他一旦脫離中國語境，則猶如入水之魚，因為靠華美的洋文闡釋粗淺的中國文化之理恰是揚長避短的高明策略，辜氏靠此手法進入了他所熟悉的一脈傳統。細讀辜氏著作，我們看到的是裹著儒家道德文化外殼的西方浪漫主義的闡述，東方式的包裝變成了西方現代性批判傳統中的一支偏師和策應軍。在號稱研究了東西文明之後，辜鴻銘的結論是：「這兩種文明在發展形式上是一樣的，我所說的歐洲文明不是現在我們所見到的歐洲文明，不是這種不健康的文明，而是真正的歐羅巴文明。」[2]言外之意是，只要脫開現在的歐洲文明，那麼探究中西文明的同一形式時，方法應該是一樣的。

二　「自我東方化」——辜鴻銘與西方浪漫派的感應關係

如果我們認真讀一讀《中國人的精神》，就會發現辜氏表述的所謂「良心宗教」，就是要證明中國人幾千年沒有發生心靈與頭腦的衝突，完全靠的是道德教化達到了西方宗教教育才能達到的效果，因為儒教之中的某些內容可以取代宗教。這種思路要是被移植到歐洲的歷史語境下，其實正是一些西方浪漫派思想家如馬太‧阿諾德以「文化」

---

[1] 張中行：《辜鴻銘》，載黃興濤編：《曠世怪傑——名人筆下的辜鴻銘辜鴻銘筆下的名人》，第238頁。

[2] 辜鴻銘：《中國文明的歷史發展》，黃興濤等譯：《辜鴻銘文集》(下)冊，第294頁。

代替「宗教」而為絕對價值的基礎的理論再現。[1]卡萊爾也曾認為，現代化帶來的貧富懸殊，否認社會福祉能僅僅經由外部的政經立法而達到，認為唯一的辦法是通過個人的道德教化。[2]

辜鴻銘在表達「真正的中國人有著成年人的智能和純真的赤子之心，中國人的精神是心靈與理智完美結合的產物」時[3]，得出的結論卻是：中國人民的精神，正如在最優秀的中國文藝作品中所見到的那樣，正體現了馬太‧阿諾德所說的富於想像的理性。他引述阿諾德的話說：「而現代歐洲精神生活的主要成分，現代的歐洲精神，則既不是知覺和理性，也不是心靈與想像，它是一種富於想像的理性（imaginative reason）」[4]，而在歐洲，這種理性恰恰已經被葬送和毀滅，承繼它的只能是可貴的中國人的精神。他隨之不厭其煩地描述道：「中國人的精神是一種心靈狀態，一種靈魂趨向，你無法像學習速記或世界語那樣去把握它——簡而言之，它是一種心境，或用詩的語句來說，一種恬靜如沐天恩的心境。」[5]這似乎完全是在用阿諾德的浪漫派口氣說話，好像也在同時證明對中西文明形式的探索，可以採取如此相通一致的辦法。我們同樣發現，辜鴻銘此時在定義中國人的精神時也已不自覺地脫離開了真正的中國儒家語境，而站在歐洲浪漫派的立場上來審視中國傳統了。歐洲人對自身文化傳統的描述成為辜鴻銘建構中國傳統自我形象的一個組成部分和直接資源，反過來又印證了歐洲文化中浪漫因素應該重新開掘的歷史合理性，同時也為歐洲人

---

1 艾愷：《世界範圍內的反現代化思潮：論文化守成主義》，唐長庚等譯，貴州人民出版社一九九一年版，第49、55、78頁。
2 《世界範圍內的反現代化思潮：論文化守成主義》，第49、55、78頁。
3 參見黃興濤等譯：《辜鴻銘文集》（下冊），第66～68頁。
4 同上。
5 同上。

想像東方文明提供了一個兩者相通的一貫性解釋，這個建構過程頗可看作是「自我東方化」的例證。

另一個例子是，在《中國牛津運動故事》裡，辜氏的初衷是想把中國的「清流黨」對應於浪漫派領袖紐曼（John H. Newman）發起的牛津運動，但正如朱維錚所說：「他毫不在乎中國讀者是否理解紐曼及其領導的英國牛津運動，相反則十分在乎『英國佬』是否懂得他所說的中國清流運動。」[1]若舉出其書中對英國與清朝幾對人物所進行的對號入座式的所謂比較研究，則簡直有些亂點鴛鴦譜的嫌疑了。如把李鴻章比作中國中產階級自由主義的帕麥斯頓勵爵（Lord Palmersten），把張之洞叫作中國的格來斯頓（Gladstone），榮祿則相當於中國的索爾茲伯里勵爵（lord Salisbury），袁世凱是中國的約瑟夫·張伯倫（Joseph Chambelian）等等，真可以說是滿紙荒唐言。

至於用張之洞的思想對應於馬基雅維里主義，康有為被貼上雅各賓主義的標籤，及把湘軍、淮軍喻為保守黨、自由黨之爭，則更是不知所云，讓人懷疑是西洋人撰寫的漢學作品，而這本書的基本骨架卻是在阿諾德、羅斯金、愛默生、華茲華斯的高頻率引用下結構起來的。甚至書中把晚清社會說成是由貴族、中產階級和平民三類人組成，也襲用自阿諾德在《文化與無政府狀態》（Culture and Anarchy）中對英國社會的三階層分類。[2]到此為止，中國的清流運動變成了英國牛津運動的一個東方註解和印證說辭，因為辜鴻銘已經想到了歐洲人也只能從這個角度理解中國。這種理解其實只和英國人的處境有關，而與中國人的現實處境無關，結果東方的幻境在浪漫派的傳統脈絡中

---

[1] 朱維錚：《辜鴻銘和他的〈清流傳〉》，載黃興濤編：《曠世怪傑——名人筆下的辜鴻銘辜鴻銘筆下的名人》，第 247～252 頁。

[2] 同上。

被清晰地建構和凸顯了出來，辜鴻銘由此完成了一個「東方人的東方主義」之旅。

三　「國家主義」與「文化主義」的內在緊張
　　　——道德整體論的困局

　　在民初易幟頻繁的紛亂政局和複雜喧囂的學界中，最焦點的問題之一是如何處理文化生存與國家建設的關係。在一般人的印象中，「國家」與「文化」這兩對範疇應是相互協調一致，和諧共存的，可是問題並非如此簡單，因為現代民族國家的發展包含著兩個層面的因素：其一是現代國家制度的產生，如有效率的政治制約機構，合理的法律體系與完備的行政系統；其二是主觀意識層面的更新與改造，即民族意識的培植和為國家獻身的忠誠精神。在現代民族國家建立以後，國家會有意建立一種國家意識形態或價值體系，以培養民族成員的民族自我意識、態度和行為取向，推動和保衛民族利益。[1]在這種情況下，「民族」應是以「國家」實體的邊界作為衡量自己的利益標準的。在傳統中國的語境中，人群的構成原則往往強調是基於共同的歷史傳統和共同信仰之上的文化主義，它與基於現代民族國家概念之上的民族主義是兩個根本不同的概念。中國人自秦漢以來雖然也具有對傳統政體的認同感，但基本上是針對中國文化的普遍意義而言的，因為中華帝國版圖的廣大和相對隔絕性，使中國人只具有文化意義上的疆域觀念，而沒有獨立的國家認同感和忠誠感，無法把國家和民族區分開來。換言之，中國人把最高忠誠感給予了「文化」而非「國家」。對中

---

[1] 鄭永年：《中國民族和自由主義研究（提綱）》，《公共理性與現代學術》，三聯書店二〇〇〇年版，第207頁。

國人來說，沒有任何理由去放棄或改變自己的文化去強化國家忠誠感。

可是進入近代社會，情況發生了變化，中國在西方列強面前屢遭挫折之後，才意識到單純傳統意義上的文化主義不能對抗西方的物質文明，於是才開始放棄文化普世主義而轉向對民族國家的述構和認同。[1]中國建立起自己的民族國家認同感經歷了一個漫長的歷史週期，在洋務運動興起之際，張之洞就試圖運用「中體西用」的變通策略消解「文化主義」與「國家主義」之間的緊張，這一策略的核心內容並不只是如何有保留地引進西方科學技術這樣的專門問題，而是希望在保存文化主體的前提下，適當地引進源起於西方的民族國家意識形態，實際上也就默認了中國必須遵守西方在現代化的進程中制訂的國家政治實體之間的交往規則。當時辜鴻銘正任張之洞的幕僚，在辜氏看來，張之洞的這一權變主張不但未能緩解「文化主義」與「國家主義」的緊張關係，而且還有可能使民族國家凌駕於傳統文化之上乃至消滅其古老的個性。

辜鴻銘曾經把曾國藩與張之洞的治事風格做了一番比較，兩個人的行事風格也正好可以用「儒臣」和「大臣」加以區分。如果說到「論道」，那自然是儒臣的事，而要論系天下安危的行政得失，則大臣應該說了算。因為「政之有無，關國家之興亡；教之有無，關人類之存滅，且無教之政終必至於無政也。」[2]政教的分別是在於「國無大臣則無政，國無儒臣則無教」。在辜鴻銘的視野裡，「教」已並非後來政治意識形態意義上的綱常名教，而是中國文化自古以來形成的普遍性特質，應該支配著「政」的實施形式。[3]對於張之洞在內憂外患的局勢下採取的

---

1 鄭永年：《中國民族和自由主義研究（提綱）》，《公共理性與現代學術》，第207頁。
2 《張文襄幕府紀聞‧清流黨》，載黃興濤等譯：《辜鴻銘文集》（上），第418～419頁。
3 同上。

種種靈活應變的措施,辜鴻銘的評價並不高,他認為張之洞的權宜之計不是正途。他說:「竊謂用理得其正為權,不得其正為術。若張文襄之所謂權,是乃術也,非權也。何言之?夫理之用謂之德,勢之用謂之力。忠信、篤敬,德也,此中國之所長也;大艦、巨炮,力也,此西洋各國之所長也。」[1]也就是說,以文化意義上的「道德」去對抗艦炮之力才是正途,否則就是「知有理而不知用理以制勢也」[2]。

辜鴻銘認為,張之洞的困境在於以「儒臣」的身分既要持守儒者之道,又要順應世界變化之勢,結果搞得自己左右為難,因為如果「捨理而言勢」,就會「入於小人之道」。於是想出了一個變通的辦法,大要是:「為國則捨理而言勢,為人則捨勢而言理,故有公利私利之說。」[3]在辜鴻銘看來,想在「文化主義」與「國家意識」之間走平衡木,特別是把「個人」與「國家」的位置區別開來,以確定各自的空間顯然是一種幻想,因為國家肯定會打著順勢而動的旗號,把任何個人的自我意識整合進自己的場域。

現代國家的產生是個資源分配的過程,動員社會力量對抗西方,成為從「保教」向「保國」方向轉變的最有力動因,當時文壇上「尚力」、「尚武」之風勁吹,「金鐵主義」式的殺伐之說盛行,都是想從競爭國力的角度為現代國家的塑造提供服務。這意味著不但要改變中國人整個的生存狀態和思考問題的方式,而且也必然影響到「教」的初始存在狀態。這個道理講起來並不複雜,張之洞當年提倡「中體西用」,後人譏之為衛道,現在回想起來,「體」倒是變了,可中國文化在西方的衝擊下的確已是原貌盡失。對張之洞的「保國」轉向的功利

---

1 《張文襄幕府紀聞・權》,載黃興濤等譯:《辜鴻銘文集》(上),第 427 頁。
2 同上。
3 同上。

性質，辜鴻銘不能說沒有預感，這樣一轉，「教」的含義實際上會被迫賦予政治意識形態的複雜內容，也就是說，「教」變成了界定國家功能的有效工具，當然也就借此成了反抗西方世界的政治表述。可是辜鴻銘很清醒，一旦道德的天平無條件地向國家利益傾斜，變成詮釋國家意圖的工具，「教」的獨立性就會受到動搖，因為國家總是宣稱，維護國家利益的主張肯定與民族利益的捍衛相一致，從而獲得了一種理所應當的意識形態霸權。在西方權力支配的範圍裡，張之洞是被動接受西方國際秩序的先行者，對「保國」優先於「保教」的策略性調整，證明他具有相當靈活而變通的政治頭腦。同時，對強有力秩序的服從和民族國家邊界意識的建構，又恰恰喚醒了他對民族主義共同體的想像，幻想通過部分地修正政治邊界的方式來調整自身文化的位置，重新確立傳統價值重建的路標。說得直白一點，張之洞對國家主義圓滑權宜的解釋，已逃不脫所謂「殖民知識分類」的安排，任何表面上反抗西方的表達，都被編入了這一語言的符碼。有些後起的文化守成主義者如張君勱也承襲了張之洞的這一思路。在張君勱看來，西方的「科學理性」被視為具有普遍的共性，比如數學就只有一種，無東西之分，而「人生觀」則具有個性，有東西方之別。因張君勱基本上以德國維新派等同於儒家思想，實際上是用「良知」內心的主觀來對抗科學的客觀性，在「科學與人生觀」的爭論中趨向於另一極端，即以精神文明的闡揚為解救中國之方劑，但亦不拒斥科學給中國帶來的富強，大體上走的仍是張之洞「體用互補」那一路。而這正是辜鴻銘所要批判的思想。辜氏認為，西方的所謂「用」的層面恰是造成西方衰落的原因，西方的「科學」應由「東方道德」取代，成為普遍意義上的共性原則，現在中國之所以為人魚肉，恰恰是因為被迫奉行了科學救世的普遍性原則。若以東方的個性文化去死守，自然是守不住的。因此思路應該倒過來，不應採用「體用」之分的消極防守性方法，而是應把

「體」轉化為普世性的泛化原則。

　　從「保教」向「保國」話語的轉變，當然首先起步於知識階層和上流社會，然而中國人逐漸形成的現代民族主義意識則幾乎完全是灌輸和訓練的結果，「民族」意志的表述在近代往往通過「國家主義」的形式表達出來。特別是其中所表述的社區意志、文化價值、身分認同都成為國家機器總體技術的一種體現方式，民族與文化的力量必須依賴於國家的力量才能突出出來。反之，國家作為地緣範疇足以自立的一些內涵如強大的國防軍事、工業化技術體系、商業網絡等等價值又有可能是和原有的文化系統相對立的，同時也制約和改變著傳統文化的表述和內涵。據竹內好的觀點，東方正是變成了西方對象的時候才開始進入現代時期，東方對西方擴張作出了反應，也進行了抵抗，但正是在抵抗過程中被結合進了西方霸權。東方也是西方在構成有機主體過程中所需要的對象。[1]在這一對象化於西方的過程中，其實一個最重要的變化，就是中國人通過對「國民性」的自我剖析和對民族國家的自覺認同來構築對西方的抵抗防線，結果恰恰掉入了西方霸權主義的陷阱，因為對民族國家的認同往往意味著對文化道德價值例如禮、樂、仁、義等地方性原則的放棄，服膺於赤裸裸的競爭生存的關係，這樣就形成了一個悖論：中國正是在運用適者生存的原則向西方作出抵抗姿態時，恰好也是逐漸放棄自己的文化原則之時。當我們自以為成功地抵抗了西方時，其實可能恰好確認和固化了我們與西方的權力從屬關係。比如當我們自以為成功地通過社會動員忠誠於民族國家的權威時，我們正在不自覺地強化著現代國際秩序釐定的權力尺度的控

1　〔日〕酒井直樹：《現代性與其批判：普遍主義和特殊主義的問題》，載張京媛主編：《後殖民主義與文化批評》，第405頁；又見〔印〕加亞特里・查克拉沃爾第・斯皮瓦克：《屬下能說話嗎》，載羅鋼等編：《後殖民主義與文化理論》，第99～157頁。

製作用，所謂「地方性傳統」在這個尺度下是十分渺小的，所以竹內好說，東方是靠「抵抗」，而不僅僅是「模仿」達到現代化的，這是個精闢的辯證之論。

當談到辜鴻銘的思想與近代民族主義的關係時，不能忽略西方民族主義思想對其觀念形成的深刻影響，甚至可以說，歐洲反現代的文化民族主義思潮直接成為其思考問題的來源，並制約著其詮說文化含義的導向。需要特別強調的是，要比較中國與歐洲的反現代化民族主義，就必須要認識到，西方各國的反現代化論中所造成的民族主義趨向之間是有相當差異的，比如英法與德國的文化民族主義，其安置「文化」與「國家」之間關係的策略就有明顯的不同。

無可懷疑的是，「國家主義」與「文化主義」之間所隱含的矛盾在那些反現代化思想家中幾乎無一例外地存在著，儘管按理來說浪漫的鄉愁懷舊情緒與現代國家主義的發達衝動應是對立的，但德國文化民族主義者如早期的革勒斯、費希特、布倫塔諾、十九世紀末的來賀、斯塔賀，都能把對鄉村社會中民性、習俗、語言的頌揚，和對商業資本主義的詛咒，與民族國家的現代化結果聯繫起來加以考察。一些十九世紀末的德國文化民族主義者如布洛克、蘭本和拉加德作為費希特、赫德等早期浪漫派的思想後裔，由於強調達爾文生存競爭的理念，實際上把民族生存與懷舊式的述說放在國家主義拓展的框架下加以闡揚，對物質主義、都市精神幻滅、商業化的趣味、德性喪失與宗教及道德價值的淪亡等等的憂慮，變成了建構強大國家權威的資源，他們沒有意識到或者說是有意迴避國家主義作為現代化的生產機器會對傳統文化進行摧毀式的打擊。[1]

而英法浪漫傳統如卡萊爾思想中也強調個人的道德教化，恢復淳

1　艾愷：《世界範圍的反現代化思潮：論文化守成主義》，第49、55、78頁。

樸的社會風俗，但他的浪漫詩人氣質似乎疏於對「文化」內涵的認定作過多的討論，傳統文化對現代化弊端的解毒功效也不會成為英國的專利。與德國反現代化論的根本區別是：英國人似乎並沒有有意建立起文化主義與民族國家的連帶關係，或者成為促進民族國家建立的內在資源，而僅是籠統地討論道德作為普遍價值的作用。另一些人如柏克的民族主義與日爾曼文化民族主義者的區別，在於他並未聲稱英國文化的精神優越性。英國由於率先進入現代化的軌道，並不存在民族自卑感，也不會因為要引進外來文化而產生認同危機，他對研究英國人的民族傳統、民族語言及風習並不特別關心，也是出於對自己國家在現代文明中處於優勢地位的自信，這種民族自信心是那些早期進入現代化世界的國家進行反現代化批評的特徵。德國的情形正好與之相反，三十年戰爭的失敗，國土分裂離散，政權積弱無能，長期受法國文化與政治宰制的心理壓抑感等等灰暗經歷，構成了德國民族主義的主體背景色調。

那麼我們如何解釋辜鴻銘深得英國浪漫派之真味，卻又在德國暴得大名這一似乎矛盾的現象呢？辜鴻銘在英國期間無疑是傳承了英國浪漫派的傳統精髓，從他對卡萊爾、阿諾德、紐曼等人的推崇與介紹中可以感受出來，而對歌德等德國思想家的推崇則更多是因為他的思想與英國浪漫派有聯通的關係。而英國浪漫派只是籠統地強調道德的作用，並主張用一個「有機的文士階層」如鴻儒院之類體現這類「道德」，卻並未標示這類道德的民族性（如英國性）特徵。而辜氏則強調道德的中國性，並突出它在世界範圍內的普適作用，這似乎與中國和德國在十九世紀所遭遇的民族危亡的相似狀況有關，從而在文化民族主義的取向上達成了默契。但辜氏哲學與德國反現代化論中相當強烈的國家主義認同感有很大的不同，即他認為中國文化可以超越民族國家的侷限，成為世人遵循的普遍準則，而且他清楚地意識到了民族國

家權威力量的拓展會最終導致傳統文化的淪喪，對張之洞處理「權」與「變」關係的批評就是其無法克服「文化主義」與「國家主義」之緊張關係的體現。從這點來說，辜氏的「文化觀」沒有德國民族話語那樣咄咄逼人的帝國主義暴力色彩。

賽義德曾經借用馬修·阿諾德（Matthew Arnold）一八六〇年對文化的表述，認為文化常常咄咄逼人地與民族或國家綁在一起，把「我們」和「他們」加以區分，幾乎永遠伴隨著某種程度的仇視他國的情緒。文化不但由此成為民族同一性的根源，而且是導致刀光劍影的另一種根源。在這個意義上，「文化決非什麼心平氣和、彬彬有禮、息事寧人的所在，毋寧把文化看作戰場，裡面有各種力量嶄露頭角，針鋒相對」。[1]因此，他建議必須把文化當作一個千差萬別的活動領域，而不是隔絕病毒似地把文化與現實世界隔絕開來。[2]辜鴻銘在德國贏得盛名，從根本而言，並非是德國人對中國文化真感興趣，而是他尊重古典文化的言論引起了當時同屬弱國的德國人同病相憐般的共鳴。他們又把來自遙遠東方的文化道德論轉化誤植為德國民族國家建構中的同謀資源，這恰恰可能違背了辜鴻銘推廣弘揚中國文化的初衷。辜氏認為，文化不應被當作國家權威的利用工具，而應成為人類普遍受益的準則，他批評張之洞正是因為他把文化作為國家外交的附屬物進行解釋，而沒有持守住普遍主義的道德準則。這看上去有些諷刺喜劇的效果，可卻印證了賽義德所說「文化」不能與現實世界隔絕而是一種活動場域的論斷，而辜氏在他所崇信的英法國家無法走紅，說明他所執著推廣的東西不過是英法浪漫派的常識而已，即使披上東方的外衣，內裡還是歐洲的貨色。

---

1 〔美〕愛德華·W·賽義德：《〈文化與帝國主義〉導言》，《賽義德自選集》，中國社會科學出版社一九九九年版，第 164～165 頁。
2 同上。

在東西文化論戰期間，也有一些理論主張「文化」應超越於民族國家的建構過程之上，比如陳嘉異就認為，在顧炎武的時候，一般士大夫知識分子已經「視國家不過權力階級之組織，而其所謂天下乃人間本性表現之集團。……職是之故，吾族決不以國家之領域自畫，而嘗有一世界精神懸於其襟懷」。[1]當然，在這段話裡，「文化」的普遍意義仍是以夷狄之分的框架來界定的，可他的辯護詞卻說：夷狄的區別主要在於「信義之有無，文化之優劣」，並不是想賤視外族，這是和西方依恃強權擴張領土的行為表現出來的最大不同：「此可知歐族之欲統一世界在武力，而吾族之欲世界大同則在文化，故曰：天下車同軌、書同文、行同倫。」這種「文化」建構與國家甚少關聯。「質而言之，吾族之傳統道德，實世界道德、人類道德，而非僅國家道德。故將來之世界文化，必為吾東方文化此等精神所締造而成，則可斷言。故余以為東方文化實非僅東方國家之文化，乃一未來世界文化也。」[2]這種用夷狄秩序來恢復東西文化的平衡狀態，以對抗民族國家權力支配的想法顯然是相當溫和的策略，辜氏卻幾乎很少用這套框架解釋支持其「文化」普遍主義的歷史淵源，而只是籠統地說要恢復儒學統治的古老秩序，這當然是其缺乏系統的中國史學訓練的結果；另一方面，更證明他的思想來源更多地採掘於西學而非中學。

四 由西徂東——「理論旅行」的現代性意義

愛德華・賽義德曾經提出了一個「理論旅行」的假說，他認為：「相似的人和批評流派、觀念和理論從這個人向那個人，從一情境向另

---

1 陳嘉異：《東方文化與吾人之大任》，陳崧編：《五四前後東西文化問題論戰文選》，第310～311頁。

2 同上。

一情境,從此時向彼時旅行。文化和智識生活經常從這種觀念流通中得到養分,而且往往因此得以維繫。……然而這樣說還不夠,應該進一步具體說明那些可能發生的運動類別,以便弄清一個觀念或一種理論從此時向彼時彼地的運動是加強了還是削弱了自身的力量,一定歷史時期和民族文化的理論放在另一時期或環境裡,是否會變得面目全非。」[1]辜鴻銘的意義在於他接受了英國浪漫主義流派的思考之後,繼續延襲其慣有的思路,對西方的現代性進行了批判,由於浸淫西洋學術過深,所以他的觀點基本上是在西學內部的理路里進行反思的。如有的論者就認為』他和嚴復這些迷戀現代化論者的最大區別乃是在於,辜鴻銘的所謂文明比較,是將當時所謂中西文化衝突還原為類似現代性對西方古典文明的挑戰與衝突,以促進西方人對中國文明的理解。[2]而他又引儒家哲學為其同道,他的預設不是像梁漱溟那樣斷然否認西方具有自身的「精神傳統」,或者以「物質——精神」等二分法標示中西之別,而是認為「東方西方,心同理同」,浪漫派與孔子哲學是一致的,只不過被物質文明給淹沒了。因此,只要把浪漫派理論挪用到東方,就會與儒理自然相契。由於歐洲人放棄了浪漫傳統,才不得不鼓吹中國道德予以拯救,這樣一來,東方文明不過是傳統西方浪漫派傳承的一種異源同體的形態而已,東方哲學變成了西方浪漫派改裝易服寄居的巢穴。它從一地向另一地的移動,反而加強了自身的力量,變成了批判西方現代觀念的有力武器,同時他對東方道德的陳述,也被摻雜進了西方式的想像。我們注意到辜氏雖英譯過儒經,但卻很少原原本本地解釋儒學的含義,而大多是簡單地表態和持守自己的立場。

關於辜氏學問的西方來源及其對中國思想的有意附會,二十世紀

---

[1] 〔美〕愛德華・W・賽義德:《理論旅行》,《賽義德自選集》,第138頁。
[2] 王焱:《丑而可觀的辜鴻銘》,《曠世怪傑》,第226頁。

初年就有一些評論。一九二八年,《大公報》在一篇《悼辜鴻銘先生》的文章中,就已經說得很清楚:「辜氏一生之根本主張及態度,實得之於此諸家之著作,而非直接取之於中國經史舊集。其尊崇儒家,提倡中國禮教之道德精神,亦緣一己之思想見解確立以後,返而求之中國學術文明。見此中有與卡萊爾、羅斯金、愛默生之說相類似者,不禁愛不忍釋,於是鑽研之,啟發之,孜孜焉。舉此吾國固有之寶藏,以炫示西人。」[1]這段敘述倒是頗得「理論旅行」觀點之真味,更說出了辜氏真正依據的理論淵源。至於辜鴻銘的國學修養,當時人估計恐怕也僅僅是一般士大夫的水平,他只是對儒家經典頗為熟悉,對道家、佛家卻所知甚少,幾無研究,對諸子百家書籍有所涉獵,但無多心得,在中國歷史典籍的訓練方面也難有體現。辜鴻銘對此倒是有自知之明,當羅振玉妄贊其學以大成時,趕緊自謙,說是過譽之詞,並承認連儒家《易經》一書,也始終未著邊際。[2]其實辜氏以英文述中國學問,所述所謂「中學」多很粗糙,根本沒有一篇系統評述中國文化特徵和內容的文章,但因其英文文筆優美,且筆式磅礴逼人,所以仍有極強的感染力,及至翻成中文後,這種感染力還餘韻猶在。辜氏文章在九〇年代成為流行閱讀時尚,恰因其文筆以中學之名述西方浪漫派之真諦有關,而且恰與學術界反應相對冷淡形成了反差格局。

辜鴻銘「理論旅行」所造成的出人意料的結果,實源於他所受阿諾德「整體研究觀念」之賜,他常引阿諾德所言:「無論是整個文學——人類精神的全部歷史,還是一部偉大的文學作品,只有將其視作一個有機的整體來認識和理解,文學的真正力量才能顯示出來。」[3]

---

1 《悼辜鴻銘先生》,《大公報》,一九二八年五月七日,轉引自黃興濤:《文化怪傑辜鴻銘》,第27頁。

2 《文化怪傑辜鴻銘》,第38、47、97頁。

3 《文化怪傑辜鴻銘》,第38、47、97頁。

辜氏雖然根據有機整體的觀念，給中國研究者們規定了《大學》中從修身、齊家、治國平天下的研究程序，但他自己則用道德整體論作幌子，巧妙地逃避了對中國歷史社會以及更為精緻廣博的哲學思想的探索，而僅僅滿足於淺嚐輒止的表態。這一方面使他在西方博得了東方思想大師的美名，另一方面又使得他無法在國學的學術譜系中躍至一流學問家的位置。

辜鴻銘在英譯儒經時採取釋譯的原則，其實也是其對儒學理解不深及用「整體有機論」的方式對其加以掩飾的結果。王國維《書辜湯生英譯〈中庸〉後》一文中指出，其大弊之一是求經文意義貫穿統一，以空虛、語意更廣的名詞來解釋儒家基本概念，而另一弊則是「以西洋哲學解釋此書」[1]。辜氏對儒家哲學理解不深，其用「道德整體論」釋之，大可彌補其學養不足之弊，同時進一步把儒學轉釋為一種人生哲學，著意用想像詮釋儒者的生活態度和趣味，這種思路經修正後為林語堂所繼承，發展成近世特殊的文人語體與幽默風格。

辜鴻銘對西方文化的熟悉程度，不僅在於他深得英美浪漫派如卡萊爾、愛默生等人的真味，還在於他對古希臘文明及文藝復興至十九世紀的自由主義理論都有所涉獵，只不過他把希臘文明至十八世紀理性時代的自由主義與十九世紀以後的自由主義對立了起來，認為後者是一種退化。評價前後期自由主義優劣的依據，恰恰不是其自身發展邏輯脈絡中所能清晰得見的，而必須把它們放在儒家文化的參照範圍內進行觀照。從理論旅行的角度觀察，辜鴻銘常常把事先構造出來的對「中國文化的想像」再投射到歐洲文明的身上，以此來反襯出中國文化的價值。比如對「自由主義」的解釋，就認為十八世紀以後自由主義思想由於越來越放棄孔子學說中非神祕理性孕育出來的精神和道

---

[1] 同上書。

德的價值,從而其未來的形態越來越接近唯物主義和激進主義。而真正的自由主義來源於中國,跑到歐洲後卻被降低成講究實際的、沒有思想的英國人的實利主義,他們習慣於把生活水平的高低當作衡量一個民族文化水平的尺度,在這種衰落的形式中,此種自由主義思想披著十九世紀歐洲文化的外衣,又重新傳回到中國。東方以一種憂慮不安的心情不情願地接受了這種假自由主義,致使古老的文化傳統不斷喪失。[1]

據學者研究,中國形像在西方對它的建構過程中也確實存在著一個由盛轉衰的不同階段。西歐最早的中國形像是通過耶穌會士的書信、遊記建構起來的,在啟蒙時代以前,西歐已形成了一股贊美中國的熱潮,至少在十七世紀末開始,「中國熱」在法國已逐漸形成。但歐洲各國對中國感興趣的方面有所不同,法國人關注的是中國在沒有教權的情況下如何有效地治理國家,形成更為合理的社會秩序。德國人如萊布尼茨則更關心哲學方面的貢獻,對孔子哲學包括《易經》投入了巨大的熱情,英國人則似乎更關心中國的園林藝術。十八世紀以後「中國熱」卻呈現出了一股持續退潮的局面,在歐洲思想界中,除個別人如伏爾泰尚希圖藉助闡發中國儒教的清明政治作為反歐洲教會的工具,或如魁奈等重農學派的學者留戀心目中的中國自然法統治狀態,大多數的思想家如盧梭、孟德斯鳩、休謨、狄德羅、霍爾巴赫等人都對中國政體和社會持否定態度。這種否定思潮的出現不僅在於歐洲資產階級統治秩序的逐步確立,更在於啟蒙理性已經逐步形成了覆蓋世界的霸權式拓展能力。[2]

---

1 《偏愛德國的辜鴻銘》,《曠世怪傑》,第 355 頁。
2 許明龍:《十八世紀歐洲「中國熱」退潮原因初探》,《中國社會科學季刊》(香港) 一九九四年春季卷,第 158～167 頁。

很明顯地，歐洲「中國熱」的最頂峰時期，也不是像辜鴻銘設想的純粹出於一種「文化」關懷，和對東方發自內心的認同，而中國不過是西方自身對現實關照的投影，這正應了賽義德和竹內好對「現代性」所作出的判斷：西方是依賴於東方來確定自身的形象的。然而對於辜鴻銘而言，西方不同國度對「中國」想像的差異性已變得不甚重要，關鍵在於西方十九世紀以後逐漸放棄了文化價值在整個社會秩序中的主導作用，而變成了貿易資本家和金融商人的利益傳聲筒。所謂「上一世紀的歐洲的自由主義富於文化教養，今日的自由主義則喪失了文化教養。……前一世紀的自由主義是為公平和正義而鬥爭，今天的自由主義則為權利和貿易而戰。過去的自由主義為人性而鬥爭，今天的假自由主義卻只是竭力促進資本家與金融商人之既得利益。」[1]由此看出，一次大戰後德國建立在民族國家武力擴張基礎上的文化民族主義對辜鴻銘的認同確非其初衷，辜氏更多地是想讓西方放棄民族國家的霸權原則，而僅僅從文化立場上立論。

辜鴻銘作為近代文化保守主義的突出代表，他所面臨的問題具有某種共通性，那就是他們都企圖以一種文化價值替代和統攝整個人類歷史和未來的發展，並想借此對抗西方現代性的擴張力量。而西方的浪漫派人物如卡萊爾等人雖然也激烈批判西方現代化的弊端，但卻並沒有認為單單依靠單一國家如英國的價值觀就可以拯救世界。西方知識界除了二戰前後的德國民族主義興盛時期外，好像並沒有誰認為某個國家或民族的價值觀和文化能夠代表整個歐洲或西方世界，而總是以民族國家的邊界為單位來間接地談論所謂「歐洲文化價值」的內涵。中國的文化保守主義者則幾無例外的，似乎又是理所當然地把中國的

---

[1] 《文明與混亂》，《春秋大義》一九二二年英文版附錄，第158頁，引自《文化怪傑辜鴻銘》，第208頁。

文化價值等同於「亞洲的文化價值」,而甚少注意別國文化的獨特性,比如印度文明和伊斯蘭文明在建構亞洲文化體系中的作用。而由於中國在近代與列強角逐時日趨衰落,以致於一些鄰國如日本早已不承認中國文化在亞洲的中心地位[1],在經濟飛躍的同時一直暗藏機鋒地搶奪文化老大的旗幟。所以最近有的韓國學者提出應在東亞鄰國之間關係互動的背景下來建構自己對亞洲文化的認識框架[2],而不要總是在爭奪文化中心的亂戰中消耗掉內力,最終無法以合理的心態與西方展開對話。我想這一提示應該也同樣適用於對辜鴻銘思想的評價。

1　孫歌:《亞洲意味著什麼》,《臺灣社會研究季刊》一九九九年三月號,第 1～64 頁。
2　全炯俊:《相同與相異——作為方法的東亞細亞論》,《東方文化》二〇〇〇年第一期。

「蘭安生模式」與民國初年北京生死控制空間的轉換[1]

一　從警察空間到醫療空間——生死控制過程如何深化

　　許多研究表明，近代中國城市空間自晚清以來發生了重要變化[2]。其中最重要的變化之一就是警察系統對社區空間的監控有所加強，一般學者認為，武裝的官僚式警察的出現是與十八世紀以來歐洲資本主義發展過程相呼應的，工業化浪潮所造成的城市化結果，使歐洲城市的警察開始日益與傳統社區經常處於對峙狀態。對於警察而言，公共場所總是具有令人厭惡的特性，警察系統對流行文化的改造，逐步取代了社區組織的自治功能，從而影響了自十九世紀以來社區文化的轉變。

　　與歐洲的城市化過程相比較，有學者證明，中國城市警察力量無論是否經過工業化的洗禮，均是植根於人口集中的社會結果，大量密集的人口產生了城市日益增加的亞文化群，他們之間的潛在衝突導致了空間秩序按區域安排進行重組；當這種重組秩序占據了城市空間後，一系列的亞文化群和行動模式就會在空間中被分割開來，儘管空間秩序最初是自發形成的，警察功能的介入卻是政府積極運作的結果。[3]

1　本研究得到了隸屬於美國 The Overseas Ministries Study Center（New Haven, Connecticut）之 The Research Enablement Program 研究計劃提供的 Pew Charitable Trust 基金的支持，作者對此表示感謝。

2　參見 William T. Row, *Hankow: Conflict and Community in a Chinese City, (1796—1895)*, Stand ford University Press, 1989.

3　Alison Dray-Novey, *Spatial Order and Police in Imperial Beijing* The Journal of Asian Studies 52, No. 4. 1993，pp. 885~922.

儘管如此，在作為晚清新政改革內容之一的新式警察創建過程中，社區傳統組織的功能仍一度占據著主導地位，以北京城為例，北京在「新政」前一直是個崇尚社會自我控制的城市，這種控制通過會館、貿易行會、水會及家庭來規範個人，具有相當大的權威性，警察只是當罪犯威脅公共安全時才出面維持秩序[1]。所以在相當長的歷史時期內，警察對社區空間的滲透與分割能力是非常有限的。但是到二十世紀二〇年代，中國的一些城市逐步引進了西方的衛生實驗區，卻使得城市生活的結構和內容發生了明顯的變化，早在十九世紀九〇年代，上海的外國租界就已意識到了公共衛生與政府作用的關係，開始依靠政府的力量加強所在地區的水源及食品供應等項目的檢測。上海現代醫療區域形成的最早契機是，傳教士發現每當霍亂襲來，在租界內的外國人（包括駐紮港口的軍隊）往往與中國人一樣難以抵擋，死亡率很高。所以他們逐漸開始建立起一套衛生勘察系統，如詹姆斯・亨德森（James Henderson）在一八六三年出版的《上海衛生》一書中，就曾尋求建構一個完整的地方氣候學網絡，以便維護健康。上海不僅成為驗證歐洲「醫療氣候學」理論的一個實驗場，而且在租界人口中廣泛推行了疾病類型學（nosology）中衛生隔離區的概念。[2]一個更為典型的例子是，在一九一〇年以後的東北防疫期間，哈爾濱自發現第一個瘟疫病人後，在兩個星期之內哈爾濱衛生行政機構就確立了一個觀察和隔離的區域，把全城劃分為八個衛生區（sanitary districts），在區域內迅速任命衛生官員，提供被傳染商品的破壞補償，準備用中文演講的小冊子，並從俄國邀請醫療救助。[3]這反映出西方醫療體系

---

[1] 同上。

[2] Keme L.Mac pherson *A Wilderness of Marshes: The Origins of Public Health in Shanghai 1843-1893*, Oxford University Press 1987, pp, 49～103.

[3] Canrl Ben edict, *Bubonic Plague in 19th Century China*, Standfrd University Press 1967, p.14.

對中國傳統社區制度的滲透，已進入了所謂「制度化世界的殖民化」（institutonal world is colonization）時期。[1]二十世紀二〇年代，北京在協和醫院的幫助下建立了第一個衛生示範區，示範區的建立不僅改變了中國城市基層人民的生活習慣和日常節奏，也促使其空間觀念發生了巨大的轉變，本文的研究就準備集中於衛生示範區的建立對民國初年北京生死控制觀念和行為的實際影響上。

北京城之所以有其獨特的魅力，並不僅僅在於它是數朝古都，更在於其擁有三百六十行的民俗風情點綴於大街小巷，操辦生死之事即是其中頗為繁忙的職業。傳統意義上的生死控制在相當程度上集中於接生婆和陰陽先生的手中，接生婆以個體的形式走街串巷，從事新生兒的接生工作，陰陽先生則通過特殊的技術確定葬儀舉行的空間和時間，併負責驗視死者的死因。在傳統社區的氛圍之中，出生與死亡都會導致特定時空中的儀式行為，這種行為無疑會給家庭和周邊社區的人群構成特殊的社會和文化壓力，而且這種壓力會持續發生變化，因為孕婦的每一聲苦痛的呼喊，新生兒的每一次呼吸，死者移靈的每一個步驟，都影響到周圍人的心理變化和行為選擇，進而從心理現象轉化為文化現象。而「接生婆」和「陰陽生」的作用就在於通過某種儀式把生死的自然過程整合進社區網絡之中，使之轉化為一種可以為眾人接受的社會程序。因為按照歷史社會學的論斷，孩子的出生是從母親身體中脫離出來，這是個十分脆弱的運動過程，極易給周圍的人造成持續的不安全感。馬林諾夫斯基就曾指出：在西方社會中，懷孕被視為一種有害的狀態，會「導致正常社會生活的中斷」[2]；而死亡更被

---

[1] Erving Goffman, *Asylums: Essays on the Social Situation of Mental Patients and other Inmates*, Aldine Publishing company 1968, p.62.

[2] Mireille Laget, *Childbirth in Seventeenth and Eighteeth-Century France: Obstetrical Practices and Collective Atitudes*, Robert Forster and Orest Ranum : *Medicine and Society in France*. the Johns Hopkins University Oress 1980, p.142.

作為「社會秩序的褻瀆」（sacrilege against the social order）[1]使常人唯恐避之而不及，死亡不僅提醒我們每個人都會有致命的一天，而且也提醒了我們社會制度與團體的脆弱性。可是也正因如此，死亡儀式也變成了創造新團體關係的機會。所以接生婆和陰陽先生在傳統社區中充當的就不僅是某種專業技術人員的形象，而且具有重新協調社會秩序的功能。比如對於地方社會而言，接生婆並不僅僅是一個醫生的形象，而且是使新生兒具備生存合法性的儀式的主持和實施者，陰陽先生的工作也不僅僅是簡單地勘察風水，而是通過死亡儀式重新界定生者與死者的界限關係。

　　本文的研究證明，二〇年代西方衛生實驗區在北京的建立比警察制度更有效地破壞了傳統社區中有關生死的控制形式和傳統觀念，從而使接生婆和陰陽先生原有的公共形象（a public image）與專業認同（aprofessional identity）之間發生了緊張和錯位。首先，在衛生示範區建立於原有社區之上後，「公共形象」優劣的權威標準不是由地方社會的傳統成員加以認定，而是由國家體制控制下的醫療程序加以認定，這樣就造成接生婆在原有社區內身分的變化。其次，產婆和陰陽生原有的「專業認同」的儀式功能發生了轉換。「專業認同」不是由地方社區中的儀式界定所能壟斷，而是國家通過醫療空間的控制，如衛生事務所網絡的建立來為產婆的身分賦予新的內涵，這種內涵的依據即是現代醫學中的產科接生技術。同時，國家通過產婆訓練班和「陰陽生取締章程」等措施不斷擴大現代醫療技術與傳統社區儀式之間的緊張關係，最終實現了國家權力對城市社會生活更為全面的控制。

---

[1] Rubies S. Watson, "Remember the Dead: Graves:Politics in Southeastern China", James L. Watson,Evelyn S. Rawsk (eds), *Death Ritual in late Imperial and Modern China*, University of California Press 1988, pp. 203~206.

二　從生到死——傳統社區內的儀式表演

　　在老北京，孩子出生是一件相當重要的大事，生育的時刻一旦來臨，就標誌著一系列儀式即將登場，特別是男孩子出生更不單純被視為一個生理現象，而是帶有相當濃厚的社會與文化含義，似乎與家族的興衰密不可分，也似乎喻示著家庭秩序將得到重新調整。與正常人不同，剛出生的嬰兒儘管已經匆忙墜落在了塵世網絡之中，但是在經過一定的儀式加以認定之前，仍被視為一個陌生人，只有在經過儀式確認其足以強健地生存下來之後，嬰兒才能在家庭中接受一個新的位置。所以，煩瑣儀式的舉行就成為一個新的社會成員被接納的表演形式。

　　老北京的接生婆人們習慣稱之為「收生姥姥」或「吉祥姥姥」，又叫「穩婆」。「穩婆」都在自家門口掛個小木牌，上書「快馬輕車，某氏收洗」字樣，下邊綴以紅布條，當作幌子。老北京的通例是約在產婦臨產前三四個星期，即將穩婆接來「認門」，對產婦略作診視，至臨產時，再請其來家接生，孩子生下三天後，必請穩婆來家主持嬰兒的洗禮，名叫「洗三」，並循例予以厚贈。「洗三」之日，通常只有近親來賀，多送產婦一些荔枝、龍眼、落花生之類，或送紅色雞蛋，產婦本家僅用一頓炒菜面進行招待，俗稱「洗三面」。「洗三」儀式通常在午飯後舉行，首先在產房外廳正面設上香案，供奉碧霞元君、瓊霄娘娘、雲霄娘娘、催生娘娘、送子娘娘、豆疹娘娘、眼光娘娘等十三位神像。叩拜完畢，「洗三」典禮就算正式開始了，產婦本家依尊卑長幼帶頭往盆裡添一小勺清水，再放一些錢幣「添盆」。此外，還可以添些桂元、荔枝、紅棗、花生、栗子之類的喜果。孩子放入澡盆後受涼一哭，不但不犯忌諱，反而吉祥，謂之「響盆」。姥姥一邊給嬰兒洗澡，一邊念叨各種各樣的吉祥祝詞，比如什麼：「先洗頭，作王侯；後洗腰，一輩倒比一輩高；洗洗蛋，作知縣；洗洗溝，做知州。」隨後，把

艾葉球兒點著，以生薑片作托，放在嬰兒腦門上，象徵性地灸一灸，再給嬰兒梳頭打扮一下，說什麼「三梳子，兩攏子，長大戴個紅頂子；左描眉，右打鬢，找個媳婦（女婿）准四襯；刷刷牙，漱漱口，跟人說話免丟醜」。洗罷，把孩子捆好，用一顆大蔥往身上輕輕打三下說：「一打聰明（『聰』與『蔥』諧音），二打伶俐。」打完之後叫人把蔥扔在房頂上（有祝願小孩將來聰明絕頂之意）。拿起秤砣比畫，說：「秤砣雖小壓千斤（祝願嬰兒長大後在家庭、社會有舉足輕重的地位）。」拿起鎖頭三比畫，說：「長大啦，頭緊、腳緊、手緊（祝願孩子長大後穩重、謹慎）。」再把嬰兒托在盤上，用產婦家事先準備好的金銀錁子或首飾往嬰兒身上一掖，說：「左掖金，右掖銀，花不了，賞大人（祝願小孩長大後，福大祿大財命大）。」最有趣者，把幾朵紙制的石榴花往烘籠裡一篩，說道：「梔子花，茉莉花、桃、杏、玫瑰、晚香玉，花瓣豆疹稀稀拉拉的（祝願小孩不出或少出天花，沒災沒病的健康成長）……」[1]

　　通過觀察「洗三」的完整過程，我們可以對「吉祥姥姥」在社區中的「公共形象」進行清晰地界定。從「吉祥姥姥」的職業特徵中至少可以離析出三種行為角色：A.敬神；B.預言；C.祛病。AC 兩項職能顯然是為 B 項服務的，因為在「洗三」的過程中，「吉祥姥姥」口中發出的祝詞幾乎包含了新生兒將來成長過程的方方面面，包括仕途、婚姻、家庭、性格和財運的預測，這些預測由富有閱歷的接生婆借「洗三」的儀式發出，實際上就正式給新生兒打上了社會的標記，並給其在社會網絡中預支了一個位置。與此同時，「吉祥姥姥」的預言中還帶

---

[1] 常人春：《老北京的風俗》，北京燕山出版社一九九〇年版，第 229～233 頁。參見老舍：《正紅旗下》，舒濟選編：《老舍小說經典》第四卷，九州圖書出版公司，一九九五年版，第 137～138 頁。

有極其濃厚的倫理教化的意味，這些語言的表達不但可以營造出濃郁的親情氛圍，而且還起著確立新生兒與親屬之間關係的作用。因為經過「洗三」的孩子再也不是陌生的外來者，而是家庭倫理鏈條中的一環。因此，「吉祥姥姥」的權威性並非完全體現在「接生」技術的嫻熟與經驗方面，而是能夠在新生兒出生後通過儀式為整個家庭營造出祥和安全的氣氛。簡言之，其社會功能大於醫療功能。

和「吉祥姥姥」迎接新生命的誕生有所不同，在北京掛牌營業的陰陽先生則是處理生命死亡程序的「禮儀專家」（ritual specialists）。陰陽先生的主要職能是通過某種儀式準確估算出死者屍體出屋的合適時間，以及安葬位置之風水方向的優劣和神祕含義。陰陽先生的核心技術是為喪家開具「殃榜」，作為全部喪事、喪禮時刻、方位、禁忌等方面的指針。[1]。所謂「殃」，是指死者三魂七魄的「七魄」而言，又名「煞氣」。按陰陽家的說法，亡人的七魄按一定的時間出來，化為某色氣，向何方面去，謂之「出殃」。根據京城的民間禁忌，「出殃」時人都要避開，謂之「避煞」。如果一旦被「殃」打了，不死也要大病一場，名為「中惡」。就是花草、樹木如果被「殃」打了也會枯死。陰陽先生的主要技術就是推算「出殃」的時刻和推斷「殃」高多少丈，多少尺，以及該「殃」化為什麼顏色的氣，向哪個方向去。等到「出殃」的時刻、顏色、方向確定完畢，還要推算入殮、破土和「發引」（出殯）的時間，最後還要推測是否會犯「重喪（即百日內再死人）」，及是否犯「火期（指遺體自行起火）」[2]。

在民國初年的北京城裡，殃榜多置於棺蓋之上，或壓於焰食罐子

---

1 常人春：《老北京的風俗》，第260～261頁。李家瑞：《北平風俗類徵》，影印本，上海文藝出版社一九三七年版，第498頁。
2 常人春：《紅白喜事——舊京婚喪禮俗》，北京燕山出版社一九九六年版，第260～261頁。

之下，出殯時，經城關驗證後，由挎燒紙筐子的，帶至墳地焚化郊區至塘沽一帶，卻粘於門前，男左女右，有的做一紙龕，有的貼於席頭之上，而且兩邊加飾白紙條。男死紙條下端剪成劍頭形，女死剪成燕尾形，其條數以亡人歲數而定。這樣可以起到向外界報喪的作用，為了「出殃」順利，必須由陰陽先生主持嚴格的淨宅、禳解等空間儀式，例如根據出殃的方向把窗戶撕開一個洞，以便讓「殃」從這裡出去。郊區有的地方還擺上一碟無餡的餃子，表示死者吃著無滋無味，一氣之下就會棄屋而去。禳解的空間儀式首先是在殃煞占處貼上五道符，其次是配一副所謂「六精斬退魂魄散」，計有金精石、銀精石、避殃砂、鬼見愁、鬼箭草、安息香等，研為細末，揚撒於死者的住處，據說有「除污淨穢」的效果。

總結而言，陰陽先生主持的「出殃」儀式是一個社會界限與社會關係再生產的過程，在「煞氣」被清出死者房屋之前，始終對活著的人構成潛在的威脅，這時陽陰兩界的邊界並不分明，而經過陰陽先生的空間儀式的控制之後，生者身後淨化過的空間使社區和家庭均重新獲得了安全感，也就是說世俗世界中的陰陽關係被重新加以界定。因此，中國的葬禮儀式集中處理的雖是死後靈魂與現世人類的關係問題，但是複雜煩瑣的空間控制技術對陰陽界限的分割，顯然服務的仍是現實活著的人們，使之不受死者靈魂的威脅[1]。另外，「出殃」儀式的成功舉行，其象徵意義是使死者家庭重新被社區的人們所接納，從而恢復自己正常的生活。換言之，死者家屬與社區的關係通過儀式重新得到了確認。

---

1 Paul Steven Sangren, *History and Magical Power in a Chinese Community*, Stanford University Press 1987, p.136.

三 「蘭安生模式」與城市衛生示範區的建立

在二十世紀以前,中國城市中並不存在由國家統一控制的醫療網絡體系。城內行醫講究的是坐堂看診,醫家素來就呈相當分散的個體分佈狀態。直到民國初年,隨著國家建設步驟的加快,把醫療制度收束進國家控制秩序之內的呼聲時有出現。這些輿論認為,從民族生存與國家強盛的角度立論,對個體分散醫療活動進行更為嚴密的控制應該成為整個國家機構變革的一個組成部分;由於醫療活動關係到整個民族身體的康健,所以對其實施嚴密監控的重要性應不亞於警察對人民生命財產的保護措施。可是在相當長的一段時間內,現代醫療制度的設置卻並沒有從國家行政機構中獨立出來,而是長期從屬於警察部門。即使在某個城市中偶爾出現獨立的衛生機關,也常常以經費不足為藉口被合併於警事機構。比如廣州在民國元年即已設置廣東衛生司,由醫學博士李樹芬主持。工作範圍包括醫生之註冊,傳染病之報告,染疫房舍之消毒,死鼠之掩埋,以及施種牛痘、檢驗瘋人、死亡登記等等,是全國最早的獨立醫療行政單位,可是時隔不久,經政制改組,警察廳置衛生科替代了衛生司的職責。直到十年以後,警察廳改為市公安局,衛生行政事宜才轉交市衛生局進行綜合管理[1]。其他城市也有類似的情況,因此,衛生行政的具體實施,尚需要使衛生機構改變過度依附警察系統的舊例,以構建起自己獨立的督察和治療網絡,實現空間職能的進一步分化。例如,曾任北平衛生局局長的黃子方甚至認為:在基層社區也應實現衛生與警事的分化,「各村鎮或各街巷亦應仿警察區署及派出所之例,使遍地均有衛生分事務所之設,以處理其管轄區域內之衛生事務,及附近居民之簡單醫療,應需經費與

---

[1] 廣州市政府衛生局:《廣州衛生行政之檢討》,一九三五年,第1～3頁。

警察同，由政府完全負擔」[1]。

民國初年，真正把黃子方的構想予以實現的人物是美國公共衛生專家蘭安生（John B. Grant）。有史以來，醫生的任務就是在病徵出現後進行診斷和治療，直至十九世紀下半期，「預防醫學」的觀念才正式進入人們的視野。一九一四年洛克菲勒基金會派遣數位醫學權威到中國瞭解情況，並提議將重點移至公共衛生預防領域。新組成的協和醫學院於一九二一年由基金會借聘蘭安生為公共衛生系主任，開始全面主持此項工作。蘭安生對預防醫學在城市空間上的「分配藝術」，有一套十分完整而縝密的構想，他認為，預防醫學的教學實踐應該像教授臨床醫學那樣，有自己特定的教學現場，臨床醫學的教學現場是醫院和門診，在空間結構方面相對較為封閉，在那裡學生可以學習到針對個別病體的治療技術。而預防醫學（或稱公共衛生）的教學現場則應該是一個居民區（或稱社區），要讓學生有機會在一個開放的空間環境裡去瞭解社區居民的衛生、健康和疾病的情況和問題，應用他們所學習到的醫學知識和技術，從群體角度而不是從個體的角度來解決健康和疾病問題。這樣一個現場稱為「衛生示範區」[2]。

蘭安生教授把他的想法寫成了書面報告，並得到了協和醫學院院長的支持，同時也獲得了京師警察廳的贊同和襄助。一九二五年九月，北京正式成立了「京師警察廳試辦公共衛生事務所」（1928年以後改名為「北平市衛生局第一衛生事務所），第一衛生事務所以朝陽門大街為北界，崇文門城牆約一半處為南界，東城根及崇內大街分別為東、西界，屬舊城區中的內一區（即現在的東城區），所址先在內務部

---

[1] 黃子方：《中國衛生芻議・弁言》，中央防疫處衛生雜誌特刊號一九二八年，第4頁；胡定安：《胡定安醫事言論集》，中國醫事改進社一九三八年版，第21頁。

[2] Macpherson L. Kerrie, *A Wilderness of Marshes: The Origins of Public Health in Shanghai 1843-1893*, Oxford University Press 1987, p.49.

街,一九三五年遷至乾麵胡同,管轄人口最初約五萬人,隨著示範區面積的擴大,示範區人口亦隨之增加並穩定在十萬人略多一點。[1]第一衛生事務所建立的真正意義在於相當具體地把原有北京城內的行政區域(自然社區)與「醫療社區」二者有效地疊合了起來。因為一所醫療布控的範圍,恰恰就是北京老城自然形成的居民區生活範圍,以後隨即建立的第二、三、四衛生事務所,其醫療監控的空間範圍,也同樣與原有城區佈局相疊合。如一九三四年成立的第三衛生區事務所監控範圍是市警察局內三區管轄區域,面積為22.84平方公里,人口平均151169人,至一九三九年又增加約兩萬人。[2]

在「社區疊合」的狀態下,一所監控與服務的對像是整個示範區內的十萬居民,它要解決他們從生到死各個生長時期可能出現的疾病和健康問題,為此,一所開始建立自己的醫療保健網,這個網的網底是基層的地段保健(包括學校衛生和工廠衛生在內),第二層是醫療保健各科門診;第三層是合同醫院(協和醫院或其他醫院等衛生示範區建立的一個最大後果就是改變了老城區內人群的日常生活節奏。原來自然社區中的病人可以從個體的角度自由選擇呈個體分佈的醫生,因為傳統中醫都是「坐堂看診」,病人有病徵的時候方去請大夫診視,「收生姥姥」也是在孕婦即將生育時才去「認門」,病人和家屬完全可以按照自己的生活節奏和規律按堂號選擇分散於城市各個角落中的醫生,時間和空間都可以自由予以支配。孕婦臨盆時甚至可以自行決定由自己或家人接生。可是現代預防醫學的觀念則是在病徵未出現以前即對一定的區域時空內部主動進行控制,以避免病症的傳染和蔓延。在這

---

[1] Johnz.Bowers.EligabethF.Purcell(eds);*MedicineandSocietyinChina*,NewYork,JosiahMacyFoundationPress1974. p.90～91.

[2] 何觀清:《我在協醫及第一衛生事務所的工作經過》,《話說老協和》,中國文藝出版社一九八七年版,第172～173頁。

一觀念支配下，醫生不是在某一點位置上接受病人的拜訪，而是主動深入原有社區中重新安置、規劃和示範一種新的生活節奏。

一九二五年初建立衛生示範區時，蘭安生在備忘錄裡提到，在中國當時社會經濟和教育那樣落後的情況下，若想單純從宣傳健康來促進健康，或單純提倡預防來實現預防，都是不可能的，因為「自然社區」的居民是不會欣賞和接受的，必須把治療作為載體，用積極和主動的行動把預防和健康傳送給居民，這就是一所設立各科門診的總設想。[1] 蘭安生的構想十分符合現代規訓制度的一般原則，比如從空間上而言，地段保健是按照疾病類型加以分類的，一所衛生示範區劃分為二十個警察派出所地段，每個地段人口約有五千居民，地段和一所各科門診在疾病劃分和救護方面構成聯網系統，這一系統包涵三個層次的空間：地段若發現有急性傳染病患者則立即轉送一所門診進行診斷和治療（第一空間），如患者需要住院治療，則由一所轉送合同醫院（協和醫院或其他醫院第二空間），如患者不需要住院，則由一所轉回地段，由護士設「家庭病床」進行床邊護理和治療，以及採取必要和可能的隔離和消毒措施（第三空間），對肺結核及其他慢性病患者，一所亦採取同樣上下聯繫的辦法處理，必要時再轉送合同醫院進一步進行診斷和治療。在這三個空間的循環流動和監控中，病人從家庭的角度進行空間選擇的隨機率便會大大降低。

從時間流程上來看，自然社區的時間節奏是通過地段保健工作中的家庭訪視（由約十名公共衛生護士和若干護士實習生）來加以轉變的。除了假日之外，地段護士每日進行家庭訪視約五至十次。據一所年報統計一九三六至一九三七年及一九三七至一九三八年的年度家庭

---

[1] 《話說老協和》，第 172～173 頁。

訪視總數分別為 16300 次和 21531 次。[1]凡經地段護士訪視過的病人或病家，不僅有訪視記錄，而且一所病案室也有他們的家庭記錄，將家庭每個成員的患病及健康情況按規定的表格記錄下來，每份家庭記錄都有家庭編號和個人編號。

　　由於預防醫學是要維持和促進人們從生到死各個階段的健康，特別關注婦幼衛生的保健，所以婦嬰家庭診察訪視成為醫療社區工作的中心，比如一所有四名助產士，專到產家接生，隨叫隨到，收費二至三元。產婦在產前產後的一段時間內，經常被嚴密監控於衛生示範區的訪視時間表之內，如第三衛生區事務所一九三〇年度業務報告中說，訪視日期「約在產後之前三日，每日訪視一次，次後則每隔一日訪視一次，直至嬰兒臍帶脫落為止。」一九三〇年的訪視次數達到了 12810 次[2]。

　　衛生示範區內訪視時間的規範化與精確化，特別是產後每日一次的訪視頻率帶有相當明確的強迫管理性質。同時，訪視時間的規範化又是與空間的分割與展佈相銜接的，因為疊加在「自然社區」之上的醫療網路，正通過一種鮮明的人造環境，改變著北京自然社區中人們的心理態度和生存方式。

四　「社區疊合」與生命的「檔案化」

　　衛生示範區對自然社區的改造，特別突出地反映在對產婆形象的重新定位上。如前所述，產婆在傳統社區中的公眾形象並非是一種醫

1　何觀清：《我在協醫及第一衛生事務所的工作經過》，《話說老協和》，第 172～173 頁。
2　北平特別市公署衛生局編印：《北平特別市公署衛生局二十八年度業務報告》一九三〇年版第 357 頁。

療工具，她：要通過「洗三」等誕生儀式協調不同的社會關係，而接生過程不過是一個公眾儀式的最初組成部分而已。可是在「社區疊合」實現之後，新規則首先設定，「吉祥姥姥」在接生的各個環節均不符合現代衛生行政的要求，必須把她納入一個相當純粹的現代醫學標準尺度中予以衡量！在這個評價體系內，傳統接生婆協調人際關係的文化功能已變得無關緊要。自一九二八年始，北平市衛生局在衛生示範區開辦了接生婆講習所，前後共計十班，正式訓練及格者共一百五十名，後在此基礎上於一九三〇年成立了保嬰事務所。對於已訓練完畢正式開業者，事務所仍持續嚴加監視，如每月每一接生婆必須呈交報告，所需之臍帶敷料消毒藥品等，均必須向事務所購買，由購買之多寡與報告單接生人數相對照，就可察知是否按規接生[1]。

又據《北平市政府衛生保嬰事務所施政輯要》，事務所「每月召集已受訓練之產生婆分別住址，來錢糧胡同本所及西城第二衛生區事務所每月聚會二次，呈交收生報告，並隨時赴各產婆家中檢查接生筐各項接生用品，特定製介紹病人健康檢查單頒給各產婆，遇有孕婦，即介紹持單赴各衛生機關施以產前健康檢查，並由所派員隨時調查，遇有私行執業之產婆，即報告衛生局取締」[2]。在保嬰事務所的辦事機構中，除所長、醫員、事務員和文牘員外，專設有八名助產士，但此八名助產士職責各有區別，特別是一位名叫張淑惠的助產士就兼有監理員責任，其具體工作是：「每日監視接生婆接生兼晝夜外出協助接生婆難產接生，又每星期五上午召集接生婆訓話。」[3]鑒於一般市民對受過訓練的接生婆表示懷疑，保嬰事務所特擬就「受過訓練的姥姥應當守

1　北平特別市公署衛生局：《北平特別市公署衛生局二十五年度業務報告》一九二七年版第61～67頁。

2　《北平市政府衛生保嬰事務所施政輯要》，北平市檔案館J5全宗一，第61～67頁。

3　北京市檔案館J5全宗二，第57～58頁。

的規矩」一種刊物，置入接生筐內，以廣散發。

　　由於保嬰事務所主管的事務分化愈趨細密，所以在一九三五年，保嬰事務所函報北平市衛生局，希望把監視取締產婆的職責下放到更基層的地區，予以分割控制，具體辦法是把對全市產婆的宏觀調控落實到「蘭安生模式」所規劃的醫療社區之中，包括已成立的第一、第二衛生區事務所和正在籌建的第三衛生區事務所。由此一來，醫療程序對產婆的控制就進一步被地方化了。其實，在保嬰事務所提出協助要求以前，第一衛生區事務所即已主動地開始調查和統計內一區內產婆的行蹤。如一所在一九三四年八月在內一區對未訓練產婆所做的一個調查，就包括產婆的住址，所接生之嬰兒姓名、性別及出生日期。在這份統計表中清楚地顯示出，八月份嬰兒出生總數為 251 人，經未訓練產婆所接生人數為十七人，查得未訓練產婆之管理人數為五人。[1]

　　又以內二區產婆管理為例，內二區屬第二衛生事務所管轄範圍，至一九三七年，本區共有舊式產婆二十一人，比例占全市一百零三位產婆約五分之一，是各行政區中人數最多的一區。二所的管理辦法是，將產婆分為二組，每組每月在所內召集會議一次，開會時由助產士擔任主席和指導，由產婆繳納一月來的接生報告，並口頭敘述難產意外及處理經過的情形，再由助產士講解接生時應注意的各種事項，並分發已消毒之臍帶布扎及嬰兒滴眼之硝酸銀溶液等藥品。這年計開會共二十四次，到會人數共 586 人。[2] 二所在從事出生調查時，於每個接生個案，皆作出嚴密的考核，特別注意調查接生婆曾否攜帶接生筐子，接生前洗手情形以及滴眼藥等，如發現有未遵行者，即將該產婆

---

[1] 《北平第一衛生事務所內一區二十三年八月份調查未訓練產婆接生統計表》，北京市檔案館 J5 全宗一目錄十三卷，第 61～67 頁。

[2] 《北平市衛生局第二衛生區事務所第三年度年報》，北京市檔案館 04 全宗一八〇三卷一九三六年版第 10～26 頁。

傳來質詢。

　　衛生示範區的建立對傳統社區中生死控制方式的最大衝擊，是生命統計調查員網路的形成。醫療社區與自然社區的疊合，開始改變原有城區內部的時空結構，其中改變所藉助的方式之一就是生命統計規模的日益擴大和完善。因為衛生區採取的是預防為主的控制取向，預防控制的對像是「人群」，是自然區的居民，只有通過生命統計中掌握的相關群體的年齡、性別、職業分佈以及出生、死亡的具體情況，才能更有效地合理安排和配置時空的秩序。北京最早的生命統計在第一衛生區事務所成立時即已開始實施，老北京城區內在二十世紀二〇年代以前並沒有進行出生統計的專職人員和檔案記錄，出生調查多由公安局戶籍於調查戶口之際同時調查出生。因居民對出生調查有猜忌心理，懷疑被調查後政府將抽稅或有其他對己不利的情況出現，故多不願主動報告，即間或有報告者，其出生日期也不準確。自衛生示範區建立後，情況發生了很大變化，按照社區疊合後的雙軌運行框架，除保留自然社區中的戶籍警報告之職能外，醫療社區亦專門培訓出專職的生命統計調查員進行社區內生死數目的監控。統計調查員的記錄還與衛生事務所助產士、已訓練產婆及各產院的調查相互協調補充，其效率明顯要高於自然社區中戶籍警的工作節奏。當時的北平市衛生處評論一所出生調查時謂其：「對於內一區界內之出生調查，派有專人辦理，故每月所得之出生報告，均較內一區各派出所報告者為多，故本處對於內一區界內之出生調查，均委令第一衛生事務所代為填報，本處接得報告後，仍撕去一聯轉送公安局，以備考查也。」[1]

　　第一衛生事務所共設有統計調查員四人，按二十個警察區段，每人主管五段。每日除由一人輪流值班調查死亡外，其餘三人每日赴各

---

[1] 《北平市政府衛生處業務報告》一九三四年版第 72 頁。

管之警察區段及產婆處探詢出生情況，各醫院則每星期輪流派遣一人前往抄錄出生人數，得到出生報告後，再由該主管地段之統計調查員前往住戶家中詳細詢問，並按該所出生調查表逐款填寫。一所助產士於接生後及衛生勸導員於家庭訪視時所得出之出生資料亦隨時填報報告以資統計。所得之出生報告再按衛生局出生調查表填寫送局以備編寫生命統計。[1]

在社區實現疊合以後，作為醫療區域代表的統計調查員對自然社區所進行的最為嚴重的滲透，就是對陰陽先生的監控與取代。清代以至民初，官方鑑於民間社會對陰陽先生的崇信，喪葬必請其「開殃」、「禳解」，具有親自驗視死者的條件，故陰陽生一直作為京城百業之一，被官府特許營業。不過官方和民間對陰陽生作用的認識是有相當差異的，民間社區視陰陽生為重新理順死者家屬與社會之人際關係的中介角色。「出殃」儀式是社區道德倫理精神的一種表達，而官方則認為陰陽生具有檢視鑑定死者死亡原因的能力，具有維持社會秩序的法律功能。死者如係正常死亡，可以給喪家開具「殃榜」，並將數目定期上報，如係自殺、他殺，應立即報告官府，請「仵作」（法醫、驗官）驗屍、鑑定，始可抬埋。這樣就不免要追究當事人的刑事責任。因此，殃榜帶有法律見證的性質，是一紙正常死亡鑑定書。[2]

在陰陽生被徹底取締以前，由於生命統計員的出現，社區死者辦理殯葬手續與清代的區別乃是在於實行了雙軌制度。清代居民死亡只需陰陽生開具「殃榜」，即可領取抬埋執照，可見「殃榜」具有相當權威的法律鑑定作用。衛生示範區建立以後，陰陽生的職權已縮小到為死者家屬開具死亡原因報告單，家屬持此單至各該管警段，再由警

1　《北平特別市公署衛生局二十五年度業務報告》一九三八年版第143頁。
2　常人春：《紅白喜事——舊京婚喪禮俗》，第235頁。

段填一死亡報告單，同時電告統計調查員親往調查後，始得裝殮。各社區的出殯執照，亦改由各統計調查員填發。故所有死亡之業經報告者，均須經過各統計調查員之手，而不致遺漏。這樣一來，「殃書」作為出城抬埋的憑證功能就自然消失了，只不過陰陽先生尚保留著對死者死亡原因的鑑定權。

在第一衛生區事務所的示範作用下，北平市衛生局分別於一九三五年一月和六月舉辦了兩期生命統計調查員訓練班，第一期訓練班，招考初中畢業以上程度學員十名，給予短期訓練，計上課實習各有一個月的時間，所授課程包括「公共衛生」、「衛生法規」、「繪圖」、「生命統計」、「環境衛生」、「細菌學」、「病理學」、「傳染病學」等八門，課時共九十六小時。均有衛生局二、三、四科及第一、二衛生區事務所人員講授。實習期間則輪流派往衛生局二三科及第一衛生區事務所，隨同作實地調查工作。至一九三五年一月，上課及實習期滿，經考試及格者，即委託為統計調查員，同時並函商公安局同意，接辦所有內城各區出生死亡調查工作，除內一區第一衛生事務所原有統計調查員四人外，其他各區，每區各派一人（第二衛生區事務所原有一人故只派一人），其內二內三區者分駐各該衛生區事務所，並直接由各該事務所主管人員督促工作。內四內五內六等三區人員，則暫在公安局各該區署借地辦公。[1]

在內城統計調查員佈置完畢之後，衛生局緊接著於一九三五年六月呈准市政府訓練第二期統計調查員，以備接辦城各區出生死亡調查事項。此次並未公開招考，所有報名之人，均須由本局或各附屬機關職員負責保薦。因第一期公開招考的結果，所錄取的各員，每多有中途請辭者。此次共錄取二十人，內中有已在內六區工作的稽察警一

---

1 《北平市政府衛生局二十三年度工作報告》一九三五年，第 21～22 頁。

人，另有第一衛生區事務所派來一人及天津市政府派來北平受訓者二人，全部受訓者共二十三人。除課程與第一期相同外，學員實習期間輪流派往第三科實習環境衛生、取締工作及第一、二、三衛生事務所實習出生死亡調查工作。自第二期統計調查員訓練期滿後，即由本局函商公安局同意，於同年九月一日起，由統計調查員接辦城各區出生死亡調查及核發出殯執照等項工作。其辦公地點如外一、外四兩區在本局各該區清潔班，外二、三、五區則分駐妓女檢治所、烈性毒品戒除所及市立醫院內。據稱，訓練班的學員在結業半年後，僅出生一項，每月調查即增添三四百人。其監控區域幾乎涵蓋了全城的各個角落，結果是進一步縮小了陰陽先生的控制範圍，至一九三七年五月北平市衛生局正式規定凡居住於北京內外城區的居民遇有死亡時，可越過陰陽先生這道舊關口，直接呈報分區派出所，派出所據報後即發給人民死亡呈報單，並一面電知衛生局派駐該區統計員前往察看，並憑呈報單發給出殯執照。由此宣告了陰陽先生社區功能的終結。[1]

---

1 《北平市政府衛生局二十三年度工作報告》，第21～22頁。

五　北京的「街道政治」——抗拒與變遷

　　衛生示範區的建立不但改變了傳統社區內的生活節奏，也使得以生死控制為職業的「吉祥姥姥」和「陰陽先生」的形象發生了徹底的變化。在傳統社區中，接生婆是能夠為新生兒帶來吉祥的受歡迎人物，陰陽先生也是保證死者入土為安的關鍵角色，可是在現代衛生觀念的衡量下，接生婆被定位為骯髒醜陋的不潔形象，陰陽先生則是迷信的象徵，均被列入了取締之列。「產婆」、「陰陽生」的形象日益頻繁地進入了衛生局、社會局的檔案卷宗之中，他們成為各種法律與衛生行政文牘交叉包圍和監控取締的對象。翻開這些案卷，撲面而來的均是監視、訓誡和取締的權力與辯解、乞求及無聲的反抗，這顯然是現代化的進步邏輯反覆塑造的結果。溯其源頭，這些權力表述和多重的聲音均在現代醫療體系與密如蛛網的街道和胡同的互動過程中噴湧出來，構成一幅抗拒與變遷交錯演進的「街道政治」圖景。然而如果我們仔細翻閱當時的檔案記錄，就會發現在現代衛生觀念的支配領域之外，尚有不同的評價聲音存在[1]。下面就是一個突出的例子。

　　一九三六年，第二衛生區事務所助產士朱崇秀報稱，有產婆李吳氏、李國英婆媳二人於二月二十八日為一位叫李孟氏的太太接生，未按規定攜帶接生筐，並私自阻攔產婦住院，又勸其服用成藥，引起腹內陣痛和出血，嬰兒即行死亡。而李吳氏婆媳的供稱卻與朱崇秀並不吻合，李吳氏稱：「產婦所購之藥品，是否服用，亦不知悉，本推辭不允接生，因產婦懇求，決不放其走去，未帶接生筐係有時因路非遙，

1　Gail Hershatter, *Dangerous Pleasures: Prostitution and Modernitp in Tuentieth- Century Shanghai*, Unirersity of Calefomia Press, 1997, pp.3～65; Jean Towler and Joan Bramall, *Midwives in History and Society*, Croom Helm Ltd Press, 1986, pp.177～191.

產婦家有時尚未至分娩時刻，先為探視，預臨產再取接生筐，非敢在接生時不用接生筐。」這段由李吳氏婆媳自己發出的辯護聲音似乎處處與朱崇秀的指控相反，一度使保嬰事務所在決定處罰尺度上有舉棋不定之感，但卻仍作出了扣留執照的決定。不過李吳氏所陳之情的真確性卻由李孟氏主動具呈擔保的言辭中得到了佐證。[1]

李孟氏的具呈中說：「竊氏茲因懷孕，於二月二十八日自覺腹痛，似有分娩情形，乃急派人赴保嬰事務所請求助產。未幾即有朱張兩先生到舍察看，據云恐有危險，須立赴醫院生產等語，伏思氏素性頑固，未諳新知識，故當時自己堅決主張寧可冒險，不願赴院。朱張兩先生因氏之不可理喻，移時即行辭去，氏籌思至再，終覺仍以老法為宜，因本胡同李吳氏助產有年，頗多經驗，因立刻再請為助，又慮敝處所不認，該李吳氏未必肯來，乃用認門俗例，請其速來，不久該李吳氏居然來舍，當時見氏情形，亦云胎氣有損，深恐嬰孩已死腹中，同時朱張兩先生實在無法，只得辭去，並囑李吳氏在此守候，惟李吳氏再三推卻不允，經氏家中人等再三懇留，請其回家，攜來助產筐子等，並將其兒媳李國英帶來相助，再延至本日下午四時，居然生產，嬰兒早已無氣，氏則安全無恙，足見李吳氏經驗手段俱佳，氏一家甚為感激，但李吳氏助產執照，不知保嬰事務所據何理由竟將其執照扣留不發，伏念李吳氏助產出于氏等自願，嬰兒之死乃早死於腹中，亦並非該氏之誤用手術，且該氏一家性命俱賴此生活，該事務所扣留其執照，無異斷絕其生路。」[2]

這是個相信舊法的老北京人的實例，李孟氏主動具呈為自己的接生婆開脫責任，說明產婆用傳統手法接生與嬰兒死亡並無干係，不應

---

1 《李孟氏呈文》，北京市檔案館 J5 全宗一目錄九十八卷。
2 《李孟氏呈文》，北京市檔案館 J5 全宗一目錄九十八卷。

負其責任。呈文雖措辭謹慎,儘力用「素性頑固,未諳新知識」等自謙之辭構成敘述越調,但從呈文中所表現出的產婦在助產士勸說下寧死不肯住院,及產婆整個接生過程難以找出令人信服的紕漏等若干細節中,反映出助產士與產婦及產婆衝突的激烈程度。在這則案例中,現代衛生管理人員在舊法接生程序中找不到可予以指控的實際證據,產婆因一時未帶接生筐等行為而遭二所督察員呈報,甚至保嬰事務所再派出監督員查清二所報告中描述產婆行為的扭曲不實之處時仍予以取締的決定,均反映出老北京社區空間已被現代醫療的生活網路所嚴密控制,社區中的北京市民對日常生活的認知邏輯也在被強行予以塑造著。

　　李孟氏的呈文中特別強調自己的自主選擇在生育過程中的作用,比如強調李吳氏助產有年,頗多經驗,又突出用認門俗例方才請來產婆等措辭,並且強調這是自己頑固守舊的結果,這實際上表現出產婦對傳統接生方式的自覺認同和不得不對現代醫學制度曲意奉迎的雙重複雜心理。一方面,李孟氏對住於同一胡同產婆的公共形象的認同感是基於長期的社區理念孕育而成的,傳統的公共社區觀念是以親情關係與溫馨氛圍作為存在支點的,衛生示範區的建立通過監控網路與時空的改變沖刷與破壞著這一支點存在的合理性。但是在社區生活節奏中,生育作為特殊的儀式,並不僅僅是現代醫療技術實現的單一結果,產婦也不僅僅是醫療程序隨意處理的對象,生育過程始終需要整個社區中文化習俗系統所產生出的精神力量與儀式氛圍的支持與呵護。按照社區的經驗,當一位產婦從一個她所熟悉的環境被強行轉移到一個非常封閉的現代醫療空間中、由陌生人予以監控時,內心感到恐懼與不安其實並非有悖常理。據說,法國十八世紀的婦女是如此懼怕外科醫生,她們把產科醫生描繪成屠夫和劊子手,婦女有時寧可死

在生育過程中，也不願落入醫生之手。[1]

在北京城區實現「社區疊合」以前，如果北京人遭逢喪事，陰陽生在檢視死者死因方面具有相當大的權威性，這種權威身分甚至與其「出殃」等主持人身分具有同等的重要性，因為只要陰陽生出具「殃榜」，一般死者家屬即可領取抬埋執照。然而，陰陽生出具「殃榜」的權限基本限定於正常死亡的範圍，如出現「變死」情況（如自殺、他殺等情狀）時則必須由地方檢查廳驗屍後始可抬埋。我們知道，從公眾形象而論，陰陽生在傳統社區中的核心作用是主持「出殃」等宗教儀式，而開具「殃榜」是這一儀式的結局表現，並兼具官方認可的法律意義。如此雙面的公共形象常使陰陽生出入於「鬼域」與「俗世」之間，既是民間喪儀中重構人際關係的紐帶，又是官場核查「變死」的耳目。然而正是這一雙面形象使得陰陽生在民國時期的生存陷入了困境。一方面，陰陽生作為傳統社區中的重要人物，在檢視死因時，一旦遇到「變死」情況，其處理方式很難越出當地人情事故的圈子，徇隱之事難免間有發生；另一方面，自二十世紀初北京建立起現代警察系統以來，對地方社區的控制與滲透日趨於嚴密，據說民國初年北京每一千個居民中有十二個警察，而當時的歐洲主要城市每一千人中只有二至三個警察。[2]在這種情況下，陰陽生的任何徇私行為都極易被警方偵知而遭訊問和取締。陰陽生容易捲入警事糾紛的另一類原因是，從傳統醫學角度斷案有時會導致誤診，或不到現場勘驗僅憑死者家屬口述開殃，從而觸犯取締律令。如一九一三年二月，內左四區項

1　Robert Forster and Orest Ranum, *Medicine and Society in Drabce*, The John Hopkins University Press, 1980, p.159.

2　David Strand, *Rickshaw Beijing: city people and politics in the 1920s*, University of Califonia Press, 1989, pp.66～81; Sidney 1). Gamble and John Stewart Bargess, *Peking: A social Suruey*, New York Press, 1921, p.119; Alison Dray-Novey, *Spatial Order and Police in imperial Beijing*, The Journal of Asian Studies 52. No.4, 1993, p.911.

福海之子染瘟疫死去，當時請陰陽生張恕堂呈報是因「食積」而死，但警方並未看到原主治醫生的報告。調查結果是，醫生陳同福曾有兩日診治項姓幼孩的瘟症，但不知孩子已經死去。張恕堂填寫「食積」死亡是據項姓所稱，未加詳察。這一案例中顯然有死者家屬為省去消毒及審核的煩瑣程序而作出虛報的目的，張恕堂有意或無意做了項氏的同謀。

又有多據中醫診斷藥方開殮，而未問死亡時刻前後詳情的案例，如「劉樹勳妻因病吞服煙灰」一案。陰陽生王宇州經友人鮑六代請為劉李氏批寫殮書，在寫殮書之前，曾查有醫生楊納庵藥方，上書係患肝熱之症，王宇州當時察看屍身面目，未發現異常疑點，隨即開給殮書聯單等允許死者發喪，經「淨宅」儀式後付費離去，後經內左三區警察署以「濫開聯單」之名扣銷執照。[1]

由於陰陽生查驗死者的責任與一般「仵作」法醫及驗屍官有所區別，也可以說僅是整個「出殮」儀式的一個組成部分，關涉的也不僅僅是純粹的法醫或刑律的技術問題，同時要涉及社區之內的人情與倫際關係等複雜的綜合問題，所以一旦遇到與陰陽生相關的刑事糾紛，警廳往往很難作出自認為適當的判決反映。比如在對待「張榮五擅開殮書」一案時，警方就顯得缺乏憑據而表現得猶豫不定，當時制裁陰陽生的主要依據是一九一三年八月由京師警察廳頒佈的「取締陰陽生規則」第七條第三款：「有變死或原因不明不得賄賣殮書及濫填所發聯單。」如有違犯，應按「警律第三十八條二款處罰」，可是違警律因違警罰法頒發而已不適用，而當時的違警法未載有明確規定，如陰陽生濫填殮書應如何懲罰之處。

---

[1] 《京師警察廳詢問陰陽生王宇州一案》，北京市檔案館 J5 全宗十八目錄 16510 卷，第 14～18 頁。

「取締陰陽生」規則在民國初年的審核與通過是一個各種勢力長期爭鬥較量的過程。一九一四年，京師警察廳司法處即因「因陰陽生對於有喪之家往往藉出殃榜以行敲詐，建議衛生處予以取締」。衛生處的答覆是：「查陰陽生一項沿襲已久一時尚難以取消。前由本處訂定取締規則業經通行各區署嚴加管理。」尤可注意者，一九一三年制訂《取締陰陽生規則》時，明確認定陰陽生的職責是一門相傳既久的技術，第一條第六款規定陰陽生需呈報「受業師並受業年限」，可為證明，而且從警方角度而言，也並未把陰陽生行當劃歸為「迷信行為」，而只是在其觸犯律令時才予以懲處。然而在一九二五年北京實現了內城的「社區疊合」之後，衛生管理機構開始加緊徹底取締陰陽生的步驟。與早期警方針對陰陽生偏重於刑事糾查有所不同，北平市衛生機構首先根據現代醫學觀念和標準把陰陽生職業限定為封建迷信的殘餘，屬荒誕不經之列，根本不是什麼技術職業，如衛生局報告中經常出現這樣的斷語：「此項明陽生毫無醫學常識，倚恃其報告死因，以為施行防疫標準，殊為不妥」[1]、「陰陽生本為迷信時代之遺物」[2]等等。

　　二十世紀三〇年代初期，有關陰陽生之取締與抗辯的較量進入了第二階段。在這一階段中，北平衛生機構不是從刑律控制的角度，而是以現代醫療觀念為依據，開始進一步限制陰陽生的活動範圍。如北平市衛生處一九三二年初步擬定了一份醫師（西醫）醫士（中醫）聯合鑑定死亡和徹底取締陰陽生的辦法，函請各醫界團體簽注意見，其目的是用醫生診斷制約陰陽生的「迷信」行為。辦法函達「北平國醫研究會」後，卻當即遭到拒絕，國醫會並以書面形式申述了七條理由。國醫會堅持認為，陰陽生之業乃是一門流傳古老的技術，尚有學理根

1　《北平市政府衛生局二十三年度業務報告》一九三五年版第14頁。
2　《北平市政府衛生處業務報告》一九三四年，第75頁。

據，非一般迷信行為可比，「且營此業者，雖無學說，歷有傳授，例如死傷服毒等情均能證明，確有把握，又如死者招在某指某紋，即知何時身故，撒手撿拳，分別自死被害等情，歷歷不爽，且開具殃榜，亦其專長，以此沿習既久，歷行無舛，尤能鑑定清晰」。所以陰陽生驗視死者之法「允有特別之技能，實屬哲理之根據，端溯其由來，乃《漢書》所載陰陽家流傳之遺法，既非空言塞責者可比，又與荒謬迷信者不同，此其不可廢者也」[1]。

關於醫生是否應負有鑑定死亡原因的義務，國醫會討論後認為，陰陽生憑多年職業經驗和勘察技術已足以堪當此任，又有司法制度作保障，似無須醫生插手，文中強調：「陰陽生之義務，在鑑定死者是否自然而死，亦因他故而死，陰陽生本其特別之技能，即可立時判斷，負充分之責任，況有原治醫士最後之處方互證其病因，是否病死，抑系毒死，就此而論。又何須原治醫士之鑒定。」國醫會為陰陽生技術施以辯護，明顯不是站在現代醫學的立場上，而是站在傳統社區既有規則的語境裡發言，這其實也是一種自我保護，因為在民國初年醫士的地位明顯低於醫生的地位，亦一度被歸入取締之列。而陰陽生在驗視死者的技術上與傳統中醫的經驗性療法多有契合之處，兩者亦屬北京傳統社區內並行的百業之一，故頗有惺惺相惜的感覺。

例如在答覆衛生處關於死亡統計手續的問詢時，國醫會就堅持把死亡統計的權力直接交給陰陽生辦理，「遇有死亡時，即飭該陰陽生翔實填報，不得少涉疏忽，一面呈報區署，換領抬埋執照，一面送衛生處第二科備查，似屬不觸不背，尤為無擾無煩，且事實可行，簡而易舉」[2]。這實際無異於是對生命統計調查員之合法性的直接挑戰。

---

[1] 《取締陰陽生國醫會認為不可昨函覆衛生處備述各項窒礙》一九三三年，北京市檔案館 J181 全宗二十一目錄 1936 卷。

[2] 《取締陰陽生國醫會認為不可昨函覆衛生處備述各項窒礙》，北京市檔案館 J181 全宗二十一目錄 1936 卷，一九三三年版。

在答辯的最後一款中，國醫會對於衛生部制訂的死因分類表的二十七種死亡原因明顯表現出異議，認為這是按西醫標準所確定，而非中醫觀念所能認可，內稱：「醫師醫士應按照前衛生部暫行死亡分類表二十七種死因鑑定死亡，查中西醫所謂死因，向未一致，且中醫死因非二十七種所能概括。」所以只能適用於醫師而不能適用於醫士。國醫會的抗辯顯然使自己與現代西方醫學劃清了界限，同時也招致了北平市衛生機關的進一步取締行動。一九三三年十一月十七日，內政部將生死統計暫行規則又加以修正，修正之處為死亡證書「僅能由醫師鑑定，而醫士不與焉」。雖然最後由於西醫的抵拒，此條款並未展開實施，但卻在衛生行政意義上正式剝奪了中醫鑑定死亡原因的權利。

衛生行政的督察力量在「社區疊合」之後變得如此強大，以至於已滲透到城區街道的各類細胞組織之中，與原有的法律警事機構分享分割甚至替代著其空間控制的權力。一九三五年，陰陽生被徹底取締之後，死亡原因鑑定的責任正式落到了生命統計調查員的身上。統計調查員不但可以會同區署查驗不涉刑事嫌疑之屍體，負責發給抬埋執照，即使遇有變死或死情可疑者，亦可由統計調查員報告區署核奪，區署得到報告後即派員會同統計調查員前往檢查。因此，生命統計調查員不但完全取代了陰陽生的職責，而且在相當程度上分割了警事督察的權力。

民國初年，生活於法律與醫療行政夾縫地帶的陰陽生在不斷出現的抑制取締聲中逐漸走向了沒落。在陰陽生徹底被取消的前夕，時人評論云：「現時業陰陽生者多為衰老之流，舊有者死亡相繼，新呈請開業者早已一律不准，故人數日漸減少，不禁自絕。」[1] 陰陽生生存空間的日益狹小，使其作為壟斷傳統喪儀過程中的知識與技術的社區控制

1　《北京市政府衛生處業務報告》一九三四年，第 72 頁。

與協調者身分逐漸凋零退化，僅僅成為聊以謀生的末流職業。在有關陰陽生的檔案中，有一卷「七政堂」陰陽生家族的集體口供記錄。「七政堂」是內城左四區東直門內大街四十七號的陰陽生掛牌堂號，堂主是楊榮清（號階平）。一九二八年一月，北弓匠營九號住戶唐那氏被爐火燒傷，經醫官診治無效後身死。當地警署在查驗殃書聯單時，發現楊階平所填寫的死亡原因是唐那氏因患痰氣病症病故，並無燒傷字樣。經法庭詢問，楊階平供稱說是因患病在家裡時，唐那氏之子唐長祿招請其開立殃書，因身體虛弱不能前往，就按唐長祿所稱死者係患痰症在自己家中開立了一紙殃書並填發了聯單。如前所述，陰陽生所主持的儀式包括「出殃」、「禳解」、「淨宅」等複雜的程序，開具「殃書」只是其中複雜儀式的一環而已。如果陰陽生不親臨喪家現場，完整儀式的舉行就無從談起，楊階平在自己家中所開殃榜已註明唐那氏入殮時「暫忌四相龍狗豬羊，一推十二月二十二日丑時出殃，煞高一丈六，東北方化黑氣」[1]，卻無法親自赴死者家中參與「禳解」、「淨宅」等儀式，實際上是自動放棄了傳統陰陽生所具有的在傳統社區空間中協調乃至重構人際關係的壟斷權力。

無獨有偶，同年五月，在位於同一地點的「七政堂」，又發生了楊階平之子楊品賢假冒其父之名擅開殃書的案件。一九二八年五月二十四日，孫玉清喊告東直門內大街門牌 202 號住戶何定海將其胞姐何孫氏踢傷胎孕，以致小產身死，請求相驗。經過警官訊問，何定海堅稱妻子何孫氏確係小產身死，並無被腳踢之事，並稱業經陰陽生楊階平開立殃書為憑。經地方檢察廳檢察官黃梅榮等檢驗，何孫氏身帶磕碰傷痕，實因服鴉片煙毒致死，查閱陰陽生所開殃書上填患癆症，而陰陽生楊階平已於一月二十一日病故，檢察官當即派警員將楊階平之子

---

[1] 《楊如平呈文》，北京市檔案館 J181 全宗二十一錄 17428 卷。

楊品賢傳署，據楊品賢供認：「自其父楊階平故後，未將執照繳銷，現因生計所迫，遂冒用其父七政堂名號繼續營業。在開立何孫氏身死殃書時得銅元十二吊，當時因無經驗，未能看出服毒身死情狀，只據何定海親族所說填寫癆症。」

這樣看來，楊品賢不但不具備陰陽生的專門技術，而且是因貧而貪圖喪家的錢財，故警方呈文稱其「既無陰陽生知識，竟敢冒用伊父楊階平名義，擅自開立殃書」。文中用了「陰陽生知識」一詞，說明警方當時仍承認陰陽生有自身謀生的專門技能，只是從楊階平在家開殃到其子冒領詐財，都昭示出了陰陽生行當日趨沒落的圖景。

更為有趣的是，楊階平有一個兄弟名叫楊如平，在齊外朝陽市場開設陰陽生堂號，用的也是「七政堂」的名號。其胞侄楊品達（楊品賢的兄弟）因生計困難，借用楊如平的七政堂的匾額，以及冒用楊如平的名義為劉景康之妻劉彭氏開具殃書時，並未詳細偵詢，僅憑劉景康岳母彭高氏言其患肺癆病而死的一面之詞即開出死者殃書，因此為警察訪知查處。

楊如平在為胞侄辯護時的一紙陳詞，頗能反映出陰陽生當時的尷尬處境。文中表白說：「民思維再三，坦白無過，茲操斯業三十餘年，學術與經驗不負斯職。吾國文明落後，鬼神之說始終未泯，若認鬼神為烏有，破除迷信，吾國民奚又盡具避鬼敬神之心理。民操斯業，疏不危政治，擾治安，壞風俗也。蓋吾國政治有革，心理未革，破除迷信，固屬建設，然民一不宣傳，且不廣告以招來者，似此類事找民問津，非民隨處行詐術攏財可比語。夫社會之演進，優者勝劣者敗，哲理也。社會不需要之事業，自有天然淘汰，終歸消滅，亦勿庸急積（積極）取締也。」[1]這是七政堂堂主最後的申訴之聲，楊如平雖自信自己

---

[1] 《楊品賢口供》，北京市檔案館 J181 全宗二十一目錄 2560 卷，一九二八年五月二十五日。

的陰陽生技藝堪稱稱職，但其聽任胞侄擅開殃書一事，已經顯露出堂柱傾頹之勢已不可挽回。儘管他用優勝劣敗的進化語調以攻為守地為陰陽事業辯護有加，並歷數陰陽生對「政治」、「治安」、「風俗」的演化均無窒礙，然而他顯然沒有預計到，「社區疊合」之後的京城已經被醫療衛生的現代之網層層編織了起來。如果說現代警察體系在北京的拓展尚給陰陽生們留下了極其微小但卻可自我辯護的縫隙的話，那麼，區域疊合後重構出的社區空間則真正成了陰陽生職業的墳場。

六 結論

現代衛生示範區的建立實現了社區疊合的目標之後，首先要求醫務人員在自然社區內部確立自身的權威性。但是，這種權威性的獲得並非依靠的是自然社區內的傳統資源，如祥和的人際關係，而是專門化的技術手段和國家力量的支持。另一方面，醫療人員在示範區中所扮演的角色具有「感情中立」（affective-neutrality）的專業特徵，使他不可避免地與地方社區中強調人情關係的傳統醫療網絡發生激烈的衝突。在傳統社區中，接生婆與陰陽先生作為協調人際關係的重要角色，其公共形象與職業認同具有一致性。換言之，他們的職業角色是和生活於其中的人情氛圍特別是家庭，無法分割地交融在一起的。衛生示範區的建立，使得日常生活中的生與死變為醫療專門化程序的一部分，其醫療活動大多獨立於家庭空間之外，而這種專門化形式又得到了國家機器強有力的支持。在這種情況下，傳統意義上的生死控制方式自然無法對抗衛生示範區所刻意安排的新的生活節奏，而最終難以逃脫走向沒落的命運。

民國初年北京地區「四大門」信仰與「地方感覺」的構造

一　民間信仰、宇宙觀和「地方感覺」

人類學家雷德菲爾德（Robert Redfield）曾提醒過我們：在研究複雜社會時，應注意鄉民與紳士，農村與城市，以及「小傳統」（Little Tradition）與「大傳統」（Great Tradition）之間的區別與關係。[1]這一二分的框架近年也廣為國內歷史學家所接納，並促成了中國社會史研究實現了面向下層歷史的方法論轉型。但從總體看來，這種轉型是在現代化論的背景下達成的，大部分研究並沒有避免而是繼承了雷氏的理論缺陷，即均把「小傳統」看作是被動的、缺乏體系的落後因素，而「大傳統」則被看成對之具有支配作用。以往研究者在談及對民間宗教的認識時往往喜歡從對應於「大傳統」的角度來展開論證，從「大」、「小」的區分類別來看，他們已經在潛意識裡把農民的宗教信仰與思維列為次屬的內容，同時把「大傳統」視為社會演進與生存的主體動力。

可能受到雷德菲爾德這種劃分方法的影響，後來的一些人類學家如武雅士（Arthur P.Wolf）和王斯福（Stephan Feuchtwang）基本上都是把民間宗教看作是與一般菁英宗教（儒、道、佛）等相歧異的民間信仰來加以看待的，而且不自覺地認為基層信仰一定受到上層宗教意識形態的制約。而如果以「信仰」的標準加以認識，民間宗教觀念顯然屬於次屬一級的研究對象，這種思路仍明顯受到「精英文化」中心論的影響。

---

[1] Robert Redfield, *Peasant Society and Culture*:An Anthropological Approach yo Civilization., Chicgo, 1956.

例如武雅士就認為，神、祖先和鬼的類別表達的是農民對他們的社會世界進行的階級劃分，分別對應於官員、宗族成員和外人，這個類別框架基本上還是以「大傳統」的劃分標準為準繩評估民間宗教的性質，而且過多地把民間宗教視為政治社會秩序的對應和表現物來加以看待。[1]王斯福在《帝國的隱喻》一書中也試圖從政治意識形態的角度探討中國民間宗教，認為漢人的民間宗教，隱含著歷史上帝王統治的影子，但在地方上民間儀式的實踐具有地域性，民間儀式往往與中華帝國時代的政治空間模式有關，但是民間的神與祭儀所表達的是不同的觀念。官方的儀式通過世界觀的儀式化，創造帝國的象徵的政治格局，這種格局成了儀式上的傀儡，操演它的是地域化的社區與民間權力代表人，如道士、士紳和民眾。[2]這一取向雖然強調民間信仰對官方符號的「象徵性抵抗」，但其問題是，有可能仍把民間社區中形成的自發宗教秩序看作是「大傳統」秩序規則制約下的一種表現形式，而沒有其獨立的個性存在方式。與武雅士和王斯福相比，楊慶堃比較強調民間宗教與官方儀式性宗教的差別性，它用「制度型宗教」與「分散型宗教」界分二者的區別和邊界，把民間宗教理解為日常秩序中的一個組成部分，而不是硬性地從信仰的角度或從與上層政治秩序或意識形態相關的角度來界定民間宗教的位置，更易於使之擺脫以菁英文化觀照和衡定民間文化價值的圈套。[3]但楊慶堃基本上還是從社會學功能意義上來區別兩種宗教的形態，而沒有真正從民間宗教的內部理解其散播和擁有生命力的歷史原因和緣由，特別是沒有從基層民眾基本

1　P.Arthur Wolf, *Religion and Ritual in Chinese Society Press*, Stanford, 1974. pp.1~18.

2　Stephan Feuchtwang, *The Imperial Metaphor: Pouler Religion in China*, London, 1992. 又參見王銘銘：《神靈、象徵與儀式：民間宗教的文化理解》，載《象徵與社會：中國民間文化的探討》，天津人民出版社一九九七年版，第108～109頁。

3　K. Yang（楊志強）, *Religion in Chinese Society: A Study of Contemporary Social Functions of Religion and Some of Their Historical Factars*, Waveland Press 1991 , pp.294～240.

的感性結構出發來分析其信仰的基礎。當代的一些中國學者如王銘銘則認為基層社會存在著迥異於官方制度的民間權威,而且民間象徵中的權威隱含的不是「帝國的公正」,而是「非官方的公正」,或是「非官方的權威與公正」。[1]王銘銘強調的是民間權威未必是帝國上層的隱喻表現,而應該有其獨立的系統和運轉方式,包括支配地方組織和宗教體系的神異性權威的作用,但王銘銘並沒有說明民間民眾為什麼會信奉這種權威,是他的靈異性抑或是政治權力在實際發生作用。

　　以上學者研究取向的一個共同特徵是,基本上把民間信仰與上層意識形態的支配性聯繫起來加以考察,或者把民間權威結構的形成聚焦於對社區菁英人物及其支配作用的分析上,而沒有把注意力投向普遍百姓生活史中體現出的感性習俗對其宗教行為產生的影響。[2]這種觀念很可能是受到近代西方啟蒙運動思潮的影響。在西方現代性的思維框架中,「地方」(place)與「空間」(space)有根本性的差異,「地方」往往是與特殊的文化、傳統、習俗等因素聯繫在一起的,而「空間」則被賦予了現代普遍主義的特徵,並暗喻其具有人類普遍特質的表述意義。這種啟蒙式的表述總是置「空間」於「地方」之上,「空間」成為各種類型的宇宙觀傳播的工具和容器。當今在我們僅僅擁有關於「地方」知識的時候,似乎必須還要考慮它和普遍性知識的關係及其可能表述的意義,而且其重要性遠在對「地方性知識」的認識之上。康德就曾經認為:普遍性知識必須超越於地方性知識,因為沒有普遍性知識,全部被獲取的知識只能是些碎片般的經歷而不是科學。[3]在這種觀

---

[1] 王銘銘:《民間權威、生活史與群體動力——臺灣省石碇村的信仰與人生》,《鄉土社會的秩序、公正與權威》,中國政法大學出版社一九九七年版,第264頁。

[2] 似乎只有個別人如威勒(Robert Weller)注意到一般民眾對儀式採取的態度與道士和士紳不同:民眾的解釋偏向實用主義;道士偏向意識形態和宇宙觀;士紳多持複雜的理性原則。參見《象徵與社會——中國民間文化的探討》,第107頁。

[3] Steven Feld & Keith H. Basso *Senses of Place*, School of American Research press, 1996, p.16.

念支配下，一些學者往往喜歡把「宇宙觀」等上層階級形成的認知世界的圖式作為瞭解和評價民眾信仰的參照，而沒有把民眾自身在地方社會中形成的對生活的認知和感覺當作相對獨立的結構來加以看待，這樣就大大削弱了我們對民眾真實生活的認知程度。

關於對民眾感性方式的研究，威廉斯曾提出過一個解釋框架，根據雷蒙·威廉斯（Raymond Williams）的意思，整個生活中複雜的一般組織，只有全面經由真正的「生活經驗」，才有可能被知道，因為它是一種「感覺結構」，它是「在特殊地點和時間之中，一種生活特質的感覺，一種特殊活動的感覺方法」結合成為「思考和生活的方式」。威廉斯強調，「感覺結構」必須和「世界觀」或「意識形態」有所區別，因它不是限於「形式地擁有的系統信仰」，它還包括了「衝動、限制和越調等表示特徵的元素，特別是意識和關係的情感性元素：它不是與思想相對立的感覺，而是感覺般的思想，思想般的感覺，是一種現存的實質意識」。[1]威廉斯強調的是，民間的感覺不是意識形態的表述或可以用菁英思想概括成叫「信仰」的那種東西，而是一種自主性的結構。布迪厄（PrerreBourdieu）則解釋說，社會空間的構造方式，乃是占有相似或附近位置的作用者，會被放置在相似的狀況與限制條件下，並因此很可能有相似的習性與利益，從而產生相似的實踐，占有一位置所需的習性，暗含了對於這個位置的適應。[2]

具體到中國研究中，地方感覺結構不應僅從「帝國的隱喻」或與上層意識溝通的程度這一單面角度加以理解，或僅僅把宗教信仰理解為民間權力的政治表達方式，而是基層民間民眾日常生活的具體而細

1　〔美〕艾蘭·普瑞德：《結構歷程和地方：地方感和感覺結構的形成過程》，載夏鑄九、王志弘編譯：《空間的文化形式與社會理論讀本》，增訂再版，明文書局一九九四年版，第82～91頁。

2　〔法〕布迪厄：《社會空間與象徵權力》，同上書，第82～91頁。

膩的感覺。比如陳春聲在描述嶺南地區宗教習俗時，就著眼於普通民眾崇拜中的所謂「份」的感覺，這種感覺既不是官方意識形態所能涵蓋，也不是民間權威的力量所能支配，而僅僅是民眾在日常生活中積累起來的判斷周遭事物邊界的一種方法，對這種細緻入微的感覺形態的把握，可能會更貼近我們對基層民間社會風習狀態的認識。[1]

本文擬從華北民間宗教「四大門」崇奉體系和組織方式入手，首先揭示「四大門」信奉者的崇奉程序如何迥異於上層知識分類所給予的制度性安排，從而避免過多地依附於建立在上層知識類別分析基礎上的民間宗教評價框架，而更多地揭示民眾如何在日常生活的感覺中去理解神祇的效力；其次，盡量從信奉者的主體角度出發去理解其崇奉的理由與社會秩序之間的張力關係；第三，「四大門」在北京城內和郊區呈現出不同的活動形態，其原因與城區現代化控制的強度有關，也與西方醫療體系的滲透對城鄉影響所採取的不同策略和方式有關。本文將重點辨析城鄉現代制度變革所導致的地方感變化幅度與節奏的不同特點，以便確切估計現代化所造成的城鄉差異在多大程度上影響了「四大門」的生存狀態。

二 「四大門」宗教秩序的非身分化特徵

（一）「四大門」信仰的地域分佈及其功能差異

「四大門」是四種動物的總稱，即：（1）狐狸；（2）黃鼠狼；（3）刺蝟；（4）長蟲。「四大門」又稱「四大家」，是北京近郊鄉民中很重

---

[1] 陳春聲：《信仰空間與社區歷史的以樟林之神廟系統為例》，《清史研究》一九九九年第二期。

要的一種信仰。如《順義縣誌》中稱民間「黃鼠、刺蝟、長蟲（蛇）、狐仙、白兔，隨處皆供奉之」[1]。華北地區民眾也多有信仰狐仙者，如保定地區「唯對狐仙信仰甚深，家家供奉，並敬書『天下財源主，七十二口仙』類似聯語之紙條黏貼之。遇有小疾病，即云鬧老仙」[2]。據說，老北京的一些居民家中都供奉著「狐仙」，除享受主人的煙火食物外，它們都由城東門的「狐官」管轄。[3]有的學者則認為，「四大門」信仰不只限於北京或華北地區，因為「河北只通稱胡三太爺、黃二太爺，在東北舊小廟裡供養著神位，更有胡萬成、成一、成斗、黃玉禧、成明、柳向恩等名字，分別得很仔細」[4]。周作人把「四大門」看作是在西伯利亞朝鮮半島等很有勢力的薩瑪教的支流。[5]按照鄉民感覺結構加以劃分，「四大門」又可分為「俗凡」與「神聖」兩種。屬於俗凡類的「四大門」，在鄉民的眼中與其他動物沒有什麼區別，而屬於神聖類別的「四大門」就會成為人們崇拜的對象，在鄉民感覺區分的視

---

1 丁世良、趙放：《中國地方誌民俗資料彙編・華北卷》，書目文獻出版社一九八九年版，第22頁。
2 同上書，第315頁。
3 《中國文化象徵詞典》，湖南文藝出版社一九九〇年版，第122～123頁。
4 周作人：《知堂集外文・〈亦報〉隨筆》，嶽麓書社一九八八年版，第483頁。
5 同上書，第483頁。關於「四大門」與「薩滿教」的關係，目前存在著爭論，李慰祖通過對與「四大門」相關的神話和儀式的描述及分析，確認了「四大門」信仰屬於「薩滿教」屬性的體系。而一般民俗學界，在涉及「四大門」或類似的民間信仰時，則往往採取了「自然崇拜」中「動物崇拜」的解釋，或將其視為原始宗教及原始時代之信仰的「遺留」。但有的學者認為，「四大門」與「薩滿教」在某些儀式與信仰方面有相似之處，在滿族及達斡爾族等少數民族的薩滿教文化裡，可能滲進了類似「四大門」信仰的一些因素，但「四大門」及其相關的民間信仰形態卻有自身的流脈傳承和淵源關係，具有「薩滿教」難以解釋的獨特性，如果把「四大門」信仰理解為是在漢人地域社會之民眾生活裡的「民俗宗教」的形態之一，似乎更為恰當。參見周星：《四大門：北方民眾生活裡的幾種靈異動物》，北京大學社會學人類學研究所工作論文，二〇〇〇年。

野裡:「四大門」凡俗與神聖之分分別表現出兩種形態,他們往往作出以下描述以示區分,如:

胡門(胡、狐諧音):俗凡的狐狸遇到人,便會逃避,跑起路來是亂躥的。神聖的狐狸兩眼放光,走起路來安然穩步,見人並不逃避。

黃門(黃鼠狼):一般俗凡的黃鼠狼很怕見人,白天往往隱藏不出。神聖的黃鼠狼眼睛發紅,安然穩步,在路上遇見人便站住,將前爪拱起。

白門(刺蝟):一般凡俗的刺蝟灰白色,其他特徵很少,神聖刺蝟兩眼發紅,腹下有一寸餘長的白毛,刺的尖端有豆狀的顆粒,毛色時常改變,看上去本來是白色的,忽然變成灰色,一會兒又變成黑色,走起路來也是安然穩步。

柳門(長蟲,又稱常門,長、常諧音):一般的蛇類不能變化,而神聖的長蟲變化莫測,能大能小,看上去不過三五寸長,筷子粗細,一時之間便能長到兩三丈,有缸口粗細,頭上有「冠子」(凸起物)的往往是神聖的。身上發出金黃色光澤的長蟲更是神聖的表現。此外神聖的長蟲靜止的時候,總是盤做一團,將頭昂起,叫作「打坐」。

京郊鄉民將這四種神聖動物都加上了人的姓氏,如稱狐為「胡門」,稱黃鼠浪為「黃門」,稱刺謂為「白門」,稱長蟲為「柳門」或者是「常」,總稱為「胡黃白柳」四大門。「四大門」要想從凡俗躍級到神聖的位置,需要經過一番修練的功夫。修練到相當程度,便可以「聚則成彼」、「敗則成氣」。據當時研究者採擇鄉民觀念後經過加工的描述,其「精氣」即魂經過修練之後,便可以脫離軀殼進入人體。進入的途徑是從七孔和陰部,進入人體後,這個人周身就會出現反常的舉動,如哭鬧、胡言亂語及跑跳之類的現象。經過耗損精力,「四大門」就可對其加以控制,民間稱之為「拿法」。「四大門」的精氣進入人體中,就如同氣的運行一樣,所過之處往往會呈現出特色。如果婦女兩

腋之下出現突起的塊狀物，顯得非常綿軟，那就是精氣所在，若是將此處弄破，精氣就會立刻消失，該「門」的修練也就會成為泡影。

當然，「四大門」純用「拿法」的方式，還不能名列仙班，成其正果，因為還沒有積累起功德，所以又有「撒災」的說法。所謂「災」指的是一些流行病，將「災」（流行病）撒出去之後，「四大門」再依靠香頭的力量來治病，將病治好便算是積了功德了。但撒災有兩個條件：第一，每個家庭中至多有一個人得病；第二，病者未病之前，已經出現了生病的跡象，撒災僅僅是助其生病而已，所以治病可以作為造成功德的方法。[1]

「香頭」在「四大門」的授意下給人看病，可分為兩種情況：一種是所謂「瞧香」，就是將香點燃後，用眼直看高香火焰，在受到仙家靈機指示的情況下，可以說出病情，但是仙家並不附在體上，香頭的頭腦仍可以保持清醒狀態。另一種是「頂香」，在「香頭」將香引著後，仙家下神附在香頭的身體上「借位說話」，當時「香頭」心中感覺糊塗，前一種稱為「明白差」，後一種稱為「糊塗差」。又有的地區在「四大門」之外加了一個「鼠門」，所以也有「五大門」之稱。俞樾曾描寫過天津「香頭」的「頂香」情形，其中說：「天津有所謂姑娘子者，女巫也。鄉間婦女有病，輒使治之。巫至，炷香於爐，口不知何語，遂稱神降其身，是謂頂神。所頂之神，有曰白老太太者，蝟也；有曰黃少奶奶者，鼠狼也；有曰胡姑娘者，狐也；又有蛇、鼠二物。津人合而稱之為五家之神。」[2]《清稗類鈔・巫頂神》條中也說到：「俄而所頂之神下降，或稱白老太太，或稱黃少奶奶，或謂胡七姑姑，所立名稱，大抵婦女為多，故婦人易被蠱惑。至叩以神為何許人，則曰白者

1　李慰祖：《四大門》，燕京大學法學院社會學系學士畢業論文，一九四一年。
2　〔清〕俞樾：《右臺仙館筆記》，上海古籍出版社一九八六年版，第336頁。

刺蝟,黃者鼬鼠,胡者狐狸,更有柳氏者,蛇也;灰氏者,鼠也。京津人呼為五大家。」[1]

在北京地區,城郊與鄉間的「四大門」崇拜表現形式微有差異,城郊的形式較為多樣,一般會在較熱鬧的地方開壇或直接設在廟裡,或者在家設壇。例如民國年間有一次北城某處開壇,吸引要叩問病情的信士紛紛前來。頂香人焚香叩拜後,端坐龕旁,然後由到壇的人,焚香上供,有病癒前來還願的,便由頂香人勉勵嘉獎幾句,再指示一些養病的方法,意思是做給旁人看,求神是要還願的。有病前來求治,如是內症,當時頂香人就給幾包爐藥(香灰),簡單說幾句病症原因,標準句式不外是什麼「上火下寒,停食著涼」,或「某日衝撞某神,不虔心拜求,便能成為重病」,說完並大聲喝問:「是這樣不是?你仔細想想?」有的大仙特別嘉許,也會另賜幾粒丸藥,得到的病家會面露感激表情,頂香人則會面顯得意之色。丸藥的賜給方式,有的從香案上取付,有的由頂香人祝禱,從香火中抓取,有的從所供佛像袖中蹦出。[2]

病人如果得的是外症,如生瘡或是筋骨病,便會被安排留在最後醫治。施治方法有二:一是用熬熱的香油,頂香人用手蘸油,塗抹患處;二是把燒酒點著,用手抓火帶酒,塗揉患處,也有在酒內加花椒、茴香、鹽粒的,有時竟能減輕病情,起到殺菌活血舒筋的作用。還有的頂香巫人,家中並不設壇,只稱頂某仙爺仙姑,到人家治病,名為「分壇」,又稱「仙差」,又稱「奉命行道」。有的香壇,並無巫人,只有廟祝,叩問人直接求神,問事只求默佑,問病只求爐藥,如德勝門外的大仙爺平日問事問病的人就已不少,朔望燒平安香還心願

---

[1] 徐珂:《清稗類鈔》第十冊,中華書局一九八六年版,第4560頁。
[2] 金受申:《北京通》,大眾文藝出版社一九九九年版,第613頁。

的也是絡繹不絕。大規模的香壇如安定門外的馬神廟三八開壇，有籤有藥，除問病問事還願的人以外，還有不少皈依的信士，手執念珠，按日前往虔拜。[1]

而北京附近鄉間頂香或瞧香的行為則多在家中進行。李景漢在定縣所做調查發現大仙降神多在夜間，請仙的人必須把預備好的屋子遮得嚴密，不許點燈，還要在炕桌上供些熟雞蛋和燒酒。等香頭來了後，先要燒香沾仙，她坐在炕沿的桌旁，給大仙留著炕裡正座。忽然大叫，說是大仙來了，家人忙叩頭，請大仙飲酒，吃雞蛋，也能聽見吃喝的聲音。然後婦人請問大仙說：「這人得的是什麼病？」於是就聽到大仙似說似唱的答到：「這個人得的是××病。」這樣一問一答持續好久，所有得病的原因、治療方法和幾種簡單的藥品，都說清楚了，那聲音極細弱，好像女子。有時大仙還用一雙毛烘烘的小手，替病人按摩。[2]周作人認為，「四大門」的看病方法源於滿人對薩瑪教的吸收，祭堂子成為滿人官定的儀式，《清會典》中很威嚴的所謂贊祀女官，實際則是跳神的女巫，俗稱為撒麻太太。到了漢人中間叫作瞧香的，是道婆的作風，只是「頂」神說話，不那麼跳了。[3]可見在漢人中間，「瞧香」應主要是一種民間行為。

從「四大門」與香頭的個人關係而言，香頭基本上是各「門」的替身和代言人，而「四大門」的各類靈異動物很少現身。如城郊內頂蛇仙的巫人就往往虛設龕位，並不見蛇仙的本形，而有時蛇仙也會在龕中現出法身。據當時人記載，西城羽教寺所供潭柘寺的二青爺，系用梗木神龕，前罩玻璃，龕內設小床，床上鋪有黃緞被褥，二青爺

---

[1] 金受申：《北京通》，第613頁。
[2] 李景漢：《定縣社會概況調查》，中國人民大學出版社一九八六年版，第398頁。
[3] 周作人：《知堂集外文·（亦報）隨筆》，第483頁。

即隱身其中，有時從被中露出頭來，四處觀望。龕前香案上除陳列供品外，還羅列許多水瓶，求仙水的人可以自攜空瓶，取走若干。水瓶中的水，由助善人隨時續添。據說二青爺已有幾千年道行，按道理說應不食人間煙火，但夜間仍須由助善人供奉雞卵。普通巫人所供奉蛇仙，也以大青爺相稱，頂奉的人，可以附體後降下靈語。有一位巫人素頂蛇仙，據他說：凡有人問事問病，就會不自主地答出，但音聲並不改變，只需隨意答出，即是「仙語」，並須由旁人立即記錄，過後便不能重述。問病的就當時答出藥方，有的因為素習幾個湯頭歌，可以開出皮鬆肉緊的藥方來，有的根本不識字，也能隨口說出藥方來，就使人覺得莫名其妙。著名民俗學家金受申曾回憶說他對門住著一位郭老太太，就是如此作法的。有人請她看病時，或化病時必須由她和問病人虔誠跪禱，如仙不下降，即回絕病人不予施治。[1]

　　從功能意義上說，「四大門」發揮法力的能量是有區別的，比如黃白兩門中，黃門並無大的法力。據說黃門在鄉間，能力只是偷吃偷喝，凡有人家婚喪紅白事，廚房灶上，必有預防黃門作鬧的方法，如切肉的，必用刀在菜墩旁邊，時時虛砍，掌杓的人，必用鐵杓在鍋邊，時時虛敲，原因便是黃鼠狼能隱形偷吃。而鄉間認為白門蝟就是財神爺，但又不供祀實物的刺蝟，只是對虛設的財神洞叩拜而已。鄉間和城郊不同，只在籬內籬外淨地，建一小房，高及二尺，面寬約三尺，進深約二尺，前有小門，叫「財神洞」，每天晨昏三叩首，早晚一爐香，朔望擺上些簡單的供品，如白酒、雞蛋、花生之類。北京曾有諺語，凡是認為某人吝嗇不肯破鈔的，便說「不是財神爺，是草刺蝟」，或簡單說「某人是草刺蝟」，可見刺蝟是財神的象徵。對於「四大門」的行事特徵，金受申曾總結說：除長門時現法身，黃門幺魔小

---

[1] 金受申：《北京通》，第 616～617 頁。

道，白門不登大雅之堂外，都是不言不語，沒有大吹大擂的，這也許是北京之所以為北京罷了。[1]

以上粗略敘述「四大門」的成仙類別和頂香過程。可以看出，「四大門」從凡俗向仙班的過渡，與鄉民的身體感覺直接相關；與此同時，鄉民對「四大門」的信奉程度也往往與其對切身問題如疾病的治療密切聯繫在一起。因此，我們理解鄉民的信仰應首先從「身體」而不是「精神」層面切入加以分析。

（二）家庭壇仙的空間安排與身分制的解構

「四大門」作為民間信仰的一種形式，在華北地區擁有許多信眾。但我們如果深入其組織和信仰中，就會發現，其表現內涵與比較程式化的宗教形式如道教和佛教有相當大的區別，它沒有形成菁英和系統知識意義上的「宇宙觀」，普通鄉民基本上是靠生活需求所培養和指示出的一種直觀感覺來選擇崇拜對象，其對崇拜對象的分類也屬於一種相當感覺化的分類。比如平郊村鄉民就有意將偶像的職責按照其在生活中有能發揮的作用進行職能分類，使其各有所司。在家中供娘娘的，在嬰兒降生洗三的那天，必須要燒香擺供，祈禱娘娘佑福嬰兒長生康健；供奉張仙的，大多是因為家中無子，因為民間俗傳張仙是「打出天狗去，引進貴子來」；供奉菩薩的，只是為求保佑家中平安快樂，無災無病，此外沒有特殊的要求。[2]

「四大門」對鄉民生活秩序的影響還表現在各家鄉民對崇奉偶像位置的種種安排上。北京二三十年代郊區農民家中都擺有佛龕，而「四

1　李景漢：《定縣社會概況調》，第616頁。
2　陳永齡：《平郊村的廟宇宗教》，燕京大學社會學系畢業論文，一九四六年，第8～9頁。

大門」的住所則要在院中專門蓋上一間小房子，有的造價甚至要高於人住的瓦房，一般稱之為「財神樓」。據當時的調查，鄉民對在屋內所供奉佛龕的重視程度，與屋中所蓋的財神樓相比，大不相同。調查者看到的佛龕多半是塵垢遍佈，蛛網縱橫，有的農家將佛龕似乎僅僅當作一個陳列日用物品的架子，將許多小孩玩具、手工作品、私人相片等等都放在上面，看上去好像是一個雜貨攤。佛龕前面的桌子上更是放雜物的地方，小孩爬到桌上，也不會引起長輩的斥罵。[1]

　　鄉民對財神樓的態度卻完全不一樣。平常人若是走近財神樓，便會引起他們的懷疑，會受到監視，因為鄉民認為接觸財神樓很容易衝撞財神爺，對農家不利。調查人當時與一個叫黃則岑的農民已相當熟識，但是每逢李慰祖走近黃氏房子西邊的財神樓的時候，總會受到有意無意的監視。同樣，黃氏在他家財神樓旁栽蔥的時節，李慰祖一邊同他說話一邊觀察他家的財神樓的構造時，他便立刻請作者到他家中去坐。他的意思好像是「並不希望你到屋中去坐，而是希望你離開財神遠一點」。京郊農民對財神樓是否堅固也非常在意，在每年春季修理房屋的時候，凡是用泥土修的財神樓都要用泥抹一次，以防雨水將其滲透。[2]

　　從空間安排的角度而言，除財神樓外，鄉民家中所設「香壇」中的塑像可以分成三類即「佛」、「神」和「仙」。先說佛像，「佛」在鄉民眼中並無菁英頭腦中那樣的嚴格分類，其形象包容很廣。按照海淀碓房居六號劉香頭的意見，「佛像」應該包括佛教、道教中所有「神」、「佛」、「菩薩」等等，因為她認為自己所提供的幾位佛的佛法廣大，能夠普度眾生，與普通香頭所供的「神」、「仙」完全不同。劉香頭「香壇」

---

[1] 李慰祖：《四大門》，第 134～135 頁。

[2] 李慰祖：《四大門》，第 134～135 頁。

中,供著三個大佛龕,正中一個是「玉皇大帝」,身穿鵝黃色龍袍,頭戴「平天冠」,手持牙笏,三綹黑鬚;右邊龕中供的是觀世音菩薩,手執甘露淨瓶旁有「善財童子」和「龍女」;左邊龕中供的是「藥王爺」,九梁道巾,鵝黃鶴氅,三綹黑鬚,手執拂塵。

需要說明的是,劉香頭這樣對塑像的空間安排在鄉民中並不普遍。如在成府曹香頭的香壇中,「佛」的塑像不供在正中而供在兩旁,因為正中所供的「四大門」就地位來講當然不能與「佛」相提並論,但是四大門是該壇「主壇」之神,也就是該壇的開創者,所以要供在正中。「佛」在該壇的位置只屬於客座的關係,他們往往在設壇之後方才駕臨,並且不是常住該壇,來去無常,所以只得屈身在下席。來求香的人都向「香壇」上首叩頭,因為「佛」平日很少下壇,還有的佛從不下壇,所以不供在上首。

曹香頭向壇中左壁供有兩個龕,上首是「三清」、「玉清」,都是作道家的裝束,下首供的是一個木質的「彌勒佛」。曹香頭告訴作者說:「這位老神仙請不下來!」在壇右壁龕中供著一張「濟公」的相片,有四寸大小的一張半身相片,頭戴無沿氈帽,瞪目露齒,作微笑樣子。[1]

曹香頭顯然沒有按菁英知識的要求對佛身分的尊崇分類加以特殊安排,而是混雜了諸多的偶像,對「佛」及神像的安置不是按照宗教學意義來加以分類的,而是按照「佛」的靈驗程度即是否能請下來進行安排,然後根據「佛」的靈驗與自身具體生活的關聯程度來解釋選擇崇拜的對象。從這個意義上說,鄉民對「香壇」設置的空間安排,很難是一種「帝國的隱喻」或政治秩序觀念的某種表達,而是一種地方感覺結構塑造的結果。

1　李慰祖:《四大門》,第132～133頁。

在對神的尊崇態度上,更可以看出鄉民的感覺對選擇崇拜那類「神」的影響。按照鄉民的觀念,「神」的地位一般比「佛」的地位低,但是在「壇口」上,「神」的神通比「佛」的力量大得多。「神」不但有偉大超自然的法力,而且有力量來命令「四大門」,因為「四大門」是「神」的當差的。但在空間安排上,「神」的位置卻未必比「四大門」要高,如在曹香頭的「壇口」上,「天仙聖母」(又稱碧霞元君)的龕是在「四大門」的下首,因為這位娘娘不是該壇的主神,儘管碧霞元君在北宋就受到了冊封。[1]京郊各壇口供奉較多的「神」是王奶奶,據當時的調查,王奶奶共有三位。據調查引證西直門外大柳樹村關香頭下「王奶奶」神的時候,這位王奶奶對自己的出身有段自述:

「王奶奶不是一個,有東山丫髻山『王奶奶』。有西山天臺山『王奶奶』,我是東山王奶奶,原本是京東香河縣後屯村的人,娘家姓汪,西山『王奶奶』跟我是同村的人,娘家姓李,我們並不是一個人。天津稱『王奶奶』作『王三奶奶』,現住妙峰山,那又是另外一個人,她並沒有弟子,也並不降神瞧香。我本來是七世為人身,在第八世成了道。在成道的那一世的人身,夫家姓王,娘家姓汪,我們『當家的』(即其丈夫)磨豆腐賣,我們吃豆腐渣,在夏天去野地裡挖刺菜(一種野菜,葉如柳葉狀,一個莖上結一朵花,作淺玫瑰色)放在大缸裡酸起來,就著豆腐渣吃,很是苦楚,現在的『窩窩頭』那真是『玉宴』了。後來我們當家的死了,剩下我和一個傻兒子,更是困苦!有一年丫髻山蓋鐵瓦殿,我給山上背鐵瓦,每一塊『背錢』(即工資)才『四兒錢』(即四個制錢),背一天,夠個吃飽的就是了。趕到鐵瓦殿蓋

---

[1] 趙世瑜:《國家正祀與民間信仰的互動——以明清京師的「頂」與東嶽廟為個案》,載楊念群主編:《空間・記憶・社會轉型——「新社會史」研究論文精選集》,上海人民出版社二〇〇一年版。

好，我進去看看，哪知道我成道的時辰到了，就『坐化』（由肉體坐在殿中成了正果），在殿裡，即是丫髻山鐵瓦殿中坐化的肉體『王奶奶』。」[1]

從「王奶奶」的這段自述透露出的消息中可看到，王奶奶坐化之前只是出身貧寒的一介平民，後來也不曾受到官府的冊封，也就是說在官方欽定的「神譜」中沒有其身分和位置，這和另外一位「娘娘」——碧霞仙君所受到的待遇很不一樣，但卻在普通鄉民中擁有普遍的信仰。「王奶奶」的平民化特徵還表現在下神時要抽「關東煙」。

在槐樹街李香頭的壇口上，專門為「王奶奶」預備了一份煙袋，那煙袋是菠菜綠的翡翠煙嘴，虎皮烏的煙桿，白銅煙鍋，青緞煙荷包，供在龕的旁邊，專等「王奶奶」下神時吸用。「王奶奶」下神吸菸，往往煙不離口，並且要喝小葉茶（較好的香片茶），喝完一碗，跟著又喝，有時喝得很多，有時還要飲酒，但是不用茶品佐酒。王奶奶抽菸喝酒的行為其實更易使鄉民接近「神」所營造的氛圍，使「下神」成為日常生活感覺的一個組成部分，而不是遙不可及的偶像崇拜。京郊另外一位神是通縣南門外二十八里的李二寺中的主神，名字就叫「李二」，他本是一個挑水夫，後來成了道，後人為他修了一座廟，他的塑像仍然是挑水夫的打扮。

京郊流行的有關王奶奶來歷的傳說卻頗有不同，平郊村的村民認為王奶奶是光緒初年京東三河縣一帶的人，生前十分貧苦，為人傭工度日，至於打的什麼工，卻無人能詳。王奶奶心地善良，時常扶弱濟貧，後來成為香頭，頂四大仙門為人治病，常常是每治必愈，無不靈驗，從此聲名大噪。後來赴妙香山進香，遇到靈異事情，不久即在妙峰山坐化，成為肉胎仙人，各處爭相塑像供奉。據鄉民看來，王奶奶

---

[1] 李慰祖：《四大門》，第 81～86 頁。

的法力似乎較四大仙門稍高一籌，因為她是以人的肉身修練成仙，而四大門則是以動物的形式修練成仙，所以王奶奶的威力應較四大門為高。[1]這段有關王奶奶來歷的敘述和西直門一帶傳說有所出入的地方在於，王奶奶本是役使四大門的神人，而此段傳說卻認定王奶奶曾有一段時間頂四大門看病，是受的四大門的驅使，然後才碰到機會坐化，反過來其法力才超過四大門的。

當然，這些「神」受到崇信的原因是他們可以直接驅動「四大門」，幾乎是立竿見影地解決現實中的若干棘手問題，而不像一些官封的「神」如碧霞仙君一般在朝頂廟會前後才顯靈，在時間上無法滿足鄉民的即時性需要。

在鄉民的「神譜」中，具有成神資格的必須是人，人由於修善果，或是修練成道，便轉成了「神」。「四大門」修善果，或是轉煉成道，便成了仙。表面上看，「神」與「仙」的價值不可同日而語，「四大門」永遠沒有希望修練成「神」。一個人生下來，自然就有五百年的道行，所以「四大門」要修練五百年後才能脫去畜性，成為一個凡人，而且神仙過一年等於世間的十年，「四大門」如要蛻變為人形是很不容易的。

「四大門」雖與「神譜」無緣，但在塑像上卻是人的面目出現，而且也有性別之分。男性的「仙」是被尊稱作「老爺子」的，每一個香壇中的各位「老爺子」（普通是兩位到五位），塑像時都要合塑在一張紙上，雖然合塑在一起，他們並不一定同屬於「四大門」中的某一門。在成府曹香頭「壇口」上有「白門」五位「老爺子」的塑像，這張塑像分兩部分，下半部分是第一層殿，上首坐定「大老爺子」，穿清代朝服，朝帽朝靴，顏面呈渥赭色，面部有皺紋白鬚；下首坐定「二老爺子」，容貌服裝與「大老爺子」相同。上半部分是「第二層殿」，「三

---

[1] 陳永齡：《平郊村的廟宇宗教》，第16～18頁。

老爺子」坐定正中，三綹白鬚；左肩後坐定「四老爺子」，八字黑鬚；右肩後坐定「五老爺子」，年紀很輕，無須。在成府剛秉廟李香頭壇口上五位「白門」老爺子沒有多少區別，來歷卻大不相同。據李香頭說，這張塑像上的五位「老爺子」全不是同門。「大老爺子」是「胡門」（狐狸），「二老爺子」是柳門（長蟲），又稱「常門」，「三老爺子」是「白門」，「四老爺子」是「黃門」（黃鼠狼），「五老爺子」是「灰門」（鼠）[1]。

　　鄉民信仰塑在紙上的「四大門」是有其現實緣由和自己的標準的，他們會主動把紙塑「四大門」與一般的財神紙馬區別開來。平郊村一位侯姓婦女就認為紙繪的財神像毫無用處，僅僅靠一張紙，怎麼可能對人發生作用？可是「四大門」作為財神爺卻因靈驗而得到信仰，同村之中豆腐房掌櫃黃則岑和其妻子就表示極不信仰紙上所繪的神仙，但是對於「四大門」財神爺是絕對地尊崇，「四大門」壇仙在民間受到尊崇最重要的原因不在於它在「神譜」中是否具有多麼高的位置，或是否得到了很高的修行身分，而是取決於它在鄉民的實際生活中起作用的程度，或者說是在多大程度上影響了鄉民的日常生活狀態。「四大門」壇仙的許多神異功能往往直接滿足了這種需要，壇仙職務的分工十分細密，比如老公墳王香頭壇口上的仙家是三位「胡門」的老爺子，大老爺子負責治病，指示農家修財神樓；二老爺子守壇配藥；三老爺子輕易不下壇，主算卦問事的責任。在倉營村開香頭的壇口上，仙家有更細密的分工，該壇共有 118 位老神仙，必要時還可以從別的「壇口」上請其他的仙家，這一百多位仙家各自分任一小部分職務。在治病方面又分出內外兩科，例如治疙瘩的是一位仙家，治眼睛的又是另一位仙家。此外，對於安樓（修財神樓）、指示疑難、求壽等等均有專

---

[1] 李慰祖：《四大門》，第 81～86 頁。

仙負責。[1]關於「四大門」與其他偶像崇拜的關係,按一般意義上的宗教社會學的劃分,「四大門」應該屬於經驗性的早期不健全和粗糙的形式,它們由隨意的經驗所組成[2],缺少菁英宗教的莊重儀式和身份。因此,人們想像當一些制度性宗教如佛、道等日臻成熟以後,這樣的經驗性宗教自然要屈從於後者的支配。然而事實可能恰恰相反,在一般鄉民的眼中,比較正規廟宇中那些泥胎塑像之所以有顯靈的能力,並不是由於它們自身的神性所能達致,而是作為低一級仙家的「四大門」把自己的力量加之於上,藉著泥胎的招牌來顯示神通,或藉著廟神的名義「攛趕香火」。按照鄉民的經驗,平常在一個社區中,同時有幾個「關帝廟」,其中只有一個香火興盛,其餘的都無聲無息。據此判斷,興盛的廟宇是「四大門」藉著「關帝」的名義來攛香火。

在調查中,一位鄉民曾經說過,普天之下的「關帝」只有一個,怎麼可能分身住在各個廟裡面?所以求廟中「關帝」泥像當然是無效的,即使「關帝」常住在一個廟內,也絕不會給人治病。當年曹操以金銀相贈,「關帝」還不接受,一般百姓只是草木之人,更不會引起「關帝」的注意了,何況到廟中去的信男信女們多一半是問病求財,投機企業,求神保護。「關帝」以正直不阿的品格若能對此類問題發生興趣,豈不是笑話?「關帝」如此,其他天神也是一樣。[3]這段鄉民的樸素表述倒是提示出了一些問題,促使我們對以往的一些理論提出質疑。

以往人們普遍引用的武雅士的理論認為,對於中國民間社會而言,神、鬼、祖先三種超自然形像是分別按照官方、陌生人和親屬這

1　李慰祖:《四大門》,第34頁。
2　〔法〕涂爾幹:《宗教生活的基本形式》,芮學明等譯,臺北桂冠圖書公司,一九九二年版。
3　李慰祖:《四大門》,第41~44頁。

三種人群的基本社會分類為模式進行塑造的，但就普通鄉民與「四大門」的關係而言，佛、神、仙的關係更主要的是按照其對社區日常生活干預和支配的能力來劃分其重要性的，這又取決於鄉民的地方感覺的判斷。比如在鄉人的眼裡，祖先的地位是最不重要的，在平郊村，「供祖」的現象就極不普遍。據當時的調查，只有於家和楊家兩家舉行過祭祖儀式，而且這兩個祭祖的人家，一個是村中的書香門第，另一個是村中的首戶，其他農家都沒有發生過祭祖的舉動。[1]據韓光遠對平郊村一家姓趙的農戶所進行的調查發現，趙家對於祖先觀念並不重視，自他們搬到平郊村來以後的一百四十年間，從未曾設置過祖先牌位或圖表，平常年節也不給祖先燒香或叩頭。[2]據一種分析，祭祖發生在書香之家，原因是祖先崇拜更接近儒家思想，而普通鄉民更關心日常生活中雨雪風旱等自然條件對他們的切身影響。祖先的作用是保護家庭平安，而從事工商業的人卻都更關注財源是否茂盛這種實際問題。在這些方面，「四大門」比祖先乃至神佛崇拜發生的效力更加直接，人們通常認為很重要的佛像應具有普遍意義的神祇在社區中並不起作用，而僅是在表面意義上與其他社區達成共享信仰的一種符號而已，只有經過「四大門」摧火之後才能發生效力。在鄉民的眼中，對「四大門」既充滿邪氣，又多有應驗，心裡邊常常表現出又敬又恨的情緒。

　　據韓光遠的調查，在平郊村趙家的信仰裡，財神爺有兩種：一種是真正的財神，如關公、比干、文仲等；一種是作祟的財神，就是所謂「四大門」。一次趙家人對韓光遠說：「『四大門』是神裡頭的小人，喜怒無常，不能得罪，得罪了他們的就是好人也得遭殃，不得罪他的，壞人也能發財，咱們最好別惹他們，免得倒黴。」[3]這與「善有

1　陳永齡：《平郊村的廟宇宗教》，第 11 頁。
2　韓光遠：《平郊村一個農家個案研究》，燕京大學社會學系畢業論文，第 46 頁。
3　韓光遠：《平郊村一個農家個案研究》，第 48 頁。

善報，惡有惡報」的傳統世俗觀念似有相當距離。在其他地區，也存在類似「四大門」式的仙家，而且雖被視為「邪神」，卻仍被認為在日常生活中是必不可少的角色。如山西徐溝縣農村中幾乎家家都祭祀狐仙，祭祀多半在一間空房裡進行，或是在一個僻靜的地方，普通人家都是買一張神影貼在牆上來祭祀，也有用黃表疊一個紙牌位，上面寫上「供奉大仙之牌位」，貼起來供奉的。特別重要的是，狐仙的祭祀也是不讓人看見的，一般都是在私下裡進行，「因為狐仙不是一種正當的神，而是涉於邪怪的神，即所謂之淫祀」[1]。

鄉民有關「關帝」的談話更是顛覆了我們原先持有的觀點。一些研究者如杜贊奇曾經認為，「關帝」正是從一個小型社區的功能神通過不斷加封成為具有普遍威懾力的「神」，而且官方通過闡釋「關帝」的內涵把儒家忠孝的思想灌注進民間生活。[2]本文對「四大門」信仰的研究則證明，正是「四大門」的神力灌注進了「關帝」偶像之中，才誘發了其顯靈的功能，與「四大門」一走，關帝反而無法顯示靈異的威力相反，「關帝」後來被賦予的儒家特性由於對於鄉民來講並不實用，反而成為其顯靈的障礙，甚至顯得有些迂腐。

被調查的鄉民還提到平西八里莊有一座塔，忽然發生靈驗，城內人前往求藥的絡繹不絕。但是過了一年光景，塔的靈驗便煙消火滅，原來「四大門」已經離開了。所以北平留有一句老話叫：「八里莊的塔，先靈後不靈。」

與人類學家（王斯福、武雅士、劉鐵梁、郭于華、王銘銘）強調民間權威作為官方國家意志和宇宙觀的隱喻表達有所不同，本文認

---

1 李有義：《山西徐溝縣農村社會組織》，燕京大學社會學系論文一九三六年，第 156 頁。

2 Prasenjit Duara, "Superscribing Symbols: The Myth of Guandi, Chinese God of War", *The Journal of Astudies 47*, no.4（Nouember 1988）.

為，官方認同甚至刻意加以利用的符號如「關公」、「佛像」等等有可能為普通的鄉民所利用，從而逆向性地成為民間塑造「地方感覺結構」的資源。前述各例中，京郊各家的神像及一些公共廟宇中的偶像顯靈與否都受到「四大門」的驅動和操縱，否則無法發揮顯靈的功用。也就是說，一般意義上的神祇，如在其他地方也應發揮神力的佛道諸神，在京郊區域內也會受地方感覺的支配。按照楊慶堃對「制度性宗教」和「分散性宗教」的劃分標準，作為「分散性宗教」的「四大門」信仰恰恰利用了制度性宗教當作自己的門面，如前述香頭壇口上曾同時懸有「三清」（道家），「彌勒佛」（佛家）之像，這也是普通鄉民的選擇。因此，我們遠遠不能低估具有地方特色的民間信仰在塑造地方意識和感覺方面所起的獨立作用，而不要僅僅把它們理解為官方宗教的表達方式。

三　廟神的定期崇拜與「四大門」的喧賓奪主現象

北京城郊的村民對於自己所崇拜廟神的看法，大多受到其功能作用大小的影響，而很少受其在廟中所處位置的影響。比如平郊村延年寺的廟神在村民心中就會按其發生作用和效力的大小進行排列，如下圖所示：

観音

眼光　天仙娘娘　子孫

真武帝

普賢　玄壇　關公　文殊

彌勒佛

藥王

靈官　二郎　韋駄神　十八羅漢　四大金剛　李天王　山神

天罡　周公　雞公　善才　痘哥　五方神　痘神　龍女　桃花娘　河魁

　　按此表所示，彌勒佛是大乘之佛，理應位於最高的位置，但因其與村民日常生活不發生密切關係，所以在村民的眼裡地位僅列第五。文殊普賢本應與觀音同列，然而村民雖表面上去同拜三位神人，實際上僅奉祀觀音一神而已，所以在廟中文殊與普賢降到了與關公趙玄壇同列的地步。此外，村民重視各殿正神地位階層的分化，而忽略旁邊侍立諸神也存在地位階層的分化。調查者曾議論說：「所以地位愈下之

神其分化亦愈小,甚而至於其功能與歷史亦被湮沒無聞,蓋此等神已失去其應付村民生活中需求的功能了。」[1]

「四大門」的影響無疑經常瀰漫滲透在鄉民的四周,對他們的生活發生著特殊而又持續的影響。平常祭財神的日期一般都選在每月初一和十五兩日,也有的鄉民為區別於普通民眾公共的拜神日期,往往會選擇每月初二、十六兩日祭祀。祭祀時在財神樓前設酒三杯,用火點燃後,焚香一股,然後叩頭,再焚黃表錢糧等物。

「四大門」在日常生活中的地位遠不止如此,在定期舉行的廟神崇拜中,「四大門」也經常會搶奪走其他諸神的風頭,而獨享民眾對它的膜拜。甚至那些完全信賴神佛的人,或是那些有半靠神佛半靠人力想法的人,從實際意義上來說大多都崇拜「四大門」,崇拜廟神變成了一種表面化的儀式,內容卻是由「四大門」來確定的。比如離平郊村不遠的東楊村七聖神祠,裡面的正神是「關帝」,左右並列著山神、土地和龍王、財神,前面還有青苗神、藥王、王奶奶及關平、周倉等。這個神祠因為沒有廟產,平時都是關閉著的,僅僅在初一和十五日開門。可本村村民來此廟崇拜,卻大多崇拜王奶奶,而很少有拜關帝的,平常稱呼此廟為「王奶奶廟」,而不是「七聖神祠」或「關帝廟」。由此可見,王奶奶在廟中扮演著的是喧賓奪主的角色。平郊村每逢初一和十五,都有一些鄉民前來拜祭王奶奶,如張順的母親在這兩天肯定會來給王奶奶燒香叩頭,這是她許下的願心,因為有一次華北發生大水災,官方命令每村必須出壯丁勞力修堤搶險,經抽籤手續,決定張順前往。但張母只有這麼一個兒子,救災之事非常危險,所以極不放心,很想藉故逃脫差役,可是官差不能拒絕,最後只得忍痛放行。張順離開後,張母就到王奶奶廟跪了兩枝香,許願如果王奶奶如

---

[1] 陳永齡:《平郊村的廟宇宗教》,第105頁。

保佑張順平安返家,日後每逢初一和十五必前來燒香拜廟。以後張順果然安全返回,據他說自己是在晚間趕回家的,半途迷路,正在徬徨之時,忽然前面出現一位穿著藍布衫的老太太,自己便跟著她走,終於走到了自己的家門,可瞬息間,老太太已無影無蹤。[1]

平郊村甚至有逐日給王奶奶燒香叩頭者,村裡人都知道有一位姓詹的婦女每天必來此廟二次,給王奶奶燒香叩頭,風雨無阻,數年來如一日。之所以這樣做是因為曾有四大門在她身上「拿法」,逼她做香頭,搞得她寢食不安,所以最終許下心願,每日早晚來王奶奶廟燒兩次香,表示自己的虔誠。每天這樣做是她自己似乎覺得有一種力量,每天都推動自己前去燒香祭拜,回來才覺得平安,因而形成了一種習慣,並不以此為苦,如果因故有所間斷,反而覺得心裡煩躁。[2]

離平郊村約一里地的六眼口村有一個增福庵,它的空間結構是正殿一間內分三層臺階,主神也是關公,前有彌勒佛,旁邊依次排列著龍王爺、馬王爺、關平、周倉、判官和小鬼,偏臺兩旁坐著財神、閣君、青苗神及土地;第二層臺階上供有天仙、眼光、子孫三位娘娘;最高一層則是觀音、文殊、普賢三位菩薩,旁邊站著三位羅漢。與此殿西面相連,有一間小屋,裡面供著王奶奶。來庵裡燒香崇拜的人多集中在初一和十五兩天,而王奶奶殿雖偏居一隅,卻比正殿的香火為盛,因為當地鄉民都相信王奶奶能治病,有病的村人大多願意到此崇拜問病。

距平郊村約二里遠的西楊村有一個永安觀,從名字上觀察應屬於道家祭祀場所。第一層殿是關帝殿,供有關帝、周倉、關平、韋馱,兩旁立著的是天官和土地;第二層殿是娘娘殿供奉天仙、子孫和眼光

---

1 陳永齡:《平郊村的廟宇宗教》,第18頁。
2 同上書,第17頁。

三位娘娘，眼光娘娘手裡抱著一對眼睛，子孫娘娘手抱一個嬰兒；第三層殿是大佛殿，上面供著釋迦牟尼佛、文殊和普賢二菩薩，及呂祖、長春真君，兩旁還供奉著當家道士的若干牌位。最值得注意的是，裡面還有一個神龕，供奉著四大仙門的神位。在佛殿中供奉四大門神位，而沒有另立空間分別祭祀，可以說是此殿的一個特色，可是這種安排卻與普通鄉民家中對神位的安排方法是相當一致的。

在空間安排上，各種廟神被當作法定的信仰系統被膜拜，這只是個表面的現象，而四大門在神祇系統中處於低位，在神廟的空間安排上也偏處一隅，卻得到大多數村民的崇拜。如果站在村民的立場上觀察，他們認為有的事情四大門較廟神更加靈驗，而且更有力量，因為廟神是不大管日常生活中的小事情的，可四大門卻能與村民的生活中任何一小部分都發生密切的關係。「四大門」往往僅是作為一種靈異動物出現而發揮作用的，由於它們常常能幻化為人形，而不僅僅是高居廟堂的神像，所以更與民眾的日常感覺與生活行為密切相關。如河北大夫莊就流傳著一個「藍家墳」的故事，說的是北京的郎家胡同，村民們過去常把它叫作「狐仙街」。相傳北京有個「狐仙街」，街上開藥鋪行醫的全都是「狐仙」，但都顯出人的模樣。大夫莊曾有一人去了北京的「狐仙街」，結果有人托他捎信給「藍家墳」。這人非常疑惑，心裡想那「藍家墳」不就是村外那處大土疙瘩？捎信給誰呢？那人告訴他，到墳地後，圍繞第一棵楊樹轉三圈拍三下，就自會有人來接。他上前一試，眼前忽然出現了一處莊院，有人出門迎接，並很客氣地請捎信者進院歇息。以後他就常去「藍家墳」串門。大夫莊裡有一個女人，胸口長瘡後十分痛苦，到處治不好，這位捎信人忽然想起他去「藍家墳」的時候，曾看見那裡的牆上有張畫像，畫的是一位姑娘心口上紮著針。女人便向他求情，他答應了下來，一次串門時趁「藍家墳」的人不注意，拔掉了那根針。結果治好了村裡那女人的病，可「藍家

墳」的主人說，你把我家一樁婚事給毀了，以後你就不要再來了。從那以後，他再去「藍家墳」就再也看不見那處莊院了。[1]

這則故事說明「四大門」的顯靈行為其實就發生在民眾的日常生活之中，而且民眾與之發生關係的基礎完全建立在實際效果是否應驗之上，與神仙的倫理與道德屬性沒有太大的關係。如村民認為廟神總是善良的，他們只有幫助人興盛幸福，卻不對人作惡。但是四大門可以對人做善，同時也可以對人作惡，他們常常自動的找尋人作惡。另外他們也常是喜怒無常，忌諱極多，村民中的崇拜者，其畏懼的心似乎遠勝過敬愛的心，所以許多村民都認為能不與之發生關係最好，因為他們對人施加的影響，其善惡常是捉摸不定的。儘管如此，對「四大門」的崇拜仍是大多數鄉民的第一選擇，其原因即在於他有能力直接影響鄉民的日常感覺和行為。

四　頂香看病的個體化特徵與社會秩序的維繫

「四大門」信仰作為京郊鄉民日常生活的一個組成部分，其值得探究的意義不僅在於使我們能夠破解對普通民眾關於超自然力量的想像能力，和對宇宙觀的認識程度，特別是這種認識程度與官方祭祀系統的對應和溝通的程度，更在於我們可以從中瞭解中國基層社會的內在秩序和運行法則。[2]「四大門」作為低於佛、神的幻化成人形的仙班動物，卻在普通鄉民的日常生活中發生著決定性的影響，它並不像廟宇或社區公奉神靈那樣具有鮮明的儀式化的外貌特徵，普通鄉民也通過

1　周星：《四大門——北方民眾生活裡的幾種靈異動物》，北京大學社會學人類學研究所工作論文，二〇〇〇年。
2　鄭振滿、陳春聲：《國家意識與民間文化的傳承》，《開放時代》二〇〇一年十月號，第63頁。

儀式化的程序或大型的祭祀活動形成自己的認同和崇拜意識，而是以相當分散的個體存在形式對鄉民的生活發生著實際的影響。以往我們認為，對「佛」、「神」一級靈異對象的崇拜及其背後的權力運作關係對鄉民的日常意識干預最大，不過從對「四大門」的研究觀察，我注意到，呈個體分佈的「香頭」雖然在社區政治秩序中並非處於頂峰位置，但卻在社區日常實踐中更加直接地塑造著鄉民的地方感覺結構。

「香頭」在社區主要有兩項功能即治療疾病和協調社區糾紛，我們注意到，治療疾病不是一種單獨的行為，而是屬於整體社區事物的一個組成部分，因為治療技術的高低往往和「香主」的個人能力無關，而是取決於其「壇口」神力的大小，而各個壇口「老爺子」的神力較量左右著鄉人對一些事務的判斷，構成了地方感覺的氛圍。據調查者說，「香頭」自己承認不懂醫術，並且毫無治病的能力，「香頭」在不下神的時候，和普通人相比並無多少積極的力量。「香壇」的藥品之所以能治病，是因為有仙家的力量起作用。老公墳王香頭就曾說：「咱們哪裡懂醫道呀！這全都是『大老爺子』的靈驗！」王香頭說她自己當的差是「糊塗差」，每逢下神的時候，凡事不由自己，當她下神打第一個呵欠的時候，心裡明白，口中還能自由說話；打第二個呵欠的時候，心裡明白，但是口中不能說話，當時手中雖然燒著香，也是身不由己；打第三個呵欠的時候，不但口中不能說話，而且心中糊塗了；以後與人治病如「按摩」、「行針」、「扎針」等等，完全不受自己意志的支配。比如與病人「按摩」時，將手放的位置不對，就感到有一種力量把她的手推向病人的患處。[1]

在普通鄉民中，對「爐藥」與「香灰」的信任度也是頗不一樣的。人們更相信爐藥具有治病的能力，但是對於「爐藥」有信心的人並不

---

[1] 李慰祖：《四大門》，第83～84頁。

承認佛堂、家祠中的香灰,甚至自己買來的一般香燒成的灰全有同樣的功能。雖然我們的觀念中往往會預先想像比仙家高一級的神廟中的香灰應有更大的治病效力。這說明,鄉民可能在更貼近自己生活的空間中營造感覺氛圍和心理認同,這種感覺不必一定要與官方或更高一級的神祇相接通。至於「爐藥」中的其他藥品,在本質上鄉民認為儘管是些「吃不好人也吃不壞人」,與生理上無甚作用的東西,但是經過仙家的意旨,也就發生了效力。剛秉廟的李香頭說爐藥所以能治病,因為老神仙夜間時常左右手各托一盤靈丹到壇上放在爐中,她又說爐藥放在水碗中沉底,香灰放在水碗中則浮飄。

香頭治病有以下幾種形式,如服藥、敷藥、扎神針、扎火針、按摩、畫符、吞符、收油等。如「扎神針」的過程是這樣的:有一位鄉民請求藍旗汪香頭治病。香頭下神之後,說病者心中好像有一個東西橫在那裡一樣,必須要「扎針」,便伸出右手的中指在燃著的香火上繞圈子,同時讓病者坐在椅子上,香頭用中指扎他的人中(鼻下、口上),再用中指在火上畫幾個圈子,然後用力扎他的腹部,此後再扎他的背部十幾下,腿部幾下,再抓起病人的手來,扎他的腕部,又用手指掐病者的十個指甲。汪香頭的丈夫告訴調查者說,「扎神針」的時候,病者就感覺到真像有針紮了進去一樣。[1]

又如「畫符」:平郊村一位姓張的女子,一次夏天在瓜棚下衝撞了「常爺」,不久周身腫痛,便請香頭醫治。香頭用筆蘸墨在病者疼痛的地方畫符寫字,施行法術後,苦痛稍稍緩解。次日早晨又在她的身上畫符寫字,並沒有服藥,不久病體痊癒。

「吞符」:平郊村一位叫于念昭的三妹,一次得病,請香頭到家中治病。此香頭用一塊白布,上畫靈符,放在火上燒了,布並不變形,

---

[1] 李慰祖:《四大門》,第95〜96頁。

呈現出黑色，上面畫的符呈現的是紅色，壓成了灰，用水沖服，病體痊癒。另一種治病的形式「收油」，據於念昭的母親介紹，其辦法是將香油盛在勺中放在火上，等到香油沸騰了，「香頭」用手蘸著熱油與病者塗在患處上便可痊癒。[1]

「香頭」所用藥品除「爐藥」外均屬於比較常見的中草藥或果品，例如王香頭診斷病人的病情為四肢無力，頭暈眼黑，不思飲食，夜不能眠，心裡如同橫著一塊東西一樣。他開的藥方除有三小包爐藥，分三次服下外，還包括幹荷梗三節（各長約三寸），松塔（松實硬殼）三個，鴨梨三斤，薄荷葉一撮，草根一個，素砂二分錢，荳蔻二分錢，檳榔片十一片，花椒粒十七個，藕節七個，燈草、竹葉各少許。[2]

藍旗汪香頭診病時用藥，除「爐藥」三小包外，用茶葉和姜作引子，並且用四樣「發表」（發散的藥材）即韭菜、蕎麥、白薯、海帶共同煎服，連「根」（渣滓）一同服下，分三次服，回家後立刻服一次，晚上服一次，第二天早上服一次，如果覺得口渴時，可用「山裡紅」（紅果）沏水作飲料。上面開列的藥品有些並非屬於藥材，經過仙家的作用，再與各種藥材進行搭配就可產生奇效。一個香頭曾對調查者說，「爐藥」在各個病人嘗起來，滋味並不相同，即使是一個尋常的橘子，如果經過仙家的作用，便可嘗出酸、甜、苦、辣、鹹各種不同的時香美味來。比如剛秉廟李香頭壇口上的爐藥味道一向是非常苦的，據她同調查者說，「香頭」在下神時所說的藥品，正是仙家的意旨，「當香差的」在退神後完全不知。當「香頭」說藥品時，如果聽不清楚可以發問，並可以用筆將藥名抄錄下來。如果事後發問，「香頭」便會表示不知道，而且「香頭」並不歡迎瞧病的人對於他的藥品的本質加以

1　李慰祖：《四大門》，第 95～96 頁。
2　同上書，第 95～99 頁。

詳細的詢問。[1]

可見香頭是依靠仙家的力量方能獲得治療的權威，同時，人們也確實不把「香頭」看作真正意義上的醫生，而是把「香頭」治療疾病看作是其協調社區事務的一個組成部分而已。

哈佛大學的凱博文（Arthur. Kleinman）教授通過對臺灣疾病人群的考察，認為中國文化建構的氛圍對病痛和患病角色的行為會產生極大影響，他認為中國病人在看病時，極易將焦慮情緒及情感型病症的精神障礙身體化（somatization）。也就是說病人往往羞於表述病症的精神障礙方面，而往往用身體症狀的描述取而代之，這與中國文化賤視精神疾病的文化傳統有關。[2]這裡邊當然有文化因素制約的原因，但另一方面在一個社區中，鄉民把精神疾病自覺歸屬於非醫療的神的治療範疇也有關係。因為在他們看來，精神疾病是無從表述的，無法像西方的懺悔機制沿襲下來的傳統那樣準確地表述自己的精神的非正常狀態。而對精神問題的解決不是作為嚴格意義上的疾病，而是作為社會秩序的不穩定因素交由神靈處理。

例如郭于華在陝西作調查時，當問及村裡人有病怎麼辦，什麼時候求神神，什麼時候看醫生時，靈官廟的會長嚴肅地說：這腦子裡要有個區別了，什麼病人治，什麼病神治，要有判斷了。比如肚子裡有瘤，就得上醫院治，像前幾天××胃穿孔，就得上醫院開刀，但是有的病，比如身子發軟，不能動，吃不下，做夢，又說不出什麼原因，去醫院查不出病，就得讓神神治。總之腦子裡要有數了，「邪病」靠神

---

[1] 同上。

[2] 〔美〕凱博文：《文化建構病痛、經驗與行為：中國文化內的情感與症狀》，《思與言》第三十七卷第一期，第241～272頁。

神,「正病」還得靠國家醫院。[1]郭于華的調查昭示病人對看病方式的選擇不僅是一種文化塑造,而且也是一種有意識地功能區分性的選擇,比如關於「除祟」的說法。當一個家庭成員被四大門「拿法」或鬼魂附身時,病人會作出哭笑囈語等反常的舉動,鄉間稱之為「祟惑」。「祟惑」對當事人的影響不僅表現在心理與生理上的紊亂,而且也會破壞家庭的穩定秩序和社區間人與人的關係,這也就規定了鄉頭的任務不僅是紓解患者的病痛,而且要平定眾人騷擾不安的情緒。下面是兩個除祟的例子:

第一個例子是於念昭的長兄之子振雄與念昭長嫂的娘家內侄劉鑑幼時同學,振雄得病夭亡,被認為鬼魂附在了劉鑑身上,劉鑑立刻全身發痛,在炕上翻滾,於家便請平郊村東南石板房某香頭診治。某香頭到來便登炕用手按摩病者,按摩的地方便不覺疼痛,最後按到頭部,便問道:「你走不走?」鬼魂附在劉鑑身體上說:「我走。」香頭又問:「你是要吃的,要穿的,還是要錢?」鬼魂說:「我要一千塊錢。」香頭說:「給你錢,你不許再來,我把你帶到山裡去,你要是再來,我把你治死,你必得要起個誓!」鬼魂堅持不肯起誓,只是說:「我要是再來,我是小狗!」香頭認為不滿意,便向鬼魂說:「你說若是再來,天打雷劈!」鬼魂堅持不肯起此重誓,香頭逼之再三,鬼魂無奈只得起誓。劉鑑自此病體痊癒。過了三天,於家還香,送香頭點心致謝,並帶冥間鈔票一千元,交給香頭與振雄焚化。[2]

焦慮情緒的釋放不完全是個人的問題,而且有可能成為處理日常事務,使之趨於合理化的一種表達方式。下面一個例子就反映出這

---

[1] 郭于華:《民間社會與儀式國家:一種權力實踐的解釋——陝北驥村的儀式與社會變遷研究》,載郭于華主編:《儀式與社會變遷》,社會科學文獻出版社二〇〇〇年版,第347頁。

[2] 李慰祖:《四大門》,第112頁。

種情況：剛秉廟的李香頭說她的壇口的南面不遠，有一個張姓女子，年已三十五歲，還沒有出閣。她的「家神」總「拿法」她，時常獨自一人整夜坐在炕上，自言自語或哭或笑。她的「家神」時常同她說，因為她未曾出閣身體潔淨，要讓她「當香差」。她常向李香頭哭訴說，未出閣的姑娘當香差太難看。李香頭壇上的老神仙便指示她，若是疾速出閣便無事。恰巧有人央媒求婚，報男人年齡四十一歲，說話時李香頭正在張家，「三姑姑」便下神說：「你不用瞞著了，『小人兒』（新郎的俗稱）今年四十三歲。」媒人請「三姑姑」查一下黃曆，「三姑姑」說：「查黃曆做什麼？他今年四十三歲，屬狗的。」媒人說，姑姑的話完全對，媒人不敢再隱瞞。但是張家將男造八字合婚結果是「下等婚」（即不吉利的婚配），女方便不願作親，於是謝絕此媒人。當日晚上家神又拿法此女，次日女家急忙將媒人找回，表示應允婚事。如今已結婚，作為續絃。[1]張姓女子的焦慮解除過程實際上是一種婚姻關係的締訂的表象，這裡面不排除有借精神狀態的失常達到社會秩序（婚姻）重組的內在目的性運作。

香頭對「收驚」方式的壟斷也反映出同樣的問題，一些家庭運用自己的方式叫魂，如挑著小孩衣服叫他的名字，在「香頭」看來是無效的，因為「收驚」的力量需通過降神的程序才能獲得。在這裡，凱博文的描述應予質疑，因為在民初調查者中，鄉民的自述可能並不迴避對精神狀態的描述，而不拘於身體感受的描述，如於念生的太太就說常覺自己魂出體外到各處遊蕩，遇到有飲食的地方就停下來享受，時常吃鮮果飲酒，完全與真情景相同。這表明鄉民能自覺區分「看病」與「看神」的區別，「看神」完全可以清晰描述自己非正常的精神狀態。凱博文收集到的證據如母親說兒子記憶力差，注意力不集中，在學校

---

[1] 李慰祖：《四大門》，第112頁。

成績不佳,導致多夢與胃潰瘍出血,可能更多地受到了現代西方醫學暗示性影響,而不是一種文化現象的表現。

「香頭」在解決社區實際問題和調停是非曲直方面也會發生作用。例如剛秉廟李香頭壇口上曾遇到過一個事情:燕京牛乳廠有一個工人丟失了十數元,他的六個同伴隨同工頭到李香主「壇口」上明心表示清白,請老神仙指出誰是偷錢的人。老神仙下壇後,這六個人依次各燒一股香,其中五個人燒的香火焰都很旺,唯獨只有其中一個人的香總也引不著,後來竟然冒出了黑煙,這個人馬上面容變色,滿頭流汗。工頭便向老神仙說:「您也不用說了,我也明白了。」原來此人將錢偷到手後完全賭輸,手中已毫無存留,結果工頭只好替此人將錢歸還原主。[1]

老公墳的王香頭談到一對夫婦生下一個兒子,父親因他的兒子是個斜眼,又是屬虎的,認為不祥,於是想讓妻子把兒子拋棄。妻子不肯,他一怒之下離家不歸。他的親戚彭文彬是王香頭的信奉者,便代向王香頭的壇口上求香,王香頭便說此人不久就要回來,果然這位父親不久就回來了,卻仍不愛這個小孩。彭氏便將此人領到壇上,王香頭降神把此人斥罵了一頓,令他不得如此。這位父親終於有所悔悟,回家以後夫妻和好如初,而且也喜歡上了自己的孩子。[2]這個例子說明,「香頭」在社區道德倫理秩序中具有一定的支配力量,但是這種支配力量是相當弱化的,而且並非主動介入的結果。如前述幫助查找東西的剛秉廟李香頭壇口就說老神仙最不願意替人家找回失落的東西,所以「四大門」信仰下的「香頭」網絡並非是一種嚴密地主動支配鄉間生活的權力系統,但通過自己是否靈驗的能力支配著鄉民處理日常

---

1 李慰祖:《四大門》,第105頁。
2 同上書,第114頁。

事務時的選擇意向，隨機性、即時性的色彩較強。

上述的研究已經證明，京郊鄉民的「地方感覺」在相當程度上與「四大門」信仰所發揮的作用有相當緊密的聯繫；與此同時，「四大門」信仰及其相關組織並非作為一種具有高度年紀和支配力量的權力網絡而存在的，其實際控制鄉民情感的能力往往取決於其發揮效果的能力。按鄉民自己的理解，「香頭」無法長期控制社會生活的一個原因是，香頭本身並無法力，法力是仙家藉著香頭的身體來施展的。仙家行道為的是催香火，自己得道，得道後便要離開香頭而去，香頭便不靈了。所以在鄉民中有一種說法，認為初開香壇的香頭最靈，因為在最初開始時，仙家為的是使香壇興旺，多受香火，所以格外賣勁地施展法力，造成壇口上的信譽。過了三五年，仙家受足香火，到了自己隱遁潛修的時節，就會離開「壇口」，該壇就不會顯靈了。北京一些地區就有所謂「催香火的廟」，廟的靈驗時間長度一般也就是三年左右，如一九一四至一九一七年間，二閘西三塊板地方，忽然出現了「大仙施聖水」的說法，吸引了大批人前往禱求。此地在通惠河南岸，起初只是一個小龍王廟，香火催起來以後，便背河面池，造起大龍王堂來。香火繁盛致使小販云集，便門二閘間，以至東直朝陽便門間的河船，作了幾年繁盛的買賣。[1] 還有一種說法是說婦女當「香頭」在前三年比較靈驗，三年過後靈性衰減的原因是香頭剛當香差時，不敢存有貪私的邪念，處處以服務大仙為宗旨，所以香火日見興旺。然而長此以往，香頭禁不住誘惑，漸生貪念，時時算計收到多少香錢，反而忽略了當香差的真正意義，所以大仙不再扶助這些香頭。[2]

不過據當時的調查分析，從來沒有一個香頭對人表示過其壇口上

---

[1] 金受申：《北京通》，第 613～614 頁。
[2] 陳永齡：《平郊村的廟宇宗教》，第 27 頁。

的仙家要走或已經走了,自己無法再當「香頭」了。海淀碓房居劉香頭對人說她已經當了三十九年「香差」,海淀張香頭當了三十二年的「香差」。據李慰祖的分析,有兩點原因:

　　第一,有的香頭聲明他頂的不是「四大門」,而是天神,例如碓房居劉香頭說她頂的是「玉皇大帝」、「觀世音菩薩」、「藥王爺」,這種天神的法力是永久不滅的,所以香壇可以長久下去。

　　第二,在一個壇上「立壇」(即創設本壇的)仙家可以他去,但是「串壇口」的(客座的仙家)和後來的仙家可以完成新舊交替的過程,維持香火不斷,但「客串」的仙家顯然不如一個新「開爐」的壇口香火興旺。也就是說,「香火」是否興旺仍取決於仙家施法的效力,這一點決定了鄉人信奉的對象不是不可以改變的[1],同時也決定著某個香頭在社區事務中是否具有持久的影響力。

1　李慰祖:《四大門》,第118頁。

五 「四大門」與草澤鈴醫
——傳統鄉村醫生角色的模糊性

(一) 鄉村中存在大量「儒醫」嗎?

如前所述,「地方感覺」的構造與「四大門」發生效力的程度密切相關。與此相聯繫,「地方感覺」的構造同樣與「四大門」這樣的所謂「巫醫」與其他類型的傳統醫生以什麼樣的身分參與社區事務有關,因為「四大門」的主要職責是頂香看病。那麼,他們和基層社會中以診病為職業的醫生階層到底是什麼關係呢?他們之間是否也有分工和相互滲透的關係呢?這就涉及到如何評價醫生在傳統社會中的作用問題。一般醫療史的研究方法基本上是把中國傳統醫學定位為一門技術來加以考察的,特別注意的是中醫與西醫在診病和用藥等專門化過程中的歷史差異性。這就是人們常說的所謂「內部研究」,有人甚至評價說如果把大陸的醫學史研究劃歸史學研究的範疇,倒還不如將之視為「中醫學」的一部分,要來得更恰當些。[1] 近幾年逐漸興起的社會史和文化史研究,開始關注中國醫學與周邊社會文化的互動關係,即存在著一種所謂「外部研究」的轉向,[2] 儘管這種轉向在大陸史學界所表現

---

[1] 陳元朋:《兩宋的「尚醫士人」和「儒醫」——兼論其在金元的流變》,臺灣大學文史叢刊一九九七年版第 7 頁。相關的研究成果還有,金仕起:《古代醫者的角色——兼論其身分與地位》,《新史學》第六卷第六期,一九九五年三月。
[2] 參見杜正勝:《作為社會史的醫療史——並介紹「疾病、醫療與文化」研討小組的成果》,《新史學》第六卷第一期,第 113～151 頁。我個人認為,杜正勝雖然把「醫療史」當作「文化史」來研究,例如涉及身體與醫療相關聯的文化意義,醫家的族群和學術歸類及疾病反映的大眾心態等方面,但其主導取向仍集中在菁英和上層士人對醫療技術的認識和運用上,而基本沒有考察醫療對普通民眾的作用過程和傳統習俗和制度對醫療過程的影響,即尚未充分涉及「醫療史」的「社會」面相。

出的成效是極其微小的。

例如有的學者把「尚醫」一事當作北宋以降「士人文化」的一個組成部分加以看待。如陳元朋就致力於北宋「士人習醫」與「儒醫」流變的分析，特別注意醫生身分轉變所依靠的歷史文化氛圍。這種文化史取向表面上走出了「內部研究」的藩籬，實際上仍是「菁英研究」的翻版。這個翻版來自於民初謝利恆的判斷，他說：「自唐以前，醫者多守專門受授之學，其人皆今草澤鈴醫之流。……自宋以後，醫乃一變為士大夫之業，非儒醫不足見重於世。所謂『草澤鈴醫』者，其格日卑，其技益日劣。蓋此輩大都不通文義，罕能著書，僅恃師授，無復發明。」[1]這段話暗示宋以後儒醫當道，似乎也能全面控制鄉村社會生活了。

陳元朋基本上是沿著這一思路來觀察宋以後中醫之流變的。這裡面至少有兩點需要辨析，其一是：草澤鈴醫向儒醫的演變只是從菁英視角對傳統醫生身分進行內部觀察的結果，這一身分變化沒有經過民眾評價的檢驗，特別是歷史上到底是草澤鈴醫還是儒醫起著主導作用並沒有得到驗證。其二是：沒有對草澤鈴醫向儒醫身分的轉變所發生的區域和範圍作出界定，特別是這種現象到底對基層社會生活擁有多大意義沒有得到證明，所以這種轉換的研究對理解基層社會的普通民眾對醫療行為的態度很難說具有實質性幫助。因為如果只是通過論證兩宋時期「尚醫士人」與「儒醫」人數的大量增加，得出中國社會在醫療知識系統和醫療實踐的選擇上更趨於「理性化」，這多少是出於一己之想像。這一思路基本上是把醫生對傳統醫學典籍的熟悉程度作為確立醫生身分的唯一標準，從而梳理出一個菁英化醫生發展的譜系，進而把這個標準直接挪用到基層社會醫療狀況的評價之中，由此想像

---

[1] 謝利恆：《中國醫學源流論》影印初版，臺北古亭書屋，一九七〇年版，第24頁。

中國的普通鄉民似乎也會自覺摒棄傳統民間固有的生活準則，僅僅從職業化、專門化的標準來選擇醫生。

實際情況往往是，在民間社會中，即使醫生有自成一系的傳承網絡，其作用也必須服從於基層民眾的整體需要，這種需要不僅單單表現為一種對某種醫療技術的需要，而且更多受到文化背景和地方感覺的制約。比如僅就醫療空間而言，治療環境是否符合於人情世故的標準可能比醫療技術的好壞更加顯得重要，尤其是治療過程中誰來參與這種環境也比純醫療技術的因素顯得重要。所以民間醫生往往是一身多任的，他常常與巫者、社區領袖等種種身分混而不分，治病只是社區事務的一個組成部分，而不是可以和社區事務相分離的專門化活動。張仲禮曾指出，所謂「儒醫」往往與其紳士的身分有關，一般並非是專門化的醫生，「有些紳士掛牌行醫，這不需經政府考試或獲得資格證書。當然也有一批醫生是普通百姓。有紳士身分的醫生通常稱自己為儒醫，以區別於普通醫生，而普通醫生中有些是巫醫」[1]。也即是說，紳士是成為一名儒醫的必備條件，是獲得社會聲望的身分前提。[2] 張仲禮估計，生活在十九世紀的紳士們從行醫獲得的總收入不會太多，這是因為行醫的紳士人數有限。方志的資料顯示，行醫的紳士只占紳士總數的 1%～2%，換句話說，即他們總共只有 1.5 萬～3 萬人左右，也即每個州縣僅有 10～20 人[3]，而且他們往往集中於一些文化發達的富庶地區。如一七六五年乾隆年間，蘇州遭傳染病侵襲，地方官趙酉佈施醫藥並集中派遣二十五位名醫在圓妙觀設局治療病人，

1　張仲禮：《中國紳士的收入》，費成康等譯，上海社會科學院出版社二〇〇一年版，第 109～110 頁。
2　周榮德：《中國社會的階層與流動——一個社區中士紳身分的研究》，學林出版社二〇〇〇年版，第 178～181 頁。
3　張仲禮：《中國紳士的收入》，第 113～114 頁。

據說許多人被救。這種措施顯然並非任何地區尤其是農村地區都能做到。[1]當然，晚清以來棄儒從醫者的人數亦不少，此類醫生俗稱「看書郎中」。為充實自己的實際經驗，有的起初試著診病，潛心觀察；有的中途參師進行臨床實習，最後一舉成為名醫。特別是一九〇六科舉廢除以後讀書人紛紛習醫，如民國時期湖南安化著名儒醫李自成先讀醫書數載，深得《內經》要旨，然後再行臨床。地方誌中說他工於望診，望色而定人死生，故有「竹神仙」之稱。[2]另有些地區對中醫有所謂名醫、儒醫、時醫的劃分。據認為，醫理通達、技術精湛、醫有成就、盛孚眾望、名重一時者為名醫，博覽醫籍、自學有成、醫技嫻熟、治療效佳、名傳一時者為儒醫，參讀醫書、問學他人而得技、遇時疫或某些疾病、應時而獲某些成效、為人們所認者為時醫。[3]

不過按當時廣大農村醫療的實際情況考察，以中醫為業者的行醫方式顯得更為多樣和複雜。大致可以歸納為以下數種：

開舖行醫：以此行醫者多為家傳世醫，或出自名師門下，醫技高明，資本較為雄厚，醫藥兼營；或以行醫治病為主，附帶行醫。有的醫藥兼營，歷年不衰。如湖北松滋縣楊林市官橋「任太源藥店」，從一八六四年開始，先後經歷任國川、任朝兵、任力征、任正嗣四輩，開舖上百年，行醫售藥，擁有資本（光洋）二千餘塊，每天收入 10～20 塊。[4]又如廣西岑溪縣樟木街四代世醫葉麗生，清末就開設廣福堂藥舖

1　Yuan-Ling Chao, *Medicine and Cociety in Late Imperial China: A Study of Physicians in Suzhou*(1600～1850), Ph. Ddissertation, Depart of History, University of California, LosAnigeles, 1995, p.202.
2　湖南省安化縣衛生局編：《安化縣衛生志》一九八九年。
3　湖南保靖縣衛生局編：《保靖縣醫藥衛生志》一九八三年。
4　湖北松滋縣衛生局編：《松滋縣衛生志》（1911—1985）一九八五年。

等等。[1]坐堂行醫：多是博得藥店主信任，有一定聲望的名醫，或是店主為了招攬生意，邀請自己親戚或好友中的良醫來坐堂看病，以達到互利的目的。他們受聘於藥店後，能獲得全部診金，藥店老闆從藥費中抽取適當報酬給醫生。

擺攤醫：多為草藥醫或擅長治療跌打、雜症的民間中草藥醫生，一般流動於縣城內或比鄰集市，或趁農閒或重大節日，鄉民趕集之際，在鬧市區擺攤看病售藥（如膏、丹、丸、散和各種草藥。也有外來游醫藥販途經集鎮，擺攤售藥，或治跌打損傷，或治婦科雜病。如一九二八年曾獲國民黨武術比賽全國第三名的梁芳伍，曾以醫治跌打骨科到廣西岑溪縣及廣東比鄰圩鎮擺攤看病，並售賣自製的膏丹丸散等。

走方醫者：又稱「游醫」，常年走村串戶，以出診為主。醫學水平較低，但在一定地區內頗有名聲，以服務態度好見長。因使用草藥為主，故又名草醫。有的還經年遊走他鄉，有其一技之長。湖北松滋縣南一帶還有一批「走方」醫生，每年擇期「整酒」，或張貼廣告於集市要道，或發送請柬於往日顧主，屆時聚會一堂，擺以宴席。凡來參加酒會者，必送一份禮金。以後治病，醫生隨接隨到，病家可免交診金。

習武行醫：本出身武林，或有武術愛好，以治療骨科和外科見長。如松滋縣世居老城的彭楚才，子承父業，習醫練武，在陳店設立武館兼習醫業，頗有名聲。

還有一些在家看病者，多為病者上門求診。這類醫生有的是儒醫，有的是半路出家，習醫濟人，自學成才。如岑溪樟木街原來是小學教師的陳協堯在民國期間因其家人患鼠疫死亡三人，便棄教發憤學醫；梨木鄉大旺村盧相南始從武術後因連年鼠疫流行，便決心棄武從醫，頗有聲譽。

1　廣西岑溪縣衛生局編印：《岑溪縣衛生志》一九九〇年。

如果從某個地區抽樣進行簡單的統計，就可對農村地區醫生的分佈情況有個基本瞭解。如以松滋縣為例，在民國初中期的一段時間，即 1911—1936 年的這段時間，全縣中醫人數是 86 人，而草醫人數亦有 70 人，數字非常接近。[1] 又以湖南道縣為例，從清末到一九四九年的不完全統計，全縣先後共有民間中醫 204 人，草醫 94 人，民族醫 15 人，巫醫 45 人，各類醫生的分佈也比較平均。[2] 再以湖南沅陵縣為例，沅陵縣有各類中草醫藥人員 316 人，其中中醫 221 人，草醫 57 人，中藥人員 38 人。而這些人中屬於半農半醫身分的就有 85 人，行醫之外兼有其他職業的有 20 人，這些人合起來占了相當大的比例。[3] 也就是說在廣大農村地區，儒醫的作用不可能占主導地位，而兼有多樣身分的草澤鈴醫應據更重要的位置。

李濤曾經指出，儘管隋唐時代「醫」與「藥」兩種職業已開始獨立，但直至民國時期，北京附近一人兼任醫藥兩業的人到處可見。就北京市內而言，天橋、隆福寺、護國寺、白塔寺、土地廟以及朝陽市場等處平民會集的所在，仍然可見這類江湖醫生。只天橋一地，這類藥攤大約就在五十處以上，其中最著名的有專賣立止牙疼散的瑞馨堂和賣窩瓜把眼藥的亮光明，還有蟲子王、癬藥劉、痞子王等等。[4]《燕市積弊》中有一段對江湖醫生的描述，其中說，這些人門戶紙雖然不一，性質卻是一樣。有拿著串鈴兒下街的，有扮成兵勇的樣兒出賣的，有印點子傳名單兒滿市井撒散的，有在名第廁尿池黏貼報紙的，有坐鋪出攤帶賣鋼的（就是連批帶講），有拿把戲場圓年兒的，甚至

1　湖北松滋縣衛生局編：《松滋縣衛生志》（1911—1985）一九八五年。
2　《道縣衛生志》，黃山書社一九九二年版。
3　沅陵縣衛生局編：《沅陵衛生志》一九八九年。
4　李濤：《北平醫藥風俗今昔談》，《中華醫史學會五週年紀念特刊》一九四一年十二月中華醫史學會發行，第 124 頁。

有以刀刺腿挑光子的（就是賣那點兒血），什麼百步止嗽，什麼吃了就好，以及春方兒打胎、長陽、種子、瞧香看病，總名都叫老合（生意）[1]。這段描述中值得注意的是，作者把瞧香看病當作是江湖醫術的一種，這比較貼近普通百姓對醫生的看法。在他們的眼裡，醫生的角色僅與治病技術好壞直接相關，而不存在現代意義上的專門化分類，所以我們必須把醫生理解為社區活動的一個組成分子而不是專業人員，至少他的專門醫生的身分是相當模糊的，才能更好地理解某項治療活動的社會意義。

（二）一個「巫」、「醫」不分的地方案例

以下我們將通過剖析清代京郊發生的一起控告案件，來透視醫生在鄉間的模糊角色和作用。據道光年間軍機處上諭檔記載，隸藉大興縣的鄉間醫生傅添楠行醫度日，早年隨從東安門外瑪喝拉廟內已故馬喇嘛學習「唵嘛呢叭咪吽」符咒，醫治瘋迷病症，多有痊癒，曾到處遊歷京郊各州縣，行醫治病。道光十年（1830年）冬天，傅添楠前往海子西紅門村行醫，與該處鄉民李二、賈青雲及附近茶棚庵僧常修先後認識。一九三一年十二月間，常修認識的一位叫郭大的村民患有「痰症」，醫治未能痊癒，病情漸漸沉重。常修轉薦傅添楠診視，傅添楠見郭大病情垂危，不肯下藥，郭大之弟郭七懇求傅氏死馬當活馬醫。傅氏無奈應允，他用硃砂畫成「唵嘛呢叭咪吽」符張，並念此六字咒語，將符燒化，調入水中給郭大飲服，仍未痊癒，郭大終於因病身死。後來傅添楠又到茶棚庵內，恰遇到李二因代常修化緣，聊天中傅添楠知道李二素吃常齋，懷疑他是會匪，所以假意拜他為師，遭到拒絕；又因為賈青雲曾患眼病，請傅氏醫治，見他家有兩本《藥王經》，懷疑是

---

[1] 同上。

紅陽教會眾，告到了步軍統領衙門。[1]傅氏控告的另一位人物李幗梁曾用針灸治病，後想賺錢，所以捏稱自己能夠畫符治病，遇到病人，他就用香頭在黃紙上畫上數行黑道，燒化放入水中，給病人喝服，收取診費。傅添楠因為在該村行醫，聞知此事後，把李幗梁告到了衙門[2]。

傅添楠控告的另一個對像是昌平州酸棗嶺村人張寶慶，又名張二。張二原先是以趕車謀生，道光九年（1829年）因生活貧困，打算跪香治病，於是編造了「天羅神，地羅神，散碎雜鬼靠一邊」的咒語，每當看病時，就在佛像前燒香，唸誦咒語，默祝病好。有一天張二到該村吉興寺後，見塔上盤著一條白蛇，就想起一個主意，向人聲稱白龍附體，並私下買了冰片、硃砂，合成藥末，說是由白龍噓氣結成，給人治病，村人均稱為張道童。這年七月間，張二在該村吉興寺削髮為僧，仍在外跪香治病，該寺的住持林五和尚怕被連累，隨即遷出。張二向村人募化錢文，修蓋廟內房屋，恰逢傅添楠到該村行醫，張二請其將出錢人姓名寫成匾額懸掛，旋即被指控，經順天府拿獲，奏送到部。[3]

傅添楠的控告案有兩點值得推敲：一是傅添楠的身分在官方案卷裡是「醫生」，而且他是以醫生的身分多次控告地方上的異端治病行為，似乎是與他們有所區別。實際上傅添楠本身行醫也往往靠畫符治病作為主要手段，也就是說，傅氏的醫生角色和身分在社區裡是十分模糊的，很難在純粹意義上來定位傅氏的位置。而這恰恰可能是中國基層社會民眾所能接受的一種形式，我們也因此不能純粹基於現代醫療的專業化眼光來評價其行為。

1　中國第一歷史檔案館藏軍機處上諭檔，道光十二年二月三十日，直隸／紅陽教／敬空會。
2　中國第一歷史檔案館藏軍機處上諭檔，道光十二年二月三十日，直隸／紅陽教。
3　中國第一歷史枯案館藏軍機處上諭檔，道光十二年二月三十日，直隸／紅陽教。

二是官府對醫療行為的界定也是模糊的，往往分不清醫療行動與民間信仰之間的區別和關係，而是採取了一種整體性的認知態度。比如張二一案，官方認為他捏稱白龍附體，跪香治病「均難保無拜師傳徒及另有為匪不法情事」[1]，官方圍繞著某個行為是否威脅社會秩序的安全考慮問題，他的觀察焦點和注意力不會區別醫療行為與民間信仰之間到底有什麼不同，而是集中在是否與會黨有直接或間接的關係這個方面。雖然事後證明傅氏的控告大多不能成立，但是我們從官方對整個案件的處理中還是能夠領悟出鄉村醫生與專門化醫生（包括儒醫）的確有所不同，他們在鄉村社會中與民間信仰相互滲透過程中所能起到的作用很可能是更加主導性的。

上面的例子說明，即使在官方眼中已明確具有醫生身分的傅添楠這類游醫，在民間也往往採取看上去不怎麼「專業化」的方法進行治療，如畫符治療等，這些手法很難讓持儒醫標準的人加以接受，但這些散落在民間的非專門化的醫生可能恰恰是普通民眾所依靠的主要治療力量。正由於他們使用的治療手法和所遵循的醫療準則和經驗往往有別於正統儒醫，所以被排除在了一般研究者的視野之外，同時也被誤認為不是鄉間治療的主流。根據二十世紀四〇年代所做調查，華北農村中有很多類似傅添楠這樣的游醫採用各種各樣的偏方和治療技術醫治病人，這些方法往往是登不了大雅之堂的。如有以下幾種治療方法：（1）針灸術：針術就是用細長的鋼針扎血道治病，所謂灸術就是用艾葉與薑混合在一起治病。（2）治眼術：用去穀粒後的穀梗磨眼皮使出血，以達到治療目的。（3）治翻法：翻症是中國曆書上所載各種疾病的通稱，種類很多，治法不同。（4）挑羊毛疔：羊毛疔是鄉人對急性霍亂的俗稱，方法是用針挑出患者前胸部八針眼，後背部七針

---

[1] 同上。

眼,直到發現白絲狀物,即所謂羊毛,將它割斷為止。(5)其他常見的治療法還有「正骨科」和「按摩術」等。華北的某些村莊中還流行所謂南蠻人治病法:有些拉小駱駝的江南人到各村中給人算命治病,調查者曾記錄下了一些偏方治病的方法,如:(1)起黃法:用黃表紙、香、加上中藥治病,所治之病為黃病,從病者身上起出黃色麵粉狀物。(2)治喉法:用鍋煙、白礬與香油混合,再用中指蘸取伸入患者喉部治療喉病。(3)鑄油科:將香油與花椒放在勺內煮沸,用中指蘸取,抹在患處。(4)砍離砂:當患有寒腿等類似病症,即將許多球狀物用火燒熱後,裝入一個袋子中去溫暖患處。[1]

六　「巫」與「醫」的現代之爭
　　——一個鄉村醫生的生活史

(一)「四大門」與中西醫的效力之爭

　　由以上的論述得知,傳統中國的醫生角色在相當長一段時間內與卜筮星相等職業並沒有嚴格的界線區別。在民間社會中,醫生與巫者雖在醫治理念和技術上有所不同,但都是針對身體出現異常狀況後所可能採取的治療選擇之一。兩宋以後儒家倫理雖然廣泛滲透進了醫學界,「儒醫」作為一種專門的稱呼亦逐漸為一般人,特別是一些菁英人士所認可。但在廣大農村地區,醫生的專門化程度還是相當低的,如《燕市積弊》中所說民國時期的醫家,往往「只要唸過一部湯頭歌兒,半本兒藥性賦,就稱國手(如「八珍四物參蘇飲,白虎柴胡建中湯」之類),不過是腰痛加杜仲,腿疼加中膝,頭疼加白芷,疾盛瓜蔞皮。

---

[1] 馬樹茂:《一個鄉村的醫生》,燕京大學畢業論文,一九四九年,第41～50頁。

假如這個病人,渾身作燒,骨節痠痛,舌苔又黃,眼睛發怒,拿筆就開羌活、葛根、牛蒡子;要是皮膚枯瘦,干嗽無痰,盜汗自汗,胃口不開,一定是青蒿、鱉甲、地骨皮,婦人調經養榮,小兒清熱化痞,真正的拿手,就叫蒙事大吉。不信一個病人請十位先生,脈案準是十樣兒,往往真能大差離格兒。」[1]

民國以後,中央政府規定中醫經過考試才能開業,而且要學習解剖學和傳染病學等西醫科目,衛生署規定中醫稱「醫士」,西醫稱「醫師」。這種劃分顯然有歧視中醫的意思。[2]如昆明中醫考試的題目幾乎都是以西醫科學的面目出現,如有病理學、藥理學、方劑學、診斷學、內科學、外科學、兒科學、婦科學、喉科學、眼科學、花柳科學、傷科學、按摩科學及針灸科學等等。[3]毋庸質疑,中央政府對治療系統的專門化區分曾經對中國城市傳統醫學體系的改造起了相當重要的支配性影響。由於這種政策的推行具有強制性特徵,它有可能改變普通民眾在需要治療時的選擇取向和動機。但在廣大的農村地區,這種來自上層的控制行為到底在多大程度上能夠左右鄉民的選擇意向是有很大疑問的。下面我們就通過民國時期一個鄉村醫生的生活史來觀察鄉民對醫生種類的選擇及其意義。

我們所選擇的研究個案醫生徐志明生活在北京西郊海淀鎮北的前八家村。當時分佈在京郊的許多村莊在二十世紀三四十年代仍沒有多少中醫,西醫更是難見蹤影,例如在前八家村附近,巫醫人數就比西中醫為多,因為中醫是在一九二一年以後才出現的,巫醫的地位明

---

[1] 李濤:《北平醫藥風俗今昔談》,《中華醫史學會五週年紀念特刊》,第 125 頁。
[2] 《北平特別市衛生局管理醫士(中醫)暫行規則》,北京市檔案館 J181 全宗二十一目錄 29313 卷。
[3] 車溢湘:《昆明市健康及衛生之調查》,西南聯大社會學系畢業論文,一九四〇年,第 29 頁。

顯高於中醫。這在華北地區似乎是個相當普遍的現象，如一九三五年張家口地區的《陽原縣誌》曾記載說，到當年，縣境內還沒有西醫，「中醫亦不能遍村皆有，然三百戶以上之村，類有一人」[1]。一九二五年，縣政府曾舉行了一次中醫考試，但從記載的效果來看，似乎不太理想，所以縣誌上說：「未曾考而為人所信仰者，亦不禁其診視。富者得病，率皆延醫診治；貧者往往聽其自痊自死，終身未曾服藥者，約占三分之二。近年赤貧者，往往衣食皆無，更難求醫療疾矣。婦女有病，亦有捨求醫巫者，痊則信其靈，死則尤其命。」[2]許多地方鄉人有病先請香頭去治，不得已時才請中醫，最後才請西醫。例如前八家村十六號住戶福德海妻子死前病勢很輕，請來神州廟香頭，讓病人吃仙藥，結果病勢轉重，於是請來本村中醫袁子瀼與西醫徐志明，但為時已晚，結果死去。

因此，治療效力的大小在普通鄉民的選擇中，往往是占第一位的，「仙爺」的影響力大表現在很多人往往把一些事情發生的緣起與其支配力相聯繫。如前八家村三號住戶歐德山，兒媳歐沙氏在民國三十八年（1949年）三月二十一日下午自殺，村人對死亡原因議論紛紛，有人稱得罪了仙爺，因為歐姓門前有一棵大樹，樹中住著一條「神蛇」，就是「常爺」。歐德山見蛇有時甚長，有時很短。一次，將蛇從樹中挑出，扔到遠處去，結果，蛇又回來了。另一次，將蛇繫上繩，以利於辨別，帶到遠處去，在帶走之人回來之前，家人發現蛇已回來。後來，歐德山將蛇又挑走，把大樹砍斷燒燬，蛇終於不見了，可是不久歐德山就得了病，他兒媳自殺，也推斷為是得罪了「神蛇」的緣故。在歐沙氏死後三天，歐德山也因病而死。一次，李永和太太

1　丁世良、趙放：《中國地方誌民俗資料彙編・華北卷》，第189頁。
2　丁世良、趙放：《中國地方誌民俗資料彙編・華北卷》，第189頁。

說:「前幾天歐家死了兩口,起初歐家兒媳,在死前兩天晚上,到清華大學找她男人去,走到河邊上,忽然掉到河裡去。過了兩天,就用殺豬刀自殺了,她公公也跟著死了。你說這是怎樣回事?準是得罪了仙爺。」[1]

因此,中西醫要與「四大門」展開競爭,首先就要在效力上作文章,這方面西醫並非無所作為,但其發生影響往往是在「香頭」無法施展效力的情況下發生的。如一九四五至一九四六年間本地發生急性症,有數人用西藥治療,發生效力,當時許多人對西醫西藥的治療效果感到驚訝,到處傳播,無形中作了口頭宣傳。同年又出現了腦膜炎症,中醫無法治療,最後由徐志明治好後,附近中醫,有時得病不能醫治,也請志明去治,有時中醫甚至給徐志明介紹病人,因為知道徐志明可能專長某項治療方法。

另有一位中醫,是徐志明的親戚,名叫關月樵,住在前八家村北面的北窩村。關月樵的女兒三歲染上重病,關姓自己不能治,將徐志明請去。徐志明到關姓家,看見已有兩位中醫在小孩身旁坐著,小孩已經氣息奄奄,兩位中醫皆束手無策。徐志明抱定死馬當活馬醫的勇氣,先打強心針,後用補藥針,守夜至天明,孩子的病勢果然好轉。兩位中醫非常佩服徐志明的醫術。此後,關姓使其子跟徐氏學西醫,同時一面給徐志明介紹病人,由於關家是富戶,所以一面又借給徐氏一大批款項,使徐志明添置設備,購買藥品。[2]

在京郊鄉村,香頭得到普遍的信仰,並非完全依靠其神祕的降神活動所發生的效力,而是在治療過程中糅合進了中醫的治療因素,也就是說在經驗範疇,香頭的治療有時很難和中醫的經驗區別開來。

1　馬樹茂:《一個鄉村的醫生》,第45～47頁。
2　馬樹茂:《一個鄉村的醫生》,第35頁。

如果站在鄉民的立場上看,這也是其與中醫身分可以互換的原因。前述四大門香頭下神多用中藥可為明證。這可能在別的地區也是較普通的現象,另有昆明的旁證。據當時的調查,昆明有一王姓醫生自稱受神靈啟示,能醫奇難雜症,每次診病均命患者攜舊單至,診畢,常從舊單的各味藥中選擇數種,另用紙書寫,在神位前照視,說是稟與先師,保佑患者藉該藥的力量早日痊癒。有一次看病,王醫生就把病者提供的藥單藥性解說一番,然後說此藥方雖佳,只可惜錯放黃芩一味,若將之換成甘草,服後必可痊癒。開方後照例稟與神位,神位是個木牌,上刻「至聖先師之神位」六字,旁邊放著一個小油燈。可見這種治療活動走的完全是一種中醫的程序,只不過借用了行巫的方式。問到病人為什麼找王大夫,回答說:「我的小娃娃,在前年患了咳症,花了許多錢,在那所醫院裡看了三個月還不好,說是什麼百日咳,後來到王大夫那裡一看,吃了兩服藥就好了。」[1]這說明在這位病人的腦中,並沒有嚴格意義上的中西醫和巫醫之分,而是以效果作為實際的判斷標準。

「效力」是形成「地方感覺」的一塊基石,但另一方面,「效力」的產生也必須依靠鄉民可以接受的社會形式表現出來,才能擁有相當的競爭力。例如西醫進入中國之初,由於採取的外科手術方式儘管有可能治癒中醫無法治癒的疾病,卻無法讓中國人接受其解剖原則指導下的治療原則,以致於引起種種誤解,一度釀成了相當頻繁的教案[2],西醫的一些理念也往往和中國的倫理行為相衝突,如民國年間在昆明的調查曾顯示,當問及相信中醫的理由時,有的人回答:「西醫討厭,

---

[1] 車溢湘:《昆明市健康及衛生之調查》,第45~46頁。
[2] 秦和平:《清季四川民眾敵視天主教的歷史考察》,載丁日初主編:《近代中國》第十輯,上海社會科學院出版社二〇〇〇年版。

什麼地方都要看。」另外一個回答是:「西醫老說,病是會傳染的,如果是個好好的人,那會碰到那麼倒楣的災星,倘若病是真的會傳染的話,家裡有人病,誰去服侍他。」[1]

這反映了民眾的空間概念無法與西醫中封閉的醫院管理概念相互協調。所以西醫系統的進入往往需要藉助「地方感覺」的形式,甚至採取類似「借胎生子」的方式,才能在「效力」上和地方祭祀系統相抗衡。以下就是在京郊發生的一個有趣的例子。京郊平郊村延年寺中的藥王神專司醫治佑護病人的責任,據說具有起死回生的功能,所以村民患病時多來藥王前請願,以求早愈。但是根據效力大小的選擇原則,村民有病不會完全依靠藥王的許願,大多數人採取的是一方面求醫診治,一方面許願的兼顧方式。燕京大學社會學系就是利用了這種鄉民的兼顧心理,同時利用藥王殿的空間,完成了對鄉村社會的滲透。

一九四〇年夏天,燕大社會學系在平郊村延年寺藥王殿中設有一個救急藥箱,這個藥箱託付給了當地村民於念昭主持管理,每月添加五元的藥品,其中多屬於醫治普通病症的藥物。這個救急藥箱設立的目的是為了服務於村民,村裡凡是患病的人,都可免費來此求藥,因此每天來求藥的民眾頗為踴躍,平均每天有十人左右。關鍵在於藥箱設立的位置和村民求藥的動機頗可玩味,藥箱設在藥王殿內,無形中增加了其吸引力,因為村民來此求藥往往帶著愉快的心情,他們總猜想著藥王會特意加神力在這些藥品上,對早早治癒疾病一定大有幫助。[2] 我們由此看出,現代西醫對傳統空間的利用,和鄉民對治療效力的心理選擇有趣地達成了某種妥協。

另外,「經驗」與「靈驗」的關係在各地的表現是不一樣的。在我

1　車溢湘:《昆明市健康及衛生之調查》,第30～31頁。
2　陳永齡:《平郊村的廟宇宗教》,第99頁。

們的印象裡，中醫的年齡越大，經驗就越豐富，似乎更容易得到鄉民的信仰，所謂「醫不三世，不服其藥」，這在某些地區是可以得到印證的。如一九四〇年昆明市 66 位中醫年齡 45～75 歲的有 50 人，年齡 25～45 歲的只有 16 人[1]；而 34 位西醫中年齡 20～45 歲的有 29 人，45 歲之上的僅有 5 人[2]。一九三〇年李景漢對定縣 446 位傳統醫生的調查發現，他們中 40 歲以上的占 89%，50 歲以上的占 64.3%。[3]與昆明的情況相似，這說明習醫時間的長短對於民眾的選擇心理會有一定影響，如對昆明的調查中，當詢及民眾對中醫信仰的原因時，有一個回答是這樣的：「你看看中醫他們學習多少年，自然有經驗，西醫只進三四年學校，出來便掛牌做醫生了，我有一個甥子，從前是個頂頑皮的孩子，後來中學畢業了，便進了軍醫學校讀了幾年書，現在剛跑出來，又是醫生了。」[4]但在京郊地區，除治療經驗以外，鄉人對前八家村或自己村中醫生多不信服，常常請外村人治病，所以當地有句成語：「妙峰山娘娘，照遠不照近。」[5]說明是否「靈驗」有時比「經驗」還顯得重要，也為鄉人信仰「四大門」留下了相當的空間。

　　政府按西醫模式對中醫體制進行職業化的改造對中醫命運有相當明顯的影響。職業化不僅在體制上容易使中醫與西醫進行攀比，比如模仿西醫建立醫院制度，而且直接在經濟利益和傳統倫理之間的關係也發生了微妙的轉折。如前八家村一號住戶袁子癢中醫，曾於一九一九年在海甸鎮藥鋪時讀藥書，學治病，後拜海甸孫志卿大夫為師，學習中醫，不久步前八家村應診。但自北平衛生局領得醫照後，因感

1　車溢湘：《昆明市健康及衛生之調查》，第 27 頁。
2　同上書，第 24 頁。
3　李景漢：《定縣社會概況調查》，第 295 頁。
4　車溢湘：《昆明市健康及衛生之調查》，第 30 頁。
5　李慰祖：《四大門》，第 50 頁。

到不易掙錢,轉移到海甸應診,後又移到北平行醫,中間還一度去過張家口,最後於一九三五年返回村內居住。這期間一度到昌平與清河鎮各藥鋪做主方大夫,此後,因土地增多,生活富裕,才返回家中居住。[1] 很明顯,袁子癢的行醫軌跡是沿著經濟利益的驅動而運轉的。而這種轉換很可能受到了政府對「醫士」與「醫師」進行分類,並由此確定其收入標準的做法有關。這部分「貴族化醫生」在鄉村中顯然數量有限,而且集中居住在市鎮,很少下鄉,大部分鄉間醫生因醫術較差,沒有領到衛生局執照,他們主要靠親朋好友介紹病人,慢慢把名聲傳出去。但這樣做就要少收費用,或不收費用,或每遇節期只收些禮物。鄉村也有用許多偏方治病,或有專門技術的中醫,這部分醫生要比用草藥治病的中醫數固為多。

(二)選擇治療方式的經濟原因

影響鄉民選擇治療方式的另一個核心因素是經濟問題,鄉人得病一般來說是看不起醫生的,除非其收費能負擔得起。中醫出診需雇轎去請,醫生來到家中處方後一般都要酒飯招待,還要贈送「紅包」,金額多少不等。如是在家懸牌應診,俗稱「醫寓」,一般是只診病,開處方,不供應藥品,也就是說,看完病後仍需到藥店取藥而付一筆藥費。如民國時期道縣的何純齋是專門在家候診的,他門前懸一「何純齋寓所」的牌子,凡是來求診的,處方以後,自覺丟一「紅包」於桌上。紅包錢不拘多少,病人家境好的多封,家境差的少封。[2] 所以,在鄉間看醫生是要有相當的經濟實力的,因醫術有差異,故收費有高低,如果要在鄉村當純粹的醫生肯定不敷生活的費用。西醫正是因為

1　馬樹茂:《一個鄉村的醫生》,第21頁。
2　《道縣衛生志》,黃山書社一九九二年版。

收費過高,即使治療效果明顯,也受到鄉人的拒斥。比如清河鎮西醫孫富華與王淑敏因為索取兩石米的高額手術費與藥費,鄉人付不起,所以導致人們議論說:「寧可人死,也不敢請西醫。」又說:「清河西醫口臭。」這是對西醫隨便要價的批評。[1]由於無人上門看病,孫王兩位西醫只好經營起副業。其實鄉村中的醫生一直都有義務型醫生與半義務型醫生之分,義務型醫生大多家產豐厚,有足夠的資本扮演儒醫施仁術的角色。而鄉村中所謂半義務性質的醫生卻比例更高,他們往往不只靠治病獲取收入,還多兼有其他職業。例如學校教員,據當時調查,兼醫生和教員雙重身分的人數目不少,因為醫生治病要摸脈搏、開藥方,所以要識字。而鄉村識字者少,小學教員又不易請到,中醫為了謀生也為了宣傳自己,多兼教員之職。

徐志明早年曾在燕京大學在前八家村設立的醫藥箱和清河鎮西面真福院天主堂診所初步接觸了西醫的基本知識,中間一度跟中醫袁子癢學習脈學,至於開草藥藥方,瞭解各種藥品的性味,志明雖稍知一二,但並未深入研習。徐志明後來行醫時,即兼用脈學知識診病,不過僅以此為輔,仍以西醫為主。在學習了一段中醫治療方法以後,徐志明感到對中醫興趣不高,所以成績不佳。徐志明經常進城,看到城裡西藥房、醫院以及衛生事務所設備良好,規模宏大,而中醫則漸走下坡路,覺得還是學西醫的前途更大,於是在一九四一年經朋友介紹,認識了住在北平城內西四牌樓的內科大夫楊百川。有段時間,徐志明每日隨楊大夫學習,後改為每星期進城學習一次。從此,在前八家村,徐志明就開始以西醫的身分與中醫和「四大門」展開競爭。除了在效力方面進行反覆較量外,徐志明參與競爭的最重要武器是收費低廉。徐志明給本村人治病,病輕時則有時白送一些藥片,也不索取

---

[1] 馬樹茂:《一個鄉村的醫生》,第51頁。

種牛痘小孩的費用,外村人知道徐志明治病不收手術費,也不會像清河鎮醫生那樣收取費用昂貴的醫藥費,所以紛紛前來應診,以致於門診病人日多。徐志明治療所用的藥品也到指定藥鋪如楊百川開設的藥鋪購買,為適應鄉民的經濟情況,所購藥品價格都較低廉;為避免藥價波動,每次所購藥品數量不多,用完再買,買藥的週期是每隔一日進城一次。[1]

在京郊農村,治療收費的高低與否,往往直接決定了一位普通鄉民對治療方式的選擇。所以西醫要和「四大門」競爭,首先在費用上應基本與其持平,不能過於昂貴。普通鄉民到壇口上求香,只要一二角錢香資就夠了,有時甚至不付香資也能獲取香灰,若是請醫生至少要花費四角,藥品在外。鄉民請香頭大多是為此經濟上的原因,連香頭自己也認為這是其參與競爭的一大優勢。這種情形在警事檔案中也有所反映,如一份審訊書中就證明頂香看病在多數情況下並非為了賺錢,這份審訊一位叫王玉才的香頭所記錄的對話如下:

問:你因為什麼頂香治病你將原因說!

答:我曾在南鑼鼓巷信誠齋綳鞋,於前年十二月間我夢見一老者叫我頂香治病,不然他叫我生病。我無法,於去年正月間我移在永外蘇家坡二號我姨兄孫兆祥家居住,我頂香治病不收治病者任何餽贈。至於賣香錢,我都不管。

問:你頂香治病實在你不向人民勒索嗎?

答:我實在對於治病及其他並不收受分文,我亦無招搖是非情事。[2]

另一份其表兄的證詞也證明王氏頂香看病並不索要錢財:

問:你這姨表弟他對於給人治病問事向人民要多少錢?

1　馬樹茂:《一個鄉村的醫生》,第32頁。

2　《抗戰勝利後北平市查禁不良習俗倡導善良習俗史料一組》,見《北京檔案史料》二〇〇二年第4期,第38頁。

答：我姨表弟與人治病是頂神治病，並不要錢，連香都不賣。[1]

住在小泥灣的一位張香頭也說過：「若是請大夫吃藥得要多少錢呀？老神仙是為救人救世，普度群生。」[2]西醫在進入鄉村時也多少考慮到了這一點，如當時進行的定縣實驗，力求創造出中國式的保健體系，其目的就是為了在經濟承受力上能與其他醫療系統展開競爭。如當時的報告中說：「農民經濟既然如此困難，一切衛生設施，當然不得超過農民擔負能力，因此定縣衛生工作試驗，遂以調查農民每年負擔醫藥費用為起點。」[3]當時調查的結果是：「每家每年醫藥用費平均為一元五角有餘。一家在定縣約有六個人，即是平均每家為每人醫藥，至多化用大洋三角之譜。此三角錢在現刻當然完全消用於舊醫看病買藥，無新醫與衛生事業之可言。我們今日介紹新醫，包括科學衛生方法，若能分得舊醫四千年歷史基礎上三分之一之價值，即非易易。換言之，農村衛生行政費在今日華北情形下，至多只能以獲得每家擔負大洋五角為準。」[4]當然南方有的地區平均每人負擔的醫藥費用比定縣還要略低一些。[5]由定縣按最低標準議定的醫藥費用可知，其一年的醫療花費相當於一般香頭幾次看病的收費標準。但面對香頭免收治療費的挑戰，有的地區的西醫需施行完全免費的措施才能在爭奪病人方面與「四大門」的香頭相抗衡。

（三）「社區醫學」與鄉村社會資本的融匯作用

除「效力」和「費用」之外，社會資本的重組，對西醫在鄉村占

1　同上。
2　李慰祖：《四大門》，第50頁。
3　《定縣社會改造事業中之保健制度》，中華平民教育促進會一九三四年，第9頁。
4　《定縣社會改造事業中之保健制度》，第5～7頁。
5　《全國經濟委員會衛生實驗處工作報告》，衛生實驗處編印一九三五年，第34頁。

有一席之地起了相當重要的作用。中西醫如果真正想要和「四大門」競爭，在民間社會中就不可能僅僅單純扮演一個純粹醫生的角色，而需要當地多種條件的合力支持，因為「四大門」的「香頭」就是在社區中扮演著多功能的角色。針對於此，負責定縣醫療改革的西醫陳志潛在定縣實驗中提出一「社區醫學（community medicine）」的概念，此概念強調醫學應基於所有人的需要和條件，而非基於那些單獨的個人；基於治療和預防方法的結合，而非單獨依賴治療技術。[1]陳志潛由此批評現代西醫的職業化傾向只把注意力集中在緩解病痛，而沒有注意不同社會和文化背景下應採取不同的治療對策，否則西醫就成為滋生貪圖錢財心理的機械式技術。最重要的一點是，「社區醫學」十分關注西醫技術如何與地方社區和權力結構建立起合理而有效的互動關係，特別是如何有效地利用當地的社會資源如新舊士紳階層的力量作為支撐和推廣西醫技術的背景。在這個互動關係中，陳志潛特別注意為傳統的社會控制機制預留了生存空間，這與北京城裡以洛克菲勒基金會支持的協和醫學院模式引申出來的城區「衛生實驗區」概念有了根本性的差異：「衛生實驗區」設立的目的是為了徹底摧毀地方社區系統取而代之，而「社區醫學」的理念則是力圖與地方資源包括「地方感覺」相協調，做到在一個空間中和平共處。[2]比如陳志潛所闡發的「社區醫學」理念包括流行病學、重要數字統計和衛生管理。但在定縣保健制度的報告中，他又高度靈活地強調一切衛生計劃當以最經濟之組

---

[1] 景軍：《定縣實驗——西醫與華北農村，1927—1937》（未刊稿），第7頁。
[2] 楊念群：《民國初年北京的生死控制與空間轉換》，載楊念群主編：《空間‧記憶‧社會轉型——「新社會史」研究論文精選集》，上海人民出版社二〇〇一年版，第131～207頁。北京城區所實施的「衛生示範區」計劃受到建基於大城市狀況下的協和醫院模式的直接影響，與陳志潛所倡導的比較適合於鄉村社會的「社區醫學」理念有很大不同。

织，推行最簡單之事業，建議用短期衛生調查、門診記錄和學生身體檢查，替代城裡依據「蘭安生模式」推行的煩瑣生命統計程序。這樣既可在夏季農忙期間，農人無暇參與社會建設的時候作簡單的社會調查，也可節省費用。正如景軍所論：「簡化西醫行醫手段，通過依靠現存的社會組織和給這些組織注入新的機制來提高公共衛生制度的有效性的決定，是將西醫應用於鄉土中國的重要步驟。」[1]

徐志明在前八家村的特殊身分與從醫經歷之間的微妙關係證明了這一論斷的合理性。徐志明的父親徐維屏是個有新進思想的鄉紳，曾將前八家村延壽寺內的私塾改為新學。當時徐志明在北平上中學，應父親之招，返回家鄉，一面料理家務，一面幫助管理學校。在父親去世後，徐志明繼續出任小學校長，因為他是附近村莊唯一受過中等教育者，在擔負校長後積極與村中長者聯絡，熱心推動村中公益事業，在此位置上也容易和附近各村的民眾發生聯繫，後來被選為所轄附近各村第十五保的副保長。[2]這種職務顯然是國民政府推行地方自治時的新型基層控制力量，但在推行國家的近代化方面卻起著舉足輕重的作用，按杜贊奇的看法，他們雖然地位不高，卻能壟斷國家與鄉村之間的聯繫。[3]

一九三二年，燕京大學在清河鎮舉辦鄉村實驗區，實驗區下設診所和醫院，以及助產訓練班，努力探求增進村民健康的辦法。實驗區的中心在清河鎮，附近村莊的密度雖然很大，人口眾多，對於治病的需求應很迫切，但鄉村社會中沒有西醫，中醫因收入甚少，常常不肯下鄉，村中患病鄉民只有少數富裕村民可到北平海甸或清河請醫生，

---

1 景軍：《定縣實驗——西醫與華北農村，1927—1937》未刊稿，第10頁。
2 劉秀宏：《前八家村之徐姓家族》，燕京大學社會學系畢業論文，一九四七年。
3 〔美〕杜贊奇：《文化、權力與國家——1900—1942年的華北農村》，江蘇人民出版社一九九六年版，第57頁。

多數村民都是信奉「四大門」或其他神祇。因此，清河鎮的醫院少有人問津。面對這種情況，實驗區專門抽出力量，向周圍鄉村擴散宣傳。這時的徐志明已是前八家村小學的校長，兼副甲長，以地方政治和教育負責人的兩種身分與燕大實驗區人員進行聯絡，聯絡的最初結果是實驗區在村中成立了一個幼稚園，同時使小學增加到六年級，使新型學制體系趨於完整。隨後又在村內的延壽寺內搭臺宣講助產保嬰的好處，並舉行衛生圖畫展覽。

一九三四年，清華大學社會學系在村內設立實驗區，與清河燕大實驗區的範圍相銜接，清大實驗區設在村內九號梁家院內，不但接續以前燕大在村中的衛生工作，而且在實驗區內附設醫藥箱，有一位常文英女士專門負責義務助產。徐志明這時開始介入醫藥箱的工作，逐漸對衛生事務發生興趣，最初是到北平各書局購買醫藥書籍自學閱讀，後又從中西醫名師受教，逐漸成為本地有名的醫生。由於徐志明醫術有限，只善用幾十種藥品，打針藥品有：強心劑、葡萄糖與花柳藥針等，在藥品方面常用凡士林膏、咳嗽片以及治療胃痛、退熱等藥片。徐志明至此已在村中身兼政治——教育——醫療三重身分，這種身分較易調動和整合鄉村資源，特別是可運用其在政治和教育方面的地位，來推行西醫的理念與實踐。[1]

最關鍵的是，徐志明身兼數種角色的情況下，逐漸把西醫導入了鄉村本土化運作的軌道。西醫進入中國後所奉行的一些規則如相對封閉的醫院管理空間及嚴格規定的門診時間，在中國城市中雖較能推行，但在鄉村卻完全違背普通鄉民的生活節奏和對空間的感覺。而徐志明對西醫的本土改造比較貼近中醫的方式，如門診設置的時間不固定，以及範圍廣大而頻繁的出診頻率，因為鄉民普遍缺乏準確的時間

---

[1] 馬樹茂：《一個鄉村的醫生》，第21～35頁。

觀念。原來徐志明根本沒有確定準確的出診和門診時間，後來規定上午門診，下午出診，但上午應診時間仍不確定，病人隨來隨治，下午出診一般在兩點鐘。出診時把藥品用具裝在一小藥箱內，繫在自行車上，騎車到病人應診或複診的村莊去。每次出診平均約走四五個村子，回家時常常天色已晚，所以出診時先用過點心，晚間回來時再吃晚飯。夏季裡病人最多，最忙時門診人數超過二十人，因屋小難容，病人多在院中或房外相候，出診人數平均也有十人以上。每天出診所到的村莊最初只是在前八家村周圍二里、三里的區域，後來擴展到十里、甚至十七里的村子。徐志明出診範圍達四十餘個村莊，最遠曾到過前八家村北面三十五里的沙河。[1]另外，前八家村西醫徐志明在與村民或病者的交談中，不會放過任何宣傳西醫的機會，時常發出香頭不能治病的種種言論，並舉出「香頭」診病不靈的事實。徐志明很清楚，僅靠效力高低的較量顯然並不容易在爭奪病人來源方面占據上風，因為徐志明在當地的醫術並不屬於高明之列。

中西醫逐漸在與「四大門」競爭中處於有利的位置，我覺得值得注意的是，他們逐步建立起了一種「身體化」的評價系統。凱博文說，中國鄉民容易把精神疾病用身體化的形式加以表述，這是中國文化含蓄表現的結果。而我恰恰認為，鄉民清楚在什麼時候用什麼樣的方式表達自己的感覺，當然前提是治療過程必須有效。至於用什麼言語表示，其實是可以隨場合而變化的，比如他們很清楚把身體疾病與精神疾病分開加以對待，身體疾病靠人，精神疾病靠神，如前引郭于華的研究表明，現在許多農村鄉民看病仍持有如此的分類框架。理由是鄉民原來認為「香主」可解決一切問題，而西醫進來後，外科手術的效果顯然是「四大門」無法企及的，於是鄉民自然用身體化的語言表達

---

[1] 馬樹茂：《一個鄉村的醫生》，第21～35頁。

感受，而這恰恰是現代科學規訓的結果，但並不表明鄉間的地方感培育的治療心理已完全消失，或鄉民已完全放棄了選擇仙家治病的傳統，它們只不過是各得其所而已。

七　社會控制機制的轉變與「地方感覺」的城鄉差異

（一）城區「四大門」香頭的移民特徵

從前面研究可知，「四大門」在北京城郊的作用並不僅僅局限於治療功能，香頭還扮演著協調社區事務的角色。而這種角色的扮演與城郊鄉村的社會組織結構和生活秩序的特徵密切相關。但據檔案史料觀察「四大門」在城區的活動和分佈與城郊相比呈現出判然二分的特點。不僅活動密度和頻率減少，活動時間也相對短暫，而且「四大門」香頭多從郊區移入城區，很少是城區土生土長的人物。比如我所分析過的八十六份北京警察廳的偵訊檔案中，抓獲的香頭幾乎全部都是由郊區移入市內的，而且居住的時間都比較短，其中猶以大興人和宛平人居多。抓獲的香頭來自大興縣的有十五人，來自宛平縣的有八人。比如大興人尹王氏搬到城內盆兒胡同被抓獲後招供說：「早先我們在城外住著時，我頂著大仙爺給人瞧香治病，後來我們搬進城內來居住，老沒給人瞧病。」[1]香頭移入城內的動機十分複雜，有些香頭是受到某一仙家的指示和督促，從京郊入城，比如一九三六年居住在菊兒胡同的順義城南平格莊人蔡澤田夫婦頂狐仙看病被警察抓獲。他的供詞就稱，來北京的前兩年，妻子朱氏染病後總不見痊癒，被狐仙附體，催

---

[1] 《外右四區警察署關於伊王氏等與張有合等瞧香醫治病症一案的呈》，北京市檔案館 J181 全宗十九目錄 22151 卷。

促香火，堅持要朱氏給人看病，而且非常靈驗。到一九三六年，狐仙催促朱氏進城救濟病人，所以於同年十月二十三日夫婦二人一起來城內頂香治病，到十一月二十四日就被警察抓獲。[1]也就是說，他們進城頂香的實際時間只有一個多月。

另有一種情況是進城後諸事不順而頂香，與負有「四大門」入城使命的上一案例有所不同。如王翟氏住下頭條甲二十八號，供稱「自遷下頭條諸事不順，是我設壇頂玉皇香火求順，代人治病，僅收香鈔」[2]。也有個別外省人進城頂香的例子，如四川人趙卞氏在前門外羅家井七號居住，頂的是「糊塗差」，據她自己的口供：「我並不知醫學，治病時我即燒香，上天告我用何種藥材，我轉告病人，並無符咒情事」[3]。入城頂香人還有一個普遍特點就是，一般她們頂香治病的時間很短即被查獲，如河北省新城縣人方張氏在一九三四年七月由新城原籍來京，住在西郊小馬廠門牌七十三號，頂南山大仙爺給人看病扎針，燒香每股給銅元十枚，但八月即被查獲。據她的說法：「這紅藥面藥丸是大仙爺賜下來的，我不知名稱。」[4]這麼短的頂香經歷確實難以和城郊香頭一般頂三年以上，甚至二三十年的經歷不可同日而語。

由於京師五方雜處，除固定居民外，其他人口均有較強的移動性，所以「四大門」的香頭或借「四大門」之名行醫的人群，其區域分佈、行醫動機、頂香治療方式均比城郊顯得多樣和複雜。比如有的

---

1 《內五區呈送蔡澤田夫婦頂香治病卷》，北京市檔案館 J181 全宗二十一目錄 47093 卷。
2 《外三區警察署關於抄獲格鄔氏、王翟氏等頂香治病一案的呈》，北京市檔案館 J181 全宗二十一目錄 12452 卷。
3 《外一區警察署關於趙卞氏瞧香看病一案請訊辦的呈》，北京市檔案館 J181 全宗二十一目錄 6076 卷。
4 《西郊區警署關於方張氏以頂香治病斂財一案的呈》，北京市檔案館 J181 全宗二十一目錄 28998 卷。

香頭可能一人同時頂幾個大仙診病，有一個叫陳氏的香頭供稱：「我於前年間因病經頂香人醫治後，我即由此頂東山大仙爺及幾位仙姑，與人看病服用香灰，並不服藥，且用手指施以神針，看好病人無數，只收香資，並不額外索要錢財。」[1]〔一般而言，香頭多由女性承擔，這種「性別角色」在京郊被普通鄉民習以為常地加以認可，因為香頭不但從事治療，還負責社區事務的調解，所以從事此職業的性別特徵是不能模糊的。有的學者認為，在唐代以前，女性就已介入了健康照顧的領域，她們的角色既不限於用藥，也未必具有醫者的名分。她們或以巫祝符咒禱解，或靠物理治療，或賴本草藥方，除治療產育相關病變之外，亦為人解除瘡傷、消渴和中毒之苦。[2]〕而我在檔案中卻發現好幾例男性香頭治病被抓獲的例子。如內六區警察署曾破獲一個案子，案犯張文江供認因拉車不拉錢造成「三口無吃」，於是在民國二十年（1931年）三月初一向人說：「我夢見一老頭叫我給他頂香，他自稱是胡三老爺子，他有十二位女童，我就每日給人看病，不准我要錢生財，我曾給人圓光問問事，均是胡三老爺子叫我辦的，我子女每日僅能不挨餓。」[3]可見張文江既不是真正的香頭，也不懂醫術，而是借香頭為名騙錢生活。

還有一種情況是夫婦二人同時進城當神差，如房金善和房徐氏都是大興縣人。房金善當玉皇神差，房徐氏會過陰，當幽冥差使，遇到瘋邪各樣病人前來，「我即燒香自將手指燒烤，與人畫符治病，所得香資，不拘多寡。我身穿黃色棉襖，是經人助善所給我，左脅現扎三

---

1 《內一區呈送陳陳氏頂香治病卷》，北京市檔案館J181全宗二十一目錄47094卷。
2 參見李貞德：《唐代的性別與醫療》，唐宋婦女史研究與歷史學國際學術研討會論文，二〇〇一年。
3 《內六區警察署關於抄獲張文江頂香惑眾一案的呈》，北京市檔案館J181全宗二十一目錄12451卷。

針，是我在天津與人治病，受陰魔之害，現我將他捉住，故釘在我肋上，現不能起落，恐有性命危險」[1]。檔案中說，這對夫婦從天津入京後不久就被偵知捕獲。所謂「幽冥差」在各地均有記載，西南聯大在昆明所作調查也證明西南城市中也存在借「幽冥差」治病的例子。[2]

　　檔案中記載，在北京城區還出現過一家之內分別頂仙家和龍王而又各不相擾的例子。呂德泉因患病，曾在東便門外二閘龍王廟求聖水治癒後，即在龍王廟助善，龍王託夢給他，令他催香火頂香給人治病，他治病的方法與「四大門」的香頭相同，即「用香灰茶葉令人用涼水煎熬喝下」，檔案中的描述是：「伊給人治病係先燒香，龍王給伊警動身體，或散或緊，龍王有何言語，伊並不知。」可是警察在呂德泉家檢查時，發現院內東南角地方砌著一個磚洞，內有紅布橫匾一小塊，上有「誠仙德道」四個金字，經查財神樓是呂德泉叔叔呂純良供奉的，而呂純良只聽說他的姪子前四五年常有摔跟頭的毛病，並稱在前門樓、安定門樓當差，並不知他如何瞧香看病。據呂振元的供詞：「財神洞是我父親蓋的，為的是在外頭做事求順遂，並沒別的意思。」呂純良的供詞則承認：「我們小院內有一個小廟，我們早先供著財神，後來塌啦，我又砌上啦，我把財神像撤下去啦，換上的是紅呢小橫匾，每天歸我們燒香。」呂德泉的父親也說他兒子前四五年常摔跟頭，「竟摔死過去，緩醒過來，他就說是在前門樓子上安定門樓子上當差，直鬧了一個多月才好的」[3]。從治病動機上看，頂龍王差使與純粹的「四

1　《東郊區警察署關於獲房金善等頂香治病一案的呈》，北京市檔案館 J181 全宗二十一目錄 12450 卷。

2　昆明在三四十代也有從事此職業的人，均以女性為主，故名叫師娘，據說「此種師娘，能入陰間請已死者籍其口而言」，參見車溢湘：《昆明健康及衛生之調》，第 51～53 頁。

3　《名左二區警察署關於偵獲頂香治病人犯呂德泉一人一案的呈》，北京市檔案館 J181 全宗十九目錄 22154 卷。

大門」頂香略有不同,即毫不隱諱賺錢的心理,呂德泉所跟隨的王姓老婦在教他學習頂香看病時明說是為了賺錢,呂氏供詞中說:「他(她)曾叫我用水給他搖香灰成球,他說給人治病當藥,並向我說我如跟他(她)學,將來給人治病,那病人萬不能白叫給治,一定可以得錢。」[1]可見叔侄二人所信不同,侄子頂香頂的是龍王,叔叔則選擇了財神,但兩人卻可以相安無事地同處一個空間之中。

　　城內還出現過「四大門」與「醫士」(即中醫)和平共處的情況。例如內三區西頌年胡同二十五號住著一個名叫劉瑞清的醫士,據鄰近住戶反映,該醫士家中供奉仙家黃二老爺,但並不與他人看香,亦不奉仙家與人診病。該管第十三段會同戶籍警士趙連方往劉瑞清院內徹查,發現他家院內西牆下有一座財神洞,裡面供奉著黃紙牌位,上書黃二老爺之位,每日早晚尤其家人焚香祈禱,院中的南房是診病室,內設有脈案及診斷方根等物,按警察的話說:「確與醫士診所無異。」[2]於是發還了曾經扣留的醫士執照。劉瑞清是否信奉「四大門」不能完全確定,但其家人信奉仙爺卻是確定無疑的,至少劉醫士沒有從中制止,而是讓中醫診所和仙爺居所共處在同一個空間中,這一現象本身就驗證了中醫角色的模糊性。

　　還有一些案例是某些人假借頂香看病為名行醫,說明即使懂醫道的人有時也不得不憑藉「頂香」的神祕力量為自己診病的水平提供佐證,以呼應民眾的社會心理。如外四區警署發現盆兒胡同六號住戶王洪林家每天有很多人出出入入,於是對他家進行了突擊巡查,把王洪林及看病人王世全等五口人帶署審查。按照王洪林的供詞稱:「伊給人醫治病症,並未經過考試正式立案。至治病方法,全恃頂香求神為

---

[1] 同上。
[2] 《內三區警察署偵獲劉瑞清看香事》,J5 全宗一目錄 63 卷。

助,立方自行購藥,並不勒索錢財,所有前來看病者憑其自願,酌給掛號香資銅元二三十枚不等。……伊所配之藥四種,係經公安局發有執照,准予售賣等語。」[1]在這個案例中,一個核心問題是王洪林是否真能降神治病呢?按照王洪林自己的敘述頗顯出相互矛盾之處,一般來說,「四大門」香頭降神,不管是「明白差」還是「糊塗差」,香頭自身都不具備醫術和治病的能力,更無法識別藥性的作用。而王洪林一會兒說治療「全憑頂香求神為助」,一會兒又說自己所配四種藥完全符合公安局藥品檢驗標準,明顯給自己的頂香行為留了退路,說明王洪林知曉醫道,卻並未被「拿法」頂神,只不過想藉助頂香之名行醫而已,況且男性頂香也不符「四大門」的規矩。不過這個案例恰巧說明在相當長的一段時間內,作為「巫醫」的「四大門」香頭和傳統中醫之間確有一種相互倚重和相互包容的關係,並非完全處於相互排斥的狀態。

(二)城區空間控制的加強與「地方感覺」的弱化

費孝通曾經指出,由於中國幅員遼闊,其社會結構在進行上下溝通的過程中不可能只在自上而下的單軌上運行,「在一個健全的、能持久的政治必須是上通下達,來往自如的雙軌形式」[2]。換句話說,中國傳統政治結構是有著中央集權和地方自治兩層。中央所做的事是極有限的,地方上的公益不受中央的干涉,由費孝通稱為「無形組織」(informal organization)的自治團體管理。[3]這大致可以說是前現代基層鄉村的狀況。城市空間也存在類似的情況,斯普倫克爾認為,城市

---

1 《外四區警著關於王洪林假藉神術行醫請訊辦的呈》,北京市檔案館 J181 全宗二十一目錄 28992 卷。
2 費孝通:《鄉土重建》,選自《費孝通文集》第四卷,群言出版社一九九九年版。
3 《費孝通文集》第四卷,第 336 頁、340~347 頁。

人們的生活受著兩類組織的管理，這兩類組織之間互有某種交叉：一方面是地方性、排他性的團體、會社（大部分人都生活於其中）制定自己的規章手續，藉助慣例加以推行；另一方面是官方的國家行政機關，靠法令、家庭與官僚政府來進行治理。官僚政府平常總有點拒人於千里之外，除非有什麼申訴或騷亂時，才會行動起來。[1]這種平衡的格局在十九世紀以後遭到了破壞：首先是新式警察的建立改變了警事系統和自治空間各安其位的現狀，開始更多地干預民眾的日常生活[2]，其次是非治安系統控制的加強，所謂「非治安系統」是指非傳統意義上的控制機制的引進並發生主導作用。

更具體地說，衛生概念和系統的引入成為城市「非治安系統」最重要的內容之一。「衛生」應成為城市管理內容的觀點起源於十八世紀的歐洲，按照羅芙芸（Ruth Rogaski）的看法：衛生管理的主要推動力是從空氣、陽光和秩序的需要考慮如何利用城市空間。最初對秩序的迫切需求是由於要劃定界限——下水道把清除污物的功能與道路的運輸功能分離開來。將死亡限制在屠宰場和墳墓的功能使這些地方遠離城市菁英們的視野和嗅覺。由政府劃定的市政管界把可能會傳播疾病的軀體與健康的軀體分開，設定了民族聚居區和種族隔離的「城市避孕套」[3]。

「衛生」觀念的引入改變了中國人對疾病與環境關係的看法。原來中醫理論認為疾病的發生只與不正常的天氣、無節制的飲食以及惡鬼

---

1 西比勒・范・德・斯普倫克爾：《城市的社會管理》，〔美〕施堅雅主編：《中華帝國晚期的城市》，葉光庭等譯，中華書局二〇〇〇年版，第755頁。

2 Alison Dray-Novey: "Spatial Order and Police in Imperial Beijing", *The Journal of Asian Studies* 1993（52），No.4: pp. 885~922.

3 羅芙芸：《衛生與城市現代性：1900—1928年的天津》，《城市史研究》（第15—16輯），天津社會科學院出版社一九九八年版，第151頁。

的存在相關，而到了二十世紀初年，「是否衛生」已成為評價城市文明程度的標準，疾病的發生與城市環境建立起了直接相關的聯繫。與此相應的是，「衛生」事務作為整個城市空間治理的一部分措施開始納入警察監控的職責中，扮演著與地方自治組織爭奪城市控制權的角色。二十世紀以前的城市管理者在保證人民健康方面採取的是有限干預的態度，其職責主要是確保正常的糧食供應，勸告人們遵行中醫預防疾病的合理箴言。國家沒有權力或相應的組織去直接干預人民的健康事務，也不想這樣做。[1]

進入二十世紀以後，城市管理者以「衛生」的名義對居民日常生活的干預逐漸變得越來越合法化。即以北京為例，這一合法化過程經歷了兩個階段：第一階段是「衛生」事務附屬於警察系統成為維持地方秩序概念的一種延伸，還不具備獨立作用的條件；第二階段是覆蓋內外城區的六個「衛生示範區」的建立，重新分割了北京的城市空間，特別是把衛生職能與警察職能予以區分，設置了專門階段機構，這樣就改變和拓展了城市空間的內涵，把「衛生」監控的職責引入了日常生活領域，同時也改變了鄰里之間對「什麼是安全」的傳統看法。[2]

民國初建，「衛生」觀念的引進也影響到了北京警察對傳統醫學和「四大門」等巫醫人群的處理方法的變化，我們先來看一段一九一五年京師警察廳的告示，其中說道：「醫術多門，皆能救濟，星家推步，各具師承，小道可觀，籍作謀生之路，本為例所不禁。乃近因發生案件，竟有一般作利之徒，不顧生命關係，或以符咒頂香，假充神道，或以偏方配藥許奏奇功，跡其居心，無非以騙詐得財為主義，而病家

---

[1] 《城市史研究》，第159頁。

[2] 楊念群主編：《空間‧記憶‧社會轉型——「新社會史」研究論文精選集》，第131～207頁。

情因迫切，往往墜其術中，小則枉費貲財，大則暗傷生命。」[1]告示最後提示民眾說：「如有冒感疾病，務須尋覓良醫診治，勿再被人誘惑，亂投藥品，致使生命瀕於危險，倘或有人以詐術惑人，意存騙財者，證據如系確實，盡可扭送該管區署，從嚴究辦，不必隱忍。」[2]

細讀這份告示，其內容仍承認「醫術多門」，實際上仍包容了星相佛道諸種及「四大門」等並非純粹中醫理念所能解釋的治療方法，甚至頂香看病只要沒有詐財或更加廣義的妨害公共秩序和安全的嫌疑，似乎也不在禁止之列。這說明在一九一五年間，警察廳還沒有完全依據現代專門化的醫療分類概念處理公務，對醫療觀念的認識仍具有通融新舊的兼容性和整合性，這一點倒是和京郊存在的鄉民「地方感覺」有相通的地方。這個階段城內警署的判詞中經常出現諸如「似此假神騙財，不惟引人迷信，尤恐伐害生命」[3]。關注點還在對騙財行為的預防上，還是一種維護治安秩序的視角。

抗戰以後，國民政府內務部曾相繼頒行了查禁不良習俗辦法及倡導民間善良習俗實施辦法，令各省市遵行。北平市政府也頒佈了相應的細則條例，制訂了不良習俗調查表和現有不良習俗實施嚴禁期限表。細則中規定，調查表不但要填注所謂「不良習俗主體」得到姓名、性別、年歲、住址、職業、教育程度；還要註明種類（例如纏足或迷信之類），心理影響（如不良習俗者之情緒如何，有無執迷不悟情形），生活關係（例如以卜筮星相為業之類）[4]。「頂香看病」在這場

---

[1] 《京師警察廳關於市民勿被符咒治病詐術欺騙的示》，北京檔案館 J181 全宗十八目錄 5162 卷。

[2] 同上。

[3] 《外右二區關於趙賀氏頂香看病被判罰的報告》，「北京檔案館 J181 全宗十八目錄 5416 卷。

[4] 《抗戰勝利後北平市查禁不良習俗倡導善良習俗史料一組》，《北京檔案史料》二〇〇二年第四期，第 29 頁。

比較常規化的道德教化運動中自然也成了重點糾察的對象，在所訂嚴禁期限表中，「頂香看病」與信仰邪道、圓光看香、指佛持咒、藉機斂財或假冒僧侶包辦佛事、吹唱雜曲，以及一貫道、摸摸道祕密聚眾結社和婦女纏足等自一九四七年十一月四日即日起被強制解散，並察酌情形沒收其藥方、藥劑或符咒書籍。[1] 這次習俗改良運動的一個重要特點是其強制措施都是在一九二九年推行的城市保甲自治的框架內進行的。一九二九年一月，全市城郊被劃分為十五個自治區，許多政府組織的活動都在這一新的城市空間安排下進行，民政局制訂的不良習俗調查表格就是尤其派員督同各區保甲長詳細訪察，分別填注，最後還要製成統計圖表。比如第十五區公所呈報的八保十五甲所填《不良習俗調查表》中就填報了一位五十一歲的王杜氏，在「不良習俗之種類」一欄中填的是：「信奉邪道頂香看病」，在「心理影響」一欄中填報的是「愚惑鄉民」。而在第四保十九甲所填報的對一名叫王玉才的男子調查表中，內容就更加詳細，在「不良習俗之種類」一欄中填的是：「信奉邪道頂香看病」，「心理影響」一欄指其「引誘良家婦女，每於夜間聚集多人，影響地方治安」[2]。可見對「頂香看病」的察訪仍最終落在了對地方治安狀況的關注上。只不過這種關注形式更加細密地落實到了以自治區劃為主體的城市細胞的監控程序之中而顯得更有效率。在這次行動中，就因為第四保的「保正副保長事前不向民眾勸導，更不舉發，殊為失職」，因此各被記過一次。甲長韓永珍因參加該祕密道，「不能領導民眾，應撤職另行改選具報」[3]。不過，直到一九四八年一月，第十五區內仍有頂香看病的情形發生。一月十八日第八保保長王

---

[1] 同上書，第49頁。
[2] 《北京檔案史料》，第40頁。
[3] 同上書，第39頁。

文佐報稱胡兆增「勾引十四區大柳樹李佛緣（自稱係濟顛僧活佛下界）在該村聚眾燒香，籍詞索款，並稱若干日後即有大亂，爾等草民即應歸順我佛，以登仙界」[1]，並報警局處理。可是到了四月二十八日，王文佐繼續呈報說，李佛緣等不但不知斂跡，還借端調戲婦女，「且時有外縣人以看病為名來往其家。值此戡亂時期，倘有匪人乘隙潛入，於地方治安實有攸關」[2]。所以還是通過位於市郊的第三警察分局將李佛緣驅逐境外才算了結此事。

儘管如此，我們從另一份檔案處理案件的前後措辭變化中仍可以觀察到，現代「公共衛生秩序」的概念已經逐漸滲透進警察處理「四大門」等事務的程序之中。如一九一五年對李朱氏頂香一案判詞的改動就很有意思，原有的判詞是：「李朱氏左道惑人，殊屬有礙治安，合依違警律第三十八條二款拘留十日。」[3]這顯然還是按傳統的治安標準予以處罰，字面上無甚新意。但檔案中顯示，判詞經塗抹後改為：「李朱氏左道惑人，殊於公共衛生有礙。」[4]雖然只是幾字之差，卻已把李朱氏的頂香行為變了性質，即警局原來考慮打擊的重點是妨害傳統治安秩序的行為，而改動後的措辭則更強調對所謂「衛生秩序」的破壞。這顯示出警局處理「四大門」等傳統治療技術的微妙心理變化。二十世紀二〇年代以後的許多判詞就更是直接從「衛生」的角度入手，判定案件的性質，如外左三區判決胡永泰一案稱：「查胡永泰竟敢以信邪祕密與人治病，實與風俗衛生兩有妨害。」[5]一九三六年公安局對張

---

1 《抗戰勝利後北平市 禁不良習俗倡導善良習俗史料一組》，（北京檔案史料》二〇〇二年第四期，第 50 頁。
2 同上書，第 53 頁。
3 《內左一區警察署關於李朱氏的呈》，J181 全宗十九目錄 10324 卷。
4 同上。
5 《外左三區警察署關於送胡永泰與人瞧香治病的呈》，北京市檔案館 J181 全宗十九目錄 26230 卷。

葛氏案件的判詞是：「雖供並無頂香與人治病斂財之事，惟無醫學知識與人治病，亦屬不合。」[1]所謂「不合」當指公共衛生標準。其判詞意謂即使查出無頂香之事，也需按醫學標準訊辦。

　　警局判詞的改動只反映了空間控制變化的一個方面。北京城區內的「衛生示範區」成立以後，「四大門」香頭的活動範圍受到了很大限制，衛生區通過鄰人舉報、媒體曝光、巡警督察等方式日益壓縮香頭的治療區域。如一部分深浸於「衛生」觀念的市民的介入，使偵訊「四大門」的行為帶上了公共參與的色彩，衛生局檔案中存有一封市民林石鳴和張瑞傑的來信，其中把有頂香看病嫌疑的幾家住戶的分佈情況瞭解得非常仔細。信中說：「平市對於一切衛生事件，均百分努力，惟近來一事貴局不甚介意⋯⋯竊平市有名醫不下數百，均無使病人吃香灰符紙而愈者，近來有人異想天開，立以佛堂，頂香看病，送病人香灰符紙為藥品。如北城妙豆胡同安靈裡二號何宅，南城宣外果子巷羊肉胡同二十九號閻香甫，櫻桃斜街李宅，兵馬司謝宅。」[2]這段描述已從專門化的角度把「四大門」診病與標準的醫學行為作出了區分。這顯然有別於城郊鄉民對香頭身分的模糊感覺。

　　城區內的各種媒體也通過相關報導為巡警對「四大門」的偵訊提供訊息，這直接使香頭的活動受到很大的壓力，使她們的行動必須在日益詭秘的情況下才能進行，如著名的呂德泉一案就是由《京兆新報》曝光後被警察偵獲的。當巡警查到香串胡同呂德泉有頂香行為時，知道其「惟甚守祕密，須熟人介紹始肯給人醫治，查辦頗費手續，當覓

---

[1]　《內四區送遵將匿名函報瞧香治病張葛氏一口》，北京市檔案館 J181 全宗二十一目錄 47093。

[2]　《內四區送遵將匿名函報瞧香治病張葛氏一口》，北京市檔案館 J181 全宗二十一目錄 47095 卷。

一金姓老婦託詞求藥治病兩次未允」[1]。呂德泉的叔伯兄弟呂振元也曾經提醒呂德泉，「勸他不必信這些個，我說瞧香治病地面上不准，不叫他頂香」[2]。另有例子證明香頭在城內頂香顯然比城外有更多的心理壓力，如胡永泰的口供說：「我恐地面干涉，是我備有高香，來治病的人，燒我的高香，給我香錢，我並不貪別的錢財。」[3]檔案中曾透露拿獲呂德泉經歷的十分複雜的過程。由於無法接近呂氏，警察查到與呂氏同院著茶食胡同無盛齋蒸鍋鋪，鋪掌劉順先與崇文門大街永盛牛肉館鋪掌王德福相識，警察委托劉順先找到王德福，告訴他有張姓小孩在城外玩耍，向枯樹撒尿時昏迷不醒，導致雙目失明，想找呂德泉醫治。呂德泉答應後，定於一九一八年七月二十七日午後備車接請。警察一面在太乙胡同門牌七號福昌湧紙局內借用房屋，並令在該局居住的張子和代為接待，同時命令第二分駐所的伙伕錫珍扮作患眼病的小孩在局中等候。然後命令王德福備車接呂德泉，等車行至欖桿市大街，張子和上前阻止，告訴說小孩已經進城，在福昌湧紙局等候醫治。於是將呂德泉讓至紙局內，呂德泉即令買香，「俟其焚香作態叩念請神之際，即令巡警張德山進該局將其拿獲」[4]。整個偵破過程看起來相當複雜，經過了一番精心設計。這與京郊地區「四大門」活動的公開化和透明化程度相比顯然不可同日而語。

特別值得注意的是，警察在處理頂香行為時由於受到「衛生」觀念的影響，常常把頂香過程中的降神行為按精神疾病進行歸類，這與

---

1 《外左二區警察署關於偵獲頂香治病人犯呂德泉一人一案的呈》，J181全宗十九目錄22154卷。

2 同上書。

3 《外左二區警察署關於偵獲頂香治病人犯呂德泉一人一案的呈》，J181全宗十九目錄26230卷。

4 《外左二區警察署關於偵獲頂香治病人犯呂德泉一人一案的呈》，北京市檔案館J181全宗十九目錄26230卷。

原先從治安和維護秩序的角度所作的判定又有區別，甚至會影響到當事人對自己行為的自我判斷。比如處理張趙氏頂香案時就出現了這種情況，據當事人佟李氏供稱：「這張趙氏於去年九月間租住我院中北房一間，至本年二月間我院中無分晝夜，時常有人拋擲磚頭，遍尋並無人跡，疑係大仙，我遂寫一牌位供在堂屋，迨後張趙氏他即頂香在我屋中給人看病，並報藥名，令旁人給寫。」[1]據張趙氏供稱：「有一次我看見一個大白臉將我嚇死，我遂買得香爐蠟　供在佟李氏所供牌位之處，至本年正二月間我屢次犯病，迨後每迷糊不醒之際，我聽院鄰說曾與人看病，我毫無知覺。」[2]請注意張趙氏對自己頂香行為的表述，與城郊香頭的表述完全不同，城郊香頭的職責就是給人治病，她們從來不會認為自己的行為是一種病態。而作為城裡的香頭，也可能張趙氏會受到「衛生」觀念的影響，反過來認為自己的行為屬於病態範疇。因為在此之前，她丈夫對妻子附體治病的行為頗不理解，請中醫診治的判斷是：「氣沖肝症」，而警局對張趙氏的判詞是：「經醫官驗明實有間斷期神經病，免予置議。」具有反諷意味的是，有些頂香人只有被貼上現代醫學分類下的「精神病」標籤，就可能被免予追究。

　　總之，在現代警察系統和衛生體系的雙重監控下，「四大門」在北京城區的勢力受到很大削弱，這表現在香頭在城區失去了在城郊那樣的地方感覺的氛圍，既無法成為城裡社區事務的協調人，從而成為類似解決城郊鄉民疑難問題的源泉，又無法與監控嚴密的現代衛生制度相抗衡，分享其城區的文化資源，因而與城郊的情況形成了巨大的反差。

1　《外四區警察署關於佟李氏控張趙氏頂香治病一案的呈》，北京市檔案館 J181 全宗二十一目錄 12453 卷。

2　《外四區警察署關於佟李氏控張趙氏頂香治病一案的呈》，北京市檔案館 J181 全宗二十一目錄 12453 卷。

八　結論

　　本文通過研究北京郊區乃至華北地區普通鄉民的「四大門」信仰形態，得出了以下結論：

　　其一，以往對宗教信仰的研究比較強調上下形態如何溝通，特別注意上層的「宇宙觀」如何規範下層鄉民樸素的民間形態，或者是下層民眾對上層「宇宙觀」如何作出回應和抵抗。一些菁英知識群體總是用一套學理意義上的宗教崇拜的等級原則去想像和比附普通民眾的宗教意識。本文則通過北京城郊鄉民的「地方感覺」所營造的氛圍對知識菁英所建構的神譜身分制進行解構，試圖說明，「四大門」雖然是喜怒無常無法成為更高一級神祇的「仙」，卻能左右鄉民的情緒並催動更高一級偶像的香火，並制約著其發生作用的形式。這表明在鄉民的意識裡並不存在嚴格意義上的神界秩序，也不會按照這種秩序去安排自己的信仰生活。

　　其二，鄉民對「四大門」的信仰與地方感覺的構造有關。鄉民信仰對神祇和仙家的選擇並不完全取決於其信仰層面的精神效力，而是關注其在日常生活中實際發生作用的程度，比如是否能解決普通生活中的一些難題，偶像可信度與否往往與其是否能驗證具體的生活經驗有關。而生活經驗又與個人所處的特定空間和其持有的特殊感情狀態有關，這種地方感覺是鄉間挑選成員、友誼、戀愛、婚姻、結社等的基礎。京郊鄉民對「四大門」香頭作用的認可，往往是因為她們處於鄉民認同自己的地方感覺的樞紐位置，因為她們經常扮演社區事務的協調角色，而不是官方超越地方感覺制定的信仰原則。與此相關，如果空間的內涵變了，信仰的生存基礎也會隨之發生變化。布迪厄認為，社會世界是處於不同生活方式之中的地位群體所形成的空間，人

們在相似的類別身分中確立自己的地方感覺[1]，那意思是說，環境變了，地方感覺就會隨之改變或消失。比如「四大門」香頭在城郊的身分並不僅僅是治病的醫者，而且還是事務的紐帶，她可以通過頂香這種「差異的標記」來標識出自己區別於普通民眾的重要價值。但是一旦移居城內，因為城市的空間結構與城郊有很大差異，香頭無法在這樣的空間中占據主導地位，「地方感覺」自然就弱化了。這並非僅僅是一種心理感覺，而且是身體與周圍世界重新發生關係時所導致的位置感的移換。從主觀方面而言，在城區，現代國家可以更直接地通過改變感知與評價社會世界的範疇對原先的地方感覺重新進行分類，從而積累起了新的象徵資本。分類框架制定的具體表現就是對一些職業資格的認定，如對「醫士」與「醫師」資格的確認，並通過職業化訓練的手段成為城市民眾的共識，實際上就改變了城區的地方感覺結構，香頭所依恃的地方感自然就被弱化了。

其三，從以上的論述可能會得到一個印象，「地方感覺」的構造與城市化的過程似乎是背道而馳的。如果把「四大門」等信仰僅僅簡單地理解為所謂「封建迷信」的話，這個過程就似乎具有不容置疑的合理性。但事實遠非如此簡單，城鄉差異經過近百年的變革在中國仍是一個主要問題。在過去相當長的一段時間內，用評價城市的專門化標準或感覺分類原則去強行規範鄉民具有自治意義的感覺結構，而不顧忌地方環境的特性，已經造成了地方文化資源的枯竭和流失。早在四○年代費孝通就警告過，不要為了盲目推行自上而下的現代化，就肆意破壞傳統社會結構形成的雙軌制原則，用行政村體制徹底取代自然村體制，如此試驗政治單軌制就會堵住自下而上的政治軌道。費孝通

---

[1] 〔法〕布迪厄：《社會空間與象徵權力》，載夏鑄九、王志弘編譯：《空間的文化形式與社會理論讀本》，明文書局一九九四年版，第435～440頁。

的思想在當時引起很大的爭議，被認為是「反現代化」的論點，現在看來卻是最清醒的一種看法。對「地方感覺」的認識亦當如此，當我們考察一種信仰的內涵和功用時，應更多地考慮它與不同地方感之間的關係，而不要僅僅把它視為純粹的宗教形態；同時，也應該在地方感的框架下來評估其信仰的意義和價值。而不要先入為主地在現代化的框架下來對之予以定性的評價。

華北青苗會的組織結構與功能演變

　　「青苗會」在清末民初曾經是華北地區農村基層社會的重要組織，它的誕生、發展和演變也與華北地區村落形態構成的特殊性密切相關。它的起源是華北農村在收穫季節為確保農作物不被偷盜者搜取，農民們不得不派遣家庭成員在夜間輪流到田間巡視，較富裕的家庭則僱用專門的看護人，這叫「看青」，一些鄰近居住的家庭也往往聯合起來僱用一個看護人保護田中穀物直到準備收割。

　　在收穫過程進行當中，許多地區有個習慣，那就是允許周圍村莊的窮苦農民進入田地拾取收割遺留下來的麥穗和穀物，這個習慣無疑是照顧那些窮人的慈善行為，卻也往往是地主與拾穗者之間發生衝突的主要根源，為了處理好這一習慣所造成的麻煩，華北農村往往自發組織起較為正式的機構解決類似的糾紛，這就是「青苗會」興起的緣由。從「看青」到「青苗會」，原來都屬於自發組織的性質，然而在二十世紀初，「看青」已開始從一個家庭自發的行動向村莊所擁有的集體性責任轉移。

　　「青苗會」功能從簡單向複雜結構的演變趨勢已經引起了社會史研究者的重視，目前出現了兩種有影響的對立觀點：一種觀點認為，從清末到民初，隨著國家現代化策略向基層社會的不斷滲透和延伸，「青苗會」組織已從一種單純的「看青」功能演化為頗為複雜的地方自治機構。另一派學者的解釋則有所不同，他們根據滿鐵調查的資料發現，「青苗會」功能的變動恰恰證明的並不是村莊自身的成長和發展，而是標誌著村莊的衰落。無論怎樣評價這兩派觀點，「青苗會」日益變

成了一種複雜的地方功能組織當沒有疑問。本文通過河北三個村子即解口村、太子務村和黃土北店村「青苗會」組織的研究，試圖修正以往研究對「青苗會」功能的若干看法。

一　「青苗會」組織功能的雙面性

　　本文所探討的村莊之一解口村屬河北永清縣 288 個村莊之一，該村共有耕田 1147 畝，如按所有權劃分，耕田又可分為本業地、租地和當契地三種。該村擁有 62 戶人家，每家平均人口 4.3 人，擁有耕田 18.5 畝。戶姓以梁姓為最多，占全戶數 58.1%。「青苗會」是解口村的七種重要組織之一（其餘六個組織是村公所、禁賭會、祭塋會、路燈會、添油會、吵子會）。「青苗會」成立的確切時間已不可考，大約在清末就已出現。「青苗會」會員一般都設有會首或稱會頭一人，司理全會一切事宜，另有管事的或稱理事人八九人至十三四人不等，具體執行會內事務。還設有管帳先生一人，司理一切帳目，另外就是看青的或稱青夫一至二人，司理看守莊稼之職，防止偷竊及損壞事情的發生。「青苗會」的正規工作可以概括成寫青、看青和斂青三項。所謂「寫青」就是將青苗會應保護的青苗，劃分清楚，載之於冊，以便按冊保護青苗及收斂「青錢」的一種手續，在保護範圍內的耕田稱為「青圈」。青苗會成立的時間大約在玉米成粒之時，即陰曆七月初，或十三四日時，即陰曆八月中之時。寫青時應劃定青圈界限，清末以前青圈的界限劃分似乎從未發生過問題，但青圈內地畝的確實數字，卻不準確。每年寫青時，各地主報告青圈內的畝數常不確實，隨著村務中國家攤派費用的增多和青苗會功能的複雜化，迫使對地畝數的登記越加嚴密細緻，除登記本村青圈以內的地畝外，還登記其青圈以外的地畝

數,以便作為將來村中攤款的根據。[1]所以寫青實際上就是登記全村地畝數量,這說明其範圍已擴充到了青苗會本身事務之外而與村政相混合了,同時也證明青苗會的職責已經逐漸在溢出原有的單一職能。

有的學者認為,為了明確村與村之間財政權與管轄權的界限,青圈亦成為村界,使村莊在歷史上第一次成為一個擁有一定領土的實體。[2]有關「看青」職能的演變,我們在下面將進行討論,但「青圈」即為村界的結論恐怕有一定問題,因為解口村青圈內耕田的地主,不必屬於本村,也包括不少外村人。該村青圈面積為1530.5畝,村子恰居青圈的中心,直徑約為一里半,但圈內土地卻分屬六個村莊,「青圈」界限與村界顯然不一致。為了協調「青圈」內本村與外村人交納看青費有可能造成的矛盾,在「斂青」時形成了相應的協商和轉費制度,看青人將屬於自己看護的青圈但不居住於本村之人交納的看青費轉給相應的看青人,並接納對方轉交的「代徵」看青費,有些地方村民稱這種「代徵」為「聯圈制」[3]。據當時的調查,華北許多村莊都採取這種「聯圈制」,本村種外村圈地到外村交青錢,外村種本村圈內地到本村交青錢。

然而,「聯圈制」的實行一般只能在「青苗會」處於早期狀態下時才能發揮日常的作用,而國家權力的滲透導致「青苗會」功能複雜化之後,「聯圈制」因為只徵收狹義上的看青費用,故而不能滿足現代徵稅的要求。以解口村的「斂青」內容為例,「斂青」作為「青苗會」的最後工作,其內涵前後已發生了相當大的變化。「斂青」在「青苗會」

---

1 梁柏:《解口村大秋青苗會之概況》,《社會研究》一九三三年第四十期。
2 〔美〕杜贊奇:《文化、權力與國家——1900—1942年的華北農村》江蘇人民出版社一九九六年版,第187～188頁。
3 〔美〕杜贊奇:《文化、權力與國家——1900—1942年的華北農村》,第187～188頁。

的原始形態時，只在禾稼穀物收割完畢後，收斂看青的費用，普通情況下在陰曆九月底或十月初舉行，但在光緒末年以後至民國初年，「斂青」的內容已經從單純的收取「看青費」擴展成了三項工作，即：（1）徵收「青錢」。在光緒二十六年（1900年）以前，每畝青錢為十六個制錢，後改為銅子四小枚。在一九一二年時，增至二十枚；一九三〇年時，每畝改為一毛。（二）戶口費。這項費用大約在一九二九年開始徵收，村民不論是否有耕田，只要被稱為一戶，就要納洋兩角五，村民叫作「灶火門」費，意思是按「灶火門」收費，每一個「灶火門」意為一個經濟獨立的家庭。（3）村款費。這項費用包括村中一切花費，多則每戶多攤，少則每戶少攤[1]。從各種款項的劃分來看，「青苗會」的職能已遠遠越出了「看青」的範圍，而演化成了村級的徵稅組織。

「青苗會」在一九二八年以後有一個重要變化，土地登記和村差派遣以及斂錢攤款替代「看青」成為主要內容，同時「青苗會」的徵稅功能也使得自然村顯示出了向「行政村」轉型的訊息。據萬樹庸對宛平縣黃土北店村的調查，此村「青苗會」的歷史就可清晰地劃分為兩個不同的時期，一是庚子年（1900）以前的地保時期；一是庚子以後的會首時期。黃土北店的地保姓施，已在村中住了十代，他擔當此職位是由縣政府指派的，以便在村內應酬官差，所以「地保」一職是現代警察制度建立以前的鄉村地方政治領袖，鄉與縣、縣與鄉種種關係都以地保作為溝通的媒介。凡由縣裡派下的官差，每到一村，就向村民索要差費，所以地保即向青苗會的會員斂取。這樣一來，地保就會一面接應官差，一面向會員斂錢，便自然成為青苗會這種自然組織的領袖。

「青苗會」的第二期改組是義和團事變以後外國軍隊攻陷了北京

---

[1] 梁楨：《解口村大秋青苗會之概況》，《社會研究》一九三三年第四十期。

城，一部分官員為了追趕王室駐紮在清河鎮，要在一天的時間內向附近各村的民眾徵收兩萬枚雞卵，如果沒有本地人員負責此事，就要親自下鄉奪取。以後隨著人事日繁，青苗會的組織系統為應付各種國家和地方的行政指令而變得日益複雜化了，最終擺脫了地保時期的初始狀態。[1]

由於「青苗會」的事務與村中其他行政事務常常混淆不分，所以民國以後的人們談到「青苗會」時也往往不自覺地把它看作是村一級的日常行政單位。比如清河鎮的人們談到「青苗會」時就說：「談到我們鄉村中，都有自治機關，其中以青苗會（即村公所）為中心，村長、村副及會員為首腦，所管理的事，不過青苗會，應酬兵差官差，監督小學校，修蓋廟宇……」[2]可見「青苗會」已無法和村公所的職能相區分。

不過以上所述「看青」外延的擴大和組織行為的變遷，並不意味著國家權力的滲入就一定賦予了「青苗會」這種組織以現代的新意。這表現在「青苗會」仍缺乏現代意義上的規範化管理，所有大小事情仍為會首和「管事的」所包辦，而且他們的位置都是世襲的；這種宗法性還表現在一切組織規則仍按習慣的程序處理，除出入帳之外，都是口頭的，毫無明文規定，有關一切事件的決議，也是在閒談中達成，只要無人反對，就默默地通過了。徐雍舜在《農村自治的危機》一文中曾經明確點明了「青苗會」功能擴大後的弊端，認為「組織變多了，村長、村副、閭長、鄰長、監察委員、調解委員、放足委員、財政委員、書記、校長、自衛團團總等等官銜，不一而足。村裡的事情沒辦多少，而對外的事情卻極繁，今天徵區公所辦公費，明天催保衛團餉金，後天徵槍彈款，接著又是軍事捐、抗日捐、八釐公債、縣

---

[1] 萬樹席：《黃土北店村社會調查》，《社會學界》一九三二年第六卷。
[2] 《青苗會送龍王》，《清河旬刊》一九三五年第七十號。

借款、教育費、房田草契費、中傭費、旗產留置費、警察費，徵大車、征騾馬、徵民夫」[1]。這裡面的批評既包含了對「青苗會」功能多歧性的質疑，同時也暗示了其舊有組織形式基本沒有多大的變化。

華北「青苗會」一方面開始應付日益繁重的國家攤派任務，另一方面卻仍保留了一些傳統社區內的職責，如需帶頭舉行求祈龍王賜雨等等宗教儀式。「青苗會」在其他村莊內也體現出了強烈的「兩面性」，包括管理一村公產（如廟宇、香火地、坑地、義地、官井、樹木等）以及重修或新造公共建築。「青苗會」一方面要主持村級的「新政」事務，比如新式學校管理便操諸青苗會或鄉公所之手，學校組織的最高當局如董事會和校長，往往也是青苗會的會首，由他們控制經費及用途，至於聘請教員和校役、添置教具、分配課程、規定假期等事，也都在他們監督之下。另一方面，「青苗會」仍操縱著村級的宗教和宗族事務，比如清河鎮以廟宇為中心的宗教活動，一般分公私兩祭。公祭每逢正月十五日，由村中領袖代表並統率村民至各廟致祭，並散放燈花，驅逐鬼怪，這叫「燈節」。至於六月二十四關公生日，及「謝秋」、「祈雨」等活動，也都由青苗會或鄉公所領袖在廟內主祭。[2]

通過以上的材料分析，「青苗會」從清末至民國確實經歷了一個演變過程，其特徵是職能分工更加複雜化了，已經完全越出了原初單純「看青」和「保衛」的作用範圍，而成為國家在基層實施新政的工具和手段。但這並不意味著華北「自然村」共同體體系已遭到了根本的破壞，因為「青苗會」除了其行政職能外，仍保留著鄉村秩序協調和保護人的角色，比如對宗教祭祀活動的控制與中樞作用。特別值得明辨的是，「青苗會」部分行政職能的國家化，並不意味著其基層權力系統

1　徐雍舜：《農村自治的危機——農村社會研究感想之二》，《社會研究》1933 年第十三期。

2　黃迪：《清河村鎮社區——一個初步研究報告》，《社會學界》1938 年第十卷。

發生了根本變更,這特別體現在對「會首」資格的遴選方面。

二 「青苗會」與鄉村權力網絡

解口村的「青苗會」作為早期自發組織形態時,在選擇會首的過程中,大致應符合以下標準:首先要家庭富裕,能給會中提供零用物品(如柴火、油等);其次要有空房能作為開會或存放會中公共糧食之用;最後是辦事能力強,自幼即幫辦會務,有一定經驗。「會首」的任期無一定限制,一般都是以家庭為單位,而不是以個人為單位,也就是說,只要家中富裕,雖人不能幹,會首也必定由此家選出。所以「會首」之職往往是世襲的,或者可以說是財產標準創造和決定了會首世襲的條件。

自一八七四至一九三一年,解口村共有六人出任會首,平均每人任期為九年半。從會首姓氏分佈觀察,多集中於張、梁兩家,其中梁家在村中的戶數和人口數最多,張家則居第三位。在全村 62 戶中,梁家占 36 戶,為總戶數的 58.1%,張家有 4 戶,占 6.5%,可見「會首」的選擇也多少與其姓氏人口在村中所占的比例有相當的對應關係。光緒初年解口村的會首是張榮,張姓戶據說自明末始遷至該村,當張榮辦村事之初,曾開茶館於韓村鎮,喜歡與富人聯絡,後來又開了一家雜貨鋪,此鋪也是當時該村趕集時聚會的地方。除擁有一所雜貨鋪外,張榮還有本業地 77 畝,土房二十餘間,大車一駕,是村裡當時的第三富戶。除青苗會首一職外,張榮還兼村長、禁賭會長、路燈會長,活動能力很強,人皆稱「老張先生」、「張大爺」、「榮爺」。張榮取得會首的原因曾經源於一段故事:同治十一年(1872 年)時,解口村全體村民同韓村鎮趙某爭訟,結果青苗會所有款項都已花完,張榮於是將自己耕田三十畝作為抵押品,借得款項後充當全村的訴訟費

用。這件事結束後一年，村民商議每年從公款中撥出若干以賠償他所遭受的損失，同時選其為青苗會首管理村事，可見在緊急之時有財力墊付村款應是出任會首的最必要條件。[1]

張榮在光緒元年（1874年）出任會首後，直到光緒十九年（1893年）因年老精力不濟退位，在位共19年，尤其子張彥山繼任。可是因為張彥山太不能幹，被人稱為「狗熊」，搞得家產漸少，房屋傾塌，任職僅六年就下臺了，由梁家的梁江接任。梁江自20歲時，即幫同辦觀會務，取得會首位置時，已年屆50。他家擁有本業地同租地共約百餘畝，土房十二間，可是因為好飲酒，家中又無空房供開會之用，所以僅當了兩年就讓位給了梁春之子梁玉林。梁玉林有本業地200餘畝，磚房十二間，但因人口少有空房，又有現錢為會中墊用，所以是最合適的繼任人選，任期也較長，自光緒二十八年至宣統三年（1902—1911年）共十年。從此之後，解口村「青苗會」的會首位置在相當長的一段時間內為梁家所世襲和壟斷。[2]

「青苗會」的會首在有的地區也採取某種集體輪換制度，如宛平縣黃土北店村的「會首」多達20名。在國家力圖以行政村的組織形式改變地方組織之前，20名會首中以當上村長、村副者為最有權，在無村長、村副的名目以前，其中六位會首輪流管賬管錢，有了村長、村副的名目以後，每年另有一人管賬，如1932—1933年度為鄧浚海，1931—1932年度為劉廣生，1930—1931年度為劉廣生，1929—1930年度為秦世榮。此外另有司庫管錢。由於黃土北店村較富裕，會中每年都有存款，但又恐外村知道，抱怨在區內攤款不均，或被官府知道隨意加徵提取稅款，所以帳目只有二十名會首知道，其餘民眾一律不

1　梁楨：《解口村大秋青苗會之概況》，《社會研究》一九三三年第四十期。
2　同上。

得而知[1]。

　　黃土北店村的「青苗會」儘管在外表上採取的是不同於解口村那樣的家族壟斷制，而是比較注重集體公正性的輪流策略，但是如果仔細分析其中的權力構成結構，就會發現其中宗族、知識和財富仍是謀求此項位置不可或缺的三項要素。在宗族關係方面，六位輪流掌權者中，除趙德章基本與他人沒有親屬關係外，其他五人之間都有連環套式的親戚關係，如趙本是趙玉林的叔叔，趙棟的堂兄，許寬的親家，同時又是葉方珍的妹夫。就知識經歷的構成比例而論，20位會首平均年齡43.85歲，入學平均年齡是六年半，而全會讀書的比例是33%，沒有讀書的比例是63%，說明這些會首相對都受到了較良好的初級教育。就財富占有量來說，這20位會首只占全村267家戶數的7%，卻擁有2930畝面積的土地，在全村7033畝耕地中占41.66%，平均每家擁有土地約為150畝，這與當會首負有的首要職能是墊款有關，親族關係和知識擁有量只是從屬因素。

　　黃土北店村「青苗會」對權力網絡的設計，採取了三級制的運作框架，即由20名會首、六名會頭和兩名村長副村長的金字塔型制度構成，以應付民國以後自然村日益行政化的趨向。這種會首輪值制度從表面上突破了單一家族的世襲程序，也有可能會增加村莊徵稅和其他行政部門的實際效率，但由於權力仍集中於少數擁有財富的家族之手，「青苗會」不過是在同一地點、同一人物的網絡中，同時擁有政治名稱和自治名稱的機構罷了。比如黃土北店村村北關帝廟的門口掛著「宛平縣第五區黃土北店村公所」的牌號，其實也同時是青苗會的辦公場所，村長、村副由青苗會六名掌權的會首輪流充當的時間是三年一個週期。比如1929—1930年度為趙德章與趙本，1931—1932年度為趙

1　萬樹庸：《黃土北店村社會調查》，《社會學界》一九三二年第六卷。

棟與許寬，1930—1931年為葉方珍與趙書林，1932—1933年度又是趙德章和趙本。[1]

　　華北的其他村莊也出現過類似的情況，如太子務村青苗會首領稱為首事人，往往有一二十位之多，從這些首事人中推出一個「香頭」，「香頭」的位置相當於村長，「青苗會」的另一個職務叫「總管」，相當於村副，首事人同時又被稱為管事的。「香頭」的職位也採取輪流制，每人輪一年，村中有事由「香頭」負責召集，會場就設在他的家裡。宣統元年（1909年）間縣政府下命令選舉村正、村副時，由首事人公推，但實際上仍是由香頭接任，因此「香頭」制取消，首事人仍照舊。第一任村正、村副在任約有十年之久，一九一二年，起開始有自己的辦事場所。經過村正、村副選舉之後，「青苗會」改稱公議會，其實是同一回事，可見太子務村的青苗會仍保持了原有的管理系統。[2]

　　通過比較解口村、太子務村的會首權力網絡及其功能，我們注意到，「青苗會」自身的權力機構和作用有相當的延續性。儘管國家在二十世紀初一直想通過行政控制的手段，力圖把華北一帶的自然村落置於國家現代化建設的總體規劃之中，以此來改變村莊內部的權力結構。從表面上看也確實部分達到了這個目的，因為「青苗會」的職能外延確實有所擴大，而且幾乎包容了國家基層行政的各個方面。但值得深思的是，「青苗會」表面功能作用的演變，其實並沒有從根本上改變其組織內部的權力構成和運轉方式，這些新型事務的實施大多仍是由原有的傳統社會網絡加以推動完成的。比如真正操縱鄉村社區事務的仍是有經濟勢力的族人和與他們相關的社會關係，他們也負有篩選國家訊息以保護地方族人利益的責任。

---

[1] 萬樹庸：《黃土北店村社會調查》，《社會學界》一九三二年第六卷。
[2] 梁楨：《解口村大秋青苗會之概況》，《社會研究》一九三三年第四十期。

三　結論

　　正如本文開頭所討論的，華北的「青苗會」有一個從簡單的看青組織向複雜的行政組織轉變的軌跡，如何評價這種轉變基本上形成了兩種極端的對立觀點，一是認為「青苗會」依靠處理日益增多的行政問題而趨於複雜化，這恰恰增加了村莊的凝聚力；另一派觀點則認為，基層組織行政色彩的增強恰恰是自然村解體的標誌，它喻示著村莊凝聚力的瓦解。目前還有一種觀點認為，隨著國家現代化策略逐步深入農村，鄉村領袖已無法依靠自己的財富和關係來樹立威信以得到村民的擁戴。通過以上研究我們發現，應把「青苗會」處理實際事務的類別日益增多所造成的村級表面的行政化，與鄉村傳統權力網絡是否真正瓦解區別加以對待。換言之，村莊事務中處理行政性能的增加，或村級領袖的更迭，並不意味著傳統的鄉村事務同時面臨解體。一個「青苗會」的會首有可能同時扮演催款徵糧和主持鄉村宗教祭祀的雙重角色。「青苗會」自身也可能同時體現出這種雙面的作用。更應深思的是，鄉村百姓往往會操縱國家話語以為己用，他們表面上對國家行政意志的屈從，恰恰可能轉化為地方社會的權力資源。正如有論者指出的那樣：不應只注意地方政府的軍事化、現代化與田賦負擔劇增的雙重壓力下傳統村莊的解體趨勢，而更應注意村規等隱性話語和權力之間的互動關係，即村民如何操縱村規以利於自己的行為，同時在此網絡中維持著村社共同體，而不使之瀕於瓦解。[1]對華北「青苗會」的研究也應作如是觀。

1　李懷印：《二十一世紀早期華北鄉村的話語與權力》，《二十一世紀》一九九九年十月號。

纏足由「美」變「醜」歷史進程的身體政治學分析

一　導論——反纏足運動的三種詮釋方法及其修正

　　如果幾年前我斗膽問出一個問題：「纏足的女性果真不快樂嗎？」也許會立刻招來一片質疑甚至責罵聲，因為「纏足」已經成為中國女性受壓迫的象徵。對「纏足」是否痛苦的質疑，也就是對婦女曾經受壓迫的政治命題的質疑。然而，近期發現的纏足史料促使我有信心在此證明，女性自我的感受仍有可能超越一般的道德評判和政治詮釋框架，引起我們的高度重視。我要說快樂不快樂標準的確定不僅取決於個人心理，而且也受制於社會風習，如果承認這個說法有其道理，恐怕就無人敢輕易對纏足是否快樂輕下結論了。因為至少在民國初年以及後來相當長的一段時間內，恰恰是占人口少數的天足婦女而不是纏足女性顯得並不快樂，有論者得出結論說：「這就是社會風氣力量，纏足女子的生理痛苦被心理上的自豪感彌補了，而大腳女子生理上的健全，卻被精神上的自卑壓倒了。」[1]因為纏足美作為女性美的標誌在抗戰前一直居主導地位，儘管纏足博得讚譽往往要付出巨大的生理與心理代價。興起於十九世紀末葉的反纏足運動，試圖顛倒天足與纏足女子的社會地位，長期被譽為革命性的行動。可是如果仔細分析各種反纏足運動特別是早期運動倡導者的性別構成，我們就會發現，女性身影和發出自主聲音的情形真是少之又少，並不足以代表「纏足」與「反

---

[1] 吳存存：《明清社會性愛風氣》，人民文學出版社二〇〇〇年版，第231頁。

纏足」運動相互對立衝突的全部含義，這似乎不僅是反纏足運動單獨面臨的問題，而且也成為近代早期婦女解放運動的共通現象。

一九九七年，身為女性學者的高彥頤在《閨塾師：17世紀中國的婦女與文化》一書中，對「五四」運動以來形成的受現代性影響的婦女研究方法提出了激烈批評。在她看來，「婦女解放」只是西方賜予的一個命題，婦女形象的塑造，本身就是一種政治和意識形態建構，是二十世紀中國現代性的一種界定，而不是「傳統社會」的本質。大量例子證明，婦女解放是通過男性的聲音傳達出來，或者是受到菁英男性影響的女性的一種強勢表達，而沒有充分反映出女性自身的聲音。她重提女性研究的創新目的，就是力求擯棄社會外在結構對婦女生活形態與形象的歪曲，從而把婦女形象分離出現代性意識形態的控制。[1]

對纏足現象的解釋目前就處於這樣一種狀況：似乎沒有多少人意識到，對纏足的身體感受最初是通過男性話語間接加以想像和表達的，即使隨著反纏足運動的進展，越來越多的女性感受得以公開流露，但身體感受的描述也大多是男性早期想像性表述的延伸，或者是為受過現代教育的知識女性的替代性表述所操縱；而大多數纏足女性由於迅速淪為弱勢群體而長期被迫處於「失語」的狀態，被剝奪了說話的權力，纏足女性不僅處於「失語」的境地，而且她們的形象由於遭到現代性標準的重新裁量，由「美麗」迅速向「醜陋」滑落，因而普遍成為被賤視的人群。

近幾十年來，對「纏足現象」的主流評價近乎單調乏味，多年未有變化，無外乎從道德評價和男權壓迫的角度入手定下基調，然後與煙賭毒歸為一類，痛加譴責。如有論者云：「自宋代後，在儒家文化中

---

[1] Dorothy Ko and Romeyn Taylor, *Teachers of the Inner Chambers: Women and Culture in Seruententh Century China*, Stanford University Press, 1994, pp.1～24.

的禮教影響下，婦女被認為要為社會道德負起責任，其重點已經從婦女平常的家庭、道德轉到女性的勇於自殘的英雄主義和甘願自我犧牲精神。」[1]纏足女性成為儒家道德載體的象徵。或有論者云：「纏足陋習之所以能夠得以興起，根本原因在於中國封建社會的男權文化被普遍認同。」[2]這是典型的以性別壓迫立論，一些女性主義研究者如劉禾對這兩點提出過質疑，她的問題是：纏足女性從傳統的道德形象載體轉化為現代強國保種的民族主義工具後，她們果真擁有了自己的話語表述權力了嗎？[3]

女性主義比較方法的出現和衍生出的新式分析範疇，刻意強調女性自主性的歷史存在價值，其用意顯然是為對抗現代性支配下的性別壓迫理論。這種理論既不拘泥於儒家意識形態是抑制還是塑造了纏足風氣，也不糾纏於論證纏足對女性身體的拘束作用是否根源於男權的迫害，而是強調歷史上的婦女曾經在醫學、文學和教育子女等方面積極創造出自身角色，特別是在公共空間中擁有一定的自治能力，從而完全可以認定和自我塑造形象。這一視角的切入基本上有點為反男權而反男權的味道，仍是在男權——女權的二元框架中重新調適二者的張力關係。只是如此刻意突出女性的自主狀態，彷彿明清時期女性通過宴集、詩社、遊樂等空間活動已足以擺脫男性的控制，容易使人造成誤解，似乎當代女性自由意識的萌生和發展被前移了數百年，特別是一些女性學者藉助了哈貝馬斯的「公共領域」理論，實際上仍是現

1　徐海燕：《悠悠千載一金蓮：中國的纏足文化》，遼寧人民出版社二〇〇〇年版，第110頁。

2　梁景和：《近代中國陋俗文化嬗變研究》，首都師範大學出版社一九九八年版，第205頁。

3　劉禾：《語際書寫——現代思想史寫作批判綱要》，上海三聯書店一九九九年版，第1～26頁。

代化敘事的委婉說法,而且單從史實而言,也頗有故意矯枉過正的嫌疑。

區別於以上兩種觀點的學者則把「上層女性」與「下層女性」對纏足的認識分割成「兩個世界」進行討論,這種觀點不去直接辨析婦女是否或在多大程度上擺脫或承擔了儒家規定的道德任務,而是關注女性纏足在什麼樣的社會氛圍中構成了其萬眾景從的歷史合理性,以及這種合理性在近代被消解破壞的複雜背景和上下層相互錯位的動因。它盡量強調女性在社會風俗制約的狀態下作出選擇的動機、狀況和效果,而沒有拿現代人的標準去硬性判斷纏足的是與非。以此方法觀之,反纏足運動其實一直處於某種悖論狀態,在追求「婦女解放」這一社會進步過程中,民初的趨新人士為之奮鬥的主要原則,包括女性個人權利及選擇生活方式的自由,卻因為纏足行為被認定為「野蠻落後」而在相當程度上被「合理地」剝奪了發言權。[1]

本文的研究思路既區別於現代化敘事(第一詮釋)與女性主義視角(第二詮釋),也區別於「兩個世界」(第三詮釋)的分析方法。我認為,要啟動新穎的「纏足史」研究,至少應回應好如下三個方面的問題:

其一,必須承認纏足在某些特定的年代確實具有審美的功能和意義,而且我們尤應在歷史合理性的範圍之內審定和詮釋其意義,不可超越特定的歷史氛圍急於設定道德是非標準。「纏足現象」不能說沒有男權勢力的干預和塑造,但更應視之為社會複雜運行過程中諸多因素交織互動的結果,甚至應重新估價「纏足審美」過程中女性的自主參與下的感覺作用,以修正「男性摧殘說」。

---

[1] 楊興梅:《觀念與社會:女子小腳的美醜與近代中國的兩個世界》,《近代史研究》二〇〇〇年第四期,第55頁。

其二，現代反纏足理念是男性激進知識分子與國家話語合謀塑造的結果，其基本的目標是把反纏足運動轉換成民族主義運動的組成部分，因而運動發起之初被論者稱為「男人的不纏足運動」，所以「反纏足運動」雖打著婦女解放的旗號出現，其實與女性如何支配自我感受這一重要的文化向度關係不大，而基本屬於男性表述其想像中的現代女性的工具。

其三，超越男權——女權相對立的視角是本文的一個出發點，僅僅從尋求與男性生理心理平等的角度倡導女權，實際上是一種標準的傳統（東方）——現代（西方）二元對立的公式化表述。從表面上看，女性對男權的反抗往往表現為在生理心理方面否認兩者的差異，尋求表面性的平等，其代價是在消滅女性特徵的同時，淪為新一輪男權的支配對象。本文的觀點認為，早期反纏足運動成為打著「婦女解放」旗號的男性知識分子運動，乃是中國社會的一大景觀。反纏足運動的言論從民間話語轉向國家話語，其核心也是男性權力支配的表現形式，女性在男權——女權對峙關係的較量中改變了自己的身分，卻並未擺脫男權支配的陰影，也只有在這個大前提的籠罩下，女性自我選擇的自主意識才能從縫隙中萌生出來。

從表面上看，本文的敘述似乎並沒有超越男權——女權的二元對立框架，但如細讀其區別仍清晰可辨，即本文更多地展示現代國家行為與傳統社會風習的互動狀態，以凸顯男女性別差異的複雜背景。本文從西醫傳教士通過宣示「醫療衛生觀念」使纏足從美觀向醜陋的演變過程入手，中間集中探討維新知識分子把纏足現象表述為強國保種之障礙的經過，再轉而研究纏足在國家制度層面最終淪為非法的複雜現象，全景式地呈現了反纏足運動在各個階段由不同勢力所參與塑造的過程和達致的結果。本文的特點是不重價值評判而重事實呈現。

二　從審美到衛生——反纏足話語的階段性建構

（一）早期反纏足表述的醫療化特徵及其擴散

　　纏足之美在中國古代已經相延成風，成為一種較為穩定的評價標準，這不僅表現於士大夫的審美情調方面，而且逐漸滲透進民間，泛化為一種相當深厚的社會風習。因此，反纏足運動要想取得實質性成效，首先必須在輿論上破壞其審美的內涵，轉而賦予其「醜陋」的意義。對纏足醜陋的評價最初是由來華的外國人傳播開來的，早在十七世紀，英國人馬戛爾尼曾有如下評論：「我無意為中國人將女人的小腳塞進嬰兒鞋中的習俗表示敬意，我認為那是一種該詛咒的畸形。然而那裡的人們卻盲從時尚，心甘情願被扭曲，除了粗人以外，每一位中國人都認為那是女人不可缺少的美德。」[1] 從現有文獻來看，對纏足醜陋予以「科學化」解釋的始作俑者是來華的西醫傳教士。西醫傳教士最初把身體看作與靈魂的高尚相對立的部分。[2] 婦女纏足限制了女性走出家庭、奔赴教堂，無疑對靈魂的洗脫不利。[3]

　　傳教士話語的特徵是把「纏足」純粹看作應在醫療領域中予以觀察的行為，而且極力建立起一種與「疾病」表現出的各種症候的關聯性，哪怕這種聯繫是難以確定的。西醫傳教士雒魏林在《從1840—1841年度舟山醫院醫療報告》中就對把纏足與疾病相聯繫的做法開始表現出了某種猶疑態度，說話顯得小心翼翼：「儘管有些身患各種疾

1　〔英〕雷蒙·道森：《中國變色龍》，常紹民等譯，時事出版社一九九九年版，第289頁。
2　祝平一：《身體、靈魂與天主：明末清初西學中的人體生理知識》，《新史學》第七卷第二期，1996年。
3　嚴昌洪：《中國近代社會風俗史》，浙江人民出版社一九九二年版，第154頁。

病以及腿部潰瘍的女性來醫院就醫,因裹腳扭曲腳骨而引發腿部潰瘍或其他疾病的似乎只有一兩例。我們絲毫不敢肯定這種行為對健康的危害如何。但是,這種從孩童起即已經受的殘酷虐待似乎並不像人們所預想的那樣會帶來那麼多痛苦。總的看來,裹腳的折磨以及其難以為人察覺的後果對健康和安逸帶來的危害也許並不比西方的時尚給婦女帶來的痛苦為甚。」[1]雒魏林的猶疑當然出於自己嚴謹的科學態度,這使另一個傳教士美魏茶得出了同樣的結論,認為「壞疽病的發生源於殘忍的裹腳的說法值得懷疑,失去雙腿、喪命或其他疾病或許使人聯想到這種惡毒的風俗。但是,我也認為備受折磨的雙腳並非如人們想像的那樣必定會給生命和健康帶來危害」[2]。把「纏足」置於西方醫療的語境下進行解說無疑更讓人直接感受到身體構造的差異對人們判斷美醜的影響,儘管出現了種種類似雒魏林這樣的質疑觀點,不斷驗證著西醫傳教士根據醫學想像推測的褊狹性,可仍然沒能阻止人們放棄從衛生角度對纏足進行觀察。「纏足」甚至與瘋癲、災荒等社會現象掛起鉤來,成為一個重要的誘發因子。曾經有個叫沃爾特·馬洛里(Walter H. Mallory)的人曾經提到纏足對中國的勞動力是個消耗。[3]在一篇討論南中國精神病的發生條件的報告中,西醫傳教士 Chas. C. Selden 曾經估測,中國婦女的纏足習慣可能是誘發精神障礙的原因,儘管這尚無法證實,而且在醫院中也無法估計是否已纏足女性就一定比未纏足女性擁有更高的精神病比率。[4]

---

[1] 〔英〕約·羅伯茨編著:《十九世紀西方人眼中的中國》,蔣重躍等譯,時事出版社一九九九年版,第113~114頁。

[2] 《十九世紀西方人眼中的中國》,第113~114頁。

[3] Walter H. Mallory, *China: Land of Famine*, American Geographical Society of New York, 1926, p.98.

[4] Chas. C. Selden, M. D: "Conditions in South China in Relation to Insantiy", American Journal of Insanity, Vol, LXX, No.2, October, 1913.

值得注意的是，即使在一些隱約肯定「纏足」具有誘發男性情慾的文字中，西人的論述仍是從醫療的角度立論的。在一篇題為《小腳研究》的文章中，一位西人寫道：「從民族精神學上研究之，固早知殘傷之行為實有性慾的意義存於其間。而中國婦女之纏足，即不能外此。」[1]因為從解剖學意義上觀察，「雙足纏小則下腿萎縮。至步履之際著重於股關節與大腿，因是大腿發育特甚，且行路時外陰部亦受摩擦。事實上此等婦人之性行為當大腿相壓時非常有力，從而其性慾亦較諸天然足之婦女為盛也。」[2]這段敘述偏重於從生理和身體構造上立論，帶有鮮明的科學醫療話語特徵，儘管都是從性特徵的角度入手，卻與中國士人對纏足表現出的性感覺評價的含蓄與暗示完全不同。

儘管西醫傳教士在纏足是否對人的身體帶來危害方面顯得舉棋不定，而且缺乏精確的證據，但這種評價思路仍然迅速波及中國的輿論界與知識界。在不少反纏足的文字中，「纏足」與許多疾病症候都建立起了有機的對應評估關係。陳微塵在為《采菲錄》作序時就特指自己為「巫醫」，表示沒有辦法從別的角度評述纏足之害，所以只從生理上立論，認為「纏足」與婦女月經不調密切相關。他分析說：「蓋每月紅潮皆應去瘀生新，氣不足則瘀不能去。纏足婦女缺乏運動，氣先不足已成定論，加以足帛之層層壓迫，使血管受擠，血行至足，紆徐無力。一人每日之血液，本應環行全身一週，若在足部發生障礙，則其周流必生遲滯之弊。一日如此，日日如此，積年累月莫不如此，欲求月經上不發生疾病可以得乎？」[3]

陳微塵從足部被包裹導致血液不流通的角度揭示纏足的害處，具

---

[1] 姚靈犀：《采菲錄初編》，天津時代公司一九三六年版，第215頁。

[2] 姚靈犀：《采菲錄初編》，天津時代公司一九三六年版，第215頁。

[3] 姚靈犀：《采菲錄》影印本，上海書店出版社一九九八年版，第1頁。

有相當普遍的示範意義。查閱相關文獻，早期和晚期的反纏足表述都在不斷重複著類似的主題，甚至措辭和術語都相當近似。比如一九〇二年的《大公報》上有一篇《戒纏足說》中就有相似的議論：「纏了足，血脈便不流通，行走不便，日久便成肝鬱的病。」[1]同年宋恕在一篇勸諭放足的白話文中也表述了同樣的意思：「人身脈絡，手足統連，腳纏得短，脈絡半傷，自然氣血不流通，自然多心頭病，自然容易小產，自然產後容易致病，自然多臨產艱難。」[2]這些評論很少有可靠的證據給予支持，多源自宋氏的想像和推測。可見，無論是月經不調還是所謂肝鬱小產，都與纏足導致血脈不通這樣的醫學結論建立起了直接的對應關係。

更有刻意模仿西醫傳教士把纏足視為瘋癲、災荒誘因的早期表述，而直指欣賞纏足的動機乃是精神病的一種表徵。朱善芳就曾指出：「有一種叫作節片淫亂症的。這種病，心理學者和醫學者都說是一種變態性慾的症候，就是把異性的身體某部分，像眼、齒、耳、頭髮、手、足等，做他戀愛的對象。纏足的動機，恐怕就是應這些害節片淫亂者的要求而起的。」[3]

由此可知，早期的反纏足運動話語在相當廣的範圍內與各種疾病的發生和症候建立起了相互參證的關係，從而從西方醫學病理分析的角度開始，把「纏足」的美觀特徵醜化為一種病態的身體殘症。

---

[1] 《大公報》一九〇二年六月十七日，第一號。
[2] 宋恕：《遵旨婉切勸諭解放婦女腳纏白話》，《宋恕集》（上），中華書局一九九三年版，第341頁。
[3] 朱善芳：《纏足和解放的方法》，《婦女雜誌》第二十卷第三號，一九二六年，第29～30頁。

（二）身體政治學——維新期反纏足言論的特殊解說

近代反纏足運動由維新知識分子發起，已成定論。早期維新派的反纏足言論一般都是極力從生理上刻畫纏足的醜陋形態，明顯受到了西醫傳教士話語的影響。維新派與西醫傳教士的不同點在於，他們並不滿足於在生理上醜化纏足現象，而是更多地把纏足對身體的傷害視為民族衰弱的表徵，從而把纏足女性的身體賦予了民族自救的政治內涵。如康有為著名的《請禁婦女纏足摺》中就已出現「衛生」兩字，說纏足「且勞苦即不足道，而衛生實有所傷。血氣不流，氣息污穢。足疾易作，上傳身體，或流傳子孫，棄世體弱」[1]。單就這段話看，從公共衛生學的角度解說纏足與身體損毀的關係，顯然仍是醫療化的視角，但是下面一段話，意思就有所轉折：「是皆國民也，羸弱流傳，何以為兵乎？試觀歐美之人，體直氣壯，為其母不裹足，傳種易強也。今當舉國徵兵之世，與萬國競而留此弱種，尤可憂危矣！」這已不是個體衛生和疾病祛除的問題，而是直接泛化為群體育種傳種的責任。如果說西醫傳教士懾於證據不足、對纏足的危害尚處於較嚴格的醫療表述範圍內的話，維新派對纏足的指責則顯得大膽而武斷，具有更為誇張的想像力：「以國之政法論，則濫無辜之非刑；以國之慈恩論，則傷父母之仁愛；以人之衛生論，則折骨無用之致疾；以兵之競強論，則弱種展轉之謬傳；以俗之美觀論，則野蠻貽消於鄰國。」[2]

康有為這篇激揚的文字是以奏摺體的形式出現的，行文節奏明快，層層遞進，讀後使人熱血沸騰，其意義在於使纏足超越於女性個體痛苦的感受範圍，使之轉化為切關國計民生的國家興衰的象徵。這

1　康有為：《請禁婦女纏足摺》，《采菲錄》影印本，第 56 頁。
2　同上。

話如果從當時民族存亡的際遇而言，倒也並非危言聳聽，然而如果硬把纏足與國家存亡的命運相聯，則可能變成一種故意誇張的政治策略。也許在上達天聽時容易打動皇帝或官僚的神經，卻從一開始就與女性個體的感受拉開了距離，變成了承載民族主義職責的政治話語。事實證明，這種奏摺體的表述確實頗容易撥動上層人物的心弦，以致於後來逐漸成為一種通用的標準官方話語，在各種官方文件中不斷得到重複。如張之洞譏纏足使「母氣不足，弱之於未生之前，數十百年後，吾華之民，幾何不馴致人人為病夫，家家為侏儒，盡受殊方異俗之蹂踐魚肉，而不能與校也」[1]。立論點還是落在了母氣不足產生病夫，影響了和西洋國力的競爭較量這一公式化論述方面。

再看袁世凱的說法：「今纏足之婦，氣血羸弱則生子不壯，跬步伶仃則教子者鮮。幼學荒廢，嗣續式微，其於種族盛衰之故，人才消長之原，有隱相關係者。」[2]他強調的還是氣血羸弱與傳承子嗣的關係。不過官方文書與知識士人的文章常常構成互為呼應的互動結構，最終使纏足女性的身體層層覆加上了越來越多的政治內涵。看看一位叫李增的士人所推導出的公式：「況乎纏足不變，則女學不興；女學不興，則民智不育；民智不育，則國勢不昌，其牽連而為害者，未有等也。」甚至「苟因循不變將見數十年後舉國病廢，吾四百兆之黃種直牛馬而已，奴隸而已！」[3]好傢伙！纏足女性甚至要為國人智商的高低與體能的強弱負責。這種煽情誇張的文字，已把纏足所造成的嚴重後果推向了極致，但卻未必符合事實。其實早在十九世紀末，西醫傳教士雖力倡放足，卻老實地承認，並沒有找出纏足與各種疾病有關的確切證

1　《張尚書不纏足會敘》，《知新報》第三十二冊，光緒二十三年九月一日。
2　《直隸總督袁世凱勸不纏足文》，《采菲錄》，第58頁。
3　李增：《遷安‧遵化天足會序》，《采菲錄》，第64頁。

據，所以對纏足的批評均源自大膽的醫學式想像。至於纏足與弱種退化的關聯更是有些無稽之談，難以用具體的證據說明纏足與強國保種的關係，更像是在醫療想像之外，平添出了一種政治想像。所以當年化名老宣的寫手就曾質疑過這類觀點，認為應從女性個體對纏足的感受出發立論，以免用高遠之說遮蔽了普通百姓的感受：「勸人纏足不應當以天理人情為題目，不必高談闊論離開當前的事實，用虛而且遠的『強種』或『強國』作招牌！說著固然是冠冕堂皇，好聽已極，怎奈打動不了愚夫愚婦心坎！」老宣更對纏足與強種的實際關聯性表示懷疑：「若說纏足與強種有關，我並不反對。然而我看北平及各處的天足婦女所生的兒女，並不比纏足婦女所生的特別健康，纏足婦女的死亡率，也不高於天足的。天足婦女的疾病並不少於纏足的。北平及各省旗人的婦女，過了五六十歲，多半是駝背而大犯腳病，豈是起於纏足的原因呢？若說天足容易強國，我也表同情。但是我以為國的強弱，在人民智愚勇怯，在內心而不在外形，更不專在婦女的兩隻腳上。」[1]這似乎是對維新言論大唱反調，對於習慣運用激揚文字進行快感宣洩的理論家們而言，頗覺有些掃興，不過在我看來卻比較貼近歷史的真相。

當時維新話語對纏足女性的附加性指責已到了愈演愈烈的地步，如湖南士紳曾繼輝在《不纏足會駁議》中有纏足「三弊生三窮」之說：「生少食多其窮一，窮奢鬥靡其窮二，因二萬萬無用之女並二萬萬有用之男亦消磨其志氣，阻撓其事機其窮三。夫至弊與窮交深，國其危矣。」纏足女性不但負背起了生育不良的罵名，而且也應為男性氣質萎靡不振、無法勇於任事、甚至國家的經濟衰退全面負起責任。於是面向纏足婦的討伐聲從此不絕於耳：「今者欲救國先救種，欲救種先去害

---

[1] 老宣：《對於采菲錄之我見》，《采菲錄初編》，第12～13頁。

種者而已，夫害種之事，孰有如纏足乎？」¹男性在其中扮演的角色只是個拯救女性於苦難的救世主，纏足成了亡國滅種的象徵，纏足婦女一下子被預設成了備受歧視的「弱勢群體」。早有論者指出，這是一種變相的「禍水論」，是一種男性中心主義話語。光緒年間四川巡撫發佈的勸誡纏足示諭中就說過：「國家所以要干涉的原故，皆由女子纏足，就會把一國的男子，天下的事情弄弱了。」²

在這些打著婦女解放招牌的反纏足表述中，女性被定位在生育和生產領域，成為生產工具和生產機器。擺脫纏足的束縛，其目的無非是承擔生育和生產工具的角色。與不纏足相關聯的興女學、開女智，也無非是讓女性更好地相夫教子。有論者注意到，《湘報》上倡不纏足的文章居然是與褒揚殉夫的烈婦之文排在一起的。³這一現象非常耐人尋味，它似乎揭示了纏足女性向天足女性角色的轉換，儘管位置表面上被替換，卻並沒有根本消除其政治化的職能。其區別僅僅在於纏足女性擔負著家庭道德的象徵角色，而天足女性則以隱喻的形式體現民族主義人種延續的實踐角色，兩者均是男性權力操縱的結果，只不過男性權力分別被貼上了「傳統」與「現代」的標籤。如果再稍做申論，纏足女性的身體是在政治化的過程中被改造的，它其實是不斷變換的政治需求的載體，這套身體政治化（body politic）的策略運作與女性的個體自主意識無關。⁴

---

1 《湘報》第一百五十一號。
2 姚靈犀：《采菲錄》影印本，第61頁。
3 張鳴：《男人的不纏足運動》（1895—1898），《二十一世紀》一九九八年四月號，第65頁。
4 〔美〕約翰·奧尼爾：《身體形態——現代社會的五種身體》，張旭春譯，春風文藝出版社一九九九年版，第61～88頁。

（三）一個家庭的故事

反纏足運動雖是由菁英知識分子發起，初期也是通過菁英社團和報刊議論的方式形成一個特殊的話語群體，然而在相當長一段時期內，反纏足運動似乎無法在社會層面上形成某種與舊習俗相抗衡的局面，或者由此為出發點改變基層民眾的生活形態。這就是有學者說過的反纏足運動一直處於「兩個世界」隔離狀態的緣故。不過我們在閱讀史料時會發現，女性對纏足態度的改變恰恰是由男性對纏足態度的改變之後才開始的，男性對纏足凝視目光的變化支配了中國近代女性的行為，起碼起著重要的導向作用。特別是男性對現代西方醫療觀念的接受及其闡發，間接成為反纏足運動中新派女性的知識資源。下面一個發生在普通家庭中的故事可以為我們展現一個現代知識男性通過什麼樣的手段和途徑迫使女子曲從於反纏足的社會導向。這段故事看起來簡直像一場「兩性戰爭」。為了討論方便，我將盡量完整地敘述故事要點，並保留其場景對話的生動性。故事背景發生在一個新舊混合的家庭中。一個叫桂蘭的女子受過一些初等教育，比如會彈琵琶，她的丈夫是從西方學醫歸來的留學生。故事發生的時間從他們搬入新居開始，而第一幕場景居然聚焦在一本醫書上。女方的自述是這樣的：「差不多搬來有十四天了，那日黃昏時候，我們在這所新房子底寢室裡坐著。他正在讀一本又厚又大的書，我向書上的一張插圖瞄了一眼，看見一個站著的人形，但是沒有皮膚，只看到那鮮血淋漓的筋肉，我真害怕極了。我簡直不懂，他為什麼讀這種書，但是我也不敢問他。」[1] 故事的開場竟然有點恐怖片的味道，但這本醫學解剖學著作似乎發揮起了隱喻的功能，它喻示著以後故事的發生都會圍繞著那插圖中被透

---

[1] 唐哲譯：《德國雜誌中的中國婚姻問題》，《婦女雜誌》第十三卷第三號，一九二七年，第1～6頁。

視過的人體而展開。

　　看看下面情節的鋪陳吧：當時出現了一個相當古典的場景，女主角彈著琵琶，丈夫則專心地看著那本解剖書，可那決不是紅袖添香傳統場面的再現。過了一會兒，女主角突然彈不下去了，把琵琶放開，「經過很久的沉寂，丈夫將書合上，滿懷心事地望著女主角，叫了聲『桂蘭』。桂蘭心房不住地只是跳，因為這是丈夫第一次叫她的名字。恍惚之中，丈夫的聲音又出現了：從我們結婚的那一天，起早就要問問你，不知道你願意不願意，把你那腳上的纏腳布取消了。這個關係乎你全身底健康，不衛生到極點。」[1]語言的訓誡還得配合形象的展示，丈夫拿起一支鉛筆，很快地在他那本書裡面的一張白紙上，畫了一隻赤裸裸地跛得可怕的腳。畫完後，丈夫的聲音又出現了：「你看罷，你底骨骼是這樣長著的。」

　　「你怎麼知道的？」桂蘭訥訥地問，因為她從沒有當著丈夫的面解開過自己的腳布。丈夫的回答在現代人看來並不出人意料，但是對桂蘭來說卻頗為費解：「因為我是醫生，而且是在歐洲學的。現在我希望你，把那些纏腳布一齊改了罷，因為那實在太難看了。」在當時的情景下，桂蘭作出了一個一般人都認為是正常的反應，她很快將一隻腳縮回來，藏在椅子下面。緊接著是一段獨白：「不好看嗎？我常常以我底一雙小腳而傲視一切。我當小孩子的時候，我底母親親自動手給我洗，用盡心思地替我纏，一天比一天纏得緊一點。我有時痛得哭了，她就勸我忍著痛。要知道將來我底丈夫，要怎樣地稱許這樣美麗無比的小腳。好了，剛好有一年不受纏腳時那些痛苦了。結果呢，他反而覺得小腳難看！」[2]

1　同上。
2　《婦女雜誌》，第1～6頁。

鏡頭切換後，母親當然是在一片哭訴聲中出場的。桂蘭訴說著：「他要我給他做平等的伴侶，我不知道怎樣做法。他厭惡我底腳，他說太難看了，並且畫些怪模怪樣的圖形。但是他從何知道的，我也莫名其妙，因為我從沒有將我底腳讓他看到。」[1]母親顯然誤解了丈夫給桂蘭畫圖的意思，於是追問中帶著埋怨：「那一定是你又懶得沒有好好的包了。我陪嫁你二十隻鞋子，你不會選擇出你應穿的幾雙出來。」

下面又是一來一往的對話：「他不是畫的外面的形狀，他畫的裡面跛著的骨頭。」、「骨頭？有誰見過一隻女人底腳裡面的骨頭？男人底眼力能夠穿過一層肉嗎？」

「他底眼睛可以，因為他說他是一個西醫。」一陣沉默之後，母親的聲調微弱了許多：「我底孩子，他雖然這樣，但是世界上只有一條路給你走，你只好順從他底意思，使他歡喜。」

回到家中，丈夫把「啟蒙者」的目光直射在了桂蘭的臉上，到了這時可謂勝負已判，對白已在一方的支配情緒中進行，另一方似乎只有緘默的權利：「我知道，為了我底緣故，使你如此，於你本覺得很難。讓我盡我所有的能力，來幫助你罷，因為我是你底丈夫呀。」

這話說出口多少有些自私和虛偽，可桂蘭在自述中已無反抗的餘地：「我只是緘默著，任他擺佈，他輕腳輕手地脫去我底鞋襪，鬆開裹腳布，嚴肅而傷慘地注視著，然後低聲嘆息：『你這是受過多厲害的折磨哇！唉，可憐的孩童時代，這都是吃力不討好的事！』桂蘭的腳重新用肥皂洗過後，又重新被纏了起來，只是較以前鬆動一些，但是她反而覺得疼得厲害，令人忍耐不住，幾乎痛得要死。她的自述是這樣的：「我痛得受不了的時候，兩手緊緊地抱著他。他說：『我們一齊努力戰勝它罷，桂蘭。我看到你這樣受苦，我著實難過。但是我們要

---

[1] 同上。

想，想我們之所以如此，決不是僅僅為了我們倆，一方面也為著旁的人們，這也是一件反對吃人的舊禮教的事業哪！」

「不是這樣！」桂蘭哽咽著說：「我卻僅為了你而如此，因為我要給你做一個時髦的婦人。」[1]

不知其他人讀完這幾段對話做何感想，我讀後腦海裡充滿的全是幽暗的燈光，面目猙獰的丈夫和沉默無語的佳人構成的反差圖景，與女性解放所應呈現出的明快色調相差頗遠。末尾最後一句話倒彷彿這臺「兩性戰爭」戲劇落幕後的點睛之筆。桂蘭對反纏足從抗爭到順從的心理演變軌跡，實際上是在作為丈夫的男性目光逼視下而發生變化的，丈夫的留學生身分尤其具有霸權的意味。猶應注意者，從激烈的抗拒到搖擺猶疑，再到無奈地順從，這一系列的變化沒有一件是女性自己決定的，和女性的自主意識無關，而恰恰是男性審美心態演變支配下的一個縮影，即從纏足之痛到放足之痛的感覺體驗，竟然是以男性從審美經驗到醫學經驗轉向的一個性別化的演示。

桂蘭丈夫從圖示骨骼變形的醫療解說到反對吃人舊禮教的政治聲討，實際並未觸動妻子的神經，可最刺激她的還是這些建構起來的話語背後的真實感覺，「纏足是醜陋難看的」，而女人對男人虛榮的敏感，更有直覺的意義。「做一個時髦的女人」這句話終於破毀掉了一個經過男權包裝的「解放神話」。當年的姚靈犀在編輯《采菲錄》續編時說了句公道話：「往日以之為美，非纏足不能求佳偶者，今日又以之為醜，偶有纏足者，其夫婿必以為恥，小則反目，大則仳離，夫婦之道苦，難乎其為婦女矣。」[2]李榮楣更從放足婦女的痛苦中體味到了女性

---

[1] 唐哲譯：《德國雜誌中的中國婚姻問題》，《婦女雜誌》一九二七年第十三卷第三號，第1〜6頁。

[2] 姚靈犀：《采菲錄》影印本，第3頁。

取悅於男性支配的心理，幾乎與纏足女性無異。他看到中年婦女放足後：「其行路遲笨苦形於色者，亦昌為新式冀悅其夫之心有以致之也。故足之放否，權實操之男性，女性不過為男性求美標準過程中之試驗品。觀於男性心理之移易，則纏足之習當為自然的滅絕。」[1]

（四）一點引申的評論

如果回到特定的歷史年代，纏足之美確有一定的性象徵意義，其中一個重要的功能就是區別男女的性徵。所以，當時贊同纏足的有力理由之一就是易於區別男女。這裡邊當然不排除具有對男人進行性吸引的考慮，但纏足後的行走姿態，纏腳布的包裹方法及其解帶方式也包含著女性對自己性徵美的自我認同。如果不承認纏足美的判斷具有雙向性，實際上也就剝奪了女性具有自主的審美認知和把握自我意識的基本能力。所以，早年的反纏足論雖然也承認纏足會導致筋骨受傷，移步不便，但仍承認婦女纏足後，「其嫻娜窈窕之狀，亦迥與不纏足者各異，所以閨秀閫豔，亦願纏小其足，增其嫵媚，嬌其姿態，助其丰神」。最後這位同治年間的反纏足論者無奈地感嘆纏足「吾恐相習成風，將與天地同休，歷千億百年而不改也」[2]。言外之意是，只要有審美意義上的雙向認同，纏足作為普遍習俗的合理性就是牢不可破的。

其實如果從外觀美的角度立論，在當時人的眼裡可能纏足與天足之美可以說是各擅勝場，並沒有「美」、「醜」的二元對立之分。如一位作者曾撰文描述纏足與天足不同美觀之處：「昔者女子長裙委地，而裙下雙鉤，微露鳳頭，行路娉婷裊娜，所謂腰支一搦信多情者，殆詠此也。今則天足解放，蠻靴革履，舉步健速，不讓吾儕，有如驚鴻游

1　李榮楣：《中國婦女纏足史談》，《采菲錄》影印本，第 23 頁。
2　《纏足說》，《申報》同治壬申四月十八日，第二十一號。

龍，亦別具風致。」[1]不過，前提自然是半掩半遮的性誘惑產生朦朧神祕的美感，纏腳布對骨骼變形的遮擋，成為女性區別於男性的象徵符號，所以當年高羅佩撰《秘戲圖考》時很驚訝在所有春宮畫的性愛姿勢中，纏腳布都是不摘下來的。[2]

真正使「纏足」與「天足」從美感的不同類型劃分轉向「美」與「醜」的二元對立評價的動因，是醫療衛生視角對傳統審美姿態的干預。醫療視角的切入對纏足形態實施了「醜」的建構，從而隔開了與「性審美」的實際聯繫，比如當年「天足會」對天足婦女嫁娶的關注主要集中於對健康衛生的考慮上。回顧上節所講的故事，在桂蘭學醫丈夫的冷峻目光中，桂蘭的腳首先變成瞭解剖學的對象，在男女平等的含義上規定和想像纏足是否具有合理性，在醫療式目光的凝視下，纏足所帶有的傳統美感和性徵是受到貶斥的。無論「天足」還是「纏足」在解剖學的透視下，只有生理上的公共差異性，沒有私人化的審美意義上的差別。值得特別關注的是，解決生理差異性的辦法就是尋求女性在生理上與男性平等，而忽視和壓抑其原有的身體形態的性徵表現，所謂「慾望的規訓」由此被合理地展開了。

纏足婦女由審美的化身轉變成「病人」的過程，正是從醫療解剖學目光的凝視下開始的，怪不得桂蘭的母親吃驚地發現，她的女婿怎麼會不去掉裹腳布就知道女兒小腳長得什麼樣。這位醫生女婿其實通過醫學語言的訓練可以直接推測出作為醫療對象的小腳的內部構造，而且用醫學的話語把這種狀態表述出來，這樣就把原來不可見的「正常」狀態轉化為可見的「不正常」狀態。

福柯曾經指出：「十八世紀以後的西方醫學就是把一些不可見的疾

1　吟華：《足之小語》，《婦女月刊》一九二七年第一卷，第三期。
2　張事業：《中國古代的戀足及其性心理》，《東方文化》二〇〇一年第一期。

病症候通過醫學表述為可見的。醫學經由目視與語言，揭露了原先不屬其管轄之事物的祕密，詞語與物體之間形成了新的聯結，使『去看』及『去說』成為可能。」[1]更重要的是，醫學視角不但重新設置了「正常」與「不正常」的邊界，而且給它賦予了社會意義，這種意義又與國家利益和政治動機也建立起了聯繫。十八世紀末葉以前，醫學和健康的關係要大於其和「正常」的關係，它和社會秩序與醫學秩序是否正常的判斷沒有太多關係。也就是說，「醫學」更是個人化、家庭化的選擇，沒有人把它拉到社會秩序的維持這個層面上來考慮。

十八世紀以後，健康——病態的二元對立從醫療語彙擴散為一種社會行為，也即人們在社會中的行動甚至心靈活動也被用此二元結構加以區分，「人們首先想到的，並不是那內在於組織化個體之結構，而是那由正常與病態構成的醫學兩極性」[2]。

在桂蘭丈夫的眼裡，桂蘭的腳已被置於健康——病態的二元框架裡加以審視，從而完全躍出了傳統審美的範疇，而且被日益賦予了嚴重的社會意義，即對舊禮教秩序的顛覆。健康——病態的二元框架也重新分割了「美」、「醜」觀念對峙的內涵，同時極力剔除性別特徵對社會秩序的危害性，對女性纏足中所表現出來的「性徵」的欣賞，原先具有私人化或家庭化的特徵。可是在現代社會的醫學管理觀念中，就有可能對社會秩序和國家利益造成威脅，因此，對「天足」優點的鼓吹鬚在與男性平等的意念下，盡量消滅自己的女性特徵。纏足中的審美內涵經過衛生解剖觀念的篩選和剔除，使女性重新變成了男性「管理的對象」。只不過不是在家庭和傳統的社交視界之內，而是在國家強

---

[1] 〔法〕米歇爾·傅柯：《臨床醫學的誕生》，劉絮愷譯，時報文化出版企業有限公司一九九四年版，第6頁。

[2] 〔法〕米歇爾·傅柯：《臨床醫學的誕生》，劉絮愷譯，時報文化出版企業有限公司一九九四年版，第6頁。

盛和種族延續的意義上重新定位。

醫療研究對纏足性徵意義帶有「禁慾主義」色彩的貶斥逐漸擴散到了服飾穿著和社交禮儀等方面，出現了與男性趨同的社會風氣，所以當時已有人感嘆：「從前的女子都梳髻、纏足、短裝，與男子的服飾完全不同，我們一看便可斷他是男女。現在的女子髮剪了，足也放了，連衣服也多穿長袍了。我們乍一見時，辨不出他是男是女，所以我說，按照這種趨勢，將來的男女裝束必不免有同化之一日。」[1]反纏足的醫療性話語逐漸通過排除女性身體的性徵形成一種社會的通識，並由國家法令的形式固定了下來。民國初年北京市曾制訂《取締婦女奇裝異服暫行辦法》就曾把對服飾長短的限制與禁止纏足束胸並列而論，甚至規定：「腰身不得繃緊貼體，須略寬鬆」、「裙長最短鬚過膝」、「衣衲最短鬚至肘」、「著西服者聽但禁止束腰。」[2]規定中關注的多是對女性性徵的約束與監控。上海的一家報紙還發佈了幾位女性的倡議，把化妝與纏足混為一談，規定：「婦女應廢棄一切首飾，不塗脂粉及衣服上各種花邊雲。」[3]這些都說明「禁纏足」運動可能會誘發相應的禁慾主義運動。

1　北方的馬二：《男女裝束勢將同化》，《晨報》一九二五年四月五日。
2　北京市檔案館 J5 全宗一目錄四十四卷，第 145～146 頁。
3　《順天時報》，一九二七年四月二十二日。

三 「纏足之美」與「纏足之痛」
——傳統與現代理解的錯位

（一）「疼痛」的病理學分析與審美理解的差異

在對纏足的各種想像和評論中，「士大夫話語」基本上是在「纏足之疼痛」與婦女的外在體態之間建構起自己的審美想像關係的，如有以下典型的議論：「縱使初裹之時，難免痛苦難支之狀，然裹之日久習慣自然。出入周旋，亦即行其所無事。一旦改穿新履，顧影自憐，更增一己之歡，兼取眾人之贊，昭艷麗，助妖嬈，如天仙之化人，如嫦娥之下界。」[1] 這種話語還特別注意女性纏足後引起的身體姿態的變化對審美視覺的影響：「夫人有生活之性，斯有變動之力。……即如婦女之足，初生本無可取，迨及裹成之後，日益加美，能使人愛之而飛魂，變動之力大矣哉。假使當初無人創為此謀，則當今之世，安能見此步步生蓮之美態哉！」[2]

另有言論認為，纏足之習並非男性一人欣賞之力煽惑而成，而是社會風習浸染互動之結果。且看如下發自內心的感嘆：「蓋足自具可纏之性，人但因勢利導，順理成章，足自漸縮漸消，日新月異，迨及真成點點，丈夫見之而愛，旁人見之而譽，自己視之而歡，握之而喜。如是以言，纏足之樂無疆，纏足之福實大，纏足實為舒心快意之事，纏足更為消愁解悶之方。」[3]

在此需要切記的是，「蓮事之美」並非只是男性強權塑造的歷史現

1　佚名：《纏足小言》，《采菲四錄》，第 37 頁。
2　同上。
3　《纏足論》，《采菲四錄》，第 39 頁。

象,女性顯然也主動參與其中,對纏足加以品評、鑑賞和議論。女性並非被迫地成為觀賞對象,而是同樣主動地介入了對「纏足」歷史的詮釋過程,儘管她們大多數時常處於失語的狀態。下面一則出自女性之手的議論甚至出現視纏足具有「美術價值」這樣極端的表述:「所有蓮事之附屬品,及蓮之本質,皆富有美術價值,外而一鞋、一襪、一帶、一帛,內而柔肌、膩膚、玉趾、秀腕,無一不具有超然之美,應以神聖視之。」[1]

很顯然,這些議論並沒有刻意迴避纏足與疼痛的關係,而是突出強調疼痛後所造成的審美效果的補償作用,甚至反其道而行之,在「小腳一雙,眼淚一缸」之論外,大倡「大腳一雙,眼淚一缸」的宏論:「其實在小腳盛行時代,裹腳的時候,果欲痛淚直流,待到雙腳裹小以後,博得人人矚目,個個回頭。在家時父母面上有光澤,出嫁後翁姑容上多喜色。尤其十二分快意的,便是博得丈夫深憐密愛。」又說:「在那裹足時代,凡是愛好的女郎,沒有一個不願吃這痛苦的,他們以為痛苦的代價,便是將來無窮的榮寵。幼年時代揮撒幾點淚,不算怎麼一回事。哭在先,笑在後,哭是暫時的,笑是永久的。」[2]

這一議論著眼點在於社會習俗的讚賞對纏足疼痛過程的淡化作用,至於女性自身對疼痛的反應,雖缺乏資料加以詳細的印證,但就目前有限的女性自述中仍可窺見社會風氣的影響過程。例如一九八八年在對河南一位名叫尚玉蘭的纏足婦女的調查中,尚玉蘭在自述中雖在採訪者的暗示啟發下屢次談及纏足的過程及其痛苦感受,但在口述末尾卻驕傲地宣稱自己因為腳纏得小而去替腳大的二姐相親:「把我喜得半夜沒睡著覺。」尚玉蘭已經是生活在八〇年代的女性,卻仍為小

---

[1] 嚴珊英:《復纏秘訣》,《采菲四錄》,第134頁。
[2] 鄒英:《討菲閒談》,《采菲續錄》,第271頁。

腳獲得讚賞而不自覺流露出內心的得意，可見審美後果確實支配著對疼痛的判斷，進而支配著女性的行為。[1]嚴珊英曾經從女性角度闡釋了疼痛與快樂的關係，她說開始纏裹的時候：「一面覺得趾骨刺痛，一面仍是緊上加緊，她以為痛是一件事，纏是一件事，深知非緊纏不能收穫可愛的至寶，非茹痛不能克償神祕的大欲。」在這樣的心理狀態支配下：「痛時，雖值嚴寒天氣，不肯著用棉履，睡眠中常置雙足於床欄上，徹夜倒懸，以防血脈之膨脹，而促足肌之瘦減。」經過一年的時間，「肉體上有時不免稍感苦楚，精神上卻無時不感大慰，覺得未來有無上之快樂在。」[2]

嚴珊英的結論是：痛苦的代價導致了一件藝術品的誕生，是十分值得的，即使「偶有痛苦，輒以此等精神克制之，無不化苦為飴。常說『予愛予之纖足，過於愛予之生命』。蓋信彼扎頭、擴唇、割指、削足之流，及在無限不能以人力縮減之天足，竟能完成巧奪天工，易碩為纖之大願，皆賴此哲理的愛好一念精誠之力，有以致之。質言之，胥視克償大欲之決心而已。」[3]

我們雖然無法斷定這段女性自述是否具有普遍涵括所有女性心理的作用，但多少可以看出對纏足的喜好絕非單純的男權話語的支配力量這一單一的啟蒙解釋所能說明，至少女性自身也參與了纏足之美的世俗評價的建構過程。從某種意義上說，這些女性擁有相當自覺的自主意識。在具體的歷史語境下，纏足之痛未嘗不會帶來纏足之樂，按照嚴珊英的說法就是：「甘痛如怡的人們，設使沒有他們最後無上的代價，合無上的快樂，來補償他們，而達到滿足他們大欲的地步的話，

---

1 尚玉蘭口述，尚景熙整理：《憶纏足》，《上蔡文史資料》（河南）第二輯，一九八九年版。
2 嚴珊英：《復纏秘訣》，《采菲四錄》，第 12、131 頁。
3 同上。

那麼，他們的身體，一樣不是木石做成的，誰又肯無故作那些個傻子不為的事情呢！他們不計目前的、暫時的任何痛苦，以謀永久快樂的心理，既都是基於他們欲仙佛欲作美人的大欲之一念，非具絕頂聰明，曷克臻此！」[1]這種議論雖與認為纏足純屬男性玩弄之物的主流解放話語相悖，卻未嘗不代表相當一批女性的自主立場和實際心理。

「纏足之美」固然部分是男性凝視目光所塑造的產物，但似不可視其為唯一的誘因，否則女性的歷史主體即會被置於完全「失語」和毫無自由選擇的位置。這可以從史料偶爾流露出的女性對纏足自我欣賞的態度中察覺出來。如一位筆名燕賢的作者在《足聞一束》中比較各地纏足狀況時，曾回憶自己幼時觀看鄰院婦女對纏足的欣賞和愛戀。這位婦女年約三四十歲，「在室內窗前向陽處，解其雙纏，白足畢呈，反覆注視，既而撫摩殆遍，一若把玩物狀。約食頃，見其匝匝細裹，著大紅鞋，輕輕踏地，注視如前狀，若不勝其愛惜者。所可怪者，半小時後再窺之，則婦人適又展其雙纏，捧白足而注視矣。友云是婦解布露足，注視把玩，日恆在十次以上，且逐日如是」[2]。

經過痛苦的過程之後，「纏足」之美已不僅僅表現為日常生活中對女性身體姿態的評價，而且逐漸被移植到了戲曲舞臺藝術中，賦予了更為抽象的審美含義。比如古典京劇中扮演花旦的男演員都要練習「蹺功」，即模仿纏足女性的姿態，練習蹺功的過程幾如纏足一樣痛苦。傳說四大名旦之一的荀慧生曾忍著劇痛在裝著半缸水的大鹹菜缸缸沿上練蹺功。王瑤卿後來主張廢棄蹺功的理由完全出於衛生的觀點，他認為蹺對身體不好，感到練蹺功受罪，與練腰腿不同：「小孩正在發育，

---

[1] 同上。
[2] 燕賢：《足聞一束》，《采菲錄》，第282頁。

讓他老這麼腳尖頂著地站著……小孩叫苦連天，受不了。」[1]蹺功雖然最終被廢除了，但作為藝術觀賞的對象卻始終沒有被遺忘，而且即使到二十世紀九〇年代在男女演員的記憶中仍不乏正面的評價。如一九九四年採訪武旦男演員李金鴻，李金鴻就認為應把纏足時對女性的約束及纏足的痛苦和其實際的美觀區別加以對待，他說：「小腳太殘酷了，外國人一看，好像中國人就是小腳大辮子。其實這主要還是封建的時候，一個是約束婦女，另一個也是講美。小腳走起路來和大腳就是不一樣，就跟現在時裝表演的模特似的，走的是『貓步』。」因此，踩蹺作為纏足的藝術化表現形式，與纏足的步態近似：「綁蹺也得這麼走（即走一條直線），要是這麼走就不好看了（即分開兩腳走）。綁蹺也講究直著走，所以自然腰裡就是很美的。纏足當然很殘酷，婦女挺受罪的。但是綁蹺作為一種藝術，作為戲曲來講，還應保留它。」[2]

這是一個男旦的視角，而另一位唱花旦的女演員周金蓮也有類似的看法，她說：「綁蹺與不綁就是不一樣，就是美，蹺小，走起來就覺得飄。小腳老太太自然就扭起來了，再有功夫，就更好看了。」[3]這無疑屬於女性相當自主性的看法，不能僅僅歸類於男權視角的影響。

在我們原來的歷史分析框架中，女性對自身感受的視角一直處於缺席的狀態。女性往往是在男性行為支配和解釋的陰影下出場的。對纏足與身體感受狀態的研究，基本上是基於以下理念：男人以審美自娛的目光孕育出來的女性纏足世界，殘忍地使大多數中國女性置入無邊的苦難之中；而女性對纏足具有自主意義的感受，包括對疼痛過程與疼痛結果的不同感知與理解，都被遮蔽在了一種籠統的對「苦難」

1　黃育馥：《京劇・蹺和中國的性別關係》（1902—1937），三聯書店一九九八年版，第 155、164、173 頁。

2　黃育馥：《京劇・蹺和中國的性別關係》（1902—1937），第 155、164、173 頁。

3　同上。

的政治化描述和記憶之中。

故當年的怪筆手老宣更發出怪談,要把對男女關係的政治化定位重新放在男女性愛吸引的感性角度予以重新把握。首先他對「壓迫──屈從」的男性政治話語進行解構:「若說纏足的婦女,全是願為『玩物』,那麼,家家墳地裡所埋的女祖宗,有幾個不是玩物?現今的文明人,有幾個不是由那些玩物肚裡爬出來的?我們追本溯源,不當對不幸的她們,妄加污衊。」[1]政治視角的消解首先在於對處於歷史現場的女性自身的感受投入更多的關注和理解,因為:「美的觀念,並無一定標準,隨一時多數人的習俗眼光就是美,看熟了,就是美;看不慣,就以為醜而已。在十年前,我們若見一位剪髮女子,又說她是頑固是落伍了。」[2]

「甚至纏足審美的發明權在女子而不在男子,纏足雖然乃是取媚男子的工具,但控制權卻始終握在女性的手裡,是女性征服男性的武器,男性不過是在女性構織的魅力之下越陷越深而已。不過任何傷肌毀膚的修飾,經婦女發明之後,男子們就以此為喜愛與選擇的標準,甚至她們對身體某部分摧殘得愈厲害,愈能使男子們,愛之好之,如瘋如狂!這並不是怪男子心狠,是怨她們自尋苦吃,男女間這種情形,並不關甚麼帝國主義、封建制度,也不關甚麼財產私有或公有,更不關『經濟獨立』或不獨立,尤其不關甚麼人格墮落不墮落,全是由男女的天性不同而起的。」[3]

從「兩性戰爭」的角度詮釋纏足的淵源,解構了現代政治話語附加於纏足現象的理解與觀察,說女子纏足為誘惑男子之具,其好意在

---

[1] 老宣:《對於〈采菲錄〉之我見》,《采菲錄》初編,第 8、10、18 頁。
[2] 同上書。
[3] 同上書。

於把「兩性之戰」的主動權操於女性之手，這話不免有牽強和意氣用事的成分在，而且也有重蹈「禍水論」的嫌疑。但老宣的言說確實想把評價尺度建立在男女情愛的生理框架內復原纏足作為兩性相互吸引之現象的互為因果關係，而且特別突出了女性的自主意識，故對政治解說具有相當的糾偏作用。「因為男女各本天性，互相求愛，是維持人類於不絕的天職，方式雖然不同，並無輕重高下尊卑之可分」。老宣的提醒是，纏足現象同樣是女性審美意識參與下形成的，甚至會出現「同性戰爭」的場面。一位叫金素馨的女子有一次隨母親赴鄰村祝壽，來賓中的張氏姊妹由於小腳「瘦不盈握」，受到眾人稱讚；相反，則由於自己雙腳又大又肥，受到了嘲笑。於是下定決心，「縱受任何痛苦，誓死加緊纏足，以雪此恥焉」。經過一番痛苦的纏裹過程，回到家中，眾人「相與瞠目撟舌，爭為予賀。自是惟從事於新式鞋襪，不再求足之小，而遠近數村諸姊妹論足，已推予為魁首矣。」[1] 金素馨纏足從被動到自覺，除了社會輿論的推力之外，女性間對纏足程度的相互認同也是使纏足日趨合理的原因。

與傳統的審美取向構成鮮明差異的是，近代反纏足理論幾乎越過了對纏足女性體態行為的評價，而是直接從纏足的內部構造入手來定義和描述疼痛的感覺，把它視作「解剖上生理上的變態」[2]。過去對纏足婦女行路姿態的描述往往是「踏青有跡，一鉤軟玉之魂；落地無聲，兩瓣秋蓮之影」[3]，極盡讚歎欣賞之能事。而近代反纏足話語則抱著生理解剖的技術眼光給纏足的步態下了結論，定性的是「行路時起的障礙和特殊的步行」，以下這類病理式的疼痛分析經常見諸於報端和雜

---

1 《金素馨女士自述纏足經過》，《采菲錄》，第 90～92 頁
2 朱善芳：《纏足和解放的方法》，《婦女雜誌》第二十卷第三號，一九二六年版，第 20～30 頁。
3 《九尾龜》，引自《尌菲閒談》，《采菲錄》，第 239～240 頁。

誌:「大概纏足的人往往把身體的重心單注在腳跟上,所以身體動搖不穩固,而步行時全力都在跟部,發出一種重笨的步音來。踝關節的運動領域,因為足趾不活動,所以不很活動,行路時只見膝關節的屈曲或伸展,而不見踝關節的屈伸,又遇到外物接觸著他的獨一的拇趾的時候,往往發生劇痛。」[1]

在這裡,「疼痛」按照健康——病態的醫學二元標準重新進行了衡量和劃分,然後再泛化為一種民族和國家的苦難記憶。我們發現許多新中國成立後的訪談和自述都是從「疼痛」入手擴展對纏足的記憶的,而對疼痛獲得的快樂結果基本採取淡化的態度。河南臨潁縣天足會的一張公啟中更把「疼痛」的擺脫與民族人種的興旺發達直接建立起了因果關係,因為「放足以後,身體強健,老者放足可減免病痛,幼者放足發育較速,並無妖殤的患」[2]。然後直接推導出一個想像性圖景:「天足之母生子必強壯易於養育」,這顯然是個無法證明的結論,再上升到令人咋舌的新高度,「我國二萬萬婦女,悉變成強健的女國民,能作生理事業,又可產出億兆的男女國民,則中國可望富強」[3]。

「疼痛」被重新定義後,原來纏足疼痛所付出的代價是嫁個合適的人家,謀得家庭幸福,「疼痛」正是獲取幸福的通行證。而近代對纏足之痛的理解則在健康——病態的醫療框架下被賦予了完全負面的含義。原來的疼痛既可能是社會習俗也可能部分是女性個人的選擇,而現代意義上的「纏足之痛」被納入一種國家利益的複雜關係網路中重新加以識別。在這個意義上,「疼痛」已不是個人選擇不選擇的民間事情,而是國家利益的真實反映,「疼痛」與婚姻幸福的對應關係被切斷

---

[1] 朱善芳:《纏足和解放的方法》,第20～30頁。
[2] 楊海泉供稿:《民國初年「臨潁縣天足會公啟」》,《漯河文史資料》(河南),第二輯,一九八八年版。
[3] 同上。

了。這樣一來，疼痛換來的纏足公眾形象之美，就自然消解在了國家種族的大敘事之中，因為「家庭」、「婚姻」的個人幸福也須服從於國家興亡大格局的制約。

（二）中國傳統對反纏足話語的回應

　　一般論者均認為，纏足作為中國社會中的醜陋現象，一直得到了中國傳統知識階層理論的有力支持，而對纏足行為的批判完全是西方思想輸入後引發的現代性現象，這種傳統——現代的二元對立觀，基本上把中國思想視為纏足現象的同謀和背景，從而排除了在中國傳統內部尋找反纏足話語的可能性。然而事實證明，中國傳統知識圈中確實存在著相當豐富而複雜的反纏足言論，其立意的基點與建構在現代醫療觀基礎上的西方反纏足話語有相當大的不同。尤其值得注意的是，晚清的一些反纏足話語並非統一遵循維新派設計的如下思維取向：即把纏足經過「醫療化」的處理，從而把它轉換成一種現代政治現象加以審視，晚清部分反纏足言論出現的理由往往恰恰是因為纏足違反了中國傳統中的某一類理念和規則，而不是對傳統思想或規則的繼承和闡揚。把這部分反纏足言說從受西方影響的現代醫療話語中離析出來，有助於我們理解反纏足運動的複雜性和多元特徵。

　　近代以前禁纏足言論的出現至少可以追溯到宋代，宋人車若水在《腳氣集》中即已抨擊纏足摧殘無罪無辜之婦女。[1]清代錢泳則從傳統的角度批評纏足會導致女性柔弱，和人種衰退：「婦女裹足，則兩儀不完，兩儀不完，則所生男女必柔弱，男女一柔弱，則萬事隳矣！」[2]這句話看上去有些形似於現代的醫療政治話語，實際上是從傳統思路中

1　梁景和：《近代中國陋俗文化嬗變研究》，第209頁。
2　錢泳：《履園叢話》（下），中華書局一九七九年版，第631頁。

延伸出來的評價。錢泳還從王朝更替的節奏中推斷纏足與王朝興亡的關係:「考古者有丁男丁女,惟裹足則失之;試看南唐裹足,宋不裹足得之;宋金間人裹足,元不裹足得之;元後復裹足,明太祖江北人不裹足得之;明季后妃宮人皆裹足,末朝不裹足而得之。」[1]這條史料曾被史家反覆運用,其意即在於欣賞錢泳反纏足言論的政治視野,但此政治視野顯然不同於處在國際政治秩序支配下的近代知識分子的視野。近代知識分子在纏足與強國保種的焦慮之間建立起有機的聯繫,與錢泳處理的王朝興替的話題並非具有不言而喻的傳承性,但我們至少可以看出反纏足言論在傳統框架內仍有可能上升到政治的緯度。

儘管如此,晚清的一些反纏足言論並沒有沿襲錢泳的思路,而基本上仍是在士大夫審美觀念的籠罩下進行評論。比如光緒年間發表的一篇《纏足說》中的反纏足理由竟然是認為纏足不足以顯示女性美的特徵:「不知以古美人端在眉目清揚,肌膚細膩,態度風流,腰肢綽約,如必沾沾於裙底雙彎之纖短,其亦每況愈下矣。就使其雙彎纖短矣,而或面目極陋,幾如無鹽之刻畫難堪,瑕不掩瑜,雖雙翹為塵世所無,亦不得謂之為美。」[2]

這似乎是在為欣賞女性身體美的正當性作解釋,完全是一種士大夫式的詮說姿態,然而下文卻筆鋒一轉,認為男子娶妻與審美無關:「不知男子娶妻本為繼嗣,原非若秦樓楚館中賣笑倚門,令賞心裙下者趨之若鶩,足雖纏小無用也。」除了傳宗接代的功用外,女子閨訓中塑造出的女性特徵仍是判別美醜與否的重要標準:「況婦以四德為要,假使顏色既美,雙彎亦佳,而獨不能嫻閨訓,河東一吼,四座皆驚,其不免鄰里之恥笑,失男子之歡心者幾希,足之小不小何益焉!」[3]

---

1 同上書。
2 《纏足說》,《申報》第三十九冊,光緒十七年十一月初一,第930頁。
3 《申報》第三十九冊,光緒十七年十一月初一,第930頁。

另外一位作者則同樣指斥纏足只有利於在家裡狐媚爭寵，而無助於「婦德婦功」，他發問道：「噫，養育子女將以婦德婦功，異日宜其人家乎，抑欲教以女子有使之狐媚爭寵乎？」[1]這就直接把纏足與誨淫風氣聯繫了起來，與原有的纏足合理化的言論區分了開來。曾經有一位士子在看了張之洞的《戒纏足會章程敘後》以後醒悟到纏足不僅可區分男女，而且也可區分等級階層，所謂「男之與女居處有別，職事有別，服飾有別，而自漢唐以後，因時制宜，則又別之以纏足，其不纏足者，邊省僻縣也，農民小戶也。此外上自勳戚，下至閭閣，凡詩禮之家，縉紳之族，無有生女而不纏足者」[2]。

不錯，纏足在中國社會中本是具有區分等級的功用，不過如果不稍加約束，其區分男女的功用就會膨脹起來，成為誨淫的工具。原來纏足是為女性節步而設的障礙之法，結果因為青樓女子以此誘人，所以到了晚清，反纏足言論中有不少已從「色誡」的角度為重設男女之防張目。比如一位晚清學人在聽說西方婦女設天足會後，首先反應的是，中華婦女不出閨門者居多，所以天足會之設很難為中國女性接受。接著又抨擊婚配以纏足之美為優選對象，有可能誤導民眾心理，抱怨：「又聞之今世俗之訂婚姻者，往往於媒妁之前，詢問女足之大小如何，而定婚姻之成否，至於德言容工四者之盡合與否，則多不甚措意也。」[3]纏足本為家庭婚事方面增加性趣，卻又想抑制其擴散為普遍的性解放行為，在這點上，傳統範圍內的反纏足話語倒是與現代性的反纏足話語強調女性個人與保國強種之間關係的「禁慾主義」言說有

1　賈子膺：《勸誡纏足說》，《大公報》一九〇三年十二月十五號。
2　《再書南皮張尚書戒纏足會章程敘後》，《申報》第五十七冊，光緒二十三年九月十五日，第241頁。
3　《聞泰西婦女設天足會感而書此》，《申報》第五十冊，光緒二十二年四月初十，第19頁。

異曲同工之妙。

　　這套以整齊婦容為目標的議論，甚至滲透進了基層學校的教育之中，成為作文議事的範本。例如，在一篇江西吉安縣立學校學生的國文習作中，就出現了如下議論：「纏足非古也，其始女學亡而婦容廢，端莊齊敬之態度，後世失其傳衍，於是竟為新奇，以取媚悅，而滅絕人道之徒，利此時機，逞其凶德，纏足之惡習，作之俑焉，其始也成為下流社會之風俗，其終也破壞世家大族之禮法。」[1]

　　如果從醫療史的角度觀察，中國傳統醫學對反纏足的回應還表現在各種「纏腳藥」偏方的發明和傳播上。當時各種都市報紙上都刊登有纏腳藥的廣告，例如《申報》光緒二十二年（1896年）登有一則《包纏小足外洗藥》的廣告，廣告中寫道：「此藥西蜀盛行，能舒筋活血，止痛化濕，凡女孩纏足痛苦萬分，殊堪憫惻。只須用此藥煎洗，逐漸纏小，三月之後即如意可觀。每瓶四兩，洋二角，另纏足內搽藥，大瓶二角，小一角。」[2]

　　另一則《管可壽首創纏腳藥》的廣告中強調「此藥纏腳不痛易小」，同時也治療「幼纏僵不能走」的女孩。[3]《申報》上甚至刊登過「纏腳藥聲明假冒」的打假廣告[4]，以示纏腳藥在晚清仍是一種流行藥品，同時也暗示出反纏足運動的曲折狀況。在大量為纏足辯護的議論中，尚有一種觀點認為「疼痛」的發生在於纏足手法的失誤：「蓋纏

1　謝振歐：《論纏足之害》，《中華婦女界》第一卷第六期，一九一五年。
2　《申報》第五十三冊，光緒二十二年，第688頁。
3　《申報》第五十冊，光緒二十一年四月十二日，第38頁。民初上海也出現了一些「放腳藥」，如《申報》上就曾刊出過五洲大藥房出產的放腳藥廣告。其中說道：「此藥活血壯筋，日常用之非但放腳有效，大益衛生，且能輔助生育。」參見黃克武：《從〈申報〉醫藥廣告看民初上海的醫療文化與社會生活（1912—1926）》，《「中央研究院」近代史研究所集刊》第十七期，下冊，第185頁。
4　《關於金蓮問題徵答，答五》，《采菲續錄》，第320頁。

之得法，實無多少痛苦可言，其法則不外勤洗、輕攏、慢捻，數種手段而已。」[1]一位纏足女子在回答好奇者提問時，特別強調七八歲的女子「骨之膠質多，其性柔軟」，只要纏裹方法正確，「久而久之，於不知不覺中，足趾即可就範，尚何有多少之痛苦乎？」這名女子又稱：「蓮之愈小而尖瘦者，行走愈不疼痛，至其半尺之蓮及兩足如船者，其行走愈加疼痛，此無他，蓋拗時既不得法，未免因痛而不肯拗。迨稍知愛美，而年已老大，雖欲拗而不能矣。貽害終身，實自貽伊戚也。」[2]大量存在的纏足之痛反而源起於纏裹的不得法，這到底有多少醫療根據，或有多少代表意義，很難確考，不過從現在遺留下來的大量對纏足痛苦過程的描述中至少可以確知，民間母親給女兒纏足時的手法真可謂千姿百態，肯定會對疼痛的輕重程度有決定性影響；另外，所用藥物無論是民間土方還是正規的中藥，都可能對纏足後的骨骼位置及行走姿勢與及行路時的舒適程度有差異極大的影響，不可一概而論。

（三）從「金蓮」到「高跟鞋」——士大夫與衛生視角的交錯

高跟鞋的引進本為現代時尚在中國流行的表現，與纏足風氣的沒落恰成反差和對比，被當時輿論認為是上流社會取代纏足的象徵性標誌。然而在近代語境中，對穿高跟鞋女子步態與行姿的評價卻存在兩種截然相反的觀點，即從「審美」和「衛生」的角度出發作為評判標準。令人驚奇的是，「審美」與「衛生」的評價並不截然二分地出自傳統與現代兩個陣營人群之口，而是交錯存在於不同背景的論說中間。

比較典型的一種觀點是蔣夢麟在《西潮》中的說法：「也許是穿著

---

1 同上。
2 同上。

新式鞋子的結果,她們的身體發育也比以前健美了⋯⋯我想高跟鞋可能是促使天足運動迅速成功的原因,因為女人們看到別人穿起高跟鞋婀娜多姿,自然就不願意再把她們的女兒的足硬擠到繡花鞋裡了。」[1] 蔣夢麟的觀點基本上把纏足與高跟鞋作為兩個時代女性生活的象徵對立了起來,但我們明顯感覺到他仍是從體態入手分析,認為穿高跟鞋姿態在婀娜多姿的程度上遠勝於纏足,這基本上還是一種傳統文人凝視女性的欣賞角度。所以就有人專門從女性姿態入手予以反駁:「至西婦之好穿高跟鞋者,以鞋跟既高,則行走時有所顧慮,不能過於疾速,且鞋跟愈高,行時愈見窈窕,正不輸吾國纏足女子之美觀焉。」甚至高跟鞋「行時其聲囊囊,與昔時弓鞋聲之咭咯者,有殊途同歸之妙」。這位作者還煞有其事地考證出中國自古就有高底鞋,而高底鞋的作用就是「使尖尖玉趾,不得不俯,蓋其作用為輔助小足愈見其纖削耳」[2]。高跟鞋既然具有使足部纖削的作用,自然和纏足的功用無異,只是程度不同而已。

也正因如此,高跟鞋的流行受到了另一派言論的批評,如李一粟就認為:「高跟鞋是天足運動發起後的變相纏足,因為現代女性也許以為足太大了,未免要失去美觀,但她們又不願意開倒車去步古人的後塵,把腳纏起來,讓她痛而不能行。最後自然只有穿高跟鞋以免露出馬腳了。」高跟鞋「於行恰時,也可以收到裊裊娜娜之風韻、媚態」。正因如此,李一粟「以為應該要有一個第二次的真正的天足運動的產生」[3]。

這一派中與李一粟略有不同的觀點多從健康與衛生的觀念入手,

---

[1] 蔣夢麟:《西潮・新潮》,嶽麓書社二〇〇〇年版,第99頁。
[2] 卿須:《蓮鉤清話》,《采菲錄》,第135、136頁。
[3] 李一粟:《從金蓮說到高跟鞋》,《婦女雜誌》第十七卷第五號,一九三一年,第30頁。

有意醜化高跟鞋的審美特徵,如有議論認為穿高跟鞋至少有三大害處,即不經濟、不衛生和不方便。從衛生角度說:「不惜削足就履,走起路來,只得用那五個指尖頭,於是原來的筋骨,盡被屈折,久而久之,兩腳形成變態,有累及子宮的位置,造成月經不調和經痛!」自然感嘆是免不了的:「這樣還說是摩登嗎?豈不是自己造孽嗎?……不信,請看看十字街頭的小姐,她們走路豈不是好像纏腳老太婆一樣嗎?慢慢地一舉一踏,恐怕稍微著急,就有傾倒之虞,所以精神疲乏,氣喘力竭。」[1]

與裊娜多姿的評價相反的原因顯然源自於對高跟鞋造成疾病症狀的想像性延伸。有論者說得更為嚴重:「久而久之,尻骨盤向前突出,子宮也變換了自然的位置,往往成不娠或流產的毛病。尻骨盤的前突,能波及鄰近的脊骨也隨之而彎曲,甚至身體衰弱,不耐勞苦,竟曠廢了妻子的天職,豈不罪過。」[2]

又有一種觀點從力學的角度立論,把高跟鞋與踩高蹻相比較:「其足趾用力之形式相等,踩蹻無論如何矯健,亦可暫而不可久也。然其痛苦與後患,當之者自能知之,較之纏足之苦相伯仲耳。」[3]把忍痛顯示體態的美學過程,轉換成尋找支點而不得的純粹生物物理學現象,高跟鞋之美自然要大打折扣了。如以下把高跟鞋與纏足做比較的描述就像一場冷冰冰的科學討論,高跟之用意「據云此係西俗尚曲線美,有科學作用。因西方美人之曲線,在聳臀與獻乳,成為 S 形。此與中國纏足作反比例,御高跟鞋足趾用力,其臀自聳,其胸自挺,纏足婦女,除環肥者外,其臀多縮,曲線甚小云」[4]。這樣討論的結果,自然

---

[1] 溫建之:《廣西女學生生活》,《婦女月刊》第三卷第三期,一九三五年。
[2] 《關於金蓮問題徵答》,《采菲續錄》,第 330、328 頁。
[3] 同上。
[4] 同上。

人們無法純粹從步態體姿上比較纏足與高跟鞋的優劣，因為它們共同是在科學的觀照下被醜化的。

有論者有鑒於此，專從文化比較和習俗氛圍規定的特有情景中立論，倒也顯得不無道理，起碼反映的是當時人們的普遍心態，在特定的歷史場合，「纏足女子亦應纖纖細步，方能適合與精妙，任何變易，皆不雅觀，變換標準以相譏誚，亦不達理。當纏足盛行時，天足婦女自慚形穢，每著高鞋，底作船形，行時前後俯仰，仿佛小足者以為雅觀，今則因風氣不同而不取。而穿高跟鞋之摩登女，行時無異小腳女，故知纏足女子之行步實有一種雅觀也」[1]。

也就是說雅觀不雅觀不可能由科學標準作出評判，而更多的是一種歷史文化習俗的選擇，即時人所謂「雅觀不雅觀，須就各樣體態範圍內而評定優劣，不可以龜鶴同列，而比較其頸之短長也」[2]。從以上所舉對高跟鞋與纏足相較的評論中，其實有一部分人明顯承認高跟鞋不衛生不經濟，可背後仍竊竊欣賞認同高跟鞋所帶來的體態美。如一九三三年的《女聲》雜誌中就記有一條故事，其中說：「某君大做文章罵女人穿高跟鞋，理由是不衛生、不經濟，但他卻不願自己的戀人穿平底鞋。據說是因為他的戀人太胖，穿平底鞋太難看。」文章作者揣度此君的心理是：「難看對於愛是有影響的，愛情動搖時，比不衛生不經濟的損失還大。」[3]

---

1 《蓮妙》，《采菲四錄》，第51頁。
2 同上。
3 《女聲》第一卷，第二十三期，一九三三年。

四　介於現代國家控制與社會風化間的反纏足運動

（一）胡仿蘭事件——民間菁英與國家行為的互動

在前近代社會裡，纏足基本上是作為一種民間現象出現的，除清代以外，歷代君主既沒有故意提倡，也沒有刻意禁止纏足現象的發生和蔓延。清初從崇德三年清太宗禁止婦女「束髮纏足」，到康熙三年（重申順治）時纏足者杖罰流刑的禁令，都沒有得到實際的貫徹，其中原因當然和漢人綿延已久的民間風習影響至大有關。但清初禁纏足遭強烈抵抗的另一個原因是，漢人有意以纏足為族群認同的標誌，以區別於滿人[1]，甚至當時纏足的保留與明服入斂共同成為降清的先決條件。社會風習加上族群認同的雙重制約，使反纏足運動的實施變得難度極大。直到光緒二十七年（1902年）十二月那拉氏再下勸誡纏足的上諭時，才促成了地方大員態度的轉變，紛紛從各自任內頒發諭示敦促放足。據說早在光緒二十九年（1904年），「中國十八省總督皆有戒纏足之示」[2]。這些諭示中雖有一部分流於具文，沒有形成實際效益，但也有一部分地方官員與流散於民間的反纏足菁英團體建立起了良性的互動關係，反纏足運動開始逐漸走出空言吶喊的階段。當時的實際情況是，十九世紀末興起的反纏足運動主要依賴由民間知識菁英群體發起的社會團體為主導力盤，但這些團體提出的口號過於玄遠，沒有與社會風習的需要真正銜接起來。比如在早期《不纏足會章程》中雖規定會員之間婚姻皆娶放足女子，卻並未考慮大多數纏足女性的出路問題，所以基本處於自說自話的狀態。而（1902年）諭旨的頒佈，則

---

[1] 王振忠：《〈朱峙三日記〉所見晚清武昌縣民及其變遷》，《民俗研究》二〇〇一年第一期，第115頁。

[2] 《天足會來函》，《萬國公報》，光緒三十年甲辰九月。

有可能使民間反纏足團體突破菁英空言鼓動的無援狀態，直接轉化為一種國家行為後，使反纏足運動演變為具有強力控制的特徵，大大擴張了其在地方上的影響力。

以下我選取一個發生於江浙地區案件，具體考察這種互動過程的形成和加強的趨勢。一九〇二年禁纏足諭旨頒佈後，兩江總督端方隨即發出禁纏足示令，指斥纏足為害之處有四端——包括傷恩、喪恥、致弱、致貧，基本上包含了早期反纏足話語從醫療、衛生與強國保種角度對纏足現象的批判內容。看上去並無新的創意，但引起我注意的是示令的最後一部分，強調要避免以往反纏足陷於「空言告誡，終恐視為具文，難資鼓舞」的境地，依靠當地鄉約、保甲等基層組織和鄉紳等社會階層具體推行諭旨，建立獎懲標準：「如有勸諭得力之紳董，果能移風易俗，應准由各原籍州縣詳情獎敘，或給匾額、或賞頂戴，其舉貢分發教職等准予委署鄉約、地甲等，或賞頂戴，或賞銀牌、衣料，或免差徭。其勸不得力者，應由州縣官隨時誡飭鄉約地甲人等飭期逐漸轉移。」[1]

對地方鄉紳的獎懲原則制訂得不可謂不具體，只是是否能具體實施，從何角度切入社會層面始終是一個謎。然而在海州發生的一起命案，終於有機會使處於民間自語狀態的放足會與官方的申令程序之間建立起了實質性的互動合作關係。

事情經過如下：海州沭陽一處叫上馬臺的地方，一位叫徐嘉懋的人，其兒媳胡仿蘭平時思想激進，以振興女學為己任，不僅率先倡導放足，而且自己親自躬行實踐，遭到婆家的極力反對：「姑則陰謀暗算，欲用桎梏主義驅使奴僕強令復纏，**繼**則變為鴆毒主義，將女士於三月初八日鎖閉房中，給以鴉片，令其自裁，不予飲食者四日。」[2]徐

1　《江督示禁纏足》，《申報》第八十八冊，光緒三十三年四月十八日，第377～378頁。
2　《女士放足被逼斃命駭聞》，《申報》第八十八冊，光緒三十三年五月初四，第568頁。

家一位女僕偷偷告訴了胡氏母家。胡母知道這一情況後，趕快抬著轎子來接，卻被婆家攔住，胡仿蘭一見脫身無望，隨即仰藥自盡。

胡仿蘭自盡後，江蘇教育會官員宋敦甫因公到沭陽辦事，偶爾聽說此事，起初並不相信，通過明查暗訪才得知詳情。令宋觀察大感吃驚的是，胡仿蘭的死並未在當地引起多少人同情，「沭人非獨不以女士之死為無辜之冤，反謂因放足而死有應得之咎」。所以決心「備敘始末，分佈各處為女士申雪」[1]。與此同時，江蘇教育總會在沭陽的會員也以信函的形式報告了胡氏之死的情況，並附上了宋敦甫的報告。江蘇教育總會立即致函端方，一面聲稱：「不意同在吾帥景風淑氣之中，而尚有此黯雨愁雲之慘」以動其心，一面又對地方機構的干預能力提出質疑：「豈地方官亦以為婦固宜死而嫉視此婦，不獨徐姓翁姑及其夫男歟。」主張按清律中尊長凌虐卑幼致死的律文予以懲罰。[2]

江蘇教育會發出的聲音矛頭指向的是省以下的縣級地方官督辦不力，而其中最重要的一段是：「但此等鄉愚不識字者多，尤鮮與上等社會交換，其嫉視伊婦之提倡放足，以為妖言惑眾，猶之頑錮士紳，嫉視一切新政，而以為甚於洪水猛獸也。」這已經把受新學教育的人士視為上層，教育與否與「纏足」、「天足」之間建立起了與過去完全顛倒的對應關係：「普通教育之消亡，其流毒乃至此極，尚何言哉。」[3]過去閨中女性因不必勞作而有閒暇，纏足與閨秀階層身分形成對應關係；「天足」女性則與勞作階層有關。接受新學教育與否一旦變成是否進入上等社會的標尺，社會風習就會被迫隨之轉移，然而這種轉移並非出於自然，而是政府行為規訓的結果，如光緒三十三年（1907）北京曾

---

1 《申報》第八十八冊，光緒三十三年五月初四，第568頁。
2 《江蘇教育總會致江督端午帥書》，《申報》第八十八冊，第708頁。
3 同上書。

頒佈《纏足婦人貶為賤氏之新令》中甚至強行規定：「嗣後女子纏足即貶為賤民，凡纏足婦人不能受其夫得子之封典。」[1]官方明令把纏足婦女貶為賤民一旦在社會上樹為標準，將會對纏足婦女的命運造成極大影響，使她們從「詩禮之家，縉紳之族」的典範群體迅速淪降為「弱勢群體」。

如果說作為半官方性質的江蘇教育會在胡仿蘭事件中刻意強調天足與新式教育的關係，那麼作為民間組織的上海天足會則極力藉助官方力量，使民間的反纏足勢力擁有合法化的依據。如天足會沈仲禮觀察在上端方書中就強調要地方官出面嚴究此事，派淮陽道提徐嘉戀夫婦到案，從嚴懲罰，「並祈恩施頒發匾額，旌表徐胡氏，以慰冤魂，而資開化」[2]。頒發匾額原為旌表節婦烈婦，對胡氏的表彰延用朝廷對鄉間婦女的舊規，顯然意在得到官員更強有力的支持。

有趣的是作為半官方的江蘇教育會與作為民間組織的上海不纏足會在處理胡仿蘭案件時表現出來的關注焦點頗為不同。江蘇教育會比較刻意強化纏足與未受新式教育之間的因果關係。據上海學界公推的調查員李壎的報告，胡仿蘭死前放足已有兩年，而婆家並沒有強行威逼干涉，逼死胡仿蘭的原因是，胡氏志在創興女學，當年春天兩江女子師範招生，胡氏想前往報考，受到婆家的阻攔：「而女士勵學之心益切，翁姑以為該氏洋教之心始終不渝，一經入學未免有玷祖宗，而死氏之心乃於此決。」[3]

另有一份胡仿蘭留下的《別兄嫂書》中也提及：「妹雖不賢，亦無大過，不料竟為放足及想入學堂二事，使妹如此，妹死不足惜，唯

1　《申報》第八十九冊，光緒三十三年七月二十日，第702頁。
2　《申報》第八十八冊，光緒三十三年五月十七日，第720頁。
3　《淮徐海留滬學界公推調查員李壎報告書》，《申報》第八十九冊，光緒三十三年六月十三日，第261頁。

念創興女塾之志未就，女兒又小，將來必致纏足。」[1]所以江蘇教育總會在上端方的報告中強調要「罰徐氏巨資建設女學，即以女士之名，並以徐氏婦生女由官斷歸母家撫養教育，免遭其祖父母之虐待」[2]。罰徐氏巨資建女學，其實已屬於官方行為，與地方士紳捐資助學的傳統行為有很大區別。關於罰沒徐氏財產興學的過程，中間還有反覆。當時調查員報告徐嘉懋擁有豐厚的資產，縣令俞夔拊提訊當事人核實，訊問後未加深究。這件事被報到端方那裡，據調查員報告，徐家有田畝三十餘頃，約值五六萬金，「而其呈驗契券為數僅十七頃，只及其半」，而俞縣令在核收的時候並未派人清查，引起當地士人一片嘩然。而徐嘉懋通過運動關係，只罰了三四千貫，所以當時的士人要求對徐嘉懋從重科罰。[3]

　　近代以來，興辦新學實際上是國家統一現代化規劃方案的組成部分，它的示範意義不是僅僅用「教育」一詞的內涵就能說明的，它還兼有改造和模塑社會風習的責任。罰徐氏建女學不僅從正面直接肯定了胡仿蘭報考女學的合理性，而且間接肯定了放足的正當性；同時由於在「放足」與「新式教育」之間建立起了因果意義上的合法紐帶，也就為放足女性從弱勢階層上升為上層群體提供了有利的軌道。

　　而天足會針對此事的運作方式則頗為不同，他們把紀念胡仿蘭的行動演示為在政府督導下的民間反纏足運動，如通過召開特別大會，將胡仿蘭的事蹟列入天足會季報，「更演成戲劇，付諸梨園以為永遠之紀念」，其目的是「使下流社會群知女界文明，有女士其人者足資觀

1　《申報》第八十八冊，光緒三十三年七月二十日，第720頁。
2　《江蘇教育總會致江督端午帥書》，《申報》第八十八冊，第708頁。
3　《沈仲禮觀察上江贊端午帥稟》，《申報》第九十冊，光緒三十三年九月初一，第442頁。

感」[1]。這明顯仍是站在菁英立場上啟蒙「下流社會」的姿態。不過，這次宣傳更加注重藉助官方的參與來增加運動的合法性。胡仿蘭事件在江南地區逐漸波及為一場頗具聲勢的放足運動。光緒三十三年（1907年）五月，蘇州放足會會長謝長達在蘇州召開了一次追悼會，然後偕同潘韜芳、王季常到沭陽開會。八月二十三日抵達沭陽，由沭陽勸導不纏足會發起人吳鐵秋安排在城內秦女祠住下，同時該縣縣令俞燮拊出告示曉諭民眾。八月二十五日，以山西會館為會場，隆重召開追悼大會，當時有四五百人到會，俞縣令及夫人蔡華娟及女兒俞漱芳、沁芳也一齊到會。當時報紙的描述是：「諸女士登臺演說，委婉剴切，聞者鼓掌。」第二天又召開放足大會，「來賓愈眾」。當時的評論是：「偏隅小邑，得二三女傑現身說法，耳鼓腦筋，經一番震盪，長一番智識。」[2]

中國的早期反纏足運動儘管興起於民間，卻基本上是知識群體自身發動的一場菁英運動，表述的也是一套菁英話語，無法與當時的社會建立起有效的溝通關係。而二十世紀初的反纏足運動開始改變策略，運動發起人更自覺地把運動納入國家的現代化方案制約的範圍之內，而國家通過教育和各類新政開始建立起與民間風習不同的生活標準，力圖顛倒社會風氣影響下的價值軌範，包括對上下階層的固有評判，如興女學女塾等。天足運動與這些新的觀念標準建立起了直接的關聯性之後，才開始有效地修正民間習俗的影響。在胡仿蘭事件中，官方（督府）、半官方（江蘇教育總會）與民間（上海天足會）之間互相倚重的互動關係清楚地揭示了這一特點。

1　《申報》第八十九冊，光緒三十三年六月二十二日，第370頁。
2　《申報》第九十冊，光諸三十三年九月十九日，第622頁。

（二）北平女子矯風隊——一個城市控制的案例

　　放足運動在二十世紀的中國展現的是一幅立體式的圖景，與十九世紀末初興的反纏足運動有所不同。十九世紀的反纏足運動均由受傳教士影響的激進知識分子發起，他們所建立的各種反纏足組織由於沒有充分考慮到民間風習對纏足女性的支配作用，所以提出一系列的反纏足方案几乎變成了封閉性的自說自話，無法與基層普通民眾的需求建立起恰當的對話聯繫，充其量大多成為小圈子裡的「知識話語」的自我訴求。而二十世紀反纏足運動的不同之處在於，當年激進群體所宣示的「知識話語」逐漸為國家在實施現代化目標的過程中所逐漸認可，成為現代民族——國家理念資源的組成部分。我們從反纏足話語擴散為國家行為的過程可以看到，反纏足運動並不是一個女性進行自我解放的過程，而是一個國家控制下的習俗轉換過程。很顯然，反纏足習俗的形成不是自生自發的社會調節結果，而是訓練、習得和建構的產物。[1] 以下我們以北平城放足運動為例，來驗證這一結論。

　　一九二八年五月，南京中央政府批准由內政部頒發禁止男子蓄辮和女子纏足的禁令，通令各省一體遵辦，切實查禁。其中《禁止婦女纏足條例》中特別強調解放婦女纏足要分期進行辦理，以三個月為勸導期，三個月為解放期。勸導期設置勸導員，解放期設置女檢察員，協同村長、街長及警察執行。《條例》還就婦女放足的年歲及懲罰規則作了嚴格規定。以一九二八年為限，全國各地的反纏足運動的節奏和速率明顯得到了強化，尤其是督導的力度明顯加強。當時北平特別市政府社會局也依照此令具體擬定了勸導辦法，設立了婦女矯風隊，其

1　〔美〕保羅・康納頓：《社會如何記憶》，納日碧力格譯，上海人民出版社二〇〇〇年版。

任務為勸導放足、戒煙、剪辮（指男子之髮辮言）以及其他不良習俗。成立矯風隊的理由明顯受到了菁英衛生話語的影響，如社會局致公安局的函稿中就指出：纏足、蓄辮等陋習「均足妨害衛生，愚者不察，因沿不改，亟宜勸導禁制」[1]。

社會局在函中特別註明「現已糾集女同志八人，組織婦女矯風隊一隊，共分四組，每組二人，前往各區分途挨戶勸導」[2]。在另一份函稿中社會局更強調矯風隊員為「曾經登記女錄事之心性和平、口才敏信者」，工作程序是：「擬從內左一區先行試辦，漸而及於四城四郊。」[3] 女子矯風隊的成立帶有明顯的強制性，與民間性質的放足會有所不同，奉行的是比較典型的國家強制話語。如在一份呈詞中，矯風隊員明確地對這場運動進行定位式描述，認為纏足陋習：「成為自弱國民之習慣，因無強母，何能有強子女，又焉能有完善之國民，實為病國害民，損傷種族」，特別強調的一點是：「專制之沿革而於青天白日旗下不能改革，則女界纏足之痛苦，永無解放之日矣。」[4]

與早期放足會所具有的獨立民間特性有所區別的是，北平成立矯風隊後，社會局才函請公安局會同社會局督促成立放足會。信中說：「至放足會一層，敝局業已函請各法團從速組織，輔助進行。尚望貴局再切實函商各法團早日組織成立，俾收輔本相依之效。」[5]也就是說，這時的放足會不但由官方授意成立，而且成為女子矯風隊的輔助組織。

正因為女子矯風隊的工作方法和程序具有強制性，如挨個勸導，

---

1 《社會局為請派警隨同矯風隊工作致公按局函稿》（1928年10月23日），《北京檔案史料》一九九七年第二期。
2 同上。
3 《社會局呈報成立婦女矯風隊函稿》（1928年10月25日），引自上刊。
4 北京市檔案館J2全宗七目錄二十八卷。
5 《致公安局函稿》（1928年10月23日），《北京檔案史料》一九九七年第二期。

警察協從督察等,所以一度引起了普通市民的誤會,以致於《晨報》報導各區署長請矯風隊行為慎重。公安局認為《晨報》所載不實,特意作出說明:「隊員均係婦女,並有徽章、旗幟為工作時間特別之標幟,所云難免不無土匪混充搶掠情事,似與矯風隊如風馬牛不相及。」[1] 據女子矯風隊隊員王嘯秋的呈報,自一九二九年一月十日起,女子矯風隊逐漸在空間上細化了勸導區域,即按北平城各區分段進行勸導。比如內一區勸導區域就分為二十八段,外三區分二十四段,其他各區也分十八至二十段不等,據矯風隊的報告:外一區「第七段至第十段共四段,遂按日勸說纏足之害,解說放足之益,各住戶亦皆贊同此舉」。分段勸導的效果似乎是顯著的,「並聞有一二住戶,聞聽內城各區有本隊勸導纏足婦女即應解放各節,已有聞風興起者,即日放足者甚多」[2]。

但從實際效果而言,其實勸導情形並不樂觀。到一九二九年三月,社會局呈報勸導效果時對此仍無法迴避,認為「北平為數百年專制舊都,居民習於舊染,一時不願滌除者亦實繁有徒」[3]。所以應該繼續複查,再申誥誡,由此女子矯風隊的行動進入第二階段。為了吸取第一階段推進緩慢的教訓,社會局擬訂的第二期複查方案是,先製造輿論攻勢。甚至借用汽車遊行全市,同時印成《告北平市蓄辮纏足民眾白話書》,分途散發,一面送登各報。經過半個月到一個月的宣傳後,再派員複查,這次複查比第一階段帶有更為明顯的強制性。社會局規定:「遇有尚不剪放者,即時由各隊員協同警區加以強制執行,按照部頒罰則分別處以罰金,並得將該罰款提出四分之一作為獎勵巡

---

1 《公安局為〈晨報〉所載不實致社會局公函》(1928年11月24日),引自上刊。
2 《婦女矯風隊王嘯秋呈報勸導情形》(一),引自上刊。
3 《社會局呈報派員勸導蓄辮纏情形(稿)》,引自上刊。

警之用。其無力受罰之婦女,則捕送婦女救濟院代為解放。」爭取做到「懲一儆百,成績當有可觀」[1]。社會局在一九二九年三月二十四日的佈告中更明確規定:「纏足之女子,如年齡未滿十五歲者尤應立時解放,其在十五歲以上三十歲以下之纏足婦女,統限於本年五月一日以前一律解放。設再陽奉陰違,即屬有意延玩,定處該家長一元至十元之罰金。其無力繳款者,應即拘送婦女救濟院感化部代為解放。」[2]

不僅處罰的力度加大,而且督察「檔案化」的程度也相應提高了,建立起了纏足人數與戶籍控制的對應關係,如《北平特別市社會局婦女矯風隊複查蓄辮、纏足戶籍表》中的欄目就包括區別、段址、姓名、年齡、住址、門牌等項目。在另一份《北平特別市社會局婦女矯風隊每日複查工作報告表》(一九二九年五月一日)就包括:區別、未放足人數、已放足人數、遷移人數、回籍人數、出嫁人數、蓄辮已剪、未剪人數等項目。據矯風隊簡章的規定看,矯風隊每天的任務是相當繁重的,雖然限定勸導時每戶不得超過十分鐘,每組每天仍至少要勸導五十戶。[3]以上引述的材料均說明,國家對反纏足運動控制的強度和密度在明顯加大,而且這種強度的增加恰恰是因為世俗風氣仍以纏足為美,「而頑固之流因仍積習者亦居多數」的緣故,也就是說,國家有意塑造和修正了民間風習,尤其是審美習慣。實際上這也從反向證明了放足運動作為國家行為與民間的自覺行動不應混淆視之,並非民眾自覺傚法的結果。

這可以從民眾的反應中略窺當時的情景:一九二九年四月九日,內三區署巡警報稱,當矯風隊女勸員萬又愨查至螞螂胡同七號時,看

---

1 《社會局呈報派員勸導蓄辮纏足情形(稿)》,引自上刊。
2 《北平特別市社會局佈告》(稿)引自上刊。
3 《北平特別市社會局婦女矯風隊簡章》,引自上刊,第16頁。

到住戶張朱氏女兒秀貞是纏足女，於是上前屢次勸說她放足，張朱氏「出言蠻橫」，巡警協同萬又愨把張朱氏和張秀貞帶到警署訊問，最後被押到石碑胡同婦女救濟院強制解放。[1]據供詞稱，張朱氏46歲，係河北南皮縣人，來北平居住已三年，女兒張秀貞當年13歲。張朱氏供稱一九二八年十二月曾有矯風隊員到家中勸說放足，張朱氏馬上命女兒放足，可矯風隊剛轉身走開，張朱氏就又把女兒的腳裹上了。由於缺乏具體史料，我們無從把握張朱氏復纏的心理，但據有限的資料，我們仍可發現，反纏足運動與城市空間控制的關係。根據《北平特別市社會局婦女矯風隊複查勸導放足剪髮成績統計表》的不完全統計進行測算，到一九二九年五月三十一日為止，北平市從內一區到外五區共有纏足人數 3138 人，其中已解放 906 人，占全部纏足人數的 34.6% 左右。若以空間分佈為例，則各區顯得很不平衡，如內二區已放足人數為 51 人，未放足人數是 206 人，強制放足八人，罰款四人；外三區已放足人數 136 人，未放足人數 158 人，強制放足 13 人。這當然和矯風隊的工作力度與各區纏足百姓的抵抗程度密切相關。

我根據報表做過統計，各區 20 歲以下的纏足人數的殘留比例也有很大差異。從空間上來講，基本上呈外向放射性狀態，即越向外域發展，20 歲以下纏足人數愈多。如內二區 257 位纏足女性中，20 歲以下者占 43 人，約占總人數的五分之一；外四區 222 位纏足女性中，20 歲以下占 89 人，接近二分之一。這說明越接近內城區，國家對纏足的控制越嚴密。

儘管如此，一九二九年七月，女子矯風隊仍然由於財政竭蹶等原因無法繼續工作下去。當時矯風隊員王嘯秋、劉毓曾上書陳情，認為

---

[1] 《內三區署函送不服勸導張朱氏母女》（1929 年 04 月 09 日），《社會局函覆將張朱氏母女送交婦女救濟院》（1929 年 04 月 09 日），《朱張氏口供》。引自上刊。

北平城內放足狀況是：「雖經本隊調查並複查二次勸導儆告之力，當時遵行者固不乏人，而存觀望者亦復不少，若不繼續徹底查辦，誠恐將來陋習終難剷除。」她們擔心矯風隊的工作如過眼煙雲「與腐化政治則有何異？」[1]可見三〇年代的北京放足運動仍處於拉鋸戰的狀態。

（三）從禁纏到復纏——國家行為與民間風習的衝撞

近代早期的反纏足運動屬於菁英社團式活動，所以基本上停留在輿論傳播的層次，早年的一些不纏足會組織儘管有不娶纏足女為妻這樣的規定，如譚嗣同在《湖南不纏足會嫁娶章程十條》中規定會中男女可以互通婚姻，同會人亦可與會外不纏足之女通婚，並想通過隨地創辦女學塾為天足女性身分的提高提供制度性的支持。然而早期菁英設置的公共領域的封閉性由於無法有效地解決與普通民眾的日常生活特別是纏足女性的婚嫁問題，所以早期反纏足運動根本無法在基層社會引起實質性迴響，更進一步說是無法轉化為自覺的群體行動。

社會風氣的轉變是多種因素綜合作用的結果，其中既包含個人或群體身分的自我重新定位，也涉及群體之間審美評價標準的轉移（包括不同性別目光的凝視），最重要的是這些標準的轉換是通過什麼樣的途徑予以制度化的。風俗轉換絕不是自然發生的過程，而是帶有相當強烈的暴力和強制性特徵。從實際情形來看，禁纏足是否成功絕非當年譚嗣同等維新黨人的輿論所能輕易奏效。我認為最難解決的首先是一種身分問題：在傳統文化氛圍內，纏足女性作為詩禮之家的象徵，不僅有區分男女性別的功用，而且以此為標誌成為區分上下層婦女的

---

[1] 北京市檔案館 J2 全宗七目錄二十八卷。其實直到二十世紀三〇年代，北方許多地區纏足人數的比例仍遠高於放足人數。如河南在一九三五年和一九三六年對五十六個縣的調查中，發現相當一部分縣的纏足人數仍高達百分之七十以上。參見《河南統計月報》一九三五年第一卷第1～12期；一九三六年第二卷第1～6期。

界限,這絕非某個菁英組織所能輕易改變。它必須通過國家進行自上而下的干預,前引述(1907)貶纏足婦人為賤民的新法令一旦實施,效果未必立竿見影,卻會從社會格局重組的意義上根本改變女性身分。

女性身分轉變的制度化依據是女學的勃興,原來纏足女性留守閨中是高貴身分的標誌,民國以後則以入女學為身分顯貴的特徵,當然這仍是國家強行干預塑造的結果,不是自然演化的現象。如前述胡仿蘭事件,胡氏想入女學及創建女塾,遭到婆家激烈反對,自殺之後仍得不到鄉間的廣泛同情。經過官方做出罰沒徐家財產的暴力制裁和按傳統方式加以旌表,以及天足會多次召開紀念和追悼會後,胡氏的身分才大大得到提升,胡仿蘭成為官方和知識菁英共同建構出的一個反纏足英雄的符號。反纏足與入女學從此建立起了一種固定的對應關係,同時也暗示著入女學恰恰是女性身分高貴的標誌,而不是相反。同時,纏足女性往往被排斥於女學之外,自然容易被歸於下層女性之列了,這肯定與國家體制對社會風習干預能力的加強有直接關係。民國以後,這種跡象表現得越來越明顯。

民國初年,孫中山曾以國民政府的名義下令禁止纏足。除此之外,我們看到的一條最早的屬於民國禁纏足法令的文件是《贛都督嚴禁女子纏足》,由於當時民國肇興,還沒有制訂和頒佈相關的法律,這份禁令中的處罰條款仍延用清律,其中第一條規定就是「各女學堂不得收纏足之學生」,明確了放足與受教育之間的呼應關係,因為纏足女子不得受現代教育,預示著她們可能失去從事現代職業的機會而處於受鄙視的地位。同時,這份禁令開始以國家法律的姿態起到了強行干預和改變社會風習的作用,規定:「凡纏足女子自此令宣佈後仍然不放鬆者,無論何人不得為其媒介,違者照前清違警律,關於風俗之違警

罪之，重者處罰。」還規定：「不得娶足不放鬆之女子為妻。」[1]

只是這種顛倒女性地位的法律性劃界未必在鄉間總能平衡地加以實行，往往是女學校仍收纏足女子入學，然後在校內督促放足，再配合以其他法律手段加強其效果，如雲南鳳慶縣城裡的順寧縣立女子小學校就吸收纏足女子入學，再勸導放足。直到一九三〇年，農村女學生，還有個別不肯放足的，縣督學在視導時，勸令放足，否則用罰款來恐嚇，學生害怕受罰的制裁，天足風氣才有了明顯的成果。[2]在學校內部勸放的手段相對還是較為溫和的，如貴州織金的天足會陳章就在學校中聘請了一位穿著打扮「摩登」的女教師作剪辮、禁纏的示範表演。時人回憶說：「這個女教師叫章振華（張月石的妻子），她是貴陽人，短髮、放腳，衣著大方美觀，比較開化。」[3]這類示範有可能潛移默化地支配著人們審美心理的變化，特別是小腳與現代服飾之間難以兼容搭配，使其在流行摩登時尚的城市更難立足，如當時就有人注意到：「小腳女子剪髮，益增其醜，剪髮女子，戴西洋插花帽，露兩鬢於外，遠望之如畫中人。」[4]

更多的地方可能仍是按社會風習的規則行事，由於入女學已漸成女子身分高貴的進階之途，所以女子讀書可能仍是謀求嫁個好人家，如有的地方女學生「除了在學校裡讀些書外，餘暇時間都消費在裝飾和照料家務方面，很少有專心苦讀以求深造的，她們的目的，亦不過

---

1 北京市檔案館 J2 全宗七目錄二十八卷。其實直到二十世紀三〇年代，北方許多地區纏足人數的比例仍遠高於放足人數。如河南在一九三五年和一九三六年對五十六個縣的調查中，發現相當一部分縣的纏足人數仍高達百分之七十以上。參見《河南統計月報》一九三五年第一卷第1～12期；一九三六年第二卷第1～6期。
2 陳兆昌：《鳳慶婦女天足和讀書史料》，《鳳慶文史資料》（雲南）一九八九年第二輯。
3 陳豫口述，柳方誠整理：《織金「天足會」簡介》，《織金文史資料》 一九八五年第一輯，第165頁。
4 嘯雲：《剪髮雋語》，《婦女月刊》一九二七年第一卷，第三期。

想借求學提高自己身價嫁個較好的丈夫而已！」在女性解放的新招牌下，這裡面仍有濃濃的男權支配的意味在。特別是她們並沒有認可天足與教育之間的合法對應關係，結果出現了這樣的情況：「她們的外表裝飾，大都和平常女子相似，不過衣服美麗些，她們大都還留著豬尾巴式的小辮，天足亦不能使其任意發展，間或有剪髮者和腳較大的女子，則時常被取笑於鄰人，說其為一個半瘋子。」[1]很顯然，女學仍沒有徹底取締纏足女子在鄉間的優勢地位，轉移風氣也不可能靠平和的自然方式輕易達致。

事實證明，放足運動是在一系列極其嚴酷的法律程序實施中得以奏效的，這主要不是溫和輿論倡導的成績，而是律令暴力規範的結果。在《贛都督嚴禁纏足》令中，民國政府就不打算以倡導新風氣為由與舊習慣展開平行式的賽跑，而是想強行阻斷傳統在民間的支配線索。其中規定，各靴店及洋貨店及提包串賣之賣婆不得賣纏足鞋靴，違者除沒收其貨品外，照前清違警律第二十三條第三項處以五日以下之拘留或五元以下之罰金。」以下的律令則顯得更加嚴厲，「十二歲以下之女子如有纏足者，其家屬照前清修正刑律，第三百十二條傷害他人身體律之第三項處以三等至五等有期徒刑，其在十二歲以上已行纏足者（年過四十歲以上者不在此例），自此令宣佈日起嚴令一律不得再纏，限一年內一律放鬆（凡放鬆之度以全撤纏足條改用方布為率），至一年限滿如再有不放鬆者，除照本條科罪其家屬外，並將其本身照前清違警律三十六條第二項處以五元以下之罰金。」[2]

民國與清末反纏足運動的差別是：清末處於王朝體制向現代國家的轉型期，中央政權與新型的地方菁英之間也存在著一個磨合期，在這一階段，一些激進知識分子一直試圖把僅僅侷限於社團圈子範圍內

---

[1] 趙月新：《沙河縣婦女生活狀況》，《女子月刊》一九三五年第三卷第一期。
[2] 《贛都督嚴禁女子纏足》，《申報》第一一七冊，一九一二年五月三十一日，第594頁。

的反纏足話語轉變成國家認同的官方話語，並真正付諸行動。但是清末政府除形式上頒佈過幾條禁纏足法令外，一直沒有具體可靠能貫穿至民間的措施。官方與激進知識群體這種若即若離的關係，其實給官方與基層社會之間形成了一個談判場域。胡仿蘭事件所發生的曲折恰恰說明，清末地方大員雖然在執行慈禧諭旨時，已經考慮依靠地方紳董和鄉甲的力量介入反纏足的過程，但仍限於文告宣示，沒有實際的運作，這樣就仍給民間纏足風習留下了很大的發展空間。

民國初年以後，情況逐漸發生了變化，由於國家政權把禁纏足變成了一種強制性行為，清王朝與地方社會之間自然形成的談判界限漸漸被消弭了。當然，國家對民間社會風習的滲透和改造有一個日益強化的過程。例如民初山西足派的婦女仍均是福音堂放過足的中國女教徒。據史料稱：「這些查足人一進村馬上被傳說：『二鬼子來了』（那時把洋人叫洋鬼子，把中國信福音教徒叫二鬼子）。小腳婦女一聽說『二鬼子』來了，嚇的魂飛天外沒命的逃匿。」[1]其他地方民初也零星成立過「天足會」，如處雲南偏遠地帶的通海早在一九一三年就在縣城的女子小學校成立了「天足會」，號召成年婦女放足，幼女不再纏足，「言者雖然諄諄告誡，聽者終屬寥寥」[2]。稍晚些時候，山西曲沃在（1918）也設立了天足委員，「由城內曾任小學教員的楊月英（字益華）擔任，負責向全縣婦女進行宣傳、教育、督察，當時曲沃城內高小學生，胸前佩戴橘紅色紙質六角徽章，上寫『不娶纏足婦女』六字，以互相提示」[3]，實際上暗示出迎娶天足婦女仍須冒被譏諷的危險。又如山西陽

---

[1] 宋學璟：《中國婦女坡小腳始末》，《運城文史資料》（山西）一九八六年第十輯。

[2] 尹瑞華：《民國年間的禁止纏足》，《通海文史資料》（雲南）一九八八年第三輯，第84頁。

[3] 王琦、王居正、張相如：《民國初年的剪辮子、禁纏足》，《曲沃文史》（山西）一九八九年第四輯。

城在一九一九年展開的禁纏運動就是在知事吳傑已的主持下進行的，「陽城各村、閭的公共場所，皆書有『稽查賭博吸菸纏足』的標語。西關村村民王和尚，因隱藏女兒躲避放足，被罰大洋五元」[1]。

　　國家暴力對民間風習衝擊的最集中表現主要發生於一九二七年北伐成功以後。國民政府對地方社會採取了強制性的改造措施，目的是摧毀基層組織在傳統空間中的自治調節作用，使國家權力盡量替代原有的制度運作機構。反纏足運動隨之完全變成了政府支配的行為，特別是與國民黨組織建立起了直接的隸屬關係。如一九二八年河南鄭州縣長莊守忠和國民黨部聯合各界成立「鄭縣婦女放足運動委員會」。由鄭縣俱樂部主任王澤民任主任，縣黨部宣傳幹事陳景陽任副主任，領導婦女界趙梅貞、張淑貞等十餘人開展宣傳，先發動女學生帶頭放腳，又分別組成城區和鄉村兩個宣傳隊，對街巷居民及村莊農民逐戶檢查，實行強制放腳。[2]甚至有的地區的放足運動乾脆就是國民黨黨務的一個組成部分。如雲南玉溪一九三三年就由國民黨黨務指導委員會成立天足宣傳隊，將暑期黨義講習班青年學員王文政、潘廣縉、王慧心、孔憲高、尹秉義以及中小學校的師生計數十人，編為幾個宣傳小組，由警務人員維持治安，先城市、後農村，開展「滅小腳」運動。特別是「滅小腳」運動動員各區鄉保甲當事人起來配合宣傳，酌情罰款。[3]

　　又如河南南樂縣在一九二八年夏天受到北伐影響，縣國民黨部魏錫叚先生等人，邀請了六七個大名五女師畢業的學生，在南街女子小

1　張惠民：《從繡花鞋漫談吳知事解放天足》，《陽城文史資料》（山西）一九八七年第一輯，第172頁。
2　呂秀貞：《鄭州的婦女放足運動》，《管城文史資料》（河南）一九九〇年第二輯，第49頁。
3　王德庵：《纏足與放足漫談》，《玉溪市文史資料》（雲南）一九八八年第四輯，第253頁。

學成立了「南樂放足會」，隸屬縣政府領導，並支付經費。可見「放足會」已非自發民間組織，而是帶有相當強烈的政府背景。放足會成員經常結伴下鄉、宣傳、檢查放足，遇到固執不放者，罰洋一元，以致於不少婦女一聽見「放腳的來了」，就嚇得關門閉戶、東躲西藏，有的鑽進床底下，有的爬到頂棚上，有的藏到地窖裡，放足委員甚至遭到毆打，放足運動漸趨低潮。而到了一九三三至一九三四年，縣政府重整放足隊伍，放足會長由警察局長吳玉全兼任，巡官李紹資負責放足會事宜，放足會成員增至十幾人，下鄉由警察保護。政府向各村佈置的放足任務，比以往更加細密、具體，指定村長和學董負責，學生宣傳動員，任務落實到戶和人，放足範圍是三十歲以下的婦女，重點對像是未成年女子。放足會兩人一組，分片包乾，負責督促檢查、驗收匯報。發現纏足未放者罰洋一至三元，查到小女孩新近纏足者，罰其家長十五元，並強制放足，撕下裹腳布挑到當街示眾。[1]

一九二七年以後的反纏足運動與過去的一個很大區別是具有鮮明的暴力強制特徵，而不是國家與社會風習妥協談判的溫和對峙狀態。這方面的例子很多，如湖南南漳「天足會」對不自覺放足者進行檢查時，「警察隨行，攜帶筐子扁擔，內放剪子與火鉗，發現三十歲以下婦女未放足的，會員就親自動手，用剪子剪開纏腳布，用火鉗扯下腳布，放入筐子裡，帶回燒燬，對抗拒者，由警察帶回警察局拘留，放足後始放出」[2]。

雲南通海縣長周懷植在親自主持盤查過程中發現有老少二人故弄玄虛：「一為奶奶包庇孫女，一為本人製造假象，同樣用布條包紮腳

---

[1]　《打碎鎖鏈，還我天足——南樂婦女放足史》，《南樂文史資料》（河南）一九八七年第一輯。

[2]　郭銘憲：《南漳天足會》，《南漳文史》（湖北）一九八七年第一輯。

尖,穿上大鞋,想瞞過放足會員的眼睛,被查出後即刻將此老、少二人帶到南門口扛枷示眾。」[1]還有的地區的天足會乾脆設在了公安局內成為其分支機構,如玉溪排山屯張桂清當團長回來,一位當事人余和軒回憶說,一九三二年三月二十日神像回殿,龍山大廟唱戲三天,余和軒同夏家厚、朱自仁每日下午戲散後,堵在路上,強迫女青年解下自己的裹腳布放火燃燒。當時放腳的婦女乍一來不習慣走路,過後就罵毫不講人情。[2]

一位河南鄆城人回憶四〇年代家鄉反纏足情形時說:「記得黃水過後的一年秋天,駐在我們雙樓集上的國民黨游擊隊,到處撐婦女放腳,有的女孩子聽說放腳隊來啦,不是越牆跑,就是躲藏在紅薯窖裡。偶爾被發現者,便捺著雙腳強行扯掉纏腳布。有的還用竹竿挑起某某女孩的臭裹腳布遊街示眾。」[3]更為嚴重的是,福建漳州婦女激烈抵抗放足,甚至謾罵當局,漳州放足機構「乃思得一法,令勸告人各持一鞭,凡小腳婦女上街,即以鞭鞭其腳,驚逃則逐之,小腳點地帶跳帶跌,至家已不勝其嬌喘,而追逐者復在後嘲之曰:汝以小足為美,今欲逃不得,盍早放卻。」[4]甚至有逼死纏足婦女的情況發生,如洛陽放足委員會派周委員赴鄉下檢查放足,到了焦寨這個地方,「周委員見李姓院內一少女雙足尖尖,見周避去,周追人強令脫襪檢驗,露出纏足白布。周委員以為有犯禁令,科以十五元之罰金,後經父女辨別,卒不允」。女孩子被罰後視為奇恥大辱,乘人不備,跳入井中自殺。[5]《民國日報》上一條消息曾以「匪窟中使人類獸化」為題,報導

---

[1] 尹瑞華:《民國年間的禁止纏足》,《通海文史資料》(雲南)一九八八年第三輯。
[2] 余和軒:《玉溪破除迷信和天足運動》,《玉溪文史資料》(雲南)一九八八年第四輯。
[3] 徐雲卿:《鄆城婦女纏足與放足》,《鄆城文史資料》(河南)一九九〇年第五輯。
[4] 《封菲閒談》,《采菲續錄》,第273頁。
[5] 《采菲續錄》,第273頁。

某一地區青年婦女:「十六歲以上三十二歲以下者,皆須入婦女青年團為團員,一律剪髮放足。不從者裸笞其下體,而被放足之婦女,並須日操四小時,不到者裸笞臀三十,遲到者打手心三十。」[1]

反纏足運動中的罰款行為由於有濃厚的政府背景作依託,在基層社會往往混生腐敗現象。比如陝西武功縣的放足運動,物色大足的婦女數人為領隊(如武功鎮華家堡大腳麻婆娘,貞元區邵家寨大腳女人邵雅宜等)奔赴四鄉查禁。史稱:「他(她)們一夥坐上馬拉京筒轎車,竿挑婦女裹腳布,牌示禁令及懲罰條例,聲勢浩大。婦女聞風震恐,東躲西藏。他(她)們每一村弄的雞飛狗跑,一些村長,先酒飯招待,且付罰金一百,暗中進行交易。這些人勒索一批錢物後,揚長而去,常因查禁放足進行貪贓枉法而引起訴訟情事。」[2]放足甚而成為生財聚斂之道,如有的縣長委派的天足會兩位調查員由於每月有二十圓薪水,結果縣教育局長挾黨部指導委員之威,介紹其媳為監察員,「於是支出陡增,遂加罰款,收入為補救之策,民怨沸騰,指為虐政」[3]。

清末確有人動議以徵收「小腳捐」為由以彌補清朝日益虧空的財政,如徐建寅曾戲撰《徵收纏足捐論文》,內中規定:「足小三寸者,日捐三十文,足以五分遞加,錢以五分遞減。全國裹足者,統計不下八九千萬之數,每婦女日約捐銀一分,日共得銀八九十萬兩,年共得三萬萬兩。」至於「纏足捐」的用處:「以十分之二抵釐金及津貼候補各官,則釐金可裁,官民樂從,以十分之一為皇太後修囿,則頤養有資;以十分之五充練兵經費,則自強有期;以其余分獎不裹足婦女及

1　同上。
2　楊純厚:《武功縣有關天足會瑣聞》,《武功縣文史資料》(陝西)一九八九年第三輯,第 128 頁。
3　《采菲續錄》,第 276 頁。

稽查，則人會益多。」[1]這雖然是一篇遊戲文字，可無獨有偶，一九〇七年《月月小說》雜誌上也刊有一篇題為《小足捐》的小說，其中談到某省巡檢為討道員的歡心，冥思苦想斂財之道，最後居然想出「小腳捐」的辦法，其中章程內說道：「凡婦女足小二寸餘者，每日收捐五十文，按寸以十文遞減。若大至六寸者，即行免捐。按戶稽查，另立捐冊。」[2]這段文字雖出於想像，卻不意在民國初年的反纏足運動中幾乎變成了現實。

　　民國強迫放足的國家行為，曾遭到廣大民間婦女各種各樣的抵抗，主要表現為心理、生理上的恐懼，甚至於「只要一見著服裝稍不同或陌生的男子，便以為是黨部裡去檢查的人，於是嚇得驚慌失措，在家裡的，急忙躲到房裡去，在田裡工作著的，一下來不及躲避，有些便跑到那積水不深的溝裡站著，意思是想把她們的腳藏在水裡，便使人看不見了。……有一些被抽去纏足布的，只消等檢查的才走開，她們仍然又把它裹上了。」[3]這是雲南玉溪的情景，其他地區類似的情況也絕不少見。

　　當時纏足婦女的恐懼心態往往表現為相當直覺本能的反應，經常嚇得亂躲亂藏，不過有的女性心理則很有些微妙，如湖北老河口的放足隊對待「凡是已放腳的婦女，每人發一枚花形的『文明放足』證章」，這具有相當明顯的導向作用，暗示得證章者已擺脫弱勢群體的定位。老河口女性中放足會員工的衣著也是個焦點，一九八四年出版的一篇回憶中的評價是：「她們上穿白色大襟的短褂，下穿黑綢裙子，白襪子、黑尖口鞋。手中拿著筆記本，她們的工作，她們的打扮引動了

---

[1]　《采菲錄》影印本，第53頁。
[2]　陶安化：《小足捐》，於潤濤主編：《清末民初小說書系‧社會卷》，中國文聯出版公司一九九七年版，第63頁。
[3]　黃一帆：《玉溪的婦女》，《女子月刊》一九三四年第二卷第十一期。

許多人的注意與羨慕。」[1]這有些摻雜了現代想像的描述，恐怕無法代表纏足女性的感受，在她們的眼裡，大多數地區的放足隊員不啻為魔鬼幽靈。

纏足女性面臨的最大問題是如何應對放足過程帶來的巨大心理壓力和身體痛楚，為了順利放足，大多數纏足女子「輾轉思維，苦無良法」，有的人甚至想出了十分荒謬的做法：「或以小羊將肚破開，雙足納入，數次即能放大。」結果自然是：「如此法苟靈，而傷數條性命，以心何忍。」[2]一般的農村女孩有的放足僅是為了應付查腳，查腳的來了就放，查腳的走了再纏。這樣纏纏放放，放放纏纏的女孩子的腳就出現了多種類型。人們把原來纏腳，後來又放開的腳叫作「半大腳」，也叫「解放腳」；纏而不放的腳叫「小腳」；自幼沒纏過的腳叫「大腳」[3]。

小腳的「纏」與「放」深刻昭示著國家權力與社會風習之間展開反覆對抗的過程，其影響最大的當屬廿五歲以上這個年齡段的婦女，因為她們的腳往往已被纏死，很難再放大到正常的狀態。其實即使是幼女纏足，也有一個技術高低的問題，比如有所謂「生腳」、「熟腳」之分。有論者說道：「肉腳肥不易裹，骨腳瘦易裹，然骨又有軟硬之分，骨硬者不易裹，骨軟者易裹，易裹者越裹越小，越小越不疼，婦女謂其腳裹熟矣，不易裹者一裹即疼，越疼越難裹小。婦女謂之生腳。」這裡面完全要取決於母親纏裹技術的熟練程度，母親纏裹方式的把握足以改變「生腳」與「熟腳」的自然狀態。「又有腳本硬也，類乎

1　秦學貞、怡雯：《雜憶放天足運動》，《老河口文史資料》（湖北廣）一九八七年第十四輯，第 37 頁。
2　施曼珠：《放足絮語》，《婦女月刊》一九二八年第二卷第一號。
3　張修卿：《宜陽婦女纏足與放足簡述》，《宜陽文史資料》（河南）一九九一年第五輯，第 60 頁。

生腳，而母或女加力極裹，變剛為柔，終成小腳；有腳本軟也，類乎熟腳，而母或女美惡不辨，暴棄自甘，終成大腳。」[1]

一九三三年，孝義人強介堂曾在臨汾寫文章諷刺纏裹不當而形成的各種奇形怪狀的小腳，如有「老鼠過梁腳、蒜菜疙瘩腳、一條魚腳、蘿蔔腳、紅賢腳、洋姜腳、粽子腳、鴨嘴腳、一炷香腳、搗蒜槌腳、前頭殺豬刀後頭羊肉飽腳」[2]等等。還有的地區盛行一種「鉤刀腳」，「因為這種鞋腳的主人，每把雙腳弄成割麥或割稻用的鉤刀似的彎曲形，就有人給她們取了個名字叫作鉤刀腳」[3]。纏裹技術的好壞甚至會直接影響婦女以後行動自由的程度，其中不乏腳小而步健的例子，一首浙東民謠中曾唱道：「三寸金蓮到田間，丈夫出門十八年，種起稻來碧青青，割其谷來橙橙黃，舂起米來雪雪白，裹起粽來四角尖，做起活兒滾滾圓，做成白鶴上青天。」[4]歌謠中描繪出纏足女性在田間與家庭中仍承擔繁複的勞動工作。林散之在《漫遊小記》中也看到：「嵩岳附近來此焚香者不下數百，婦女多纏足，無一解放者，然登山陟嶺，不覺其難，路險凌高，異於常輩。」又恩榮記載：「潛山農民狀況」時說到：「婦女多係纏足，荷鋤耨地，不讓男子，旱時且車水灌田，毫無倦容。」[5]又蘊卿記《東平婦女生活》云：「她們走起道來，腳雖小而善走。」[6]有人更說道：「嘗見有腳小婦人，無論家之貧富，行動操作一任

1　佚名：《纏足小言》，《采菲四錄》，第34、35頁。
2　宋學璟：《中國婦女纏小腳始末》，《運城文史資料》（山西）第十輯，一九八六年。
3　希真：《從鉤刀腳說起》，《女青年月刊》一九三二年第十二卷第九期。
4　成維翰：《歌謠中的浙東婦女》，《婦女雜誌》一九二七年第十三卷第六號。
5　《葑菲閒談》，《采菲續錄》，第238、332頁。又參見新武：《雲南婦女概觀》，《女子月刊》一九三三年第一卷第十期；楊珈娛：《四川婦女生活概觀》，《女子月刊》一九三四年第二卷第一期。
6　《葑菲閒談》，《采菲續錄》，第238、332頁。又參見新武：《雲南婦女概觀》，《女子月刊》一九三三年第一卷第十期；楊珈娛：《四川婦女生活概觀》，《女子月刊》一九三四年第二卷第一期。

自然，不但不形局瘠，且便捷輕利異常。」[1]

從當時的狀況來說，放足運動對年歲較大的婦女有更為嚴重的影響，她們的處境也最為尷尬，因為一旦放足不慎，行走起來可能比小腳狀態更加痛苦。故時人已有評論：「其不利於行者，多為裹僵之半大足，若緊纏之真小足者，步履反極便捷。」[2]余淑貞曾詳細描寫放足的痛苦，說到勉強解放之後，「一至寒季，足部血脈之不流通如故，而包圍禦寒之物已卸除，故十九皆患凍瘡，及春潰爛幾難移步」而且「纏小之足，無論如何解放，骨格早已變形，無法恢復，僅肉部作不規則的擴張，決難增強足力。倘御大而無當之鞋襪，更似騰雲駕霧，扭扭捏捏，東倒西歪，轉不如纏時緊湊有力」。特別是外觀上更形難看，「小腳解放其結果常使足背隆起，肉體痴肥，如駝峰、如豬蹄，一隻倒來一隻歪」[3]。

一九一六年，就已有人從美術的意義上談論纏足相對於天足的區別，為女性合理放足提供方案，他的結論是，足一旦亂放，反而會由美變醜，還不如過去的纏足女子。《婦女時報》登有一篇《美術的放足法》就警告說：「放足之頃，若不得其道，其結果往往與美術之目的相反，於是或者肥而短，或者瘦而光，更有前銳如錐，而後方如圭，亦有前指翹起而後踵肥圓，較鞋底突出若干分，著地拖沓，使鞋後跟挫摺者，亦有足背隆起，厥狀如粽者，種種怪狀，不一而足」，這樣做的結果反而「因葆愛新文明而轉失其由美術之精神」[4]。

所以當時的輿論有相當一部分同情「半大腳」在現實生活中的難處，有人出主意說：「再就好看一點上說，小腳誠然已成時代之落

1　佚名：《纏足小言》，《采菲四錄》，第34、35頁。
2　《采菲續錄》，第332頁。
3　余淑貞：《書蓮鉤痛語後》，《采菲續錄》，第53頁。
4　《美術的放足法》，《婦女時報》第十八號，一九一六年。

伍者,但是短而肥的半攔腳,既無天足之活潑大方,再無小腳的瘦小玲瓏,實在難看。所以我主張要穿襪套,使她狹而長,不要使她肥而短,覺得好看一點,總之能放的腳,要盡量放大,不容易放的腳,要酌量的放,切不可隨意亂放,變成屈死腳。走起路來扭呀扭,他人見了要作三日嘔。」[1]有名叫鄒淑珍的女士出來為已纏足的婦女請命,認為禁纏足沒有像剪辮那樣簡單,「當街逼剪,也算不了一回事」,因此「禁纏」與「勸放」應分別處理,不可以年齡為限作一刀切式的處理。[2]

在此時代轉型的時刻,「復纏風」一度驟然颳起,嚴珊英女士居然書寫出《復纏秘訣》這樣的奇文,她把「金蓮」的纏法分成「古式」和「近式」的兩種,以增強時代感。她認為具有時代性的纏法強調的是「務求極度尖瘦,不求極度短小」。而且復纏後也要注意現代衛生保健:「復纏後之飲食,亦應加以注意,宜多飲開水,多食水果蔬菜之類,辛辣濃茶咖啡,及其他含有刺激性之食品,宜禁絕之。」[3]

「復纏風」當然不可能無限期地颳下去,大多只是針對「半大足」的女性過渡心理的權宜之計,「纏足」終於在日復一日的取締實踐中銷聲匿跡,我們可以從中領會的是,社會風氣的實行標準有一種歷史的地方氛圍制約著其合理性的程度,後世的合理性設計往往應作為參照,而不應作為唯一的決定性標準。

五 餘論

在本文中,「反纏足」運動被理解為以下兩個過程:一是現代習俗觀念的建構過程;二是社會秩序觀念的重新建構過程。具體而言,第

---

1 《封菲閒談》,《采菲續錄》,第 280〜281 頁。
2 同上書,第 277 頁。
3 嚴珊英:《復纏秘訣》,《采菲四錄》,第 138 頁。

一個過程受到了西方種族與醫療話語的強烈支配。有學者認為，我們在研究過程中不但要注意西方關於種族與醫學觀點在現代化過程中如何被接納和使用，而且也要注意到，在回應社會文化環境的轉換過程中，種族和醫療的話語、邏輯如何使社會秩序的觀點被重新建構起來。[1]

比如「進化」作為「退化」的對峙觀點被鮮明地提出來後促成了中國醫療觀念的極大變化。原來中國醫學的觀點是認為通過治療疾病使人體恢復正常的自然狀態，這與儒家思想的基本邏輯正相吻合。而現代西方醫學則認為，治療不是復原人體的自然狀態，因為自然狀態的恢復恰恰是病弱退化的表現，治療的目的是使身體發生符合於進化標準的「變化」。西方醫學進入中國的含義恰恰起到了論證中國人身體病弱，不符合世界演進潮流的隱喻作用，醫學技術的使用應和改造中國人的體質以符合進化觀念主導下的世界發展趨勢相聯繫。以此觀察反纏足運動，就可發現其表述內容有相當大的差異。中國士人內部基於傳統邏輯的反纏足言論一般局囿在身體髮膚受之於父母，不得損傷這樣的表述圈子裡跳不出來，強調纏足的反自然性；而受西方影響的反纏足言論則大多在纏足與種族存續的進化原則之間建立起對應關係，反而不強調纏足是違反自然的行為，因為「自然」在現代變得有意義，恰恰是因為它是不斷變化著的，即使偶有提及也設法把它鏈接到人種強弱的比較這樣的線性發展狀態中觀察，而不是著眼於反纏足是否使中國人恢復到了一種所謂「自然」的狀態。

上述的「自然」狀態不只是一種觀念形態，而且也是一套基於此而形成的社會習俗與風尚。所以早期中國知識群體的反纏足言論面對

---

[1] Frank Dinkotter: "The Discourse of Race and The Medicalization of Public and Private Space in Modern China（1895-1949）", *History of Science*, 29（Dec, 1991）.p. 411, p.415.

的主要還不是與傳統觀念的較量，而是社會習俗對個體行為的制約，當時不纏足女性面對的最大問題尚不是社會輿論的壓力，而是婚嫁命運的無定所導致的身分降低。因此，反纏足運動的實施只有在知識群體話語轉換為一種真正的國家行為之後，而且國家真正能在身分方面保證女性的地位不至於下降的情況下才能發生實質性的影響。在此之前，國家必須接受反纏足運動設立的基本思想命題，這套思想命題與追求自然和諧的古代醫學觀念向強調種族建構的現代醫學的轉換有直接的聯繫。古代醫學把個人身體與宇宙類推成一個相似的系統，它把人整合在一個超越國家政治邊界的帝國式的宇宙體系之內；現代醫學則把公民與一個叫作種族的神話實體聯繫在一起。「公民」成為種族的一個組成部分，家庭也自然成為種族的細胞，可以起到強化種族生存的作用。[1]在種族對抗的語境中，優生學意義上的醫學成為國家鬥爭的工具，我們前引的反纏足言論中，許多人都把纏足與種族的興亡命運勾聯在一起。由此出發，反纏足就不是個人的事情，也不是家庭之間可以控制的事情，而是國家作為整體型象所要考慮的內容，這樣就完成了國家秩序對社會秩序（包括風俗、信仰）的取代過程。

---

1 Frank Dikotter: "The Discourse of Race and The Medicalization of Public and Private Space in Modern China（1895-1949）"，*History of Science*, 29（Dec, 1991）. p.411, p.415.

中華文化思想叢書・當代中華文化思想叢刊 A0103013

昨日之我與今日之我
——當代史學的反思與闡釋

作　　者	楊念群
責任編輯	康藝寶
實習編輯	徐子晴　林佩萱
發 行 人	向永昌
總 經 理	梁錦興
總 編 輯	張晏瑞
編 輯 所	萬卷樓圖書股份有限公司
	臺北市羅斯福路二段 41 號 6 樓之 3
	電話 (02)23216565
	傳真 (02)23218698
出　　版	昌明文化有限公司
	桃園市龜山區中原街 32 號
	電話 (02)23216565
發　　行	萬卷樓圖書股份有限公司
	臺北市羅斯福路二段 41 號 6 樓之 3
	電話 (02)23216565
	傳真 (02)23218698
	電郵 SERVICE@WANJUAN.COM.TW

ISBN 978-986-496-621-9

2024 年 12 月初版

定價：新臺幣 760 元

本書為 110 學年度、113 學年度國立臺灣師範大學「出版實務產業實習」課程成果。部分編輯工作由課程學生參與實習。

如何購買本書：
1. 轉帳購書，請透過以下帳戶
   合作金庫銀行　古亭分行
   戶名：萬卷樓圖書股份有限公司
   帳號：0877717092596
2. 網路購書，請透過萬卷樓網站
   網址 WWW.WANJUAN.COM.TW

大量購書，請直接聯繫我們，將有專人為您服務。客服：(02)23216565 分機 610

如有缺頁、破損或裝訂錯誤，請寄回更換

版權所有・翻印必究

Copyright©2024 by WanJuanLou Books CO., Ltd. All Rights Reserved

Printed in Taiwan

國家圖書館出版品預行編目資料

昨日之我與今日之我：當代史學的反思與闡釋 /楊念群著. -- 初版. -- 桃園市：昌明文化有限公司出版；臺北市：萬卷樓圖書股份有限公司發行, 2024.12
　　面；　公分. -- （中華文化思想叢書. 當代中華文化思想叢刊；A0103013）

ISBN 978-986-496-621-9（平裝）
1.CST: 史學　2.CST: 史學評論

601.3　　　　　　　　　　　　111001813

本著作物經廈門墨客知識產權代理有限公司代理，由四川人民出版社授權萬卷樓圖書股份有限公司（臺灣）出版、發行中文繁體字版版權。